JOHANN AMOS COMENIUS

Der Weg des Lichtes
Via lucis

Eingeleitet, übersetzt und mit
Anmerkungen versehen von
UWE VOIGT

FELIX MEINER VERLAG
HAMBURG

PHILOSOPHISCHE BIBLIOTHEK BAND 484

Die Deutsche Bibliothek – CIP-Einheitsaufnahme

Comenius, Johann Amos: Der Weg des Lichtes = Via lucis /
Johann Amos Comenius. Eingeleitet, übers. und mit Anm. vers.
von Uwe Voigt. – Hamburg : Meiner, 1997
(Philosophische Bibliothek ; Bd. 484)
Einheitssacht.: Via lucis <dt.>
ISBN 3-7873-1240-4

 Satz: Satz-Offizin Hümmer, Waldbüttelbrunn. Druck: Carstens, Schneverdingen. Einbandgestaltung: Jens Peter Mardersteig. Einband: Lüderitz & Bauer, Berlin. Gedruckt auf alterungsbeständigem Werkdruckpapier (DIN-ISO 9706), hergestellt aus 100% chlorfrei gebleichtem Zellstoff. Printed in Germany. ∞

INHALT

JOHANN AMOS COMENIUS

Der Weg des Lichtes

EINLEITUNG

I. Allgemeines

Als erstes Werk des Jan Amos Komenský bzw. Johann Amos Comenius (1592–1670) in der ›Philosophischen Bibliothek‹ erschien 1989 die *Pforte der Dinge*, *Janua rerum*. Sie stellt einen Entwurf der ›Pansophie‹ dar, die Comenius als ein Gefüge unbestreitbar wahrer, die Menschheitsgeschichte in bessere Bahnen lenkender Einsichten begründen wollte. Dieses Projekt erhebt den Anspruch, hinsichtlich seiner Grundlagen raum-zeitlicher Relativität enthoben zu sein. Das bedeutet nun aber keineswegs, daß es akut andrängende Probleme außer acht läßt. Ein derartiges Vorgehen hätte den Anspruch der Pansophie, selbst als geschichtsmächtiger Faktor zu wirken, von vorneherein zunichte gemacht. Comenius denkt und schreibt vielmehr, von seinen grundlegenden Einsichten her und um seiner höchsten Ziele willen, im Ausgang von bestimmten historischen Traditionen sowie im Hinblick auf die konkrete Zukunft, deren Möglichkeiten es in der Gegenwart zu erschließen gilt.

Demnach bedeutet Geschichte für Comenius ein zentrales Thema. Daß er dieses Thema auch zu gestalten versteht, beweist die während des Englandaufenthaltes entstandene Schrift *Via lucis*. Der *Weg des Lichtes* gilt nicht zuletzt deswegen als eine seiner ansprechendsten Arbeiten, weil er in ihr zu einer originellen, auch philosophisch gearteten Sicht der Geschichte gelangt.[1] Um dieser Perspektive willen vollzieht Comenius in *Via lucis* eine Verschmelzung divergierender Geschichtsauffassungen, die er sich vorher eher in unbewältigtem Nebeneinander angeeignet hatte. Bislang miteinander konkurrierende Deutungsmuster

[1] Zum Geschichtsverständnis des Comenius in *Via lucis* vgl. die im Literaturverzeichnis aufgeführten Schriften des Hg., die gleichsam als Vorarbeiten zu dieser Ausgabe zu verstehen sind.

wechseln einander nun nicht mehr dialektisch ab, sondern bilden in harmonischer Koordination die Achsen einer umfassenden Orientierung. Deren Zweck sieht Comenius darin, bestimmte einseitige Entwicklungen einer technologischen Rationalität zu korrigieren, noch bevor diese ihr destruktives Potential voll entfalten können[2] – ein geradezu hellsichtig zu nennendes Anliegen, dessen Bedeutung erst heute in vollem Umfang zu würdigen ist.

In dieser Einleitung findet sich weder eine umfassende Biographie des Comenius[3] noch eine breitangelegte systematische Darstellung seines Denkens.[4] Gestützt auf die bislang einzige größere Monographie zu *Via lucis*[5] werden vielmehr die Vorgeschichte ihrer Entstehung und Drucklegung, ihr Aufbau und ihr Inhalt kurz umrissen. Die ›Anmerkungen des Herausgebers‹ befassen sich vornehmlich mit Einflüssen anderer Autoren auf *Via lucis*; besonderes Augenmerk gilt dabei J. H. Alsted, dessen häufig konstatierte, aber bisher kaum gründlich untersuchte Bedeutung für Comenius sich gerade anhand von *Via lucis* belegen läßt.

[2] Vgl. K. Schaller (1990 b); U. Kunna (1991), S. 189 ff.

[3] Was Leben und Werk des Comenius betrifft, so liegen neben den klassischen Arbeiten von J. Kvačala (1892; Repr. 1989) und M. Blekastad (1969) neuere Publikationen vor, die sich gut zu Einführungszwecken eignen: V.-J. Dieterich (1991); H. Hanisch (1991).

[4] Hierzu siehe G. Beisswänger (1904); Erwin Schadel in *Pforte*, S. XVI–LXXXIII (»Einleitung«) und S. 209–263 (»Exkurse«) sowie die im Literaturverzeichnis angeführten Werke R. Kalivodas, J. Patočkas und K. Schallers.

[5] U. Voigt (1996 b). Ein kommentierter Überblick über die bisherige Sekundärliteratur zu *Via lucis* findet sich ebd., S. 12, Fußn. 6 sowie S. 14, Fußn. 7.

II. Hinführung zur *Via lucis*

1. Zur Vorgeschichte[6]

Als Angehöriger einer religiösen Minderheit in einem Spannungsgebiet des frühen 17. Jahrhunderts mußte Comenius der damaligen krisenhaft zugespitzten Situation nahezu zwangsläufig zum Opfer fallen. Diese Krise besaß zwar auch politische und soziale Aspekte, wurde aber weithin als ein spirituelles und intellektuelles Phänomen erfahren und angegangen. Dabei zeichnete es sich jedoch auch ab, daß die Konkurrenz unterschiedlicher Deutungsangebote und Lösungsmöglichkeiten (chiliastische Hoffnungen versus augustinische Gelassenheit, baconianische Quantifizierung versus ›rosenkreuzerisches‹ Ganzheitsdenken) selbst ein Moment der Krise darstellt.

Als Geistlicher der Böhmischen Brüderunität auf mährischem Boden nach der ›Schlacht am Weißen Berg‹ (1620) von Krieg und Vertreibung betroffen, bemüht sich Comenius zunehmend darum, seinen Zeitgenossen ›pansophisches‹ Wissen zu vermitteln, das durch Einsicht in die harmonische Grundstruktur der Wirklichkeit zu entsprechendem verantwortlichen und friedlichen Handeln bewegen soll. Eine wichtige Aufgabe dieser Bestrebungen liegt darin, zwischen den divergierenden zeitgenössischen Positionen zu vermitteln und sie in einer umfassenden Perspektive aufgehen zu lassen. Nach einer Beobachtung von Pavel Floss[7] gelangt Comenius in drei Entwicklungsschritten zu diesem Projekt: Unverbrüchliches Gottesvertrauen und positive Weltsicht in den Frühschriften werden abgelöst von skeptischer Distanz und Bewältigung des krisenbedingten Zweifels in den Trostschriften; daran schließt sich eine erneute, entschiedene Hinkehr zur Wirklichkeit an, nämlich die pansophische Arbeit an der ›Verbesserung der menschlichen Dinge‹. Dieser dritte und entscheidende Abschnitt auf dem Denkweg des Comenius läßt sich seinerseits in drei Phasen gliedern. Zwei

[6] Zu diesem Abschnitt vgl. U. Voigt (1996 b), S. 19–44.
[7] Vgl. P. Floss (1985) 97–111, v. a. 99.

davon fallen in die Zeit vor *Via lucis*: Comenius bemüht sich zunächst in konkreten didaktischen und pädagogischen Tätigkeiten um die heranwachsenden Menschen als Garanten einer menschlicheren Welt; darauf folgen tastende Entwürfe eines entsprechenden pan-sophischen Wirklichkeits- und Geschichtsverständnisses.

Zu einer ersten umfassenden Realisierung dieser Entwürfe kommt es während des Englandaufenthaltes des Comenius 1641/42. Dank der Vorarbeiten des Freundeskreises um Samuel Hartlib erscheint in dieser Zeitspanne die praktische Umsetzung des comenianischen Reformvorhabens zunächst durchaus als möglich. Die Aktivitäten dieses Zirkels werden später zwar durch politische Verwicklungen gehemmt, wodurch Comenius freilich Muße für die tiefere Reflexion seines Vorhabens gewinnt. Daraus erwächst das in *Via lucis* niedergelegte Geschichtsverständnis: Das menschliche Sein in der Zeit ist nicht nur ein an sich bedeutungsloses Vorspiel zur jenseitigen Ewigkeit, sondern stellt eine ethische, ja sogar eine ontologische Aufgabe mit eigenem Gewicht dar: die Ausgestaltung von transzendentem Sinn auch und gerade in der Sphäre der Immanenz.

Die Bedeutung, welche *Via lucis* für Comenius besaß, läßt sich im Hinblick darauf ermessen, daß er diese Schrift später wiederholt zur Präsentation und Verteidigung seines Unterfangens verwendete und schließlich 1668 in gedruckter Form der ›Royal Society‹ übersandte. Erstmals wird dabei in vorliegender Arbeit anhand einer verdeckten Anspielung im Vorwort von 1668 das für die späte Veröffentlichung der *Via lucis* wohl ausschlaggebende Anliegen des Comenius herausgestellt, einer ›Cartesianisierung‹ dieser englischen Wissenschaftlervereinigung entgegenzuwirken.[8]

[8] Vgl. Anm. 62 zum Text, S. 204f.

2. *Aufbau*

Um die Dringlichkeit einer umfassenden Reform zu unterstreichen, bietet Comenius zunächst eine düstere Situationsbeschreibung: Die Menschheit befindet sich in einer krankhaften Situation des Leidens. Comenius schickt seiner (scheinbar) geschichtspessimistischen Bilanz allerdings auch schon einen Abriß der Ordnung voraus, die sich in der Welt verwirklichen sollte und deren kommunikative Struktur er mit einer Schul-Metaphorik umreißt (Kap. 1). Darauf folgt ein doppelter anamnetischer Rückblick: Das Verkennen der eigentlichen Ziele hat die ›Schule der Welt‹ in Unordnung gestürzt; die dynamische, über das Diesseits hinaus zielgerichtete Existenz des Menschen im einzelnen wie der Menschheit im Ganzen wird kaum noch beachtet (Kap. 2). Die von Menschen dagegen angestrengten Abhilfen stehen selbst noch innerhalb des Verblendungszusammenhanges, den sie doch aufheben sollten. Die Einseitigkeit, Schwäche und vor allem Gewalttätigkeit, die von solchen Scheinlösungen wie militärischer Unterwerfung Andersdenkender, ›Sektenbildung‹ usw. beseitigt werden sollen, pflanzen sich in ihnen fort (Kap. 3). Kap. 4 stellt die Kriterien eines erforderlichen, den Teufelskreis von Gewalt und Gegengewalt durchbrechenden ›universalen Heilmittels‹ auf, das daraufhin in Kap. 5 als eine besondere, noch zu schaffende Art des intelligiblen Lichtes erkannt wird, d. h. als den Menschen zu seiner Geschichtsmächtigkeit befähigendes Wissen, als Weisheit von bislang ungekannter Intensität und Überzeugungskraft.

Nachdem sich diese Perspektive eröffnet hat, bringt Kap. 6 ein wichtiges Anliegen von *Via lucis* zur Sprache: Es gilt die Erwartung einer neuen, positiven Epoche der Weltgeschichte philosophisch und theologisch zu rechtfertigen. Dieses Bemühen zieht sich von da an gleichsam als Leitfaden durch den Text. Kap. 7 behandelt konsequenterweise ein Problem, das sich im Anschluß an jede chiliastische Hoffnung ergibt – die Frage, ob menschlicher Aktivität angesichts einer souveränen göttlichen Geschichtsmacht Raum zugestanden werden kann. Sie wird bejaht, und zwar anhand des für Comenius zentralen Konzepts der ›cooperatio‹ zwischen Gott und Mensch.

Die Kap. 8–12 verlassen den bislang medizinisch-physiologisch ausgerichteten Diskurs zugunsten der Betrachtung einer Analogie zwischen ›äußerem‹ Licht und dem menschlichen Erkenntnisakt als einer Art des ›inneren‹ Lichtes sowie ihren jeweiligen privativen Gegensätzen, der physischen bzw. der geistigen Finsternis. Kap. 13 zeigt nach dieser prinzipienorientierten ›Aufhellung‹ die Historie der Menschheit – gegenüber dem anfänglichen Rückblick auf ihre negative Seite in den Kap. 2 und 3 – in merklich günstigerem Licht, nämlich als kontinuierlichen Fortschrittsprozeß, der sich allen Störungen zum Trotz auf seinen Gipfelpunkt zubewegt.

Auf diese grundsätzlichen Erwägungen hin ebnet Kap. 14 mit seiner Darlegung der konkreten Ziele der Pansophie die Bahn zu einer Projektskizze: Die ›vier Erfordernisse des universalen Weges des Lichtes‹, d. h. ›universale Bücher‹ (Pansophia, Panhistoria, Pandogmatia), ›universale Schulen‹, ein ›universales Kollegium‹ sowie zuletzt eine ›universale Sprache‹ werden erst in genereller Zusammenschau (Kap. 15), sodann jeweils im einzelnen (Kap. 16–19) thematisiert.

Kap. 20 unterstreicht die Koinzidenz zwischen dem neuen, durch die pansophische Bewegung heraufzuführenden Zeitalter und dem als Krönung der Heilsgeschichte erwarteten Millennium. Die Aufzählung der menschlicherseits nötigen Bedingungen, die eine derartige geschichtliche Entwicklung befördern können, bestätigt in Kap. 21 nochmals, daß im Geschichtsdenken des Comenius menschliche Autonomie und göttliches Handeln keinen Widerspruch darstellen. Die rezeptive und zugleich aktive Grundhaltung, welche den Trägern der erhofften Entwicklung ansteht, bringt Comenius schließlich im Schlußkapitel (22) zum Ausdruck, einem hochgespannten Bittgebet um die ›endgültige Erleuchtung des Menschengeschlechts‹.

Es ist möglich, ›hinter‹ dieser Feinstruktur eine umfassendere Gliederung von *Via lucis* in Einführung (Kap. 1–7), Mittelteil (8–14) und Schlußsequenz (15–22) auszumachen. Die Kap. 1–7 führen nämlich wie eine konsequent entfaltete Einleitung auf die zentrale Licht-Thematik hin, indem sie Notwendigkeit, Beschaffenheit und Erhoffbarkeit des universalen Heilmittels darlegen, welches schließlich als endzeitliches Licht aufscheint. Der Mittelteil des Werkes umfaßt die Lichtspekulationen von Kap. 8–12 sowie deren Applikationen auf die Menschheitsgeschichte (Kap. 13) und auf die Grundlagen einer pansophischen Pädagogik (Kap. 14). Nach vorne ist dieser Teil auf zweifache Weise abgegrenzt: zum einen durch die deutliche Überleitungsfloskel in Kap. 7, § 8, zum anderen durch den Umstand, daß *Via lucis* mit den grundsätzlichen, in keinem Punkt rückverweisenden Erörterungen in Kap. 8, § 1 ff. gleichsam von neuem anhebt. (Diese Beobachtung läßt sich dadurch bekräftigen, daß Comenius in dem späteren Werk *Panaugia* nach einer kurzen Einleitung sofort mit der nahezu unveränderten Übernahme von Kap. 8 ff. der *Via lucis* einsetzt.[9])

Die Grenze zum letzten Teil von *Via lucis* läßt sich gleichfalls deutlich erkennen. Neben einer erneuten überleitenden Wendung[10] und dem dort angekündigten Themenwechsel (hin zur Erörterung praktischer Maßnahmen) ist überdies zu beobachten: Die Kap. 8–14 sind durch zahlreiche Querverweise untereinander verknüpft. Diese Verquickung bricht mit Kap. 15 plötzlich ab, obwohl es dort und in der Folge zahlreiche Gelegenheiten dazu gegeben hätte, auf die Tragfähigkeit der vorausliegenden Licht- und Geschichtskonzeption aufmerksam zu machen. Überdies bietet der Anfang von Kap. 15 wiederum einen Ansatz, der auch für sich allein genommen sinnvoll wäre.

Diese Beobachtungen erlauben es, wenigstens hypothetisch zu rekonstruieren, in welcher Reihenfolge die drei großen Einheiten in *Via lucis* abgefaßt worden sein könnten. Diese Einheiten sind untereinander zwar durch *Vor*verweise, nicht aber durch konkrete *Rück*verweise verbunden. Dies deutet auf die Möglichkeit hin, daß die weiter hinten im Text folgenden Passagen jeweils die älteren sind. Das hieße: Kap. 15–22 bilden einen konkret-

[9] Vgl. *Panaugia* II (CC I, Sp. 124–126).
[10] Vgl. *Via lucis* XIV, 23 [337.41].

pragmatisch ausgerichteten Kristallisationskeim des gesamten Werkes, an den sich zunächst Kap. 8–14 als Erhellung der Prinzipien des pansophischen Projektes angefügt haben. Um potentielle Leser auf die Dringlichkeit der Ausführungen aufmerksam zu machen, gesellten sich schließlich noch Kap. 1–7 hinzu. Diese Mutmaßung (vor allem was den zeitlichen Primat von Kap. 15–22 betrifft) kann sich zusätzlich auf zwei Anhaltspunkte berufen:

1. Gerade der ›Schlußteil‹ enthält Passagen, die noch relativ frühzeitig während des Englandaufenthaltes von Comenius verfaßt sein könnten, insbesondere Kap. 18, § 10. Als einen von drei Gründen, weshalb das universale Kollegium vorzugsweise auf englischem Boden errichtet werden sollte, nennt Comenius -sich in eine erwünschte Zukunft versetzend, die nie eintrat – die Unterstützung, welche der Freundeskreis von dieser Nation erfahren hat. Diese Zeilen passen besser in den Zeitraum, in dem die Hoffnungen noch nicht von den öffentlichen Unruhen in England getrübt worden waren, als in diejenige Phase des Englandaufenthaltes, in der das Scheitern der Pläne schon absehbar war. Auch die traditionelle talmudische Gliederung der Geschichte in je eine Epoche der »Leere«, des »Gesetzes« und des »Messias«[11], die sich in diesem Teil der *Via Lucis* findet, steht dem differenzierten Geschichtsverständnis im mittleren Abschnitt[12] unverbunden gegenüber, was gleichfalls dafür spricht, daß diese Trichotomie mitsamt ihrem Kontext einer früheren Phase der Abfassung angehört.

2. In *Catalogus*, einem Arbeitsprogramm des Hartlib-Zirkels, wird eine Schrift in Aussicht gestellt, die »Didactica magna aut Lucis via«[13] heißen soll und deren Aufgabe es ist, als »excitatorium universale« zu fungieren.[14] Dieser Aufgabe hat die geplante Veröffentlichung gerecht zu werden, indem sie (a) die Notwendigkeit einer Schulreform verdeutlicht, (b) die Wege zu einer

[11] Vgl. ebd., XX, 11 [359.14] sowie Anm. 360 zum Text, S. 254–256.
[12] Vgl. ebd., XIII 2–10 [327.5–329.21].
[13] *Catalogus* (DJAK 14, S. 129.27).
[14] Vgl. ebd. (DJAK 14, S. 129.26).

umfassenden pädagogischen Reform aufzeigt und (c) auch Möglichkeiten zur Unterrichtung selbst mittelloser Kinder benennt. Diese drei Elemente finden sich im ›Schlußteil‹ der heute vorliegenden *Via lucis* wieder: vgl. zu (a) Kap. 15, § 6: Klage über den unhaltbaren Zustand der Schulen; zu (b) v. a. Kap. 17, §§ 3–6: Skizzierung der neuzubegründenden Schulen mit ihrer gefällig zur Wahrheit hinführenden Pädagogik; zu (c) Kap. 17, § 7: ein Vorschlag, wie Obrigkeit, Kirche und wohlhabende Familien die Ausbildung ärmerer Kinder sichern könnten.

Damit wird *Via lucis* also den drei in *Catalogus* aufgestellten Zielsetzungen gerecht. Wenn sie darüber hinausgewachsen ist, so liegt es nahe, daß sie es im Ausgang von den gerade angeführten Sequenzen getan hat. Die gerade aufgestellte Hypothese verdeutlicht, wie lebendig das Schaffen des Comenius war, das sich von konkreten Problemen (z. B. der der pädagogischen Reform in England) gerade um ihrer Lösung willen zu tiefdringenden Erwägungen allgemeiner Natur anregen ließ.

3. Inhalt

Auf der allgemein erfahrbaren Grundlage des Erkenntnisprozesses und seiner zumindest plausiblen Analogie zur Ausbreitung des physischen Lichtes gelangt Comenius in *Via lucis* zu einer zumindest impliziten Ontologie: Sie birgt das Verständnis der Grundwirklichkeit in ihrer Dynamik als triadischen Akt des ›Strömens‹ in sich, bestimmt das Verhältnis zwischen dieser Grundwirklichkeit und den von ihr begründeten Seienden als ›Mit-Wirken‹ und faßt den konkreten innergeschichtlichen Vollzug dieser Form von aktiver Teilhabe als graduelle Entwicklung. Diese Sichtweise befähigt Comenius zu einer Synthese zwischen divergierenden Geschichtsauffassungen (Chiliasmus und Augustinismus) und Verständnisweisen von Wissenschaft als geschichtsgestaltende Größe (Baconianismus und ›Rosenkreuzertum‹), denen Comenius jeweils aufgrund bedeutsamer Einflüsse verbunden ist und deren stets drohendes Gegeneinander sich in *Via lucis* zu einem konstruktiven Miteinander klärt.

Aus der Analyse der comenianischen Erkenntnismethode in *Via lucis*[15] resultiert: Comenius verwendet ein durchaus traditionelles Motiv – Welt, Mensch und Heilige Schrift als »drei Gottes-Bücher«[16], d. h. als Insgesamt der Quellen möglicher Erkenntnis – auf originelle Weise, indem er es in sein Geschichtsverständnis integriert. Unter Erkenntnis versteht Comenius dabei einen Vorgang, in dem Erkennender und zu Erkennendes einander, von einer gemeinsamen Grundwirklichkeit getragen, mehr und mehr verwirklichen. Diese Verwirklichung ist eben im Hindurchgang durch die »drei Gottes-Bücher« zu vollziehen, deren Reihenfolge zunächst eine Aufstiegsbewegung bedeutet, die sich allerdings immer wieder auf ihren innerweltlichen und vor allem innergeschichtlichen Anfang zurückbezieht. Menschliche Technologie kommt dabei als reines ›Medium‹ in den Blick, mit dessen Hilfe der Mensch sein Verständnis der drei Erkenntnisquellen verbessern kann, ohne diese aber ›in den Griff zu nehmen‹. Der aus heutiger Sicht problematische Bezug auf eine konkrete religiöse Tradition – die Bibel als das »dritte Gottes-Buch« – erweist sich als weder fundamentalistisch noch rationalistisch, da Comenius in *Via lucis* die Heilige Schrift weder zur autoritativen Letztbegründung noch zur Füllung von Lücken in seinem Weltbild instrumentalisiert, sondern sie ›heuristisch‹ liest, um die in den beiden anderen Erkenntnisquellen bereits zum Vorschein kommenden Anlagen auf innergeschichtliche Perfektion hin noch deutlicher zum Ausdruck zu bringen.

Die zentrale Licht-Analogie von *Via lucis* bereitet in diesem Zusammenhang zunächst Schwierigkeiten, da sie sich an die zuvor geschilderte Erkenntnismethode unvermittelt anzuschließen scheint und auch in sich selbst den wenigstens scheinbaren Widerspruch trägt, das Analogat zum physischen Licht einmal im gesamten Erkenntnisprozeß zwischen wahrnehmbarem Ding, wahrnehmendem menschlichen Geist und vermittelnden Sinnen zu sehen, dann wieder ausschließlich im Geist.

[15] Vgl. U. Voigt (1996b), S. 54–63.
[16] Vgl. Anm. 74 zum Text.

Die bei der Betrachtung der comenianischen Erkenntnismethode aufgeworfenen Fragen lassen sich nur durch die Erhellung der ontologischen Grundlagen dieser Methode beantworten[17]: Ausgehend von dem Vorgang des Erkennens, der sich stets zwischen den genannten drei Instanzen vollzieht, und dem dazu analogen Lichtstrom, der seinerseits Lichtquelle, durchsichtiges Medium und re-flektierenden Zielkörper voraussetzt, schließt Comenius auf die Grundwirklichkeit zurück, welche die sich schon bei diesen endlichen Vorgängen andeutende Bewegungsstruktur auf unendliche Weise realisiert, indem sie in drei Hypostasen über-räumlich und über-zeitlich in sich ruht, sich selbst erkennend gegenübertritt und erfüllend in sich zurückchwingt. Die geschichtliche Entfaltung des endlichen Seienden geschieht nun als aktiver Nachvollzug dieses Prozesses in und – damit untrennbar verbunden – zugleich zwischen den einzelnen Wesen. Denn die seinsstiftende Partizipation an der Grundwirklichkeit ist Comenius zufolge bezogen auf den Grundvollzug des In-sich-Stehens, Sich-selbst-Verschenkens und der erfüllenden Rück-Kehr, der personale Züge trägt und in dem Comenius, im Gefolge des christlichen Neuplatonismus, das Gottesbild der christlichen Überlieferung erkennt. Teilhabe an einer derartigen in sich selbst akthaft strukturierten personalen Grundwirklichkeit kann nun nach Comenius nur selbst als ein Mit-Wirken in personaler Verantwortung geschehen, das sich graduell an eine möglichst vollkommene Repräsentation ontologischer Grundgehalte im Endlichen annähert.

Hieraus erhellt sich auch der variierende Gebrauch des ›Licht‹-Begriffes in *Via lucis*: Gelegentlich steht er für den Gesamtvollzug der Grundwirklichkeit, der sich ja als in sich ruhendes Strömen par excellence erwiesen hat; aber auch seine Anwendung auf die zweite Hypostase und den menschlichen Geist als deren Analogat ist berechtigt, da in ihnen jeweils der gesamte Seinsvollzug aus-drücklich wird. Auch die innere Verbindung zwischen der »Drei Gottes-Bücher«-Konzeption und der Licht-Analogie in *Via lucis* wird nun verständlich, da sich die geschichtlich wach-

[17] Vgl. U. Voigt (1996b), S. 65–86.

sende Teilhabe an der Grundwirklichkeit als sich immer wieder vertieft ereignender Durchgang vom Raum-Zeitlichen über den zeitbetroffenen menschlichen Geist zur über-räumlichen und über-zeitlichen Grundwirklichkeit begreifen läßt.

Dieses Wirklichkeitsverständnis schafft für Comenius die Grundlage seiner umfassenden Sinndeutung von Geschichte in *Via lucis*. In diese Sinndeutung fügen sich Elemente ein, die im Denken des Comenius zuvor zwar koexistiert haben, aber nun erst untereinander eine innige und konsequente Verschmelzung eingehen. Es handelt sich dabei um zwei Gegensatzpaare unterschiedlicher Auffassungsweisen von Geschichte bzw. geschichtsgestaltender Wissenschaft: Der Gegensatz zwischen augustinischer Relativierung innergeschichtlichen Heils und chiliastischer Erwartung nahender innergeschichtlicher Vollendung provoziert Comenius dazu, in *Via lucis* ein zwischen beiden Positionen vermittelndes Geschichtsverständnis zu entwickeln. Im Rahmen dieses Geschichtsverständnisses stellt sich die Frage, wie das sich darin abzeichnende Ziel der menschheitlichen Entwicklung erreicht werden kann. Auf der Suche nach möglichen Antworten, bereits herausgefordert durch den Gegensatz zwischen Augustinismus und Chiliasmus, hat Comenius zwei seinerzeit aktuelle Orientierungsangebote kennengelernt, die im Verlauf des späteren 17. Jahrhunderts einander immer schärfer gegenübertreten sollten, die sich für ihn aber durchaus ergänzten: zum einen die *baconianische* Verheißung einer ›instauratio magna‹ durch methodische Erneuerung der Naturwissenschaft und Forcierung des quantitativen technischen Fortschrittes; zum anderen die ›*rosenkreuzerische*‹ Perspektive einer neuen spirituellen Einheit durch Aktualisierung neuplatonisch-hermetisch-okkulter Traditionen.

Der Grundgehalt dieser Positionen läßt sich folgendermaßen bestimmen: Der Chiliasmus ist eine Erscheinungsweise des orientalen Monismus, der sich auf die größtmögliche Einheit zwischen Transzendenz und Immanenz noch während der laufenden Geschichte ausrichtet.[18] Der Augustinismus erscheint in

[18] Vgl. ebd., S. 88–101.

Gegenabhängigkeit zum Chiliasmus als orientaler Pluralismus, der, unter Verwendung neuplatonischer Motive, gerade um der transzendenten Einheit des Wirklichkeitsgrundes willen die Gleich-gültigkeit der vielen Zeit- und Geschichtsmomente betont.[19] Chiliasmus und Augustinismus kommen darin überein, Geschichte als einen Prozeß fortschreitender Erkenntnis zu sehen; Baconianismus und ›rosenkreuzerische‹ Positionen zeigen sich demgegenüber als je unterschiedliche okzidentale Verständnisweisen dieser Erkenntnis: Der Baconianismus entwickelt den spätmittelalterlichen Nominalismus weiter zu einem Wissenschaftsprogramm, dessen Kern darin besteht, die in der frühen Neuzeit gegebene Pluralisierung weiter voranzutreiben und die aufbrechende Vielheit äußerlich durch distanzierende Macht-Technologien zu bewältigen und zugleich zu bewahren; darin erweist er sich als okzidentaler Pluralismus.[20] Die ›rosenkreuzerischen‹ Manifeste entspringen derselben Situation, lassen sich jedoch als Versuch erkennen, durch Rückbezug auf entsprechende Traditionen durch die faktische Vielheit hindurch zu einer erneuten Einheit zu gelangen; deshalb ist für diese Tendenz die Bezeichnung ›okzidentaler Monismus‹ angebracht.[21]

Die Untersuchung seiner einschlägigen Werke zeigt, daß Comenius mit den genannten Strömungen vertraut war und daß deren wechselseitige Vermittlung für ihn zu einem Problem wurde.[22] Hierbei ist insbesondere der bislang kaum beachtete augustinische Einfluß zu nennen[23], der bei Comenius durch die Vertrautheit mit dem Werk J.V. Andreaes vertieft wurde. Auch läßt sich die chiliastische Komponente im Denken des frühen Comenius bei näherer Hinsicht als ein geistiges Erbe insbesondere des J. H. Alsted begreifen.

[19] Vgl. ebd., S. 119–126.
[20] Vgl. ebd., S. 147–152.
[21] Vgl. ebd., S. 156–186.
[22] Vgl. ebd., S. 101–118 (Chiliasmus); S. 126–132 (Augustinismus); S. 152–155 (Baconianismus); S. 186–206 (›rosenkreuzerische‹ Manifeste).
[23] Vgl. als verdienstvolle Ausnahme R. Flossová (1995).

Das Geschichtsverständnis des Comenius in *Via Lucis* stellt sich nun als mehrfache Syntheseleistung dar: Grundlegend ist hierbei die Vermittlung zwischen Chiliasmus einerseits, der auf Vollendung in der Geschichte besteht, und Augustinismus andererseits, der aus der Geschichte heraus auf übergeschichtliche Perfektion hin aussteht. Comenius verbindet diese Positionen zu einer konsistenten Geschichtsauffassung, welche Geschichte als sich mehr und mehr entfaltende Ganzheit begreift: als synchrone Ganzheit der einander ›Licht‹ (bzw. pansophisches Wissen) spendenden Menschen und Völker sowie als diachrone Ganzheit der verschiedenen Zeitalter, deren positiven Gehalte in einer neugestalteten Gegenwart ›zukunftsträchtig‹ werden.[24] Das chiliastische Streben nach innerweltlicher Perfektion, nach Immanenz der Einheit zwischen Mensch und Gott in der Geschichte einerseits und die augustinische Ausschau auf eine endgültige Erlösung in einem Jenseits zu den bleibenden Vielheiten Raum und Zeit andererseits führen demnach bei Comenius auf der Grundlage der in einer Licht-Spekulation erschlossenen Ontologie keine unvermittelte Koexistenz, sondern werden zu integralen Bestandteilen einer kohärenten Bewegung. Raumzeitliche Vollendung bildet überweltliche Vollkommenheit zwar nur ab und ist nicht mit ihr identisch; doch stellt die Weltzeit nicht nur, wie bei Augustinus, ein der Sphäre des Idealen gegenüber indifferentes Medium andauernder ›Pilgerschaft‹ dar. Vielmehr besitzt sie eine eindeutig qualifizierte Ausrichtung hin auf eine (relative) Vollendung, die sich einer geschichtstranszendenten Erlösung gegenüber nicht verschließt, sondern diese präfiguriert und den Menschen, sofern dieser Einsicht in jene sinnhaltige Struktur der Geschichte gewinnt, darauf vorbereitet. Chiliastischer Monismus und augustinischer Pluralismus verbinden sich zu einer ganzheitlichen Sichtweise, derzufolge sich die Einheit von Transzendenz und Immanenz, von Gott und Mensch in der Geschichte zwar nur *auf begrenzte Weise* ereignet, sich aber auf diese begrenzte Weise eben doch *ereignet*.

[24] Vgl. U. Voigt (1996b), S. 132–146.

Die Frage, wie sich diese erfüllende Einheit durch menschlicher Mit-Wirkung herbeigeführt werden kann, beantwortet Comenius mit einer Synthese aus baconianischem und ›rosenkreuzerischem‹ Wissenschaftsverständnis[25]: Die von Bacon erstrebte optimierte wirkursächliche Maximierung des Wissens (seine auf ein unablässiges Mehr abzielende institutionalisierte Gewinnung) wird so ergänzt durch die Herausforderung einer Zielursache (die qualitative Welt-Reform); das von den ›rosenkreuzerischen‹ Manifesten in Anlehnung an neuplatonische, hermetische und okkulte Überlieferungen aufgestellte Ziel soll durch eine sichere Methodik in Anlehnung an Bacon erreichbar werden, die zugleich eine erneute Diskreditierung des Projektes durch Scharlatane auszuschließen hat. Die Entfaltung der Vielheit von Wissensstoffen und Medien zu deren Übermittlung, die dem okzidentalen Pluralismus Bacons ein Anliegen ist, hört auf, Selbstzweck zu sein, sondern dient ihrerseits als bloßes Medium – dadurch aber auch als ihren eigenen Sinn erfüllende, nicht beliebig zu instrumentalisierende Vermittlungsinstanz dem Anliegen des orientalen Monismus, der so eine Einheit anzuzuielen vermag, welche die Vielheit nicht nur nicht negiert, sondern voraussetzt und fördert.

Ein Blick auf heutige Konflikte gestattet die begründete Annahme, daß das in der Aufklärungszeit vorübergehend verkannte und verdrängte Anliegen des Comenius erneute Aktualität gewonnen hat[26]: Schaukeln sich doch auch heute wieder Gegensätze zwischen okzidentalem Pluralismus und Monismus (Postmoderne versus ›New Age‹) sowie orientalem Monismus und Pluralismus (Fundamentalismen versus Universalismen) hoch. Der drohende »clash of civilizations«[27] fordert dazu heraus, zwischen den positiven kulturellen Dispositionen zu vermitteln, die den jeweiligen Extremismen zugrundeliegen. Wie eine derartige Vermittlung hin zu einem »kreativen Frieden der

[25] Vgl. ebd., S. 206–212. – Zur ›Rosenkreuzer‹-Rezeption bei Comenius siehe auch C. Gilly (1992).

[26] Vgl. U. Voigt (1996b), S. 223–229.

[27] Vgl. S.P. Huntington (1997).

Weltkulturen«[28] geschehen kann, ist freilich – ganz im Sinne des Comenius – nur durch eine »allgemeine Beratung« aller Beteiligten zu erschließen.

Vorliegende Ausgabe ist der Anhang einer Dissertation, deren Hauptteil (Uwe Voigt, Das Geschichtsverständnis des Johann Amos Comenius in *Via lucis* als kreative Syntheseleistung. Vom Konflikt der Extreme zur Kooperation der Kulturen, Frankfurt/M. etc. 1996) im Sommersemester 1996 an der Fakultät Pädagogik-Philosophie-Psychologie der Otto-Friedrich-Universität Bamberg angenommen und von den Berichterstattern (Prof. Dr. Dr. h.c. Heinrich Beck, Priv.-Doz. Dr. Erwin Schadel) mit ›summa cum laude‹ bewertet wurde.

[28] Vgl. die im Literaturverzeichnis aufgeführten Schriften von H. Beck.

ZUR ÜBERSETZUNG

Einen Überblick über bisherige Ausgaben der *Via lucis* bietet das Literaturverzeichnis.[1] Bei der entsprechenden Auflistung dürfte das Fehlen einer deutschen Übersetzung auffallen. Sie wurde bereits mehrfach in Angriff genommen, das Ziel der Veröffentlichung blieb jedoch stets unerreicht:

Bereits 1895 verfügte Dr. Joseph Reber über ein entsprechendes »reingeschriebenes« Manuskript.[2] Er plante, *Via lucis* im zweiten Band einer deutschsprachigen Comenius-Reihe herauszugeben. Deren erster und einziger Band erfuhr jedoch, insbesondere seitens der damaligen Comenius-Gesellschaft, eine derart kühle Aufnahme, daß Dr. Reber sein Vorhaben nicht weiter verfolgte.[3] Dr. Rebers *Via lucis*-Text verblieb in der Schublade und scheint mittlerweile verschollen zu sein. Das gleiche Schicksal widerfuhr nach Auskunft von Herrn Werner Korthaase einer *Via lucis*-Übersetzung, die Prof. Dr. Dmitrij Tschižewskij erarbeitet hatte. Das von Herrn Prof. Dr. Heinrich Bartholomé erstellte Typoskript eines »ersten Entwurfes«[4] blieb zwar erhalten, wurde seinem Urheber aber vor der geplanten Publikation ebenfalls durch den Tod aus der Hand genommen. All diese Leistungen sind um so mehr zu würdigen, als sie sich noch nicht auf den gesicherten kritischen Text der *Via lucis* in DJAK 14 zu stützen vermochten.

Die nunmehr vorliegende Übertragung der *Via lucis* ist in der Absicht erstellt worden, auf der Grundlage der genannten DJAK-Ausgabe nahe am ursprünglichen Text zu bleiben und ihn zugleich in eine verständliche Sprache zu kleiden.

[1] Siehe dazu auch U. Voigt (1996 b), S. 11 mit Fn. 2.

[2] Vgl. *J.A. Comenius*, Naturkunde, S. LXXXIV.

[3] Vgl. *W. Korthaase* (1993), S. 58.

[4] So bezeichnet Prof. Dr. H. Bartholomé auf einem Beiblatt seine Übersetzung, die dem Herausgeber vorliegt.

Die »Einleitung« und die »Anmerkungen« beziehen sich auf die Werke des Comenius sowie auf weitere Quellen durch Siglen, auf andere Schriften durch die Angabe von Autor und Jahr. Das Literaturverzeichnis bietet neben der Auflösung dieser Kürzungen, von sporadisch zitierten biographischen Nachschlagewerken abgesehen, die vollständigen bibliographischen Angaben zur zitierten Literatur. Hochgestellte Ziffern im Übersetzungstext beziehen sich auf die Anmerkungen des Herausgebers; Seitenangaben in eckigen Klammern verweisen auf den lateinischen Text in DJAK 14, S. 279–369 (gegebenenfalls weisen Ziffern, die sich durch einen . an die Seitenangabe schließen, auf Zeilen hin). Soweit nicht anders angegeben, stammen sämtliche Hervorhebungen in Zitaten aus den Quellen, sämtliche Übersetzungen dagegen vom Herausgeber.

*

Wenn *Via lucis* endlich doch einmal auf Deutsch erscheint, so verdankt sich dies der Unterstützung durch zahlreiche Personen und Institutionen. Zuallererst sind hier Herr Manfred Meiner und Herr Richard Meiner zu nennen, die nach *Janua rerum*, *Pforte der Dinge* ein weiteres Werk des Comenius mit der Aufnahme in ihre ›Philosophische Bibliothek‹ gewürdigt haben.

Mein spezieller Dank gilt auch Herrn Privatdozenten Dr. Erwin Schadel. Er führte mich an die Comeniusforschung heran und erwies mir großes Vertrauen, indem er mir die alleinige Verantwortung für vorliegende Ausgabe übertrug. Zudem nahm er das Korrekturlesen des Übersetzungstextes auf sich. Herzlichster Dank ist ferner Herrn Prof. Dr. phil. Dr. h. c. Heinrich Beck zu erstatten, der Herrn Dr. E. Schadel und mir am Lehrstuhl für Philosophie I der Otto-Friedrich-Universität Bamberg einen fruchtbaren Arbeitsbereich eröffnet und wesentliche Anregungen vermittelt hat: Seine systematischen Bemühungen, insbesondere seine Konzeption eines »kreativen Friedens durch Dialog der Weltkulturen« bedeuten Verstehenshorizonte, die gerade für die *Via lucis*-Ausgabe äußerst hilfreich gewesen sind.

Für wertvolle geistige Impulse, die das Denken in Kategorien der Geschichtlichkeit betreffen, möchte ich mich ferner bei Herrn Prof. Dr. Ignacio Escribano-Alberca (Bamberg-München) und Herrn Prof. Dr. Ernst Ludwig Grasmück (Bamberg) bedanken. Weitere wichtige Anregungen und Hinweise verdanke ich Herrn Dr. Klaus Boekels (Bamberg), Frau Dr. Renata Flossová (Brno, ČR), Herrn Prof. Dr. Karel Floss (Olomouc, ČR), Herrn Prof. Dr. Pavel Floss (Olomouc, ČR), Herrn Dr. Carlos Gilly (Basel), Herrn Prof. Dr. Howard Hotson (Aberdeen, Schottland), Herrn Dipl.-Pol. Werner Korthaase (Berlin), Schriftführer der Deutschen Comenius-Gesellschaft sowie Herrn Prof. Dr. Arnulf Rieber (Bamberg).

Dafür, daß ich das Typoskript der ›Via Lucis‹-Übersetzung des verstorbenen Herrn Prof. Dr. Heinrich Bartholomé zugestellt bekam und dadurch wenigstens noch nach Abschluß meiner eigenen Übersetzungstätigkeit zu deren Kontrolle heranziehen konnte, danke ich Frau Hedwig Bartholomé und Herrn Prof. Dr. Gerhard Michel (Heinrich-Heine-Universität Düsseldorf), dem Vorsitzenden der Deutschen Comenius-Gesellschaft.

Herzlichsten Dank schulde ich dem J. A. Comenius-Museum in Uherský Brod, ČR, vor allem seiner Bibliothekarin, Frau Dana Večeřová, und seinem Direktor, Herrn Dr. Pavel Popelka. Ihre Gastfreundschaft ließ meinen dortigen Forschungsaufenthalt zu einem eindrucksvollen Erlebnis völkerverbindender wissenschaftlicher Zusammenarbeit werden.

In geduldigem Entgegenkommen hat sich dankenswerterweise das Personal folgender Bibliotheken geübt: Staatsbibliothek Bamberg, Universitätsbibliothek Bamberg, Landesbibliothek Coburg, Universitätsbibliothek Eichstätt sowie insbesondere Herzog August Bibliothek Wolfenbüttel.

Gedankt sei schließlich für unentbehrliche Hilfe beim Erstellen des Typoskripts Frau Brunhilde Franke (Bamberg), Frau M. A. Eun Kim (Seoul, Süd-Korea u. Bamberg) und nicht zuletzt Frau M. A. Monika Sokol (Bamberg), welche die letzten Korrekturarbeiten meisterte.

LITERATURVERZEICHNIS

Zur Einführung in die primäre und sekundäre Comenius-Literatur siehe die beiden Beiträge Werner Korthaases zu Reinhard Golz, Werner Korthaase, Erich Schäfer (Hg.), Comenius und unsere Zeit. Geschichtliches, Bedenkenswertes und Bibliographisches, Hohengehren 1996: Urteile über Comenius und den Wert seiner Schriften für unsere Zeit (S. 246–341); Ein Schriftenverzeichnis zu Comenius (S. 353–364). Eine – allerdings auf dem Stand der 60 er Jahre -umfassende Zusammenstellung bietet auf diesem Gebiet ferner M. Blekastad (1969), S. 728–797. Aktueller ist demgegenüber die von Erwin Schadel erstellte Comenius-Bibliographie in: Wilhelm Totok, Handbuch der Geschichte der Philosophie. Bd. IV. Frühe Neuzeit, 17. Jahrhundert. Unter Mitarbeit von Erwin Schadel, Hans-Peter Schramm u. Helmut Schröer, Frankfurt/M. 1981, S. 384–419 (ca. 1000 Titel). Eine nützliche, von Josef Brambora geschaffene kommentierte Übersicht über das Werk des Comenius findet sich außerdem in Heinz-Joachim Heydorn (Hg.), Jan Amos Comenius. Geschichte und Aktualität 1670–1970. Bd. 2. Eine Bibliographie des Gesamtwerkes, Glashütten im Taunus 1971, S. 9–104; Hedwig Bethke präsentiert ebd., S. 105–189 wichtige Veröffentlichungen zu Comenius von 1870–1970 nach Jahrgängen geordnet. Wertvolle Hinweise vor allem zu einschlägigen Publikationen im deutschsprachigen Raum geben die Rezensionen und Notizen des Comenius-Jahrbuches (Sankt Augustin 1993 ff.). Umfangreiche, weiterführende bibliographische Hinweise sind schließlich in *Pforte*, S. LXXXVI–CVI, und in U. Voigt (1996 b), S. 231–255 enthalten.

1. Schriften des Johann Amos Comenius

a. Werk- und Sammelausgaben

Analecta Comeniana — Analecta comeniana. Collegit Johannes Kvačala. Iurievi 1909.

Allweisheit — Allweisheit. Schriften zur Reform der Wissenschaften, der Bildung und des gesellschaftlichen Lebens. Eingeleitet, ausgewählt, übersetzt und erläutert von Franz Hofmann. Neuwied [etc.] 1992.

Unbek. Brr.	Unbekannte Briefe des Comenius und seiner Freunde 1641–1661. Herausgegeben von Milada Blekastad. Kastellaun 1976.
CC	De rerum humanarum emendatione consultatio catholica. Editio princeps. T. I [Panergesiam, Panaugiam, Pansophiam continens], T. II [Pampaediam, Panorthosiam, Pannuthesiam necnon Lexicon reale pansophicum continens]. Pragae 1966.
DJAK	Dílo Jana Amose Komenského, Vol. 1 ff. Praha 1969 ff.
Korr. ed. A. Patera	Jana Amosa Komenského Korrespondence. Sebral a k tisku připavil A. Patera. Praha 1892.
Korr. ed. J. Kvačala I	Korrespondence Jana Amose Komenského. Listy Komenského a vrstevníků jeho. Nová sbírka. Vydává Jan Kvačala. Praha 1898.
Korr. ed. J. Kvačala II	Korrespondence Jana Amose Komenského. Listy Komenského a vrstevníků jeho. II. Vydává Jan Kvačala. Praha 1902.
Leben	Johann Amos Comenius – Leben, Werk und Wirken. Autobiographische Texte und Notizen. Ausgewählt, eingeleitet und herausgegeben von Gerhard Michel und Jürgen Beer. Sankt Augustin 1992.
ODO	Opera didactica omnia. Editio anni 1657 lucis ope expressa moderante O. Chlup. T. 1–3. Pragae 1957. – (T. 1: Partes I–II; T. 2: Partes III–IV; T. 3: Commentationes.)
Ausgew. Schrr.	Ausgewählte Schriften zur Reform in Wissenschaft, Religion und Politik: All-

	gemeiner Weckruf mit der Vorrede an die Europäer; Geheimes Gespräch Nathans mit David; Das Glück des Volkes. Übersetzt und bearbeitet von Herbert Schönebaum. Leipzig 1924.
VSJAK	Vekeré spisy Jana Amose Komenského. Vol. I, IV, VI, IX, X, XV, XVII, XVIII Brno 1910–1929 [mehr nicht erschienen].
AW	Ausgewählte Werke. Herausgegeben und eingeleitet von Klaus Schaller, Hildesheim-New York.

b. Ausgaben der *Via lucis*

Via Lucis vestigata et vestiganda. Amsterodami 1668 [sehr seltener Erstdruck].

Cesta světla. Z latinského jazyka vyložil Josef Šmaha. Praha 1920.

The Way of Light. Translated into English, with Introduction, by E.T. Campagnac, Liverpool-London 1938.

Cesta světla / Via Lucis. K vydání připravili, přeložili a doslov napsali: doc. dr. Jaromír Kopecky, CSc Jiří Kyrášek, doc. dr. Jan Patočka a prof. dr. Jiřina Popelova-Otáhalová. Praha 1961.

Via Lucis vestigata et vestiganda. In: DJAK 14. Praha 1974, S. 279–385 [maßgebliche kritische Ausgabe].

Cesta světla. Z latinského originálu Via Lucis vydaného v Amsterodamu roku 1668 přeložil a doslov napsal prof. dr. Jaromír Kopekký. Praha 1992.

La via della luce. Trad., introduz. e note di Giordano Formizzi. Verona 1992.

Der weg van het licht. Amsterdam 1992. (Ed. Bibliotheca Philosophica Hermetica: Pimander. Vol. 3.)

c. Sonstige pansophische Schriften (im engeren Sinne)

Addenda	Ad physicam addenda. In: DJAK 12, S. 177–212.
Allerziehung	Allerziehung. Herausgegeben von Klaus Schaller. Sankt Augustin 1991. [= Pampaedia, dt.]
Cartesius eversus	Cartesius cum sua naturali philosophia a mechanicis eversus. In: DJAK 12, S. 293–308.
Catalogus	Ad excitanda publicè Veritatis et Pacis hoc est communis salutis ope Dei studia elaborandorum operum catalogus. In: DJAK 14, S. 127–136.
Cosmogr. comp.	Cosmographiae compendium. In: DJAK 12, S. 41–68.
De arte	De arte spontanei motus. In: DJAK 11, S. 311–323.
Delineatio	De iis quae ad universalem et fundamentalem ecclesiae reformationem spectare videntur consultationis brevissima delineatio. In: DJAK 14, S. 117–126.
Diatyposis	Pansophiae Diatyposis cum supplementis quae sunt templi pansophici delineatio scenographica / Scenographiae pansophicae pars II. In: DJAK 14, S. 169–278.
Dilucidatio	Conatuum pansophicorum dilucidatio. In: DJAK 15/II, S. 57–79.
Europ. Lum.	Europae Lumina. In: CC I, S. 27–38.
Janua RR.	Janua rerum reserata. In: DJAK 18 (1974), S. 147–236.
Judicium	Judicium de responsione Serarii. In: DJAK 18, S. 35–56.
Lex. pansoph.	Lexicon reale pansophicum. In: CC II, S. 449–681.
Naturkunde	Entwurf der nach dem göttlichen Lichte umgestalteten Naturkunde. Herausgegeben, übersetzt und erläutert von Dr. Joseph Reber. Gießen 1896. [= Physicae synopsis (etc.), lat.-dt.]

Pampaedia	De rerum humanarum emendatione consultationis catholicae pars quarta, Pampaedia. In: CC II, S. 9–145.
Panaugia	Panaugia. In: CC I, S. 97–162. – Dass., herausgegeben von Dmitrij Tschižewskij. München 1970.
Panegersia	De emendatione rerum humanarum consultationis catholicae pars prima, Panegersia, excitatorium universale. In: CC I, S. 41–95.
Panglottia	De rerum humanarum emendatione consultationis catholicae pars V. Panglottia. In: CC II, S. 147–204.
Panorthosia	De emendatione rerum humanarum consultatione pars sexta, Panorthosia. In: CC II, S. 205–378.
Pansophia	Humano generi communis liber Pansophia. In: CC I, S. 163–776.
Pansoph. christ.	Pansophiae christianae liber III. In: DJAK 14, S. 49–88.
Pansoph. diat.	Pansophiae diatyposis. In: DJAK 14, S. 169–261.
Pansoph. pars ultima	Pansophiae pars ultima. In: CC I, S. 753–776.
Pansoph. sem.	Janua rerum sive totius pansophiae seminarium. In: DJAK 14, S. 11–48.
Pforte	Pforte der Dinge / Janua rerum. Eingeleitet, übersetzt und mit Anmerkungen versehen von Erwin Schadel. Hamburg 1989. [= Janua RR., dt.]
Physicae synopsis	Physicae ad lumen divinum reformandae synopsis. In: DJAK 12, S. 69–175.
Prodromus	Pansophiae praeludium. In: DJAK 15,2, S. 11–53.
Triert. cath.	Sapientiae primae usus triertium catholicum appellandus. In: DJAK 18, S. 237–365.
Vorspiele	Vorspiele. Prodromus pansophiae / Vorläufer der Pansophie. Herausgegeben, übersetzt, erläutert und mit einem Nach-

wort versehen von Herbert Hornstein. Düsseldorf 1963. [= Prodromus, lat.-dt.]

d. Einzelschriften

Abr. pat.	Abraham patriarcha. In: DJAK 11, S. 501 – 532.
Ad amicos	Ad amicos Lesnae in Poloniae agentes. In: DJAK 14, S. 111 – 116.
Angel. pac.	Angelus pacis. In: DJAK 13, S. 175 – 211.
Apologia	J. A. Comenii pro latinitate Januae Linguarum suae, illiusqve praxeos Comicae, apologia. In: ODO IV, Sp. 27 – 42.
Atrium	Eruditionis scholasticae pars III. Atrium. In: ODO III, Sp. 451 – 718.
Briefe	Briefe nach dem Himmel. Deutsche Übersetzung von Franz Slaměník. In: AW II/1, S. 68 – 99.
CE	Clamores Eliae. Ed. min.: Kastellaun/Hunsrück 1977; ed. maj.: DJAK 23.
Cent. sec.	Centrum securitatis. In: DJAK 3, S. 475 – 548.
Contextus	Janualis rerum & verborum contextus. In: ODO III, Sp. 473 – 592.
Continuatio	Continuatio admonitionis fraternae de temperando charitate zelo. Ed. Jan Kvačala. In: Archiv pro bádáni o životě a spisech Jana Amose Komenského 3 (1913) 6 – 52. – Daraus §§ 39 – 128 in: AW Bd. II/1, S. 1 – 45.
De Deo	De christianorum uno Deo, Patre, Filio, Spiritu S. Fides antiqua, contra novatores. In: AW, Bd. 4/I, S. 1 – 77.
De utilitate	De utilitate accuratae rerum nomenclaturae oratiuncula. In: ODO III, Sp. 745 – 749.
Did. magn.	Didactica magna. In: DJAK 15,1, S. 33 – 209.

Diogen. Cyn.	Diogenes Cynicus redivivus. In: DJAK 11, S. 437–500.
Ep. ad Mont.	Epistula ad Montanum / Listi Montanovi. In: DJAK 1, S. 15–40.
Exitus	E scholastis labyrinthis exitus in planum. In: ODO IV, Sp. 63–76.
Friedensengel	Angelus Pacis / Friedensengel. Eingeleitet, erläutert und herausgegeben von Walter Eykmann, neu übersetzt von Otto Schönberger. Würzburg 1993. [= Angel. pac., lat.-dt.]
Hist. rev.	Historia revelationvm Christophori Kotteri, Christinae Poniatoviae, Nicolai Drabicij. & quae circa illas varie acciderunt, usqve ad earundem Anno 1657 publicatorum, & post publicationem. In conspectu Dei & Ecclesiae polita fideli testificatione ejus qvi (Deo ita disponente) omnium istorum autoptes, collector, conservator, editorque fuit, s. l. 1657. [Herzog August Bibliothek Wolfenbüttel^{+}.]
De imped.	De studii pansophici impedimentis. In: ODO III, Sp. 734–757.
Informat. mat.	Informatorium maternum. In: DJAK 11, S. 277–345.
Jan. lingg.	Janua lingvarum reserata. In: DJAK 15/1, S. 257–301.
Labyrinth der Welt	Labyrint světa a ráj srdce. In: DJAK 3, S. 265–397. – Dass. dt.: Das Labyrinth der Welt und das Paradies des Herzens. Übersetzt von Zdenko Baudník. Luzern 1970.
Letzte Posaun	Letzte Posaun über Deutschland. In: DJAK 13, S. 95–154.
Lexicon januale	Sylva Latinae lingvae, vocum derivatarum copiam explicans: sive Lexicon januale. In: ODO III, Sp. 219–424.
Lux in ten.	Lux in tenebris. Amsterdam 1657. [Herzog August Bibliothek Wolfenbüttel^{+}.]

Nov. lingg. meth.	Novissima lingvarum methodus. In: DJAK 15/II, S. 91–478.
Orb. pict.	Orbis sensualium pictus. Die sichtbare Welt. In: DJAK 17, S. 53–266.
Panegyricus	Panegyricus Carolo Gustavo. In: DJAK 13, S. 67–83.
Praefatio ODO II	Praefatio ODO II. In: DJAK 15/II, S. 87–89.
Schola infantiae	Schola infantiae. In: DJAK 15/I, S. 211–251.
Schola ludus	Schola ludus. In: VSJAK IX, S. 129–458.
Schola pansoph.	Schola pansophica. In: ODO III, Sp. 6–60.
Självbiogr.	Comenius självbiografi / Comenius about himself, Stockhom 1975. [= Continuatio (schwed.-engl.-lat.], ed. M. Blekastad).
Theatrum	Theatrum universitatis rerum. In: DJAK 1, S. 95–181.
De zelo	De zelo sine scientia & charitate, admonitio fraterna J. A. Comenii ad D. Samuelem Maresium: pro minuendis odiis, & ampliandis favoribus. Amsterdam 1669. [Niedersächsische Landesbibliothek Hannover+.]

2. Verzeichnis der zitierten Literatur

a. Quellen bis ins 17. Jahrhundert

Soweit nicht anders angegeben, wurden die in der Folge aufgeführten Werke in der Herzog August Bibliothek Wolfenbüttel eingesehen.

Acta reformationis catholicae ecclesiam Germaniae concernentia saeculi XVI. Die Reformverhandlungen des deutschen Episkopats von 1520 bis 1570. Band VI: 1538 bis 1548. 3. Tl., zweite Hälfte. Herausgegeben von Georg Pfeilschifter. Regensburg 1974.

Alsted, Johann Heinrich: Praecognitorum theologicorum libri II. Herborn 1614.
–: Physica harmonica, quatuor libellis methodice proponens I. Physicam mosaicam, II. Physicam Hebraeorum, III. Physicam Peripateticam, IV. Physicam chemicam. Herborn 1616.
–: Cursus philosophici encyclopaedia. Herborn 1620.
–: Theologia naturalis. Hannover 1623.
–: Triumphus bibliorum sacrorum. Frankfurt/M. 1625.
–: Diatribe de mille annis apocalypticis. Frankfurt/M. 1627.
–: Theologia polemica: exhibens praecipuas huius aevi in religionis negotio controversias, 6 in partes distributa. Ed. 2 limatior & auctior Hannover 1627. Mikrorepr. Leiden 1985.
–: Encyclopaedia septem tomis divisa. T. I–VII Herborn 1630. Repr. [in 4 Bdd.] Stuttgart-Bad Canstatt 1989–1990.
Andreae, Johann Valentin: Invitatio Fraternitatis Christi ad sacri amoris candidatos. Argentorati 1617.
–: [unter dem Pseudonym ›Menippus‹:] Menippus sive Dialogorum satyricorum centuria vanitatum nostratium speculum. Helicone juxta Parnassum 1617.
–: Peregrini in Patria Errores. Utopiae 1618.
–: Turris Babel sive Judiciorum de Fraternitate Rosaceae Crucis Chaos. Straßburg 1619.
–: Christianopolis 1619. Originaltext und Übertragung nach D. S. Georgi 1741. Eingeleitet und herausgegeben von Richard van Dülmen. Stuttgart 1982.
–: Civis Christianus. Straßburg 1619.
–: Memoralia benevolentium honori, amori et condolentiae data. Straßburg 1619.
–: Mythologiae christianae sive Virtutum & vitiorum vitae humanae imaginum libri tres. Straßburg 1619.
–: Johann Valentin Andreaes Societas Christiana. Herausgegeben von George Henry Turnbull. In: Zeitschrift für deutsche Philologie 73 (1954) 407–432; ebd. 74 (1955) 151–185 [zit. als: ›Christianae societatis imago‹].
Arndt, Johannes: Vier Bücher vom wahren Christenthum. Leipzig 1633.
Bacon, Francis: Valerius Terminus. Von der Interpretation der Natur mit den Anmerkungen von Hermes Stella. Übersetzt von Franz Träger und Hildegard Träger. Eingeleitet und herausgegeben von Franz Träger. Würzburg 1984.

–: Neues Organon. 2 Teilbände. Hg. und mit einer Einleitung versehen von Wolfgang Krohn. Hamburg 1990.
–: The works of Francis Bacon. Collected and edited by James Speeding, Robert Leslie Ellis and Douglas Denon Heath. New York-Boston 1864. [Zit. als: ›Works‹.]
Bayle, Pierre: Dictionnaire historique et critique. Nouv. éd. Génève 1969.
Bonaventura: Itinerarium mentis in Deum / Pilgerbuch der Seele zu Gott [etc.]. Eingeleitet, übersetzt und erläutert von Julian Kaup OFM. München 1961.
Campanella, Tommaso: Opera latina Francofurti impressa annis 1617–1630, T. I–II. Repr. Turin 1975.
–: Atheismus triumphatus. Rom 1631.
–: Monarchia messiae. Aesii 1633 [etc.]. Repr.: Torino 1960.
–: Metaphysica. Paris 1638. Repr. u. d. T. ›Methaphysica‹ [sic] Turin 1961.
–: Monarchia Hispanica. Amsterdam 1641.
Confessio Fraternitatis R. C. Ad eruditos Europae. In: [Johann Friedrich von Meyer,] Die beyden Hauptschriften der Rosenkreuzer, die Fama und die Confession. Kritisch geprüfter Text mit Varianten und dem seltenen Lateinischen Original der zweyten Schrift. Nebst Einleitung und angehängtem Verzeichniß einiger andern Rosenkreuzerschriften. Frankfurt/M. 1827, S. 67–85.
Corpus Hermeticum. Texte établi par A.D. Nock et traduit par A.-J. Festugière. T. I–IV Paris 1983.
Descartes, René: Discours de la methode pour bien conduire la raison, & chercher la verité dans les sciences / Von der Methode des richtigen Vernunftgebrauchs und der wissenschaftlichen Forschung. Übersetzt und herausgegeben von Lüder Gäbe. Hamburg Nachdr. 1990.
Erasmus von Rotterdam, Desiderius: Apophthegmatum libri octo. Editio novissima. Amsterdam 1571 [Staatsbibliothek Bamberg+].
–: Opera omnia. T. I–X. Lyon 1703. Repr.: Meisenheim/Glan 1961.
Fama Fraternitatis oder Brüderschafft des hochlöblichen Ordens des R. C. An die Häupter, Stände und Gelehrten Europa (1614). In: Johann Valentin Andreae, Fama Fraternitatis [etc.]. Eingeleitet und herausgegeben von Richard van Dülmen. Stuttgart ³1981, S. 15–30.

Ficino, Marsilio: De amore / Über die Liebe oder Platons Gastmahl. Übersetzt von Karl Paul Haase. Herausgegeben und eingeleitet von Paul Richard Blum. Lat.-dt. Hamburg ^{3}1994.

–: Opera omnia. T. I–II Basel 1576. Repr. Turin 1959–1960.

–: Theologia Platonica de immortalitate animorum XVIII libris comprehensa, Parisiis 1559. Repr. Hildesheim-New York 1975

Figulus, Benedictus (ed.): Pandora magnalium naturalium. Straßburg 1608.

–: Thesaurinella olympica tripartita. Frankfurt/M. 1608.

Die Fragmente der Vorsokratiker. Griechisch und deutsch von Hermann Diels. Sechste verbesserte Auflage herausgegeben von Walther Kranz. Bd. I–III Tübingen 1952.

Grotius, Hugo: De veritate religionis christianae. Editio tertia, prioribus auctior, & emendatior. Leiden 1633 [Landesbibliothek Coburg^{+}].

Gruterus, Janus: Florilegii magni seu Polyantheae tomus secundus. Straßburg 1624 [Landesbibliothek Coburg^{+}]. [Zit. als ›Florilegium magnum‹ II.]

Herbert of Cherbury, Edward: De veritate [etc.], London 1645. Repr. Stuttgart-Bad Cannstatt 1966.

Huartus, Johannes: Scrutinium ingeniorum. Jena 1668 [Landesbibliothek Coburg^{+}].

Julian: Œuvres complètes. Ed. Christian Lacombrade, T. I–II. Paris 1932–1964.

Jöcher, Gottlieb (Hg.): Allgemeines Gelehrten-Lexicon, zweyter Theil D–L Leipzig 1750.

Kepler, Johannes: De stella nova. Prag 1606.

Khunrath, Heinrich: Amphitheatrum sapientiae aeternae. Frankfurt/M. 1653.

Kircher, Athanasius: Ars magna lucis et umbrae, editio altera multo auctior. Amsterdam 1681.

Langius, Josephus: Florilegii magni, seu Polyantheae floribus novissimis sparsae, libri XX. Frankfurt/M. 1628 [Universitätsbibliothek Eichstätt^{+}].

Masen, Jacob: Speculum imaginum veritatis occultae. Editio tertia prioribus correctior. Coloniae Ubiorum 1681[Landesbibliothek Coburg^{+}].

Melanchthon, Philipp: Opera quae supersunt omnia. Ed. Carolus Gottlieb Bretschneider. T. I–XXVIII Halle-Braunschweig 1834–1860. Repr.: New York-Frankfurt/M. 1963.

Mersenne, Marin: Harmonicorum libri. Paris 1635.
Nikolaus von Kues: Philosophisch-theologische Schriften. Lat.-dt. Herausgegeben und eingeführt von Leo Gabriel. Übersetzt und kommentiert von Dietlind und Wilhelm Dupré. Bd. I–III Wien 1964–1967.
Pannonius, Stephanus: De circulo operum et judiciorum Dei. Belgrad 1608.
Paracelsus: Sämtliche Werke. Abt. 1: Medizinische, naturwissenschaftliche und philosophische Schriften. Herausgegeben von Karl Sudhoff, Bd. 1–14 München-Berlin 1922–1933 [zit. als: ›SW I (1–14)‹].
Patritius, Franciscus: Nova de universis philosophia / Nova sveopća filozofija. [Lateinisch-serbokroatische Ausgabe des ersten Teils. Herausgegeben und mit einem Nachwort versehen von Vladimir Filipović.] Zagreb 1979.
Pico della Mirandola, Giovanni: De hominis dignitate / Über die Würde des Menschen. Übersetzt von Norbert Baumgarten. Herausgegeben und eingeleitet von August Buck. Lat.-dt. Hamburg 1990.
Pinder, Ulrich: Speculum intellectuale felicitatis humanae. Nürnberg 1510.
Piscator, Johannes: Commentarii in omnes libros novi testamenti: antehac separatim editi: nunc vero in unum volumen collecti. Herborn 1621
Plattes, Christopher [fälschlicherweise unter dem Namen Samuel Hartlib]: A Description of the Famous Kingdome of Macaria [Erstdruck London 1640]. Nachdruck in: Charles Webster, Samuel Hartlib and the advancement of learning. Cambridge 1970, S. 79–90.
Plotin: Über Ewigkeit und Zeit (Enneade III 7). Übersetzt, eingeleitet und kommentiert von Werner Beierwaltes. Frankfurt/M. 1967.
Scultetus, Abraham: Medulla theologiae patrum. Amberg 1598. [Bayerische Staatsbibliothek München+].
Sperber, Julius: Echo der von GOtt hocherleuchteten Fraternitet deß löblichen Ordens R. C. Danzig 1616. [Landesbibliothek Coburg+.]
Stoughton, John: Felicitas Ultimi Saeculi. London 1640. [Staatsbibliothek München+].
Synhedrin. In: Der Babylonische Talmud mit Einschluß der vollständigen Mishna. Herausgegeben von Lazarus Goldschmidt. Siebenter Band. Haag 1933, S. 1–513.

Tremellius, Immanuel [zus. mit. Franciscus Junius]: Bibliorum pars tertia, id est, quinque libri poetici. Frankfurt/M. 1579. [Landesbibliothek Coburg+; zit. als: ›Libri poetici‹.]

–: Bibliorum pars quarta, id est, prophetici libri omnes, numero XVI. Frankfurt/M. 1579 [Landesbibliothek Coburg+; zit. als: ›Libri prophetici‹.]

Vives, Ludovico: Opera omnia. T. I–VIII Valencia 1782–1790. Repr. London 1964.

Zanchius, Hieronymus: De operibus Dei intra sex dies creatis. Neustadt 1591. [Landesbibliothek Coburg+.]

b. Sekundärliteratur zu Comenius

Beisswänger, Gustav: Amos Comenius als Pansoph. Eine historisch-philosophische Untersuchung. Stuttgart 1904.

Blekastad, Milada: Comenius. Versuch eines Umrisses von Leben, Werk und Schicksal des Jan Amos Komenský. Oslo-Praha 1969.

–: Was sind die ›menschlichen Dinge‹ des Comenius – und warum? In: Acta Comeniana 3 (1972) 79–88.

Brambora, Josef: Komenský literarische Tätigkeit in Form von Medaillons dargestellt. In: Heinz-Joachim Heydorn (Hg.), Jan Amos Comenius. Geschichte und Aktualität 1670–1970. Bd. 2: Eine Bibliographie des Gesamtwerkes. Glashütten im Taunus 1971, S. 9–104.

Červenka, Jaromír: Die Naturphilosophie des Johann Amos Comenius. Praha 1970.

Čiževskij, Dmitrij: s. Tschižewskij, Dmitrij.

Dieterich, Veit-Jakobus: Johann Amos Comenius – mit Selbstzeugnissen und Bilddokumenten. Reinbek bei Hamburg 1991.

Dissel, Karl: Der Weg des Lichtes. Die Via lucis des Comenius. In: Monatshefte der Comenius-Gesellschaft 4 (1895) 295–305.

Floss, Karel: Comenius und die zeitgenössische trinitarische Spekulation. In: Erwin Schadel (Hg.), Ganzheitliches Denken. Festschrift für Arnulf Rieber zum 60. Geburtstag. Frankfurt/M. [etc.]1996, S. 135–146.

Floss, Pavel: Příroda, člověk a společnost v díle J. A. Komenského. Přerov 1968.

–: Komenský a problematika času (s přihlédnutim k vývoji chápání této fil. kategorie). In: Studia comeniana et historica 3 (1972, H. 3) 17–26.

–: Cusanus und Comenius († 1670). In: Mitteilungen und Forschungsbeiträge der Cusanus-Gesellschaft 10 (1973) 173–190.
–: Komenský und der Kopernikanismus. In: Acta Comeniana XXIX (1983, H. 6) 25–36.
–: Bemerkungen zur Entwicklung der philosophischen Begriffsbestimmung bei Komenský (Erwägungen über die Verwertung und Bedeutung des Begriffs *subjectum* und *objectum*). In: Acta Comeniana XXIX (1983, H. 5) 51–58.
–: Úvod do problematiky Komenského filozofie (Struktura Komenského pojmosloví a jeho myslitelský vývoj). In: Studia comeniana et historica 15 (1985, H. 29) 97–111.
Flossová, Renata: Augustinus Aurelius v díle Jana Amose Komenského. Diss. Brno 1995.
Friedrichsdorf, Joachim: Umkehr. Prophetie und Bildung bei Johann Amos Comenius. Idstein 1995.
Hanisch, Helmut: Johann Amos Comenius. Stationen seines Lebens. Stuttgart 1991.
Kalivoda, Robert: »Consultatio Catholica« – eine Großtat tschechischen Denkens. In: K. Schaller [u. a.], Jan Amos Komenský. Wirkung eines Werkes nach drei Jahrhunderten. Heidelberg 1970, S. 52–61.
–: Komenskýs Emendationsbegriff und reformatorisches Denken. In: Klaus Schaller (Hg.), Zwanzig Jahre Comeniusforschung in Bochum / Dvacet let bochumské comeniologie. Gesammelte Beiträge / Sebrané příspěvky. Sankt Augustin 1990, S. 206–224.
Korthaase, Werner: Die Berliner internationale Comenius-Gesellschaft zur Pflege der Wissenschaft und Volkserziehung (1891 – 1934). Berlin 1993.
Kraemer, Gerrit Bert: Sprache und Sprachbildung in der Sicht des Comenius. Tübingen 1973.
Kunna, Ulrich: Das »Krebsgeschwür der Philosophie«. Komenskýs Auseinandersetzung mit dem Cartesianismus. Sankt Augustin 1990.
Kvačala, Jan: Comenius und Baco. In: Pädagogium 10 (1888) 24–33.
–: Johann Amos Comenius. Sein Leben und seine Schriften. Leipzig 1892, Repr. Osnabrück 1989.
Kvacsala, Johann: s. Kvačala, Jan.
Masthoff, Regine: Komenskýs Ratschlag an die Regia Societas in London vom Jahre 1668. In: Klaus Schaller (Hg.) Zwanzig Jahre

Comeniusforschung in Bochum / Dvacet let bochumské komeniologie. Gesammelte Beiträge /Sebrané příspěvky. Sankt Augustin 1990, S. 245–255.
Michel, Gerhard: Die Welt als Schule. Ratke, Comenius und die didaktische Bewegung. Hannover 1978.
Molnár, Amadeo: O přesnější hodnocení Komenského chiliasmu. In: Křestanská revue (1950) 171–175.
–: Comenius' Theologia naturalis. In: Communio viatorum 8 (1965) 53–64.
–: Réflexion sur l'aspect millénariste de la Consultation coménienne. In: Mezinárodni konference o Obecné poradě J. A. Komenského která se bude konat 20.–24. září 1967 v Olomouci [unpaginiertes Typoskript, Muzeum J. A. Komenského/Uhersk Brod+].
–: Dienst an der Zukunft. Zum Verständnis des comenianischen Programms der Weltverbesserung. In: Heinz-Joachim Heydorn (Hg.), Jan Amos Comenius. Geschichte und Aktualität 1670–1970. Bd. I: Abhandlungen. Glashütten im Taunus 1970, S. 33–43.
Novák, Jan V. / Hendrich, Josef: Jan Amos Komenský. Jeho život a spisy. Praha 1932.
Nováková, Julie: Paběrky po Komenského metafyzice. In: Listy filologické 95 (1972, H. 3) 163–166.
Patočka, Jan: Comenius und die offene Seele. In: Klaus Schaller [u. a.], Jan Amos Komenský. Wirkung eines Werkes nach drei Jahrhunderten. Heidelberg 1970, S. 61–74.
–: Die Philosophie der Erziehung des J.A. Comenius. Paderborn 1971.
–: Bacon Verulamský a Komenského Didaktika. In: ders., Jan Amos Komenský. Gesammelte Schriften zur Comeniusforschung. Bochum 1981, S. 45–49.
–: Comenius und die Hauptgedanken in der Philosophie des 17. Jahrhunderts. In: ders., Jan Amos Komenský. Gesammelte Schriften zur Comeniusforschung. Bochum 1981, S. 79–92.
–: Entstehung und Aufbau der Opera didactica omnia von J. A. Komenský. In: ders., Jan Amos Komenský. Gesammelte Schriften zur Comeniusforschung. Bochum 1981, S. 163–171.
–: Komenského názory a pansofické literární plány od spisů utěšnych ke ›Všeobecné poradě‹. In: ders., Jan Amos Komenský. Gesammelte Schriften zur Comeniusforschung. Bochum 1981, S. 354–375.

–: Utopie und System der Ziele der Menschheit bei Comenius. In: ders., Jan Amos Komenský. Gesammelte Schriften zur Comeniusforschung. Bochum 1981, S. 376–381.
Rattansi, P. M.: The comenian natural philosophy in England. In: Studia comeniana et historica 1 (1971) 9–21.
Schadel, Erwin: Tun, Denken und Sprechen als binnendifferenzierte Verbindlichkeitsstruktur. Erläuterungen zu J. A. Comenius' ›Sapientiae Trigonus‹. In: Jan Lášek u. Norbert Kotowski (Hg.), Johann Amos Comenius und die Genese des modernen Europa. Bayreuth-Prag 1992, S. 107–115.
Schaller, Klaus: Zur Grundlegung der Einzelwissenschaften bei Comenius und Fichte. Eine Studie zum Problem des Studium Generale. Köln 1955.
–: Die Pampaedia des Johann Amos Comenius. Eine Einführung in sein pädagogisches Hauptwerk. Heidelberg 1957.
–: Παν. Untersuchungen zur Comenius-Terminologie. ›S-Gravenhage 1958.
–: Die Pädagogik des Johann Amos Comenius und die Anfänge des pädagogischen Realismus im 17. Jahrhundert. Heidelberg ²1962.
–: Sein und Bewegung in den Frühschriften Komenskýs. In: Zeitschrift für philosophische Forschung 23 (1969) 36–46.
–: ... auf daß sie aufhören, Krieg zu führen – der ›Engel des Friedens‹ des J. A. Comenius. In: ders. [u. a.], Jan Amos Komenský. Wirkung eines Werkes nach drei Jahrhunderten. Heidelberg 1970, S. 93–103.
–: Die politische Pädagogik des J.A. Comenius. In: Gerhard Michel u. Klaus Schaller (Hg.), Pädagogik und Politik. Comenius-Kolloquium Bochum 1970. Düsseldorf 1972, S. 10–21.
–: Magia et Scientia bei Comenius. In: Sudhoffs Archiv 60 (1976, H. 2) 123–134.
–: Die Pädagogik der ›Mahnrufe des Elias‹. Das Lebenswerk des J. A. Comenius zwischen Politik und Pädagogik, mit einem Beitrag von Regine Masthoff und einem Auszug in deutscher Übersetzung. Kastellaun/Hunsrück 1978.
–: Machet euch die Erde untertan und herrschet ... In: Ders. (Hg.), Zwanzig Jahre Comeniusforschung in Bochum / Dvacet let bochumské komeniologie. Gesammelte Beiträge / Sebrané příspěvky. Sankt Augustin 1990, S. 128–132.
–: Die unbeendete Aufklärung und J. A. Comenius. In: ders. (Hg.), Zwanzig Jahre Comeniusforschung in Bochum / Dvacet let bo-

chumské comeniologie. Gesammelte Beiträge / Sebrané příspěvky. Sankt Augustin 1990, S. 288–355.
–: Comenius 1992. Gesammelte Beiträge zum Jubiläumsjahr. Sankt Augustin 1992, S. 155–172.
Tschižewskij, Dmitrij: Comenius' Labyrinth of the world: its themes and their sources. In: Harvard Slavic Studies 1 (1953) 83–135.
Turnbull, George Henry: Hartlib, Dury and Comenius. Gleanings from Hartlib's papers. London 1947.
Voigt, Uwe: Homo faber peregrinus – Rezeption und Transformation augustinischen Geschichtsdenkens bei Johann Amos Comenius unter besonderer Berücksichtigung der ›Via Lucis‹. In: Comenius-Jahrbuch 2 (1994), S. 94–111.
–: Illegitime Säkularisierung oder berechtigte Selbstverweltlichung? Die Bedeutung der ›Via Lucis‹ für die Geschichtsauffassung des Comenius. In: Studia comeniana et historica 29 (1994, H. 51) 45–65.
–: Verschüttete Fundamente einer anderen Neuzeit. Die ›Via Lucis‹ des Johann Amos Comenius und ihre Bedeutung für seine triadische Geschichtskonzeption. In: Erwin Schadel / Uwe Voigt (Hg.), Sein – Erkennen – Handeln. Interkulturelle, ontologische und ethische Perspektiven. Festschrift für Heinrich Beck zum 65. Geburtstag. Frankfurt/M. [etc.] 1994, S. 461–498.
–: Friede als Ziel der Geschichte? Drei europäische Konzeptionen: Augustinus – Comenius – Kant. In: Heinrich Beck / Gisela Schmirber (Hg.), Kreativer Friede durch Begegnung der Weltkulturen. Frankfurt/M. [etc.] 1995, S. 164–177.
–: Vom ›Labyrinth der Welt‹ zum ›Weg des Lichtes‹. Die Verbindung von Ganzheitsdenken und Geschichtsverständnis im Werk Jan Amos Komenskýs. In: Erwin Schadel (Hg.), Ganzheitliches Denken. Festschrift für Arnulf Rieber zum 60. Geburtstag. Frankfurt/M. [etc.] 1996, S. 147–173.
–: Das Geschichtsverständnis des Johann Amos Comenius in ›Via Lucis‹ als kreative Syntheseleistung. Vom Konflikt der Extreme zur Kooperation der Kulturen. Frankfurt/M. [etc.] 1996. [= U. Voigt (1996 b).]
von Criegern, Herrmann Ferdinand: Johann Amos Comenius als Theolog. Ein Beitrag zur Comeniusliteratur. Leipzig-Heidelberg 1881.
Young, Robert Fitzgibbon: Comenius and the Indians of New England. London 1929.

–: Comenius in England. The visit of Jan Amos Komenský (Comenius) the Czech philosopher and educationist to London in 1641–42. Oxford-London 1932.

c. Weitere geistesgeschichtliche und systematische Studien

Asbach-Schnitke, Brigitte / Höller, Hans Jürgen: Projekte zur Schaffung einer ›characteristica‹ und ›lingua universalis‹. In: Jean-Pierre Schobinger (Hg.), Die Philosohie des 17. Jahrhunderts. (Grundriß der Geschichte der Philosophie. Begründet von Friedrich Ueberweg. Völl. neubearb. Ausg.) Bd. 3/I. Basel 1988, § 14, S. 313–334.

Beck, Heinrich: Creative peace through encounter of world cultures. In: Philosophy and the future of humanity 1 (Jakarta/Indonesia 1991, Nr. 3) 295–298.

–: Kulturuntergang oder Aufbruch zu einer menschlicheren Welt? Philosophische Betrachtungen zum gegenwärtigen Krisenbewußtsein im Anschluß an Hans Baldung Griens Tafelbild ›Die Sintflut‹. In: Salzburger Jahrbuch für Philosophie XXXVI (1991) 28–39.

–: Weltfriede als dynamische Einheit kultureller Gegensätze. Onto-hermeneutische Grundlagen zum Strukturverständnis der Kultur der Menschheit – als Perspektive eines »dialektisch-triadischen« Wirklichkeitsverständnisses. In: Heinrich Beck / Gisela Schmirber (Hg.), Kreativer Friede durch Begegnung der Weltkulturen. Frankfurt/M. [etc.] 1995.

–: Europa – Afrika – Asien. Komplementarität der Weltkulturen, in: Erwin Schadel (Hg.), Ganzheitliches Denken. Festschrift für Arnulf Rieber zum 60. Geburtstag. Frankfurt/M. [etc.] 1996, S. 51–82.

Beierwaltes, Werner: Lux intelligibilis. Untersuchung zur Lichtmetaphysik der Griechen. München 1957.

–: Denken des Einen. Studien zur neuplatonischen Philosophie und ihrer Wirkungsgeschichte. Frankfurt/M. 1985.

Biundo, G.: Art. »Tremellius, Immanuel«. In: Die Religion in Geschichte und Gegenwart. Handwörterbuch für Theologie und Religionswissenschaft, völl. neu bearb. Aufl., Bd. 6: Sh-Z Tübingen 1962, Sp. 1010f.

–: Art. »Zanchi, Hieronymus«. In: ebd., Sp. 1865.
Blumenberg, Hans: Der Prozeß der theoretischen Neugierde. Frankfurt/M. 1973.
–: Die Lesbarkeit der Welt. Frankfurt/M. ³1986.
Böhler, Dietrich: Naturverstehen und Sinnverstehen. Traditionskritische Thesen zur Entwicklung und zur konstruktivistisch-szientistischen Umdeutung des Topos vom Buch der Natur. In: Friedrich Rapp (Hg.), Naturverständnis und Naturbeherrschung. Philosophiegeschichtliche Entwicklung und gegenwärtiger Kontext. München 1981, S. 70–95.
Costabel, Pierre: Marin Mersenne. In: Jean-Pierre Schobinger (Hg.), Die Philosophie des 17. Jahrhunderts. (Grundriß der Geschichte der Philosophie. Begründet von Friedrich Ueberweg. Völl. neubearb. Ausg.) Bd. 2/II. Basel 1993, § 18, Pkt. 4, S. 637–647.
Curtius, Ernst Robert: Europäische Literatur und lateinisches Mittelalter. Bern-München ¹⁰1984.
Desroche, Henri: Deux d'hommes. Dictionnaire des Messianismes et Millénarismes de l'ère chretienne. Paris 1969.
Dibon, Paul: Die Republik der Vereinigten Niederlande. In: Die Philosophie des 17. Jahrhunderts. Bd. 2/I (Grundriß der Geschichte der Philosophie. Begründet von Friedrich Ueberweg. Völl. neubearb. Ausg., hg. v. Jean-Pierre Schobinger). Basel 1993, S. 44–49.
Eco, Umberto: Die Suche nach der vollkommenen Sprache. München ²1994.
Escribano, Alberca: Eschatologie und Selbstbehauptung. Eine theologiegeschichtliche Randglosse zu H. Blumenbergs Säkularisierungstheorie. In: Erwin Schadel (Hg.), Actualitas omnium actuum. Festschrift für Heinrich Beck zum 60. Geburtstag. Frankfurt/M. [etc.] 1989, S. 559–570.
Gilly, Carlos: Inleiding. Comenius' Via Lucis in het teken van het Rozenkruis. In: J. A. Comenius, *Weg van het liecht*. Amsterdam 1992, S. 11–31.
Gschwantler, Kurt: Nachtrag zum Art. »Zeuxis«. In: Paulys Realencyclopädie der classischen Altertumswissenschaft. Neue Bearbeitung begonnen von Georg Wissowa, fortgeführt von Wilhelm Kroll und Karl Mittelhaus. Supplementband XV: Acilius bis Zoilos. München 1978, Sp. 1481–1488.
Hedwig, Klaus: Sphaera Lucis. Studien zur Intelligibilität des Seienden im Kontext der mittelalterlichen Lichtspekulation. Münster 1980.

Hegel, Georg Wilhelm Friedrich: Sämtliche Werke. Jubiläumsausgabe in 20 Bänden. Herausgegeben von Hermann Glockner. Stuttgart 1961–1968.

Hunter, Michael: Struktur und Bedeutung der Royal Society. In: Jean-Pierre Schobinger (Hrsg), Die Philosohie des 17. Jahrhunderts. (Grundriß der Geschichte der Philosophie. Begründet von Friedrich Ueberweg. Völl. neubearb. Ausg.) Bd. 3/II. Basel 1988, § 18, 2., S. 388–391.

Huntington, Samuel P.: Der Kampf der Kulturen. Die Neugestaltung der Weltpolitik im 21. Jahrhundert, München-Wien [3]1997.

Iserloh, Erwin: Geschichte und Theologie der Reformation im Grundriß. Paderborn [2]1982.

Kant, Immanuel: Kritik der reinen Vernunft. Nach der ersten und zweiten Original-Ausgabe neu herausgegeben von Raymund Schmidt. 3. Aufl. 1990 [Zit. als: ›KrV‹.]

Kelber, Wilhelm: Die Logoslehre. Von Heraklit bis Origenes. Stuttgart 1976.

Kieninger, Josef: Das Sein als Licht in den Schriften des hl. Thomas v. Aquin. Citta del Vaticano 1992.

Klein, Jürgen: Herborn und England im 17. Jh. Wissenschaftstheorie – Calvinistische Theologie – Revolution zum Millenium. In: Jürgen Klein / Johannes Kramer (Hg.) J. H. Alsted, Herborns calvinistische Theologie und Wissenschaft im Spiegel der englischen Kulturreform des frühen 17. Jahrhunderts. Frankfurt/M. [etc.] 1988, S. 73–145.

Klein, Wolf Peter: Am Anfang war das Wort. Theorie- und wissenschaftsgeschichtliche Elemente frühneuzeitlichen Sprachbewußtseins. Berlin 1992.

Knafla, Louis A.: Der Puritanismus. In: Jean-Pierre Schobinger (Hg.), Die Philosophie des 17. Jahrhunderts. (Grundriß der Geschichte der Philosophie. Begründet von Friedrich Ueberweg. Völl. neubearb. Ausg.) Bd. 3/I. Basel 1988, § 4, S. 61–74.

Kremer, Klaus: Das ›Warum‹ der Schöpfung: »quia bonus« vel/et »quia voluit«? Ein Beitrag zum Verhältnis von Neuplatonismus und Christentum an Hand des Prinzips »bonum est diffusivum sui«. In: Kurt Flasch (Hg.), Parusia. Studien zur Philosophie Platons und zur Problemgeschichte des Platonismus. Festgabe für Johannes Hirschberger. Frankfurt/M. 1965, S. 241–264.

Kristeller, Paul Oskar: Byzantine and Western Platonism in the 15th century. In: ders., Renaissance concepts of man. New York 1972, S. 86–109.

Mahnke, Dietrich: Unendliche Sphäre und Allmittelpunkt. Halle 1937. Repr. Stuttgart-Bad Canstatt 1966.

Markus, Robert A.: Saeculum. History and society in the theology of St. Augustine. Cambridge 1970.

Peschke, Erhard: Kirche und Welt in der Theologie der Böhmischen Brüder. Berlin 1981.

Rieber, Arnulf: Heilsgeschehen und Bildungsprozeß von Platon bis Comenius. In: Zeitschrift für Ganzheitsforschung. N. F. 39 (1995, H. 2) 62–89.

Schadel, Erwin: Hinter Kant zurück – über Kant hinaus? Präliminarien zu einem integralen Verständnis von Sein, Erkennen und Handeln. In: Ders. / Uwe Voigt (Hg.), Sein – Erkennen – Handeln. Interkulturelle, ontologische und ethische Perspektiven. Festschrift für Heinrich Beck zum 65. Geburtstag. Frankfurt/M. [etc.] 1994, S. 17–49.

–: Zur onto-triadischen Begründung ganzheitlichen Denkens. In: Ders. (Hg.), Ganzheitliches Denken. Festschrift für Arnulf Rieber zum 60. Geburtstag. Frankfurt/M. [etc.] 1996, S. 13–48.

Schwering, Julius: Die Idee der drei heiligen Sprachen im Mittelalter. In: Reinhold Backmann [u. a.]: Festschrift August Sauer. Zum 70. Geburtstag des Gelehrten am 12. Oktober 1925, S. 3–11.

Siewerth, Gustav: Andrés Philosophie des Lebens. Salzburg 1959.

Telle, Joachim: Benedictus Figulus. Zu Leben und Werk eines deutschen Paracelsisten. In: Medizinhistorisches Journal 22 (1987) 303–326.

Trevor-Roper, Hugh: Religion, Reformation und sozialer Umbruch. Die Krisis des 17. Jahrhunderts. Frankfurt/M. [etc.] 1970.

Vanpaemel, Geert: Die Spanischen Niederlande. In: Die Philosophie des 17. Jahrhunderts. Bd. 2/I (Grundriß der Geschichte der Philosophie. Begründet von Friedrich Ueberweg. Völl. neubearb. Ausg., hg. v. Jean-Pierre Schobinger.) Basel 1993, S. 33–42.

Walkhoff, Friedrich: Francesco Patrizis Leben und Werk. Bonn 1920.

Webster, Charles: Samuel Hartlib and the advancement of learning. Cambridge 1970.

–: The great instauration. Science, medicine and reform 1626–1660. London 1975.

Wollgast, Siegfried: Philosophie in Deutschland zwischen Reformation und Aufklärung 1550–1650. Berlin 1988.
Yates, Frances A.: Giordano Bruno in der englischen Renaissance. Berlin 1989.
Zobel, Moritz: Gottes Gesalbter. Der Messias und die messianische Zeit in Talmud und Midrasch. Berlin 1938.

VIA LUCIS,

Veſtigata & veſtiganda,

h. e.

Rationabilis disqviſitio, qvibus modis intellectualis Animorum LUX, SAPIENTIA, per omnes Omnium Hominum mentes, & gentes, jam tandem ſub Mundi veſperam feliciter ſpargi poſſit.

Libellus ante annos viginti ſex in Anglia ſcriptus, nunc demum typis exſcriptus & in Angliam remiſſus,
Anno ſalutis

M. DC. LXVIII.

AMSTERODAMI,

Apud CHRISTOPHORUM CUNRADUM, Typographum.
Anno 1668.

Titelblatt eines *Via lucis*-Erstdruckes, den Comenius der ›Royal Society‹ übersandte (aus: DJAK 14, tabula phototypica Nr. 18, s. p.).

DER WEG DES LICHTES[1]

Teils schon ausfindig gemacht,

teils noch ausfindig zu machen

d. h.

Eine vernunftgemäße Untersuchung darüber,

auf welche Weisen das geistige

LICHT der Seelen, die WEISHEIT,

nun endlich, zur Abendzeit der Welt,

über den Geist aller Menschen und alle Völkerschaften

erfolgreich verbreitet werden kann.

Ein Büchlein, vor sechsundzwanzig Jahren in England

geschrieben,

jetzt erst gedruckt

und nach England zurückgeschickt.

Im Jahre des Heils

MDCLXVIII.

AMSTERDAM,

BEIM DRUCKER

CHRISTOPHORUS CUNRADUS,

im Jahre 1668

IJOB 38, 24

Über welchen Weg wird das Licht verbreitet?[2]

ZACH. 14, 7

Es wird geschehen, daß zu abendlicher Zeit Licht ist.

JES. 9, 2

Das Volk, das in der Finsternis wandelt, wird ein großes Licht sehen; denen, die im Schatten des Todes wohnen, wird ein Licht leuchten.

[WIDMUNGSSCHREIBEN AN DIE ›ROYAL SOCIETY‹]

DEN LICHTSPENDERN EINES ERLEUCHTETEN ZEITALTERS[3], der Königlichen Londoner Gesellschaft, einer erfolgreichen Geburtshelferin für die im Entstehen begriffene sachbezogene Philosophie

Glück und günstiges Voranschreiten!

Glänzende Herren,

verdientermaßen wird dieses Büchlein über den Weg des Lichtes zu Euch, den Dienern des Lichtes[4], geschickt. (In Europa beginnt man schon, dem Ruhm Eures Fleißes zu huldigen, mit dem Ihr aus den tieferen Quellen der Wahrheit das Licht der Naturphilosophie schöpft.[5]) Zudem ist es ja auch dort entstanden, wo sich für Euch nun der Jagdgrund für Licht und Wahrheit aufgetan hat, der uns zugesagt war: gemäß jenem Worte Christi, das hierauf in seiner ursprünglichen Bedeutung anzuwenden ist: *Andere haben gearbeitet, und ihr habt ihre Arbeiten übernommen.*[6] Vernehmt, um welche Angelegenheit es sich handelt, und zu welchem Zweck dieser Entwurf dorthin zurückgeschickt wird, von wo er hergekommen ist.

2. Ungefähr vierzig Jahre ist es her[7], da wollte Gott, daß in meinem Herzen Wünsche aufkamen, die denen des David ähnlich waren, so daß ich rief: *Sende, o Gott, dein* LICHT *und deine* WAHRHEIT, *damit sie mich führen und hinführen zu deinem heiligen Berg, in deine Wohnung* (Ps. 43, 3). Anlaß dazu boten die Verwüstungen, die mein Vaterland, seine Kirchen und Schulen betrafen. Wie aber die Feuersbrunst der Kriege schon bald auch auf die benachbarten Königreiche und sodann auf ganz Europa übergriff und die Christenheit in allem von Zerstörung bedroht wurde, da gab es keinen größeren Trost, als *die uralten*

Verheißungen Gottes hinsichtlich eines endgültigen Lichtes, das zu guter Letzt die Finsternis überwinden werde. Wäre dazu menschliches Mittun erforderlich, so konnte ich mir darunter nichts anderes vorstellen, als daß die Jugend den Labyrinthen der Welt[8] entrissen und besser über alle Dinge (von den ersten bis hin zu ihren Grundlagen) unterrichtet werde. Und zu diesem Zweck *sollte ein universales Buch*[9] *verfaßt werden, unter dessen Anleitung der menschliche Geist allmählich aus der Finsternis ans Licht gelangen könne, so daß er über eingeschlichene vage Meinungen hinaus auf den einen, einfachen Weg der ewigen Wahrheit gebracht werde.*

3. Einige niedergeschriebene Gedanken zu diesem Thema wurden nach England gebracht und (unter dem Titel *Vorspiele der Pansophischen Versuche*, zunächst in Oxford, dann in London gedruckt und veröffentlicht. Im Jahre 1641 kam ich selbst; ich folgte dem Ruf und dem Ratschlag frommer Theologen und Bischöfe[10] (welche von frommer Sorge um die Verkündigung des Evangeliums an die Völker des Erdkreises erfüllt waren, nachdem damals in Neu-England eine erfolgreiche Aussaat geglückt war[11]). Die Planungen für diese Angelegenheiten begannen mit öffentlicher Vollmacht betrieben zu werden.[12] Doch weil sich gerade in jenen Tagen öffentliche Unruhen ereigneten und es nicht zuließen, von diesen Plänen irgendetwas zu Ende zu führen, wurde ich wieder weggeschickt, und zwar unter folgender Bedingung: *Wenn Gott die ruhigen Zeiten*[13] *wiederhergestellt habe, würde mir die Rückkehr nicht verweigert werden.* Ich ging also weg; was blieb, war ein gewisser Teil der aufgezeichneten Gedanken, mit dem Titel DER WEG DES LICHTES – *teils schon ausfindig gemacht, teils noch ausfindig zu machen* usw. Aber wer von uns hätte erwarten können, daß die göttlichen Züchtigungen so lange andauern würden? *Wehe uns, denn wir haben gesündigt* (Klgl. 5, 16). *Doch der Herr lebt noch, unser gepriesener Fels, der Gott unseres Heils* (Ps. 18, 47), *zu dem sich alle Enden der Erde hinwenden sollen, damit vor seinem Angesicht alle Völkerschaften zur Anbetung kämen. Denn Jehovas ist das Reich; er selbst herrscht über die Völker* (Ps. 22, 28 f.).

4. So ging ich also damals aus England weg; doch meine Hoffnung, fest auf Gott gerichtet, war nicht von mir gewichen, vielmehr schwebte mir unablässig jener *liebliche Traum des Jeremia* vor *(von der wunderbaren Erneuerung der Kirche und – um ihretwillen – der Welt,* Jer. 31, 26 und die gesamten Kapitel 31–33); er wurde begleitet von unablässigem Sehnen danach, in dieser Angelegenheit der Güte Gottes Unterstützung zu leisten. Diese heiligen sehnsuchtsvollen Wünsche machten im Lauf der Zeit derartige Fortschritte, daß sie kaum mehr gesteigert werden konnten, *nachdem ein siebenteiliges Werk*[14] *entstanden war. Dessen Hauptpunkte hier anzuführen, dürfte Euretwegen, die Ihr zur Erforschung von Wahrheiten bereits mit öffentlicher Autorität ausgestattet seid, wohl nicht unangebracht sein.* Wenn Ihr nun erkennt, daß auch unsere neuen Erfindungen wahr sind, *dann kann ein Schatz mit einem anderen* (ich meine die Schätze des Lichtes und der Wahrheit) *verbunden und dadurch bereichert werden.*

5. Im ersten Teil unseres Werkes[15] gibt es etwas seiner ganzen Art nach Neues, *ein universales* ZIEL, *die Verbesserung der menschlichen* ANGELEGENHEITEN, *und zwar* ALLER, *in* ALLEM, *auf* ALLSEITIGE *Weise.*[16] Wenn wir dies nämlich nicht anstreben, werden unsere Bemühungen offensichtlich immer nur Stückwerk und in allen Punkten vergeblich sein.

6. Am zweiten Teil[17] ist neu, daß neue WEGE zu jenem universalen Ziel gezeigt werden. Wenn es diese nämlich gibt, mag es auch offenkundig werden, woran es liegt, daß ein Erreichen des Erstrebten möglich, ein Nicht-Erreichen sogar unmöglich ist. Daß es jene Wege aber wirklich gibt, zeigt sich in jenen *Prinzipien dreifacher Art, die allen,* gemäß den Erfordernissen jedweder Handlung, *gleichermaßen angeboren sind:* in WISSEN, WOLLEN, KÖNNEN.[18] Denn jedem Menschen sind angeboren: die *Normen* für alles, was zu *wissen* ist, welche man *allgemeine Begriffe* nennt; die *Anreize* für alles, was zu *wünschen* ist, welche wir *allgemeine Antriebe* heißen, sowie die *Organe* für alles, was zu *tun* ist, welche als *allgemeine Fähigkeiten* bezeichnet werden können.[19] Siehe, hier ist das Neuartige: *die Klassen der allgemeinen Antriebe und der allgemeinen Fähigkeiten!* Bislang sprachen die Philosophen

freilich bloß von den *allgemeinen Begriffen*[20]; und noch keiner von ihnen hat sie in eine numerische und ordnungsgemäße Reihenfolge gebracht. Sie sind verstreut geblieben, so wie sie sich irgendeinem bei dieser oder bei jener Gelegenheit aufdrängen.[21] Wir hielten es für angebracht, diese ersten Bächlein der Weisheit auf ihre Quellen zurückzuführen und in ihre je eigenen Klassen einzuteilen. Wir versuchten folglich, nicht nur die *Begriffe,* sondern auch die *Antriebe* und *Fähigkeiten* nach einer gänzlich neuen Vorgehensweise in Tabellen zu unterbreiten. Es kann von daher offenbar werden, daß in diesen Wurzeln menschlicher Allweisheit alle Menschen notwendigerweise übereinkommen.

7. Wir haben erkannt: daß jene drei Akte in der Tat dazu ausreichen, jegliche Mannigfaltigkeit der Dinge (so verworren sie auch sein mag) erschöpfend zu behandeln; daß sie wie Normen auf alles, was es in der Welt gibt, angewandt werden können und daß etwas, falls es jemals von den darüber hinaus gegebenen göttlichen Normen (dem offenbarten Wort Gottes) abweicht, verbessert werden kann. Daher haben wir es unter dem Namen der PANSOPHIE[22] gewagt, aus alledem eine einzigartige Zusammenordnung des *menschlichen Allwissens* (d. h. von allem, was es für den Menschen unter dem Himmel zu wissen, zu sagen und zu tun gibt) zu knüpfen. Jene Pansophie beschreibt in einer einzigen fortlaufenden Methode (welche einer Kette zu vergleichen ist) alle Dinge dieses und des künftigen Zeitalters, die offenbaren ebenso wie die verborgenen, in einer unverletzlichen Ordnung, welche niemals unterbrochen wird; sie erläutert dies solchermaßen, daß es jeder, der es aufmerksamen Sinnes betrachtet, verstehen muß und auch seine Zustimmung nicht zurückhalten kann.

8. Wir haben auch erkannt, daß es sich mit jenen drei Akten, dem *Wissen, Wollen* und *Können,* in der gesamten menschlichen Natur, über alle Völkerschaften, Altersgruppen und Stände hinweg, ähnlich verhält. Daher haben wir es gewagt, das Unterfangen darauf auszudehnen, *Mittel und Wege zu suchen, durch welche die universale Weisheit selbst jedwedem geborenen Menschen dargeboten werden kann.*[23] So soll man, wenn alles in dasselbe pansophische Licht getaucht ist, keine Begabungen mehr brachliegen oder der allgemeinen Harmonie zuwidertönen lassen.

9. Schließlich haben wir erkannt, daß die *Vielzahl, Verschiedenheit und Verwirrung der Sprachen* den einzigen, aber sehr wirksamen Widerstand dagegen darstellt, mit diesem Licht zu den Völkerschaften durchzudringen. Daher haben wir es gewagt, die Beseitigung dieses Hindernisses in die Wege zu leiten, durch *neue Vorschläge* dafür, wie man alle Sprachen besser pflegen und *Vielsprachigkeit* erleichtern kann: indem man endlich eine einzige ganz neue, ganz leicht zu beherrschende und ganz vernünftige und philosophische (besser: pansophische) *Sprache* schafft, *ein universales Transportmittel für das Licht*.[24]

10. Wenn erwiesen ist, daß dies alles – was für alle wünschenswert ist – bereits mühelos verwirklicht werden kann (eingebunden in so sichere Grenzen, daß eine Wirkung unmöglich ausbleiben kann), dann werden wir es auch wagen, gewissermaßen vor der versammelten Weltöffentlichkeit einen Antrag darüber einzubringen, wie *unter unveränderter Beibehaltung der gegebenen Grundlagen* BILDUNG, RELIGION UND POLITIK *in den besten Zustand versetzt werden können.* Dadurch sollen überall Unwissenheit, Zweifel, Uneinigkeiten und der lärmende Aufruhr von Streitgesprächen, Zänkereien und Kriegen zum Verschwinden gebracht werden. *Licht, Friede und Heil mögen dann auf den Erdkreis zurückkehren;* jenes erleuchtete, friedvolle und gottesfürchtige *Zeitalter*, das von alters her erhofft wird, möge in Sichtweite kommen.[25]

11. Schließlich verzichten wir im letzten Teil nicht auf eine Ermahnung, nachdem dargelegt worden ist, wessen Anteilnahme diese Sache erfordert und wessen Unterstützung sie erfleht: Alle, die den menschlichen Angelegenheiten vorstehen oder darin tätig sind, sollen Hand anlegen an das Werk, das schon von alters her ersehnt wird und das sich schon darbietet durch den offenbaren Vorschein seiner leicht möglichen Verwirklichung.[26]

12. Der höchste Zweck unseres Vorhabens ist es also, *den Menschen jegliches ihnen zukommende Gut und die untrüglichen Wege dorthin aufzuzeigen*[27]; *wir wollen auch dazu raten, daß alle, indem sie dies ergreifen, danach verlangen und danach streben, glücklich zu werden*. Denn sie sind alle nach derselben

Idee des göttlichen Ebenbildes erschaffen; aufgrund der menschlichen Natur selbst *wissen, wollen und können sie dasselbe auf dieselbe Weise.* Nun aber, nachdem sich ein Strudel zusammengezogen hat, der in die Sünden hinabreißt, werden sie von Eitlem um den Verstand gebracht und sind in Abwegiges verstrickt: *Sie wissen nicht mehr, daß sie wissen, was sie wissen, daß sie wollen, was sie wollen, und daß sie können, was sie können; es fehlt ihnen an Achtsamkeit.* Sobald sie jedoch wieder anfangen, achtsam zu sein, legen wir ihnen den Rat vor, sie sollten nichts blindlings begehren, nichts blindlings glauben, nichts blindlings tun, sondern nur dasjenige, von dem sie mit Sicherheit wissen, daß es gut, wahr und zukunftsträchtig ist. Denn keiner soll seine sehnsuchtsvollen Wünsche, seine Anschauungen und seine Kräfte ins Leere hinein vergeuden; noch viel weniger soll einer dadurch unterdrückt werden, daß er fremden Wünschen dienstbar ist, den fremden Anschauungen seine eigenen überantwortet und duldet, daß seine eigenen Fähigkeiten von einer fremden Kraft gefesselt werden. O wie glücklich wären die Menschen, sähen sie nur ein, daß ihnen schon alles zugegen ist, was sie glücklich machen kann! O würden sie sich doch darauf verstehen, dies alles zur Erreichung der gegebenen Ziele zu nutzen! Jeder einzelne wollte, könnte und verstünde es dann, sein eigener Herr zu sein und sich an seinen eigenen Gütern zu erfreuen. Denn das wäre in der menschlichen Natur die wahrhaftigste Erneuerung zur Gottesebenbildlichkeit, wenn niemandem mehr befohlen würde, etwas *gegen seinen Willen zu wollen,* etwas *für sinnvoll zu halten, ohne den Sinn zu verstehen* oder etwas *unter Zwang zu tun.* Denn eben dies bedeutet ein vergebliches Wollen, Auffassen und Handeln, wodurch das Ebenbild Gottes im Menschen zerstört wird.

13. *Soweit zu uns, die wir uns außerhalb Englands befinden! Wie aber steht es um Euch, die Ihr in England seid, in welchem* (da der Tumult des Bürgerkrieges, wie ich meine, allmählich aufhört) *die ruhigen Tage wiederhergestellt sind?* Daß schon etwas geleistet worden ist, und zwar auf ruhmreiche Weise, das bezeugen die *Königliche Londoner Gesellschaft,* welche feierlich zur Erforschung der Geheimnisse der Naturdinge gegründet

wurde, *sowie so viele bereits veröffentlichte Erfahrungsberichte über staunenswerte Beobachtungen.* O ihr hervorragenden Männer, die ihr durch heldenhafte Wagnisse verherrlicht seid! Wir sind nicht neidisch auf Euch; vielmehr beglückwünschen wir Euch und spenden Beifall, und wir versprechen Euch den Beifall des ganzen Menschengeschlechts: *Überall unter den Völkern wird es laut verkündet werden, daß Euer Tun darauf gerichtet ist, die menschliche Weisheit und die Herrschaft der menschlichen Geisteskraft über die Dinge*[28] *nicht für immer eine mangelhafte und unzuverlässige Angelegenheit bleiben zu lassen.* Und *es wird auch verkündet werden, es dürfe dank Eurer Kunstfertigkeit schon erwartet werden, daß eine zur Vollendung geführte Philosophie die wahren Unterschiede, Grenzen, Mittelpunkte und Anwendungen der Dinge aufweise, und daß damit die Güter der Seele, des Körpers und* (wie man sagt) *des Glücks erreicht und immer noch weiter gesteigert werden könnten.* Wohlan! Zeigt durch Euer Beispiel, daß es wahr ist, was Euer berühmter Verulamier geschrieben hat: *Alles sei möglich – könne es auch nicht von irgendwelchen beliebigen Leuten geleistet werden, so doch von einigen bestimmten Menschen; könne es auch nicht von einem einzigen vollbracht werden, so doch von einem Zusammenschluß vieler; könne es auch nicht in einer einzigen Epoche geschehen, so doch in einer Reihe von Jahrhunderten; könne es schließlich auch nicht durch die Kräfte und die Beflissenheit einzelner zustandegebracht werden, so doch mittels öffentlicher Zuwendung und Finanzierung.*[29]

14. Diejenigen, welche Eure veröffentlichten Versuchsbeschreibungen und unseren Weg des Lichtes lesen, werden nun aber erkennen, *daß es sich bei Eurer glänzenden Bemühung um den ansehnlichsten Teil der hier in Kapitel XVI, § 12 usw. ausgedrückten Forderungen handelt.*[30] Doch auch Ihr selbst werdet erkennen, *daß dies noch nicht das Ganze ist, wonach im Namen der Menschheit* schon anfänglich verlangt wird *und das dazu erforderlich ist, die Glückseligkeit des Letzten Zeitalters heraufzuführen: man muß gänzlich* DARÜBER HINAUS[31] *streben.* Wenngleich auch unser vorliegendes Buch davon handelt (in den Kap. 14 bis 21), so erfordern nun doch dieser

Ort, die Zeit und die Sache selbst eine etwas deutlichere Mahnung.

15. Zu Beginn dieses Büchleins (im Kapitel 1) habe ich den Satz aufgestellt, *die ganze Welt sei eine Schule der Weisheit Gottes*[32]*; sie ist es ja auch in der Tat*. Doch es erscheint mir angebracht hinzuzufügen, *daß diese unterhimmlische* (der himmlischen Akademie[33] untergeordnete) *Schule gemäß den verschiedenen dreifachen Gegenständen und Organen, Büchern und Lehrmeistern, die uns hier gegeben sind, in drei Klassen einzuteilen ist*.[34] Wenn ich dies nun zu erläutern beginne, fordere ich von den Lesern Aufmerksamkeit sowie ein unvoreingenommenes Urteilsvermögen.

16. *Ein dreifacher Gegenstand ist für uns die gesamte, uns von überall her umgebende Welt, die voller verschiedenartiger Geschöpfe von verschiedenartigen Formen ist;* sie ist wie ein großes *Buch* Gottes *voller verschiedenartiger Buchstaben*.[35] Damit wir diese wahrnehmen können, sind uns bekanntlich als Organe die *fünf Sinne* beigegeben worden. Daher ist eben diese Welt, die wir bewohnen, die erste Schule für die Menschen; ein jeder, der geboren wird, tritt in sie ein; man kann sie daher als natürliche oder *physische* Schule bezeichnen. Alle Geschöpfe, sofern sie auf vernunftgemäße Weise betrachtet werden, sind für uns darin die Bücher und die Lehrmeister, gemäß dem Worte Ijobs: *Frag die Lasttiere, sie werden dich lehren, die Vögel des Himmels, sie werden es dir künden. Sprich zur Erde, und sie wird dir antworten; die Fische des Meeres werden es dir erzählen. Wer von ihnen allen wüßte es nicht, daß die Hand des Herrn dies gemacht hat?* (Ijob 12, 7f.)

17. An diese physische Schule schließt sich eine andere, höherstehende an, die *metaphysische,* die sich von der vorhergehenden ihrer ganzen Art nach unterscheidet. In ihr befinden sich nämlich unsere Gegenstände, Bücher wie Lehrmeister, nicht, wie dort, außerhalb unserer selbst, sondern in uns. Es geht hier nämlich um *unseren eigenen Geist,* beziehungsweise um das unserem Geist eingeprägte EBENBILD GOTTES, *das von den zahllosen Prägemalen angeborener Begriffe, Antriebe und Fähigkeiten ausgebildet wird.* Diese teilen jedem Menschen ständig etwas

mit, dem gelehrten ebenso wie dem ungebildeten, dem weisen ebenso wie dem törichten, dem wachen ebenso wie dem schlafenden; stets lehren, mahnen, bewegen, reizen und betätigen sie etwas; einmal auf die richtige Weise, wenn sie richtig genormt sind; ein andermal auf irrige Weise, wenn geduldet wurde, daß sie die rechte Bahn verlassen haben. Dies alles zu erkennen und zu beurteilen, dazu können die (äußeren oder inneren) Sinneskräfte nichts beitragen; allein die Vernunft, die das innere Licht bzw. das Auge des Geistes darstellt, kommt hier in Frage.

18. Es folgt schließlich die dritte Schule[36], die als *hyperphysische* zu bezeichnen ist. Darin kann weder irgendein Geschöpf noch irgendein Mensch irgendjemand etwas lehren; dies geschieht allein von Gott, der über allem ist. Denn die Gegenstände, die hier gelehrt und gelernt werden, sind von der Art desjenigen, *was keines Menschen Auge gesehen und was kein Ohr gehört hat, was keinem Menschen in den Sinn kommt, was einzig und allein Gott durch seinen Geist enthüllt* (1 Kor. 2, 9f.). Dazu gehört zum Beispiel, was gewesen ist, bevor die Welt war, was sein wird, wenn die Welt nicht mehr ist, oder was auch jetzt außerhalb der Welt ist; ebenso, welche Gedanken Gott über uns hegt, was er von uns fordert, was er hinsichtlich derer beschließt, die seinen Willen tun oder hinsichtlich derer, die ihn nicht tun, usw. Wer könnte nämlich derartiges mit irgendeinem Sinn oder irgendeinem Vernunftschluß ergründen? Kein Mensch. Daher *eignen dieser Schule als Bücher* die Eingebungen, die den Patriarchen, Propheten und Aposteln zuteil geworden sind; und sodann die Bücher, die göttlich inspiriert und auf Geheiß Gottes zum Nutzen der Kirche geschrieben worden sind. Lehrer oder vertrautester Ausleger der himmlischen Orakel ist indessen allein Gottes Geist, gemäß dem Worte Petri: *Keine Weissagung der Schrift soll eigenmächtig ausgelegt werden* (2 Petr. 1, 20f.); auch gemäß dem Worte Augustins: *Einen Lehrstuhl im Himmel besitzt derjenige, der die Herzen belehrt* (Trakt. 3 zu 1 Joh.).[37] Demnach sind hier als Organe *Sinneskräfte* oder die *Vernunft* nicht angemessen; nötig ist vielmehr ein *demütiger Glaube,* der Gott alles glaubt und an nichts zweifelt. *Ruhm, betone ich, bedeutet es für die Vernunft und die Sinne, den Worten Gottes zu*

unterliegen: Unglaubliches zu glauben, wenn es offenbart wird; Unmögliches zu versuchen, wenn es geboten wird; was nirgends in Erscheinung tritt, auf Verheißung hin zu erhoffen.

19. Es gilt zu beachten, worin diese drei unterhimmlischen Schulen untereinander übereinkommen und wie sie sich voneinander unterscheiden. Sie kommen überein: erstens, weil sie alle *Schulen Gottes* sind, von ihm allein eröffnet; 2. und zwar *eröffnet für den Menschen,* um ihn stufenweise zur Vollendung zu führen; 3. geschieht dies mit dem einen obersten Ziel, *daß Gott in seinem* (zu größtem Glanz gebrachten) *Ebenbild verherrlicht werde;* 4. dienen alle Schulen dem gegenwärtigen Leben, das wir unter dem Himmel führen, nicht jenem künftigen, in dem er uns zu sich nehmen und dann nicht durch Schatten oder Abbilder, sondern durch sich selbst und den Anblick seines Angesichtes (das zu schauen und weiterzuleben kein Sterblicher vermag, Ex. 33, 20) unterrichten wird und in dem er uns mit ewigen Wonnen sättigen wird. 5. sind diese jetzigen *Schulen* von *allen* zu durchlaufen: Denn wer auch immer zur Welt kommt, hat die Welt rings um sich liegen; er hat sich selbst ganz innerhalb seiner selbst und er hat Gott in der Tiefe des Gewissens.

20. Aber auch auf die Verschiedenheit ist achtzugeben. 1. *Hinsichtlich des Ursprungs,* insofern sich die dreifache Schule auf den dreieinigen Gott bezieht. Denn die Erschaffung der Welt wird Gott-Vater zugeschrieben, die Erleuchtung der Seelen Gott-Sohn, die Begeisterung der Herzen Gott dem Hl. Geist (Gen. 1, 1; Joh. 1, 4.9; 1 Kor. 2, 10–12; 2 Petr. 1, 21 usw.). 2. *Hinsichtlich der Ordnung,* die bei ihrem Durchlaufen notwendigerweise eingehalten werden muß. Der Anfang ist stets mit der ersten zu machen, nicht mit der zweiten oder mit der dritten. Einem kleinen Kind kann nämlich keine Glaubenswahrheit und auch kein Syllogismus beigebracht werden, sondern nur, wie es seine Sinne auf die Dinge hin ausrichten soll usw. 3. *Hinsichtlich des Umfangs der Gegenstände:* Jede nachfolgende Schule hat hierbei jeweils weniger, dafür aber würdevollere Gegenstände zu bieten. Die Welt zeigt uns nämlich unzählige Dinge, die sich anschauen, anhören, riechen, schmecken und berühren lassen; Menschen gibt es nicht so viele, Gott aber ist ein einziger. Und dennoch

steht der Mensch höher als die Welt und ist Gott erhabener als der Mensch. 4. *Hinsichtlich der Bücher und Lehrmeister, die uns bilden:* In der ersten Schule sind dies *alle Dinge, die uns begegnen,* in der zweiten ist es *der Mensch für sich selbst,* in der dritten *Gott durch seinen Geist.* Von daher kommt es, daß wir in der ersten Schule zu ὀντοδίδακτοι werden, in der zweiten zu αὐτοδίδακτοι, in der dritten zu θεοδίδακτοι[38], d. h. *belehrt von den Dingen, belehrt von uns selbst, belehrt von Gott* (Joh. 6, 46).[39] 5. *Hinsichtlich der Fortschritte hin zur Vollendung: Lernen* bedeutet nämlich, *sich dem Gegenstand, der gelehrt wird, anzugleichen.*[40] Daher ist es notwendig, daß wir als gute Schüler in der ersten Schule (der Geschöpfe) *ein zur sinnlichen Wahrnehmung gut befähigtes Geschöpf* werden; in der zweiten Schule (des Menschen) *ein Geschöpf, das andere Geschöpfe beherrscht und leitet;* in der dritten (göttlichen) Schule *ein Geschöpf, das seinem Schöpfer ähnelt,* und in der Freiheit gegenüber den Geschöpfen und gegenüber sich selbst seinem göttlichen Ursprung und dem darin gelegenen seligen Frieden zurückgegeben wird. Dieses Ziel zu übersteigen wird nicht mehr möglich sein, es sei denn, daß wir nach dem Hindurchgang durch den Tod ins Leben gelangen und dort in Ewigkeit unsere Herrlichkeit schauen (1 Joh. 3, 1–3). Diese dreifache unterhimmlische Schule wird also wahrhaftig *jene Jakobsleiter* sein, die Himmel und Erde verbindet.[41]

21. Zu einem zweifachen Zweck wollte ich Euch, denen ich unsere Überlegungen über den Weg des Lichtes schicke, derartige Erörterungen über die dreifache unterhimmlische Schule Gottes zukommen lassen: Ihr sollt nämlich Gelegenheit haben, zu erwägen, erstens, daß *Eure Tätigkeiten so weit hinter diesen Forderungen zurückstehen; und 2. daß Ihr dennoch Größerem machtvoll den Weg bereitet, wenn Ihr Eure Aufgaben wahrhaftig und ernsthaft betreibt.*

22. Daß die Aufgaben, deren Ausführung Ihr auf Euch genommen habt, hinter unseren Zielen zurückstehen, läßt sich aus der Lektüre dieses Büchleins wie auch aus dieser Vorrede selbst anhand dreier Anzeichen leicht erkennen: 1. *Die Welt ist die ungeschliffene materielle Grundlage für die Werke Gottes und das erste Probestück der unerschaffenen Weisheit* (die alles nach

Zahlen, Maßen und Gewichten ordnet[42]). 2. *Ein größeres Theater der Weisheit ist allerdings mit dem erschaffenen Menschen errichtet worden:* Sie hat in ihm die Prägemale der Unendlichkeit (die dazu dienen, Unendliches zu denken, zu begehren, zu unternehmen) angelegt und ihn so zu ihrem Ebenbild gemacht; (indem sie ihm dieselben Zahlen, Maße und Gewichte einprägte, nach deren Vorgabe alles erschaffen wurde). 3. *Doch die größten Geheimnisse der Weisheit sind darin zu schauen, wie der Mensch durch seinen Fall verdorben und verloren ist und wie er schließlich wiederherzustellen ist.* Erst hierbei öffnen sich alle Abgründe der Weisheit und der Torheit, der Gerechtigkeit und der Sünde, des Lebens und des Todes, des ewigen Heils und des ewigen Verderbens; sogar die Engel geraten hier in Erstaunen (Eph. 3, 10; 1 Petr. 1, 12).

23. Also, ihr fleißigen Untersucher der Naturdinge: *Wenn Ihr die gesamte Natur durchgearbeitet habt* (so daß Ihr, gemeinsam mit Salomon[43], den Aufbau der Welt und das Wirken der Elemente versteht, Anfang, Mitte und Ende der Zeiten, die Abfolge der Sonnwenden und den Wandel der Jahreszeiten, den Kreislauf der Jahre und die Stellung der Sterne, die Natur der Tiere und die Wildheit der Raubtiere, die Gewalt der Geister und die Gedanken der Menschen, die Verschiedenheit der Pflanzen und die Kräfte der Wurzeln, und überdies noch alles, was offenbar oder verborgen ist (Weish. 7, 17 usw.), – *dann, müßt Ihr wissen, habt Ihr erst das ABC der Göttlichen Weisheit bewältigt.* Oder ihr habt im Tempel der Weisheit Gottes lediglich die Schwelle berührt; seine Vorhöfe mitsamt dem Heiligtum liegen Euch erst noch vor Augen. Und so wird sich an Euch jenes Wort des Predigers Salomon erfüllen: *Ist der Mensch am Ende angelangt, dann steht er noch am Anfang* (Sir. 18, 6).

24. Ihr müßt wissen (wie ich schon sagte), daß Ihr mit all Eurer Ausrüstung bloß die ungeschliffenen Grundlagen göttlicher Weisheit zur Hand habt, daß Ihr lediglich die Fundamente für die menschliche Weisheit legt, die einmal zum Abschluß gebracht werden muß. Ist es Euer Vorsatz, Euch damit zufriedenzugeben und nichts darüber hinaus zu errichten, dann werdet Ihr lächerlich sein wie der Mann im Evangelium, der begann, einen Turm

zu bauen, und ihn nicht zu Ende führen konnte (Lk. 14). Lächerlich seid ihr dann, meine ich, wenn nicht für Menschen (die nicht gewillt sind, die Großtaten Gottes zu verstehen), so aber doch für Gott und die Engel; und Euer Werk wird ein auf den Kopf gestelltes Babel[44] sein, das seine Bauten nicht gegen den Himmel richtet, sondern gegen die Erde. Mit Sicherheit wäre es ein unvollendetes Werk, so wie es eines gewesen wäre, wenn Salomon den äußeren Vorhof für das Volk erbaut und es dann unterlassen hätte, das Heiligtum für die Priester und das Allerheiligste für den Hohenpriester hinzuzufügen.[45] Oder wir würden schließlich in der Griechischen Krankheit verharren, die (wie Seneca bezeugt) darin bestand, *sich nur noch auf Kleinigkeiten zu verstehen*.[46] Denn alles Sinnliche ist ja in der Tat eine Kleinigkeit gegenüber Geistigem, alles Körperliche gegenüber Seelischem und alles Zeitliche gegenüber Ewigem: weil jenes vergeht, dieses dagegen bestehen bleibt. Wäre es also nicht besser (nach dem Vorbild des Hieronymus), *das auf Erden zu lernen, dessen Kenntnis bis in die Himmel hinein fortdauert?*[47] Und mit dem Apostel sich so die Welt zunutze zu machen, als nutzten wir sie nicht? Denn die Gestalt dieser Welt vergeht (1 Kor. 7, 31). Wenn das damals schon so war, als die Zeitalter sich erst zu neigen begannen, wird es da nicht erst jetzt so sein, da die Zeitalter ihrem Ende entgegeneilen?

25. Doch bei alledem verachte ich das Werk, das ihr betreibt, keineswegs; ich erstatte ihm vielmehr höchstes Lob und bitte Gott demütig, daß er die in Eure Herzen gesenkte Sehnsucht *(die Wahrheit über die Naturdinge zu erheischen) bekräftige.* Dies aber tue ich aus folgendem Grund: *Nach dem Urteil von Ärzten wird ein Fehler, der in der ersten Phase der Verdauung stattfindet*[48], *in der zweiten oder dritten nicht mehr berichtigt; wird der Fehler jedoch schon in der ersten Phase der Verdauung berichtigt, dann beugt man damit Fehlern in der zweiten und dritten vor oder kann sie leichter berichtigen*. Ebenso verhält es sich, wenn Fehler, die von Menschen in der ersten Schule Gottes begangen wurden, korrigiert werden. Dies kann dann zweifellos viel dazu beitragen, Fehler in der zweiten und dritten Schule zu berichtigen.[49] Nun ist freilich alles in der Welt verfärbt und verfälscht, in

der Politik ebenso wie in der Religion; überall gibt man sich mit Meinungen anstelle von Wahrheit zufrieden.[50] Alle loben die Tugend und lassen es trotzdem damit genug sein, anstelle der Tugend deren Namen und deren Fassade zur Schau zu stellen. Gott haben alle auf den Lippen, wenige im Herzen: An Gottes Statt verehren sie irgendein Goldenes Kalb[51] oder eine ähnliche gespenstische Ausgeburt ihrer Phantasie. Selbst bei den so oft unternommenen Bestrebungen, die Welt zu verbessern, werden meistens nur Namen geändert und keine Sachverhalte. Dennoch werden diese Reformversuche verteidigt wie ernstlich vervollkommnete Angelegenheiten, wie ein unerschütterliches Urteil, das jedoch kaum irgendeinen Rückhalt hat. Man will, daß alles mit blinder Zustimmung angenommen und darüberhinaus auch noch gelobt wird; und Entrüstung entbrennt alsbald denen gegenüber, die irgendetwas in Zweifel ziehen möchten. Deshalb ist die Wahrheit aus den menschlichen Angelegenheiten verbannt; und diejenigen, die sie vergeblich suchen, seufzen, in die Fußfesseln nichtiger Meinungen und Gewohnheiten gelegt.

26. Nun aber verheißt die ewige Wahrheit, Christus: *Wenn ihr die Wahrheit erkennt, wird die Wahrheit euch befreien* (Joh. 8, 31 f.36). Daher ist es offensichtlich, daß diejenigen ein hochheiliges Werk betreiben, die sich eifrig darum bemühen, jede Art von Wahrheit zu ermitteln: in der Schule der Sinnesdinge gleichermaßen wie in der des Seelischen und Geistigen. Und weil die erste Schule der zweiten und die zweite der dritten den Weg bereitet, werden Wahrheiten über die Natur zweifellos auch auf moralische und geistige Wahrheiten vorbereiten.

27. Wohlan, *die Ihr in Naturdingen Mysten der Wahrheit seid*, betreibt daher rüstig Eure Angelegenheit! Bewirkt, daß das Menschengeschlecht von einer nichtigen, mangelhaften, oberflächlichen, falschen und nutzlos spitzfindigen Philosophie nicht auf immer zum Narren gehalten wird.[52] Stattet das schmucke Sparta, das ihr errungen habt, schmuckvoll aus[53]: Geht den Politikern und Theologen auf gehörige Weise mit Eurem Beispiel voran, indem Ihr ernsthaft über die Dinge und über die Meinungen bezüglich der Dinge urteilt. Richtig hat nämlich gesprochen, wer sagte: *Eine zanksüchtige Philosophie brachte*

eine zanksüchtige Theologie hervor.[54] Genauso muß man auch von der Politik sagen: *Worauf sich die Politiker heutzutage beim Lenken der Welt stützen, das sind die* GRÖSSTEN *Schlüpfrigkeiten, die wahrsten Gründe dafür, daß der ganze Staat ins Wanken gerät* (ja sogar schon zu Fall kommt).[55] Macht deutlich, daß Ihr die Irrtümer nicht weiter ertragen wollt, auch wenn sie als Berechtigungsschreiben die lange Zeitspanne von Adam an besitzen: Zu URIM und THUMIM, *d.h. zu Licht und Wahrheit*[56] ist alles zurückzurufen; eine Aufgabe nicht nur für Theologen, sondern auch und gerade für Politiker *(Ex. 28, 30).*

28. Eure strengen Urteile über die Naturdinge haben von solcher Gediegenheit zu sein und Euer Gewissen so wenig mit irgendeinem Betrug zu belasten, daß jeder all das Eure nicht nur (so lange wie er will) unverhüllt betrachten mag, sondern auch mittels eigener strengster Versuche dessen Wahrheit nachprüfen kann; dabei darf niemals etwas anderes gefunden werden als das, was Ihr über den Sachverhalt schon aufgezeigt habt. Dies wird das reizendste Beispiel für jene abgeben, die in der Politik am Steuerruder der menschlichen Gesellschaft und die in der Kirche am Steuerruder der Gewissen sitzen, so daß sie ohne Zaudern Ähnliches tun. So wie auch die Apostel ohne Zaudern und Furchtsamkeit all ihre Taten jeglichem menschlichen Urteil unterworfen haben *(1 Kor. 4, 3f.).*

29. Zudem beschwöre ich Euch: Wie Ihr begonnen habt, Euch erfolgreich dem Aufspüren der Wahrheit über die Naturdinge zu widmen, so fahrt auch fort in Eurem Zeugnis vor der Welt. So werdet ihr es durchsetzen – wenn dies überhaupt möglich ist – daß man anfängt, sich davor zu hüten, auch in bedeutenderen, das Heil der Welt betreffenden Angelegenheiten betrogen und verspottet zu werden. Diogenes rief die Musiker vor Gericht, weil sie die Saiten zu harmonischem Zusammenklang ordneten, ihre Sitten jedoch nicht.[57] Christus verklagte die Pharisäer, weil sie das Äußere der Gefäße reinigten, in ihrem Inneren aber selbst voller Unreinheit waren *(Mt. 23, 25).* Und er würde die Politiker verklagen, die ihre Hände wie Pilatus von unschuldigem Blut reinwaschen *(Mt. 27, 24),* anstatt wie David ihre Hände in Unschuld zu waschen *(Ps. 26, 6).* Wehe unserer Torheit, da wir

allenthalben anstelle der Dinge deren Aufputz zulassen, damit uns untereinander oder gar Gott selbst zu betrügen suchen und gar nicht merken, daß wir selbst elend betrogen werden. Denn die Wahrheit selbst (die zuletzt notwendigerweise siegen und triumphieren wird) muß uns auf ewig zunichte machen.

30. *Huldreichster König von Großbritannien, in den Büchern, die die Königliche Londoner Gesellschaft herausgibt, sehen die Nationen den Namen Deiner Majestät, gleichsam als den des Begründers.*[58] Sie sehen ihn, sagte ich, und diejenigen, die die Sache auch einsehen, spenden Lob; in froher Hoffnung auf frohes Vorankommen zollen sie Beifall[59], wann auch immer die Könige Waffenlärm und Waffengewalt, die gekünstelten politischen Listen und die Eitelkeit der Prunkereien aufgeben, und sobald sie dann beginnen, sich allerorten der unverhüllten und einfachen Wahrheit zuzuwenden. Gewißlich steht nämlich der Ausspruch des ruhmreichsten aller Könige, des Salomon, fest: *Gottes Ehre ist es, die Geheimnisse der Dinge zu verbergen; die Ehre der Könige aber, das Verborgene zu erforschen* (Spr. 25, 2).[60] Salomon ging mit seinem Beispiel voran, und Gott gab mit dessen Herrschaft, welche von Frieden und Gedeihen gekrönt wurde, ein Beispiel für Könige und Königreiche: so wie er auch ein Beispiel dafür gab, daß es wieder zu Wirren und Unglück kommt, falls sich jemand (nach dem Beispiel des unglücklichen Salomon) von der Weisheit zur Torheit und von der Wahrheit zur Nichtigkeit hinwendet.[61] Geh' also auch Du, Großer König, den Königen Deines Zeitalters als Beispiel an Weisheit voran und gebiete Deinen Erforschern der naturgegebenen Wahrheiten, daß sie ihr Unternehmen erfolgreich betreiben.

31. Ja wahrhaftig, für diese universalen Vorhaben (die darauf abzielen, das Heil der Völker voranzubringen) brauchen wir keinen Ruderpflock, sondern ein ganzes Boot, auf dem die Fülle des Lichtes, des Friedens und der Wahrheit zu allen Kontinenten und Inseln des Erdkreises ausgesandt werden kann. Es wird nämlich nicht genügen, Forschungen über die Dinge *außerhalb von uns* einzuleiten; es ist auch nach weitaus Größerem zu suchen, nach der Wahrheit der Dinge *in uns* und nach der Wahrheit des Reiches Gottes *für uns.* Wenn wir dies verkennen, dann mag

es auch tausend Welten außerhalb von uns geben und wir alle mögen sie begreifen und mit ihren Schätzen besitzen[62] – es wird uns doch nichts nützen, wie es der beste Lehrmeister gelehrt hat *(Mt. 16, 26)*. Hörte man doch nur auf den Ratschlag, den er den Händlern gegeben hat: Mit dem Himmelreich ist es *wie mit denen, die, wenn sie Perlen suchen, nach guten suchen; und wenn sie eine besonders wertvolle Perle gefunden haben, gehen sie hin, verkaufen alles und kaufen sie* (Mt. 13, 45 f.).

32. Darüber wäre zwar noch mehr zu sagen, um den Glanz der Weisheit Gottes in der zweiten und dritten unterhimmlischen Schule noch deutlicher zu offenbaren, aber auch darüber, wie man es einrichten könne, daß alle mit eigenen Augen schauen können, daß die Zeiten des Lichtes für die Kirche gekommen sind und die Herrlichkeit des Herrn über ihr aufgegangen ist (Jes. 60, 1 usw.). *Doch noch bedeckt Finsternis die Erde und Dunkel die Völker* (V. 2); *noch erschüttert der Zorn Gottes die Erde, so daß die Völker gleichsam ein Raub der Flammen sind und der Bruder den Bruder nicht schont, sondern ein jeder das Fleisch seines Armes frißt* (Jes. 9, 19 usw.)[63]; *noch ist der Tag des Herrn Finsternis, nicht Licht* (Am. 5, 18). Daher wird es wohl besser sein, sich zu gedulden, bis die Zeit kommt, zu der *der starke Wind nachläßt (der Berge zerreißt und Felsen zerbricht) und auch Erdbeben und Feuer aufhören (in denen der Herr nicht ist), wonach dann ein sanftes Säuseln zu hören sein wird: so daß die Frommen des Elias zum Eingang der Höhle hervorkommen und mit ihrem Gott darüber sprechen, wie die Ruinen wiederhergestellt werden können* (1 Kg. 19, 11 usw.).

33. Bis es soweit ist, glänzt, Ihr Lichtträger! *Eure Saaten seien wie das strahlende Licht, das voranschreitet und wächst bis zum vollen Tag* (Spr. 4, 18).

Einer der demütigen Männer der Sehnsucht[64],
der greise COMENIUS,
dessen Leben in Schmerzen
dahinschwindet und dessen
Jahre in Seufzen vergehen.
Psal. 32, 11.

Amsterdam,
an den Iden des April
1668

VIA LUCIS

KAPITEL 1[65]
Die Welt ist eine Schule der Weisheit Gottes

Dies ist unser Ausgangspunkt: Wir schicken uns an, die Welt zu ermahnen, sie solle sich darum bemühen, ihrem Namen gerecht zu werden[66] und die Absicht ihres Schöpfers zu erfüllen. Ferner möchten wir für jene Angelegenheit offen zutage liegende Wege aufzeigen, die Gott offenbart.

2. *Daß die Welt zu Recht eine Schule genannt wird, zeigt zunächst die Sache selbst, sodann der uns geoffenbarte Ratschluß Gottes über ihre Hervorbringung, schließlich noch die fortwährende Fürsorge Gottes dafür, sie zur Weisheit zu erziehen.* Denn *was ist eine Schule?* Sie wird gemeinhin definiert als *Versammlung derer, die Nützliches lehren und lernen.*[67] Ist das richtig, dann handelt es sich bei der Welt um eine Schule. Denn in ihrer Ganzheit besteht sie aus einem Gefüge von Lehrenden, Lernenden und Disziplinen.[68]

3. Denn alles, was es in der Welt gibt, das lehrt oder lernt oder es tut beides wechselweise. Für diesen Zweck gibt es verschiedene hinzuerfundene Mittel, die durch ihre Anwendung überall eingeführt und die dazu hergestellt wurden, daß man sich wechselseitig erziehe und die eigene Gesinnung (habe sie nun öffentlichen oder privaten Charakter) den anderen beibringe oder eintrichtere.

4. Tritt ein in die Buden der Handwerker, in die Katen der Bauern, in Häuser von Senatoren oder Prätoren, in die Pfalzen von Königen, in die Tagungsstätten von Königreichen, in die Räume, in denen Eltern mit ihren Kindern zusammenleben, überhaupt jeden Ort, an dem sich Menschen befinden, – dort, und sogar in einer Einöde an einem einzigen Menschen, wirst du wahrnehmen, daß gelehrt und gelernt wird. An jene Beschäftigungen (des Lehrens und des Lernens) geraten die Menschen

auch nicht durch Zufall, sondern sie werden hierfür geboren. Dies wird von folgendem her offenkundig: Jedem Menschen ist das Verlangen angeboren zu wissen, das, was es zu wissen gibt, in Erfahrung zu bringen, und Erfahrenes wiederum anderen mitzuteilen. Es ist dies ein Verlangen, das so weit reicht, daß einer die anderen (falls sie es mit dem, was er weiß, glaubt oder mutmaßt, nicht ebenso halten wollen) mit Schmeicheleien auf die Seite der eigenen Gesinnung zu ziehen, oder, falls dies nicht ausreicht, sie mit Gewalt dorthin zu zwingen versucht.

5. Von daher ist auch alles erfüllt mit *Disziplinen,* d.h. mit verschiedenen Rüstzeugen zum Ermahnen, Zuraten und Antreiben[69]: Deshalb läßt sich die *Welt* nicht zu Unrecht als ein *Haus der Disziplin* bezeichnen. *Die Natur des Menschen hat sich keine anderen Grenzen gesetzt als die des Lehrens und des Lernens: Denn nie wird ein Auge vom Sehen satt, und nie ein Ohr vom Hören* (Koh. 1[70]).

6. Was man von Solon berichtet – *er habe sich für gewöhnlich gerühmt, daß er beim Altwerden tagtäglich etwas hinzulerne*[71] –, das könnte nur ein Unerfahrener ausschließlich auf Solon beziehen. Denn jener Drang eignete nicht nur einem einzigen Menschen, vielmehr gehört er zur menschlichen Natur, wenngleich er sich nicht bei allen mit der gleichen Lebhaftigkeit zeigt oder sich nicht allein (wie es sich gehörte) auf Besseres bezieht. Die menschliche Natur ist es, die durch jene Unendlichkeit ihrer sehnsuchtsvollen Wünsche und ihres Fassungsvermögens aufzeigt, daß ihr der Charakter der Göttlichkeit eingeprägt ist. Dies zeigt sie zu dem Zweck, daß der Mensch an begrenzten Dingen keinen Halt findet und ständig Gelegenheiten hat, zum Abgrund der Unendlichkeit selbst, zu Gott hin aufzubrechen; so wie der Mensch auch ständig Anreize besitzt, nach Gott zu verlangen. Denn dieser schickt ihn ja auch deswegen in die Welt, daß er Gott suche und aus den Werken den Werkmeister erkenne – bis die Zeit kommt, da er geruht, sich ihm selbst, ohne Schleier, zu offenbaren, von Angesicht zu Angesicht.[72]

7. Die heiligen Orakel lehren nämlich, *die erschaffene Welt habe einzig den Zweck, für den Menschen ein Vorspiel zur Ewigkeit selbst zu sein:* Gott wohnt in seiner Ewigkeit und ist an sich

durch seine Wonnen, die in ihm sind, zur Genüge glückselig. Dennoch hat es ihm gefallen, etwas außerhalb seiner selbst hervorzubringen, dem er seine Erhabenheit offenbaren könne. So hat es ihm auch gefallen, zugleich einige Wesenheiten nach seinem Ebenbild (d. h. vernunftbegabt, zum Erlangen von Weisheit und zur Unsterblichkeit befähigt) hervorzubringen, jedoch auf zwei verschiedene Weisen: Die eine Wesenheit schuf er als einfache, rein geistige, *die Engel.* Es beliebte ihm, sie, die ja schon vollkommen waren, in ihrer vollen Zahl hervorzubringen, sie sogleich in den Höhen rings um den Thron der Ehre herum aufzustellen und sie damit als Betrachter seines Angesichtes einzusetzen. Die andere Wesenheit schuf er als eine im höchsten Grade zusammengesetzte, mit Fleisch bekleidete: *den Menschen.* Er wollte demnach, daß die Menschen nicht alle zugleich erschaffen, sondern (um die Vielseitigkeit seiner Weisheit aufzuzeigen) durch Zeugung vermehrt würden. Weil dafür Zeit gewährt werden mußte, maß er dem Weltlauf einige Jahrtausende zu. Und weil der Mensch ein körperliches Geschöpf werden sollte, errichtete er für ihn eine körperliche Wohnstätte: diese unsere sichtbare *Welt*. Sie ist ausgestattet mit allem, was dem Menschen, für den Bedarf des Körpers ebenso wie für den der Seele, zum Nutzen dienen konnte. Allerdings mußte der Mensch vorübergehend von der beseligenden Schau seines Schöpfers ausgeschlossen und stufenweise wieder zu ihr emporgehoben werden. Daher gefiel es Gott, im Blickfeld des Menschen einige Spiegel[73] seiner unendlichen Macht, Weisheit und Güte aufzustellen. (Bei diesen Spiegeln handelt es sich um alle sichtbaren Geschöpfe Gottes, die auf gewisse Weise von unendlicher Vielfalt sind.) Durch deren Betrachtung sollte der Mensch einen Eindruck von der sichtbaren Erhabenheit, Schönheit und Lieblichkeit Gottes bekommen.

8. *Also ist nach der Absicht des Schöpfers die Welt nichts anderes als ein Vorspiel der Ewigkeit*, d. h. *eine untergeordnete Schule, in die wir geschickt werden, bevor wir in die himmlische Akademie aufrücken*. Daher stattete Gott seine Schule in überreichem Maß auch mit seinen Büchern aus. Denn wir sollten hier ja lernen; es war aber nicht möglich, ohne Bücher oder ohne unmit-

telbare Anrede zu lernen. Er sparte die unmittelbare Anrede für die Ewigkeit auf und *erzieht uns unterdessen mittels Büchern.*

9. *Er gab uns drei solche Bücher*[74]; sie sind allesamt *Aufzeichnungen* seiner Ewigkeit, d. h. seiner selbst bzw. seines *Urbildes.*[75] Sie künden von *seiner Erhabenheit, seiner Macht, seiner Weisheit und Güte, dazu noch von seinem Willen: von dem, was er durch uns geschehen lassen möchte, und davon, welches Geschick er über uns verhängt hat, die wir das von ihm Gewollte ausführen beziehungsweise nicht ausführen.*

10. *Das erste und größte Gottes-Buch ist die sichtbare Welt;* sie ist beschrieben mit so vielen Buchstaben, wie es in ihr Geschöpfe Gottes zu sehen gibt.[76]

11. *Das zweite Buch ist der Mensch selbst, der nach dem Ebenbild Gottes geschaffen ist.* Ihm wurde ein Hauch des göttlichen Lebens gegeben; dies ist *die vernunftbegabte Seele* als Maß aller Dinge.[77] *Denn mit ihren angeborenen Begriffen mißt sie alles; sogar Gott, ihr eigenes Urbild, erkennt sie besser aus sich selbst als aus irgendeinem anderen Gegenstand:* Indem sie zu der Auffassung kommt, daß Gott so wie sie selbst beschaffen ist oder doch so, wie sie gemäß ihren verborgenen sehnsuchtsvollen Wünschen zu werden verlangt. Alles Seiende kehrt nämlich naturgemäß zu seinen Prinzipien zurück.[78] Daher wird der Mensch auch von einem gewissen natürlichen Drang seiner sehnsuchtsvollen Wünsche zu Gott und zu dem, was in Gott ist, hingerissen; und von eben diesen eigenen sehnsuchtsvollen Wünschen lernt er, was und wie Gott ist. *Zum Beispiel:* Jeder Mensch wünscht sich das Leben, Tod und Verderben aber fürchtet er. Daher kann er von hier aus untrüglich folgern, daß der, nach dessen Abbild er geschaffen ist, unsterblich und ewig ist. Er wünscht sich gleichfalls, daß es ihm im Leben möglichst gut geht; Schmerzen und jegliches Elend flieht er ungestüm: Von daher schließt er also, daß der, auf den er sich bezieht, glückselig ist. Er verlangt danach, weise zu sein und so viel wie möglich zu wissen (wie wir schon früher erwähnt haben[79], läßt sich dies auch bei den Streitgesprächen der Weltweisen beobachten). Er zieht daraus den Schluß, daß Gott, sein Urbild, der Allerweiseste ist. Schließlich verlangt er danach, mächtig zu sein, einer, dessen Befehl andere

Dinge unterstellt sind (dies zeigt sich in den Zusammenstößen zwischen Königreichen und in den unablässigen Streitereien der Sterblichen um Vormachtstellungen): Er denkt sich von daher, daß sein Schöpfer unendlich mächtig ist. Sodann verlangt jeder Mensch danach, gut zu sein (oder wenigstens so zu scheinen), einer mehr noch als der andere.[80] Hieraus überzeugt er sich untrüglich davon, daß Gott in höchstem Grade gut ist. Und so *vermag der Mensch* folgerichtig *aus sich selbst heraus mehr über seinen Schöpfer zu erfahren als von allen anderen Geschöpfen. Er ist also wahrhaft ein Gottes-Buch,* keines, das ihm selbst vor Augen liegt, wie jenes große Buch der Welt, sondern eines, das ihm ins eigene Herz gegeben worden ist.

12. *Doch gab ihm Gott auch noch ein drittes Buch in die Hand; es ist gleichsam ein Kommentar zum äußerlichen Buch der Welt, für das innerliche Buch des Gewissens jedoch ein Leitfaden: die Heilige Schrift,* durch welche er hier und dort erhellt, was noch im Dunkeln liegt, und durch welche er den wahren Sinn und Zweck aller Dinge lehrt.

13. *In diesem dreifachen Gottes-Buch ist alles, was wir Menschen unbedingt wissen müssen oder nicht wissen sollen, zusammengefaßt und klar, zum Nutzen aller, dargelegt.* Denn darin spricht Gott zu allen über alles Notwendige in aller Untrüglichkeit. Es gibt keine Rede und kein Gespräch, wo man nicht ihre Stimme hört usw. (Ps. 19, 3) *Alle haben das erste Buch vor Augen, das zweite in ihrem Inneren. Fänden doch auch alle Gefallen daran, das dritte mit ihren Händen durchzublättern, mit ihren Augen zu betrachten, in ihrem Herzen herumzutragen! Möge es auch belieben, aus allen Büchern das wahre Licht der wahren Weisheit zu schöpfen!*

14. Damit es an nichts fehle, gab Gott darüberhinaus in Rücksicht auf die Einfältigen oder erst jüngst zur Welt Gekommenen *Gelehrte und Ausleger seiner Bücher:* Dabei regelte er es so, daß Eltern ihre Kinder über alles Notwendige unterrichten sollten, die Hirten der Kirche ihre Herden, die staatlichen Behörden ihre Untergebenen und schließlich jeder, der dazu in der Lage sei, jeden anderen: all dies aber nur zu dem Zweck, daß alle tun, was zu tun allen nottut.

15. *In überreichem Maße ist also für die weltliche Schule gesorgt. Und was Gott einst sagte, kann er jetzt ganz genauso sagen: Was konnte ich noch tun, das ich nicht getan habe* (Jes. 5, 4)?

KAPITEL 2[81]

Die Schule der Welt ist durch die Schuld der Menschen in große Verwirrung geraten

Aber ach, wie sehr ist doch *diese Schule der Welt* von der Absicht des Begründers abgefallen!

2. *Erstens achten nämlich nur die wenigsten darauf, warum sie hierher geschickt werden!* Als wären sie hierher gekommen, um seßhaft zu werden, denken so die meisten an nichts anderes als daran, hier zu sein, solange sie nur können. Um die Ewigkeit sind sie so unbesorgt wie geistloses Getier.

3. *Sodann kümmern sie sich auch nicht um ihre Ausbildung, weil sie vergessen, daß sie zur Schulung hierher geschickt worden sind.* Daher kommt es, daß die Menschen zu einem großen, wenn nicht zum überwiegenden Teil ihr Leben wie das Vieh führen; sie befinden sich in tiefer Unkenntnis Gottes, ihrer selbst und aller Dinge. Denn nicht nur in Skythien oder unter Kaffern und ähnlichen von der Kultur verlassenen Völkern, sondern auch in der Christenheit selbst sind Menschen zu finden, bei denen sich außer der Gestalt nichts Menschliches finden läßt, da sie keinen Schliff und keinerlei Kultur aufzuweisen haben.

4. *Diejenigen aber, die einen solchen Schliff erhalten, bekommen ihn meistens nur auf denjenigen Gebieten, die nichts zum hauptsächlichen Ziel beitragen, nämlich dazu, daß sie in Gott ihre Glückseligkeit zu suchen und zu finden vermögen.* Dem Bauch dienen, Reichtum zusammenkratzen, dem Rauch der Ehrungen nachjagen, und selbst, wenn herausragende geistige Begabungen vorhanden sind, sich den Bestrebungen eitler Neugier hingeben – dies sind sogar unter den Gebildeten die am weitesten verbreiteten Beschäftigungen. In derart enge, in derart nichtige Grenzen solcher Zielsetzungen zwängen wir alles!

5. *Sogar diejenigen, die sich um die wahren Güter bemühen, erleben meistens auch den »Erfolg«, den der Apostel anspricht,* wenn er sagt: *Immer lernen sie, nie gelangen sie zur Erkenntnis der Wahrheit.*[82] Dies zeigt sich innerhalb wie auch außerhalb der Kirche in der so krassen, überall gegenwärtigen *Unkenntnis selbst des Notwendigen*[83] sowie im so häufig anzutreffenden *ängstlichen Zweifel selbst gegenüber Sicherem.*[84] Man sieht es auch im so *hartnäckigen Überzeugtsein von Meinungen, die sich auf Unsicheres, ja sogar auf offenkundig Falsches beziehen.* All dies ist schließlich auch, hier wie dort, in Zerwürfnissen, Streitigkeiten, Kämpfen, Kriegen und Morden zu beobachten. Überall auf dem Erdkreis sind Zusammenstöße zu sehen: zwischen Religionsgemeinschaften, Staatswesen, Familien, Sekten, und vielerorts selbst zwischen Einzelpersonen, deren Meinungen voneinander abweichen. *So ist die Welt aus der Schule der Weisheit zu einem Ringplatz von Torheit und Raserei geworden*, zu einem großen Teil sogar, wie Christus es in der Apokalypse sagt, *zur Synagoge des Satans* (Offb. Joh. 2, 9).

6. *Außerdem fehlt es nicht an denen, die aus Überdruß an den Zänkereien unterschiedslos alles, sogar auch Gott, als unsicher von sich weisen.* In der äußersten Finsternis suchen sie das Licht, im Erstarren des Geistes ihre Ruhe. Weit und breit herrscht es schon ganz offen oder kriecht im Verborgenen: das unselige Ungeheuer des *Atheismus.*[85] Wir führen es als triftigen Zeugen dafür an, welch üble Fortschritte die weltliche Schule macht. Dies bezeugen auch die derart großen *Herden der Epikureer*[86], die es überall gibt – Untiere, die aus Menschen entstanden sind.

7. Wenn wir nach den Ursachen eines so großen Mißstandes fragen, so ist deren erste freilich der Fürst der Finsternis selbst, *der Satan:* Nachdem er aus dem Licht herausgefallen war, um sich ein Reich in der Finsternis zu errichten, verlockte er auch den Menschen zum Verbrechen des Abfalls. Und er hat ihn so sehr in die Finsternis der Wirrnisse verstrickt, daß er sich nicht mehr herauslösen kann. *Der allwissende Gott überführt indessen auch die Menschen selbst ihrer Schuld: diejenigen, die er in dieser seiner Schule als Lehrer einsetzte, ebenso wie auch die restliche Menge.* Über die Lehrer des Volkes klagt er nämlich beim Pro-

pheten; er sagt ausdrücklich: *Sie verstehen nicht zu lehren* (Jes. 56, 11). Und an anderer Stelle heißt es: *Eine verlorene Herde wurde mein Volk; ihre Hirten haben sie verführt,* oder, wie andere es übersetzen[87]: *Ihre Hirten ließen sie in die Irre gehen* (Jer. 50, 6).[88] Denn sie lehren entweder gar nicht oder anderes als das, was zur Vorbereitung der Menschen auf die Ewigkeit dient: Nichtiges, bloße Neugier Befriedigendes, Verführerisches. Oder sie lehren auf eine unterkühlte und vertrocknete Weise, ohne etwas von den Unordnungen zu beseitigen. *Daher ist das Volk an derartiges gewöhnt, ergötzt sich an derartigem.* Gott mag beliebig viele andere schicken: Nicht diese wollen sie, sondern jene. So bezeugt es auch jene Gottes-Klage: *Die Propheten weissagen Lügen; die Priester klatschen eigenhändig Beifall, und mein Volk liebt derartiges! Was aber wird zuletzt noch geschehen?* (Jer. 5, 30f.)

8. *Fürwahr, Finsternis bedeckt die Erde und Dunkel die Völker* (Jes. 60, 21); *fürwahr, die Menschen tasten sich wie Blinde an der Wand entlang und fassen um sich, als hätten sie keine Augen. Sie stolpern selbst am Mittag, als wäre es die tiefste Nacht.* (Jes. 59, 10) *Denn sie gehen in der Finsternis und wissen nicht, wohin sie geraten* (Joh. 12, 35). Sie stolpern sogar unablässig ebensosehr über die Dinge wie übereinander und sogar über Gott. Sie ziehen sich verschiedene Verwirrungen und den Untergang zu, so wie es geschrieben steht: *Das unwissende Volk wird in Verwirrung geraten* (Hos. 4, 14). Ebenso: *Mein Volk wird in die Gefangenschaft geführt, weil es kein Wissen besitzt* (Jes. 5, 13). Ebenso: *Mein Volk wird ausgelöscht, weil ihm das Wissen fehlt. Weil du das Wissen verschmäht hast, verschmähe auch ich dich,* spricht Gott (Hos. 4, 6). Schließlich heißt es: *Ein Mensch, der vom Weg des Wissens abirrt, schweigt in der Versammlung der Lebenserfahrenen* (Spr. 21, 16).

9. Es läßt sich also dem Menschengeschlecht nichts Heilsameres wünschen, es läßt sich in den Ratsversammlungen der Weisen nichts Großartigeres betreiben, als dies: daß sich (mit der Hilfe Gottes, der sich unser bereits erbarmt) irgendein wirksamer Weg dafür fände, jene scheußliche Finsternis der Unwissenheit und der Zerwürfnisse aus dem Geist der Menschen zu

entfernen und den Glanz der Weisheit in die Welt zu tragen. Wir wollen sehen, welche Hoffnung es in dieser Angelegenheit geben kann. *Laßt uns zuerst betrachten, was bislang schon in dieser Angelegenheit versucht worden ist und welchen Ausgang es genommen hat.*

KAPITEL 3[89]

Obgleich man auf verschiedenen Wegen Heilmittel[90] für die menschlichen Verwirrungen gesucht hat, wurde bisher noch keines gefunden, das kräftig genug ist

Obwohl er vielfach gereizt wurde, ließ Gott die menschlichen Angelegenheiten niemals im Stich. Und auch die Menschen gaben sich selbst niemals ganz auf.

2. *Gott half zuerst mit verschiedenen Ermahnungen, welche er über Mittel kundtat, die er auf wundersame Weise hervorrief; oder er half durch Menschen, die er mit außergewöhnlichen Gaben versehen hatte.* Dadurch hielt er den Menschen ihre Dummheit vor: daß sie nicht *dem Licht der Vernunft* folgen, das er in ihrem Herz entzündet, sondern all das Ihre nur blindlings und unbedacht ausführen *(Ps. 94, 8 und 49, 13 usw.).* Auch betrachten sie nicht die *Welt,* um aus den Werken Gottes Gott zu erkennen, sei es aus der Höhe des Himmels, sei es aus den Fundamenten der Erde *(Jes. 5, 12 und 40, 21.26* usw.). Und schließlich weisen sie *die Urkunden, die er ihnen in seinem überaus umfangreichen Gesetz vorgelegt hat, wie etwas Fremdes zurück (Hos. 8, 12).* Und wenn die Lehrer Falsches lehren, dann liebt dies das Volk *(Jer. 5, 3);* und manches andere geschieht auch noch auf ähnliche Weise.

3. Wenn Gott sieht, daß mit Mahnungen nichts auszurichten ist, dann züchtigt er mit Seuche, Hungersnot, Krieg, Erdbeben, Überschwemmungen, Bränden und noch auf andere schreckliche Weisen, wobei er einige vernichtet, damit die anderen in Furcht geraten. Dagegen, daß die Menschen einander noch mehr verdürben, schritt er dereinst sogar dadurch ein, daß er die Zerstreuung der Sprachen und Völkerschaften eintreten ließ.[91]

4. *Nach einer jeden Züchtigung schickt er allerdings zuletzt irgendwelche neuen Hilfsmittel zu einem neuen Licht.* So hat er denn auch an die Stelle seiner getöteten oder verachteten Diener andere Propheten, Apostel und Lehrer berufen, sogar seinen eingeborenen Sohn. Wie er dann auch ebenso an die Stelle der verworrenen Sprachen die Gabe der Sprachen geschickt hat. Auf ähnliche Art vollbringt seine Güte, die stete Gegnerin und Bezwingerin unserer Schlechtigkeit, auch noch anderes.

5. *Was die Menschen betrifft, so war das Menschengeschlecht nie derart heruntergekommen, daß nicht wenigstens einige die allgemeine Verderbnis erkannten und andere lehrten, sie zu erkennen. Auch bemühten sie sich, so weit es möglich war, um Heilmittel.* Ich meine folgendes: Könnte jemand die Gedanken aller weisen Menschen betrachten, die je seit Beginn der Menschheitsgeschichte gelebt haben, könnte er deren Reden hören, deren Schriften lesen, deren Taten erwägen, dann fände er, daß es sich dabei kaum um etwas anderes gehandelt hat, als um Erkundungen der Krankheiten des Menschengeschlechts, sowie um verschiedenartige Proben von Heilmitteln gegen diese Krankheiten. Der Erfolg blieb allerdings stets hinter den erwünschten Zielen zurück. Das bezeugen die Klagen der Weisen und die Sache selbst. Denn die meisten Menschen, um derentwillen sich jene Beherzteren Sorgen machen, ächzen und schwitzen, kümmern sich gar nicht um deren Bestrebungen. Ja vielmehr empören sie sich sogar über die, die sich darum bemühen, Hilfe zu bringen.

6. Dies bezeugt Cicero mit folgenden Worten: *Zwar suchte man dazu, den Körper zu heilen und gesund zu bewahren, lange Zeit nach einer Kunstfertigkeit; und sie wurde als Erfindung der unsterblichen Götter geheiligt. Eine Heilkunst für den Geist dagegen ersehnte man nicht so sehr, als sie noch nicht erfunden war; und man verehrte sie auch nicht so sehr, nachdem sie bekannt geworden war. Sie gilt auch nicht so vielen als wertvoll und bewährt; vielmehr ist sie sogar für die meisten verdächtig und verhaßt.* Bald danach erforscht er den Grund für diese Dummheit und fügt hinzu: *Wenn wir Beschwerden und Schmerz des Körpers im Geiste beurteilen, spüren wir dann nicht auch die*

Krankheiten des Geistes am eigenen Leibe? Weil der Geist über sich selbst urteilt, geschieht es von daher, daß eben dasjenige, was urteilt, krank ist und über sich zu einer weniger zutreffenden Ansicht gelangt (Tusc. quaest. 3).[92]

7. Das ist wahr gesprochen, die Behandlung der menschlichen Verderbnisse ist der Welt verhaßt und daher zum größeren Teil vergeblich. All dies nehmen nicht nur jene wahr, die unter der Führung des natürlichen Lichtes vergeblich Heilmittel erprobten, sondern auch diejenigen, die Gott durch den Anhauch seines Geistes erstehen ließ; es sind dies die *Patriarchen, die Propheten, die Apostel* und die anderen Heiligen, ja sogar der Allerheiligste[93] selbst. *Vom Abgrund des Verderbens, in den alle hineinrennen, würden nur die allerwenigsten zurückgerufen, die die Barmherzigkeit Gottes auf außerordentlichen Wegen zurückzieht;* dies haben sie mit ihren Klagen zur Genüge bezeugt. *Wir haben Babylon Heilung gebracht, und es ist nicht gesundet,* klagt Jeremia.[94] *Wer hat unseren Weissagungen geglaubt? Und wem offenbarte sich der Arm des Herrn?* fragt Jesaja.[95] *Verkehrtes kann nicht berichtigt werden, und die Mängel können nicht gezählt werden,* beklagt sich Salomon nach all seinen Versuchen.[96]

8. Schließlich sagt die Weisheit Gottes selbst: *Siehe, ich schicke zu euch Propheten und Weise! Ihr aber tötet und geißelt sie.*[97] Schließlich Johannes: *Die Welt steht ganz unter der Macht des Bösen.*[98] Denn es bleiben – über alle Ordnungen und Stände der Menschen hinweg – bei allen Völkern und in allen Sprachen unendliche Verwirrungen. So weit und so vollständig bedeckt Finsternis die Erde (wie Gott es sagt[99]); und Dunkelheit liegt über den Völkern: derart unbehandelbar sind unsere Gebrechen.

9. Betrachten wir nun aber, ihren Arten gemäß, jene menschlichen Versuche – sieben an der Zahl –, welcherart sie gewesen sind und warum ihnen der Erfolg verwehrt geblieben ist. *Am verbreitetsten scheinen die Klagen und Weherufe gewesen zu sein, womit jene Weiseren der großen Menge der Menschen ihre Dummheit vorhielten; jene sollten dadurch in Bestürzung versetzt und zu einer gewissen Selbsterkenntnis bewegt werden.*[100] Aus diesem Grund lief Diogenes am hellichten Mittag mit einer

angezündeten Laterne mitten durch eine Menschenmenge und rief dabei beständig, daß er Menschen suche.[101] Aus nämlichem Grunde beklagte Heraklit unablässig die menschlichen Torheiten unter unablässigen Seufzern, Tränengüssen und Wehklagen.[102] Demokrit hingegen lachte beim Anblick eines jeden Menschen; er bezeugte damit, daß allesamt nichtig sind und es verdienen, ausgelacht zu werden.[103] Andere taten wiederum, mit der gleichen Absicht, anderes. Doch *lehrte die Sache selbst, daß die Verwirrungen durch Klagen oder Lachen oder Weinen* (solange man nicht zu einem Heilmittel gelangt) *nicht beseitigt werden.* Jene Weisen werden nämlich von den meisten Menschen verlacht, egal, ob sie angesichts der Dummheit derselben nun weinen oder lachen. Dies hat auch Christus mit seinen eigenen Worten bezeugt: *Wir haben für euch auf der Flöte gespielt, und ihr habt nicht getanzt; wir haben Klagelieder gesungen, und ihr habt euch nicht an die Brust geschlagen* (Mt. 11, 17)

10. *Daher wurde der Versuch unternommen, den Menschen mit guten Ratschlägen zu helfen: Daraus entsprang die Beschäftigung mit der Philosophie* (welche die Zwecke der Dinge erforscht und die dafür nötigen Mittel bereitstellt). Zwar wurde diese Philosophie mit ungeheurem Lobpreis überhäuft: Sie sei *Medizin des Geistes, Führerin des Lebens, Erforscherin der Tugenden, Vertreiberin der Laster; sie sei das Licht, das zur Seligkeit führe; sie mache den Menschen Gott ebenbürtig* usw. Doch nützte das nur wenigen, und selbst diesen bloß wenig. Die meisten schenkten diesen Stimmen kein Gehör und brachten auch für die Sache kein Verständnis auf, zumal die außerchristliche Philosophie eine sehr verkürzte Angelegenheit war; sie war unkundig alles Grundlegenden, soweit es den Menschen betrifft. Es fehlt ihr das dritte Buch, das die Weissagungen Gottes enthält.

11. *Von daher kam es dazu, daß den Menschen Gesetze auferlegt wurden, damit sie vermittels des Vorgeschriebenen ein ordentliches Leben zu führen lernten.* Wiewohl dies kein untaugliches Mittel dafür ist, die Ordnung nach außen hin zu bewahren, so besitzt es doch überhaupt keine Kraft dazu, die inneren Unordnungen zu beheben. Die menschliche Natur be-

wahrt nämlich die Erinnerung an die zugleich mit ihr geschaffene Freiheit; sie duldet es nur ungern, an Gesetze gebunden zu werden.[104] Daher rührt es, daß das göttliche Gesetz und erst recht die menschlichen Gesetze die Sünde und den Zorn noch vermehren *(Röm. 4, 15 und 7, 7–9);* denn sie stacheln uns nur an, weil *wir stets nach Verbotenem trachten und Verweigertes begehren.*[105]

12. *Es kamen Strafen für Gesetzesbrecher hinzu.* Deren Erfolg besteht lediglich darin, daß äußere Gewalttaten für eine Weile zurückgedrängt werden. Sie restlos zu beseitigen, ist nämlich unmöglich: Gefängnisse, Marterpfähle und Galgen, die ohne Unterlaß in Gebrauch sind, legen dafür ein hinreichendes Zeugnis ab.

13. *Machthaber griffen zu einer anderen Methode, die Zerwürfnisse unter den Menschen zu heilen.* Sie bestand darin, daß sie bestrebt waren, unabhängige Völkerschaften militärisch anzugreifen und zu unterwerfen, sie dadurch unter ihr Kommando zu bringen und so eine einzige (politische oder religiöse) Ordnung zu errichten, die alle umfaßt. Doch richtete dies stets größeren Schaden an (wie die fortwährende Erfahrung bis auf den heutigen Tag beweist), als daß es irgendeinen Nutzen brachte. Denn die dem menschlichen Geist angeborene Liebe zur Freiheit (zu der er sich geschaffen fühlt) konnte noch nie ausgetrieben werden. Von daher ist es für den Menschen unumgänglich, nach einem Ausweg zu suchen und sich mit List oder mit Gewalt die Freiheit zu verschaffen, wo auch immer und wie auch immer er wahrnimmt, daß er in die Enge getrieben und in Fesseln gelegt wird. Widerstandshandlungen, Widersätzlichkeiten und Erhebungen folgen dann zwangsläufig, wo immer sich menschlicher Regierungstätigkeit etwas Gewaltsames beimischt.

14. *Ein sanfterer Weg besteht darin, Sekten*[106] *zu gründen. Aufgrund wechselseitig eingegangener Verträge stimmt hier eine gewisse Vielzahl von Menschen* (sei sie nun politisch, kirchlich oder philosophisch verfaßt) *hinsichtlich eines gemeinsamen Gutes überein; und sie schließt nun um dessentwillen* (um es zu erwerben oder zu sichern) *in gemeinsamer Anstrengung die ent-*

sprechenden Einsichten und Gewissensüberzeugungen zusammen. Weil die Angelegenheiten hier aus freien Stücken betrieben werden, ist alles beständiger, sofern dasjenige, worin man übereinstimmt, tatsächlich nichts anderes als das Gemeinwohl ist und sofern dieses auf eine rechtmäßige Weise erstrebt wird. Doch tappt menschliche Weisheit in diesen beiden Punkten meistens im Dunkeln. Von daher kommt es, daß auch jener Weg unwirksam ist, wenn es darum geht, die Verwirrungen zu beheben. Häufiger vergrößert er das Übel noch. Es wird nämlich eine Sekte wider die anderen gegründet, und man verhärtet sich um so mehr gegeneinander. Gesetzt den Fall, irgendeine Sekte sei Hüterin des Wahren und Guten schlechthin, so wird auch damit dem Gemeinwohl nicht gedient, solange andere von der Beteiligung am Wahren und Guten ausgeschlossen werden. Und die anderen werden ausgeschlossen, indem sich einige wie in einem Gehege einschließen. Denn nach dem Vorbild, das diese geben, werden sich bald auch andere von ihnen absondern und abtrennen. Und so hört das Gute auf, von gemeinschaftlichem Nutzen zu sein; es ist Privateigentum einiger weniger geworden.

15. Hieraus zeigt es sich, *daß die Unordnungen in weitaus geringerem Maß behoben werden, wenn einige aus Überdruß an diesen Unordnungen die menschliche Gesellschaft verlassen und sich in Wüsten oder anderen Einöden verbergen.* Auf diese Weise kümmern sie sich nur um sich selbst und nicht um die Allgemeinheit. Die Welt bleibt vom Dunkel bedeckt. Das ist es, was wir beklagen, und gegen dieses Übel von derart großem Ausmaß (die öffentliche Finsternis) suchen wir Heilmittel.

KAPITEL 4[107]

Gibt es überhaupt noch ein Heilmittel zur Behebung der menschlichen Verwirrungen? Und von welcher Art hat es zu sein?

Derart sind unsere Mißstände angewachsen, daß es für ein Heilmittel kaum noch einen Ansatzpunkt gibt und beinahe alle Bemühungen um das Gemeinwohl daniederliegen. Aus diesem

Grund sollten wir alle Schmerz verspüren. Sollten wir aber deshalb auch allesamt nicht mehr in den Gang der Dinge eingreifen? Das sei fern. Die Heilkunst bleibt nicht untätig, solange auch die Krankheit nicht untätig bleibt. Stattdessen setzt sie ihr nach und wandelt sich, gemäß jenem Worte des Dichters:

> *Und weil sich die Krankheiten wandeln, werden wir die Künste wandeln, gibt es auch tausend Arten des Übels, tausend Arten der Heilung wird es geben.*[108]

2. Ein Arzt ist vom Glück begünstigt, wenn er an eine abklingende Krankheit gerät. Hat sich diese vorher kräftigeren Heilmitteln widersetzt, so weicht sie später vor milderen. Wer also weiß, ob nicht auch die Zeit selbst unseren so langandauernden Mißständen irgendeine Abhilfe schafft? Sicherlich stellt für manche Jugendkrankheiten allein schon das Alter ein Heilmittel dar. Falls sich ein Plan anbietet, wie die Angelegenheit auf noch unbeschrittenen Wegen angegangen werden kann, dann gilt es vor allem auf folgendes zu achten: daß wir nicht den Anschein erwecken, bei derart bedeutenden Angelegenheit etwas übersehen zu haben.[109]

3. Ärzte pflegen nämlich selbst aus Fehlern, aus eigenen wie aus fremden, Nutzen zu ziehen. Sie versuchen auf anderen, ja sogar entegengesetzten Wegen das gleiche zu erreichen, sobald sie erkennen, daß auf diesem oder jenem Weg der Heilung kein Erfolg beschieden ist. Und so finden sie dann oft die zuträglichsten Heilmittel, durch welche sie sogar scheinbar unheilbare Leiden überwinden.

4. Damit wir dies mit Gottes Beistand auch für unser Vorhaben erhoffen dürfen, wollen wir überdenken, *was jenen Wegen, die seitens der Menschen bisher schon angegangen wurden, offenkundig gefehlt hat.* Damit wird es möglich, diese Versuche zu ergänzen oder auch in ihr Gegenteil zu verwandeln.

5. *Nun scheint aber noch dreierlei verbesserungsbedürftig zu sein:*

I. *Gegen das universale Übel sind gewöhnlicherweise nur partikuläre Heilmittel gesucht worden* (etwa: wie dieser, jener und noch einer Unordnung in dieser, jener oder noch einer Volksgruppe, Sprache, Religion oder Sekte abgeholfen werden könne).[110] *Dabei wurde nicht beachtet, daß die Ratschlüsse Gottes stets auf eine universale Erneuerung abzielen.*

II. *Es werden gewaltsame, dem Wesen des Menschen zuwiderlaufende Mittel angewendet.* So verhält es sich bei den im vorhergehenden Kapitel genannten Wegen Nr. 3, 4 und 5.[111]

III. *Oder es werden solche Mittel verwendet, die mit Gewißheit kraftlos sind und nichts dazu beitragen, die Krankheit zu beseitigen.* So ist es bei den Wegen 1, 2, 6 und 7.[112]

6. Wenn also nun, um die menschlichen Verworrenheiten wieder in Ordnung zu bringen, *Mittel* erfunden und angewendet werden, die *universal* sind, die notwendigerweise zu jedem Menschen in jedweder Volksgruppe, Sprachgemeinschaft und Familie durchdringen, Mittel, die *ansprechend* sind, so daß ihnen kein Mensch aus freien Stücken widerstrebt, Mittel, die *wirksam* sind, so daß ihnen niemand widerstehen könnte, selbst wenn er es wollte – wenn derartige Mittel erfunden und angewendet werden, warum sollte man dann nicht hoffen, daß daraufhin alles leicht vonstatten geht, oder gewiß doch leichter als bisher?

7. Denn in der Tat *fordert die Vernunft selbst, daß es etwas Universales sein muß, was alle und jeden angeht.* Wenn nämlich der ganze Körper von Geschwüren wimmelt, oder wenn er von Schwindsucht, Wassersucht oder Fieber geplagt wird, dann heften wir nicht ein Pflaster auf die Nase oder auf den Fuß, sondern verabreichen dem ganzen Körper eine Medizin. Dadurch verbreitet sich deren Wirkkraft über alle Teile des Körpers, verdrängt dabei überall die schädlichen Säfte; sie bewirkt dabei, daß sich die auf diesem Wege von ihren Fesseln befreiten Lebenskräfte wieder sammeln und die körperliche Stärke wiederherstellen. Ebenso läßt sich folglich vergebens Genesung von irgendeinem in Ordnung gebrachten Teil allein erhoffen, wenn der gesamte Körper der menschlichen Gesellschaft leidet. Die Heilung kommt dann nicht voran, weil aus den benachbarten Gliedern stets neues Krankheitsgift hereinströmt. Und selbst wenn sie voranzukommen scheint, kann das nicht von Dauer sein,

denn *unter den Körpern* (und unter den Gliedern) *vermengt sich dann Totes mit Lebendigem.*

8. Wie daher Gott von Anfang an alles auf eine vollständige Weise begründet hat, so stellt er auch stets Mittel zur Verfügung, die mit einer vollständigen Ausstattung versehen sind, so daß das Verdorbene vollständig wiederhergestellt werden kann. Denn er gebietet, daß die *Menschen* in der seit jeher vorgesehenen Zahl zur Welt kommen; und er schickt sie auch weiterhin in diese niedrigere *Schule.* Ferner bewahrt er all jene dereinst herausgegebenen universalen *Bücher* in unverändertem Zustand; er ermahnt alle Menschen mit außergewöhnlichen Mitteln; er züchtigt alle und er zieht gleich darauf wieder alle mit neuen Wohltaten an sich. Denn er will nicht, daß auch nur einige Menschen verlorengehen, sondern daß alle sich bußfertig bekehren (2 Petr. 3, 9).

9. Den Inhalt seiner Bücher (um speziell zu jenem Hilfsmittel noch etwas zu sagen) beläßt er nicht bloß so weit entfaltet, wie sie es schon von Anfang an waren. Vielmehr entfaltet er ihn von Tag zu Tag mehr.[113] Das Buch der Welt steht selbstverständlich – über alle Zonen und Zeitalter der Welt hinweg – für alle in gleicher Weise offen. Dieselbe Erde, denselben Himmel, dieselben Gestirne haben die gesehen, die vor uns waren, und genau dasselbe werden auch die sehen, die nach uns sein werden, Gute wie Schlechte.[114] Und doch beobachten wir vieles deutlicher als unsere Vorfahren, und unsere Nachkommen werden wiederum vieles deutlicher beobachten als wir.

10. *Entsprechend bleiben jene universalen Begriffe* (die ersten und angeborenen, die noch nicht von widernatürlichen Auffassungen entstellt sind und die durch göttliche Fügung als Grundlagen unseres vernünftigen Denkens dienen) *dieselben für einen Mann wie für eine Frau, für einen Knaben wie für einen Greis, für einen Griechen wie für einen Araber, für einen Christen wie für einen Moslem, für einen Frommen wie für einen Unfrommen.* Aus diesen Begriffen werden sogar von Tag zu Tag reichhaltigere Schätze gehoben.

11. *Das Schrift-Wort schließlich bleibt vor allen Anschlägen der Welt und der infernalischen Mächte in unverdorbener Form be-*

wahrt; zum Nutzen aller enthüllt es denen, die auf fromme Weise forschen, immer mehr Geheimnisse. Dadurch läßt es seinen Ruf an alle Stämme und Völker ergehen (wie es in *Ps. 49* und an anderen Stellen heißt). Denn zwar hatte Gott dereinst aus Zorn über die Verdorbenheit der Menschen das geschriebene Gesetz einzig und allein seinem geliebten Volksstamm gegeben (Ps. 147, 20). Als er jedoch von neuem ein Sprachrohr für seine Stimme mit Unterweisungen ausstattete, da befahl er ihm, bis an die Enden der Erde zu erschallen *(Röm. 10, 18)*, er gab den Auftrag, das Evangelium jedem Geschöpf zu predigen *(Mt. 28)*, weil der eine Gott der Herr aller ist *(Röm.10, 12)*. Daß selbst jetzt noch viele dieser heilvollen Richtschnur entbehren, geschieht nicht aus einer Absicht Gottes heraus[115]; es liegt vielmehr daran, daß die Menschen gegen Gottes Ratschluß sich selbst verachten *(Lk. 7, 30)*.

12. Wie Gott seinem Wesen nach der Gott aller ist, so ist auch das, was er für das Heil seiner Schöpfung tut und sagt, von allgemeiner Verbindlichkeit und Nützlichkeit. *Vom gemeinsamen Gut abzufallen, wie auch es als Privatbesitz in Beschlag zu nehmen,* das stammt indessen vom Teufel und von Adam.[116] Dadurch wird alles in Fetzen gerissen. Weil der Teufel nämlich sieht, daß er von Gott losgerissen ist, reißt er ebenso alles andere los und er zerreißt alles, was er nur zerreißen kann. Gott hingegen, weil er Gott ist und sich nicht wandelt (er ist nämlich die Quelle, d. h. der Ursprung, das Ziel und die vermittelnde Mitte[117] alles Guten), hält alles zusammen; Himmel und Erde, Engel und Menschen, alle Völkerschaften, alle Dinge, alle Segnungen und alle Zeiten verbindet er mit der Ewigkeit selbst. Das unbegrenzte Seiende umschließt nämlich alle begrenzten Seienden. Sofern sie in ihm und mit ihm sind, werden sie eins sein; andernfalls werden sie zugrunde gehen. Von allen Tieren der Erde wurden nur diejenigen gerettet, die zu Noah in die Arche stiegen; die nicht einstiegen, gingen zugrunde. Ebenso muß alles in die durch göttliche Fügung begründete Ordnung gebracht werden, was inmitten der Sintflut der menschlichen Verwirrungen gerettet werden soll, ansonsten wird es zugrunde gehen.

13. Daher will Gott, daß alles eins ist, im Himmel wie auf Erden. Zu diesem Zweck sandte er auch seinen Sohn, um durch

ihn und in ihm wieder alles zu sammeln *(Kol. 1, 20)*. Nachdem die Versöhnung durch sein Blut bewirkt worden war, schickte er Boten zu allen Völkerschaften und gebot, jedem Geschöpf diese Gnade zu verkünden *(Mt. 28)*. Um den Willen ihres Herren zur Ausführung zu bringen, gingen die Apostel in alle Welt hinaus *(Röm.10);* sie bemühten sich dabei mit größter Sorgfalt darum, alle Menschen zu ermahnen, sie in aller Weisheit zu unterweisen und ihnen in der Vollendung festen Stand in Christus Jesus zu geben *(Kol. 1, 27–29)*.

14. Dessen Auftrag und Vorbild haben die Christen später vergessen.[118] Sie verbreiteten jenes allgemeine Licht nicht mehr weiter an andere; jeder einzelne ging vielmehr daran, sich einen größeren Teil zuzuschanzen; sie blähten sich gegeneinander auf und bekämpften sich untereinander. Deshalb wurde unter ihnen zuerst die Flamme der Liebe, bald aber auch die des Glaubens ausgelöscht oder verfinstert; sie ging in Rauchschwaden unter. Aber Gott besitzt die Macht, auch unsere Rauchschwaden wieder zu Licht und Flamme zu entfachen. Dies geschieht, sobald wir dazu zurückgekehrt sind, denjenigen nachzuahmen, der uns zu unserem Heil führt, der als Licht für die Völkerschaften gegeben worden ist und der bis an die Enden der Erde *(Jes. 49, 6)* jeden Menschen erleuchtet, der in diese Welt kommt. Er leuchtet selbst in der Finsternis, wenngleich die Finsternis jenes Licht auch nicht ergreift *(Joh. 1)*. *Man muß also als erstes vor allem erreichen, daß dasjenige, was als Heilmittel für die menschliche Angelegenheiten gesucht wird, universal ist.*

15. *Worum es sich bei jenem Künftigen auch immer handelt, es ist notwendigerweise nicht gewalttätig, sondern so ansprechend wie nur möglich.* Denn als Zeugen dafür, daß mit Gewalt nichts erreicht wird, führen wir all die bislang ohne Erfolg ergriffenen Zwangsmaßnahmen an; die Kriege, die Streitgespräche, die peinlichen Befragungen, die Gefängnisse, die Stricke, die Schwerter und die Scheiterhaufen. Alles Herrische und Aggressive dient dazu, die Menschen nicht friedlich zu stimmen, sondern sie aufzuwiegeln. Sektenbildungen werden dabei nicht aufgehoben, sondern nur festgeschrieben, das Licht aber wird nicht vermehrt, sondern ausgelöscht. *Als völlig frei handelndes*

Wesen schuf Gott den Menschen nach seinem Ebenbild. Dieser Beschluß steht so unverrückbar fest, daß nicht einmal Gott selbst einen Zwang auf den Menschen ausüben kann. Was auch immer er nämlich von ihm verlangt, das verlangt er nicht unter der Anwendung von Zwang, sondern indem er lehrt, zurät, ermahnt, inständig bittet, Belohnungen verspricht oder Strafen androht. Er tut dies nicht, um den Menschen gegen seinen Willen zu zwingen, sondern um ihn zu williger Zustimmung zu bringen. *Dies ist der wesentliche Gehalt der gesamten Schrift und des gesamten göttlichen Heilsplanes für den Menschen.* Wenn sich ein Mensch gänzlich weigert, dem zu folgen, dann verläßt ihn Gott und trauert über seinen Untergang. Das bezeugen die so oft vergossenen Tränen Christi und seiner Heiligen sowie der Schmerz des göttlichen Herzens, der in der Schrift so oft seinen Ausdruck findet. Wenn nun also nicht einmal Gott den Menschen wie einen Stein oder einen Block behandelt, d. h. ihn nicht von einem Menschen in einen Nicht-Menschen verwandelt[119], warum sollten wir dann etwas derart Unangemessenes und Nutzloses versuchen? Vielmehr sollten wir zur Verbesserung der Menschen nach Mitteln suchen, die so beschaffen sind, daß sich niemand vor ihrer Anwendung fürchtet, daß sich vielmehr jeder über ihre Anwendung freut.

16. *Aber es ist,* drittens, *auch notwendig, daß jene Mittel wirksam sind; sie müssen kräftig in die Sinne fallen und dadurch deutlichst ins Bewußtsein eindringen; sie müssen den Verstand stark anregen und den Willen umbilden.* Der Grund dafür ist, daß schlechte, durch lange Übung eingewurzelte Angewohnheiten allzu hartnäckig festsitzen. Sie können durch nichts anderes herausgerissen werden als durch eine machtvolle Wirkkraft. Als daher Christus seine Apostel entsandte, damit sie ihm die ganze Welt unterwürfen, stattete er sie, wie der Apostel (2 Kor. 10) sagt, mit Waffen aus, die die Macht dazu besitzen, alle zuwiderlaufenden Absichten zunichte zu machen und jeden Hochmut, der sich wider Christus erhebt, herabzudrücken. *Jenes universale Heilmittel muß also notwendigerweise von ähnlicher Wirkmacht sein. Es soll irgendwie ansprechend und freundschaftsheischend sein; es soll dazu dienen, die so überaus verdorbene und*

im Schlechten verhärtete Welt aufzuweichen und in einen besseren Zustand zu bringen.

KAPITEL 5
Für die Finsternis der menschlichen Verwirrungen kann es kein wirkungsvolleres Heilmittel geben als eine Art universales Licht

Wir haben bereits gesehen, daß ein *universales, ansprechendes* und *kräftiges* Mittel dazu erforderlich ist, die innere Einstellung der Menschen auf eine universale Weise umzuformen. Nun ist darauf zu schauen, ob sich etwas Derartiges finden läßt. Wenn wir diese Angelegenheit methodisch untersuchen, wird sich zeigen, *daß es etwas sein muß, das dem Licht ähnelt*. Denn in der ganzen Welt ist nichts zu finden, das in gleichem Maße wie das Himmelslicht der Sonne allen gemeinsam zukommt sowie alle und alles erfreut, formt und umformt. Vor dem Glanz und der Wärme der Sonne kann sich nichts verbergen, wie *Ps. 19* sagt. Es verlangt jedoch auch nichts und niemand danach, sich davor zu verbergen[120], weil ihr Licht den Augen süß und erfreulich ist *(Sir. 11, 7)*. Durch ihre belebende und alles durchdringende Strahlkraft wird alles in Bewegung gehalten und erhalten, und zwar solchermaßen, daß von der SONNE[121] selbst geglaubt wird, sie sei Überbringerin des Lebens und königliche Anführerin aller Erzeugungen und Erneuerungen auf dem ganzen Erdkreis.[122]

2. Es läßt sich eine ähnliche Auswirkung für den gesamten Bereich der Menschenherzen erhoffen, falls das Licht der Weisheit zu einem ähnlich starken Glanz gebracht werden kann: zu einem Glanz nämlich, der dazu ausreicht, alle Menschen zu erleuchten, jede Finsternis der Irrtümer von den Augen zu nehmen und jede grundlegende Wahrheit und Güte[123] in den Dingen aufzudecken. Dies wird geschehen, *wenn all das, was Gott durch seine Bücher darbieten und den Menschen offenbaren wollte, zu einer Einheit zusammengeführt und in eine gewisse Ordnung gebracht wird. Diese Ordnung hat von solcher Art zu sein, daß das Geoffenbarte allen Menschen nahegebracht werden kann,*

daß jeder es mit Notwendigkeit klar wahrnehmen und verstehen kann und daß es von jedem zugelassen und liebgewonnen werden muß.

3. Wenn das Licht der so gearteten universalen Weisheit entfacht werden kann, wird es sich auch *über den ganzen Bereich des menschlichen Verstandes verbreiten* können (so wie sich bei jedem Sonnenaufgang der helle Sonnenschein von Ost nach West erstreckt); und es wird auch in der Lage sein, den Menschen Freude zu bereiten und schließlich deren Willen umformen. Sobald nämlich die Menschen in jenem außergewöhnlichen Licht die Zweckbestimmungen ihrer selbst und der Dinge klar vor Augen haben und auch die Mittel zum Erreichen der guten Zwecke auf unfehlbare Weise zu gebrauchen wissen – warum sollten sie diese dann nicht auch gebrauchen?

4. *Wir Menschen schätzen unsere Güter* nämlich *nur in dem Maß, in dem wir sie erkennen.* Denn der *Wille,* der König der Handlungen, pflegt seiner persönlichen Beraterin, der *Vernunft*, in allem zu folgen. Deshalb befiehlt er den *Kräften*, demjenigen nachzugehen, was er nach ihrem Schiedsspruch für gut und nützlich ansieht oder was er dafür hält. Er kann auch gar nicht anders; da er nämlich nach dem Ebenbild des guten Gottes geschaffen ist, vermag er es nicht, die Liebe zum Guten (sei es nun das wahre Gute oder aber, falls er betrogen wird, ein vorgetäuschtes) abzulegen.

5. Wenn es also ein universales Geisteslicht gibt, in dem alle Menschen die wahren Güter auch wahrhaft sehen und in dem alle klar erkennen, daß alles unter dem Himmel (will es nicht verschwinden und zugrundegehen) dem Himmel untergeordnet und unterzuordnen ist, dann wird auch der Eifer wahrhaftig angefacht werden, jene wahren Güter tatsächlich zu erstreben und die ihnen entgegengesetzten Übel zu fliehen.

6. *O wie sehr ist es also zu wünschen,daß ein derartiges Licht aufscheint! Es ist zu wünschen im Hinblick auf Gott und im Hinblick auf die Menschen.* Im Hinblick auf Gott: Seine so überaus zahlreichen und so überaus großen Werke und Wohltaten, von denen die Welt erfüllt ist, sollen doch nicht länger in solcher Vielzahl zugrunde gehen und gewißlich auch nicht ohne Nutzen

sein. Stattdessen *soll in allem sein Name geheiligt werden. Zu allen komme sein Reich; sein Wille geschehe durch alle auf Erden wie auch im Himmel; und alle sollen überall Zeugen dafür sein, daß das Reich und die Macht und Herrlichkeit in Ewigkeit sein sind, Amen!*

7. Warum soll es denn im Hinblick auf den Menschen nicht wünschenswert sein, daß jeder, der Augen zum Sehen hat, auch sehen kann, daß jeder, der Ohren zum Hören hat, auch hören kann, daß jeder, der ein Herz zum Verstehen hat, auch verstehen kann, daß jeder, der eine Zunge zum Lobpreis Gottes hat, Gott auch besingen kann? Warum soll es nicht wünschenswert sein, daß es für alle unmöglich wäre, bei hellem Licht blindlings zu handeln, auf übersichtlichem Weg in die Irre zu gehen, vom Ziel der Glückseligkeit, das vor einem aufgestellt ist, abzuirren und so durch die eigenen sehnsuchtsvollen Wünsche gänzlich ausgetilgt zu werden? *Wenn doch das ganze Volk des Herrn zu Propheten würde!* sagt Moses (Num. 11, 29). *Wären sie doch klug und verstünden sie, was ihnen bevorsteht!* sagt Gott selbst (Dtn. 32, 29).

8. Es kann also kein Freund des Menschengeschlechtes sein, wer einen derartigen universalen Weg für das universale Licht nicht herbeiwünscht.[124] *Die Wünsche allein wird vielleicht niemand anklagen. Leichter ist es, das bereits gewagte Unterfangen wegen seiner Leichtfertigkeit zu verurteilen, wenn es nämlich keine Hoffnung darauf gibt, daß eine so große Sache möglich sei.* Wir wollen sogleich darangehen, dieser Hoffnung nachzuspüren.

KAPITEL 6[125]

Es besteht eine untrügliche Hoffnung auf das universale Licht noch vor dem Ende der Welt

Erwägen wir nun die Wesenswirklichkeit Gottes und der Menschen, wie sie sich in ihrem Vollzug bisher darstellt, oder schenken wir auch den göttlichen Vorhersagen Beachtung, die sich auf den letzten Zustand der Welt vor dem Hereinbrechen der Ewigkeit beziehen, *so muß man aus all dem entnehmen, daß Größeres und Besseres als das Zurückliegende zu erwarten ist.*

2. Erstens *ähnelt* nämlich *die Einrichtung und Lenkung der Welt sehr stark einer Komödie*[126], *ja sie ist eine Komödie, die die Weisheit Gottes auf dem Erdkreis mit den Menschenkindern aufführt* (Spr. 8[127]). Nun besteht aber das Charakteristische einer Komödie gerade darin, daß die Zuschauer zunächst kaum verstehen, worauf die Sache hinausläuft. Durch wundersame Umtriebe und Verwicklungen werden sie schließlich dazu gebracht, sich allesamt auf einen dramatischen Umschwung[128] vorzubereiten. Dabei erschließen sich die vergangenen und gegenwärtigen Geschehnisse, aber auch das, was der Schlußszene vorbehalten bleibt, mehr und mehr dem allgemeinen Verständnis. So bekommt der Bühnenkünstler endlich seinen Applaus, wenn es für alle klar ersichtlich ist, daß all die Verwicklungen ein glückliches Ende gefunden haben. Ziemt es sich da nun, vom himmlischen Künstler[129] etwas Geringeres zu erwarten?

3. Zweitens *entspricht die gesamte zeitliche Erstreckung der Welt der zeitlichen Erstreckung eines einzigen Menschenlebens und muß daher zuletzt auf einer höchsten Stufe zur Ruhe kommen.*[130] Für einen Menschen beginnt die Heranbildung nämlich mit den ungeschliffenen Grundlagen der *Gliedmaßen;* von daher erhalten die *Sinne* dann ihre Betätigungsfelder. Bald darauf erforscht die *Vernunft* die Ursachen der Dinge, woraus schließlich eine reineres *Verstehen* der Dinge hervorgeht; dies geschieht in abgeklärtester Form beim Anbruch des Greisenalters. Solchermaßen hat sich nun die Welt in einigen Künsten schon zur Genüge geübt: zuerst in den *mechanischen*, darauf in denen der *Sinneswahrnehmung* und sodann in denen der *Vernunftgegenstände.* Es bleibt ihr nun nur noch übrig, sich endlich einmal zu einer reineren und abgehobenen Weisheit emporzuschwingen. Damit dies ganz klar wird, wollen wir es uns noch ausführlicher vor Augen halten.

4. *Im ersten Weltalter standen die Kunstfertigkeiten zur Dekkung unmittelbarer Bedürfnisse in Blüte, der Ackerbau, die Viehzucht, das Herstellen von Kleidung, der Hausbau* usw. Nachdem der Mensch aus dem Paradies vertrieben war, hatte er

nämlich nach Schutzvorrichtungen gegen die Unbilden der Nacktheit, des Hungers und des Luftzuges zu suchen.[131] Daraufhin vermehrten sich die Menschen, lebten aber verstreut in einzelnen Hausgemeinschaften. *So aber kamen sie dazu, sich um die Klugheit ihres hausväterlichen Wirtschaftens*[132] *zu bemühen.* Nach der Sintflut nahm unter Nimrod[133] die *Staatskunst* ihren Anfang, bald auch, etwa zur Zeit Abrahams, die *Kunst der Kriegsführung.*[134] Dann *kam* unter Moses *das Zeitalter der Schriftkunst* herauf.[135] Sie wurde von den Ägyptern an die Phönizier, Chaldäer und Perser weitervermittelt und gelangte zu außerordentlicher Blüte. Doch *verwahrten diese Völker ihre Mysterien mehr im Geheimen. Sie offenbarten sie nicht dem gemeinen Haufen.* Bei den Griechen schließlich begann die Schriftkunst öffentlich zu werden, da sie in ihren öffentlichen Schulen *sowohl Schriftkunde als auch Philosophie* lehrten. Nachdem aber mit den Kriegen Alexanders des Großen die wissenschaftlichen Bemühungen in Griechenland beinahe zum Erliegen gekommen waren, begann man bei den Römern[136] zuerst die *Beredsamkeit*, dann auch die *Philosophie* zu pflegen.

5. *Dann brachte die Verkündigung des Evangeliums dem Erdkreis religiösen Eifer und verursachte ungeheure Streitgespräche* (denn Christus wurde als ein Zeichen dargeboten, dem widersprochen werden sollte, Lk. 2). *Dies führte zu Spaltungen, Sektenbildungen, Häresien und dem Aufkommen neuer Religionen innerhalb und außerhalb der Kirche.* Es folgte über einige Generationen hinweg ein *barbarisches Zeitalter.* Doch nach der Zerstörung Konstantinopels wurde aus den Funken etlicher Bibliotheken *überall in Italien, Frankreich und Deutschland und in anderen Gegenden Europas ein Licht angezündet*[137]*: zuerst das der reineren Sprachen, bald darauf das der Philosophie und schließlich das der Religion.* Das geschah aber nicht ohne den Widerstand der Finsternis und ohne vielfältige Spaltung, die in scharfen Auseinandersetzungen wiederum zur Sektenbildung führte.

6. Nun bemühte sich ein jeder, mit dem Zeugnis der Alten unumstößlich darzulegen, daß gerade er die Wahrheit auf seiner Seite habe. Zu diesem Zweck wurde alles aufgespürt, was sich

nur irgendwo finden ließ. (Der zur gleichen Zeit erfundene *Buchdruck*[138] bot hierfür ein wirkungsvolles Hilfsmittel.) Jener Wettstreit führte dazu, *daß sehr viel von allen antiken Schriftzeugnissen, die Schätze des göttlichen Wortes, aber auch die Werkstatt des menschlichen Denkvermögens auf treffliche Weise erforscht wurden. All dies bereitete auf außerordentliche Weise den Weg des universalen Lichtes vor.* Einige mutmaßten deshalb sogar, es sei dies schon jenes *höchste Licht* selbst.[139] Indem vielerlei von verschiedenen Seiten her verschiedenartige Anwendungen erfuhr, wurde es jedoch zugleich auch verdorben und verdreht; die Zerwürfnisse wurden nicht entschärft, sondern noch verstärkt. *Deshalb ist es durchaus notwendig, daß noch eine andere, höhere Stufe bevorsteht*[140]. *Auf dieser wird die reine Wahrheit selbst, endlich auf deutliche Weise aufgedeckt, allen Menschen ihr eines, einziges Gesicht zuwenden und so dem Zaudern und Zanken ein Ende bereiten.*

7. *Daß die Mittel zum Vermehren des Lichtes abgestuft sind, scheint Gott bereits bei der Erschaffung dieses Lichtes vorgezeichnet zu haben.* Er brachte es zwar gleich am ersten Tage hervor, aber sozusagen in einer ungeordneten Masse. Zur Halbzeit seiner Tätigkeiten, am vierten Tage, machte er daraus mehrere Kugeln und verteilte sie in einem bestimmten Abstand voneinander auf dem Firmament.[141] *Schließlich brachte er am letzten Tage das Verstandes-Licht hervor, den menschlichen Geist, der »Leuchte Gottes« genannt wird* (Spr. 20. 27).[142] Auch die Erschaffung der übrigen Dinge ist in der Reihenfolge geschildert, daß dabei vom Kleineren über das Größere zum Größten, vom Niedrigeren über das Erhabenere zum Höchsten, vom Guten über das Bessere zum Besten vorangeschritten wurde. Daher wurde jener sechsmal wiederholte Ausruf Gottes – *Und Gott sah, was er geschaffen hatte, und siehe, es war gut* – beim letzten Mal mit der Steigerung geäußert, daß nämlich, was er geschaffen habe, *sehr gut* sei (Gen. 1, 31). Der im höchsten Grade gute Gott hätte nämlich nicht ruhen können, wenn die Dinge nicht an ein im höchsten Grade gutes Ziel gelangt wären. *Befürchten wir etwa, Gott werde beim Steuern dessen, was er geschaffen hat, sich selbst unähnlich sein?* Diejenigen verstehen in der Tat nichts von

der Reihenfolge, in der Gott seine Werke vollbringt, die sich unter dem Ende der Welt nichts anderes als Schmutz, Chaos, Finsternis und Öde vorstellen und die für das Weltende nichts anderes als dies erwarten und vorhersagen. Als wäre Gott den Menschen ähnlich, die zuerst den guten Wein ausschenken und später dann den schlechteren.[143] Als würde er nicht stattdessen das Äußerste bis zum Äußersten aufsparen, damit es niemals an etwas fehle, so daß die Bewunderung seiner Weisheit und das Lob seiner Güte noch vermehrt werden.

8. Doch haben sie etwas, das sie dagegenhalten können: *Daniels Wahrsagung über die vier Königreiche, deren erstes aus Gold, deren zweites aus Silber, deren drittes aus Bronze, deren viertes schließlich aus Eisen und Ton besteht.*[144] Darauf ist zu antworten: Warum lesen sie denn nicht auch die folgenden Worte über das allumfasende Königreich, das Christus gehören wird?[145] *Dann wird jener Stein vom Berge her die Tyrannen zermalmen, die mit ihren Gewalttaten die Welt angefüllt haben* (Dan. 2, 44 f.). Dann werden die Herrschaft, die Macht und die *größten Reiche unter dem ganzen Himmel dem Volk der Heiligen des Höchsten gegeben sein* (Dan. 7, 27), *wenn Christus nicht mehr wie bisher inmitten seiner Feinde herrschen wird, sondern diese ihm als Fußschemel dienen* (Ps. 110, 2[146]; Heb. 10, 13; 1 Kor. 15, 25 f.). Diese Vorhersagen werden wir aber etwas weiter unten anschauen.

9. *Das Wesen der synthetischen Methode* (die Gott bei all seinen Werken befolgt) *verspricht, daß die letzte Stufe des Lichtes auch in jeder Hinsicht die höchste sein wird.* Das Wesen dieser Methode besteht aber darin, daß Einzelheiten zu einer Zusammenfassung vereinigt werden, kleinere Zusammenfassungen zu einer größeren Zusammenfassung und schließlich alle Zusammenfassungen zu einer Zusammenfassung der Zusammenfassungen. Zwar wurden die göttlichen Wohltaten und die menschlichen Erfindungen zu recht verstreuten Gelegenheiten dargeboten bzw. gemacht. Trotzdem aber steigerten sie sich seither zu einem Gipfelpunkt. Warum sollten wir also nicht darauf hoffen, daß die gesamte Aufgipfelung endlich zu einem krönenden Abschluß gelangt? Denn *gesammelte Beobachtungen bezüglich ein*

und desselben Gegenstandes machen eine Regel aus, und die Sammlung ähnlicher Regeln macht eine Kunst oder eine Wissenschaft oder eine praktische Klugheit aus[147]*, und schließlich macht die Sammlung von Künsten, Wissenschaften und praktischen Klugheiten ein System* (der Philosophie, der Theologie) *aus. Warum darf man also nicht darauf hoffen, daß es zuletzt ein System der Systeme geben kann,* d. h. irgendeine *Kunst der Künste, eine Wissenschaft der Wissenschaften, eine praktische Klugheit der praktischen Klugheiten und irgendein Licht der Lichter?*

10. Zu hoffen gebietet uns in der Tat selbst die *Lern- und Wißbegier. Sie hält den Geist der Menschen in ihrem Bann; aus natürlichem Antrieb heraus will sie stets noch höher gelangen und sie jagt zügellos stets dem hinterher, was noch größer ist als alles, das sie bereits besitzt.* Sie zeigt sich schon in jedem Menschen deutlich, der ja das lebendige Abbild des allwissenden Gottes ist, vor allem und am besten aber darin, *wieviele Verfasser und wieviele Leser von neuen Büchern es gibt.* (Wir sprechen im folgenden von denen, die eigenständig schreiben, nicht von denen, die abschreiben – nicht also von albernen Leuten, die längst verrichtete Arbeit noch einmal tun.) Jene, die für die Öffentlichkeit schreiben – legen sie denn nicht bei ihrem Gewissen vor aller Öffentlichkeit ein Bekenntnis ab? Das Bekenntnis nämlich, daß die bereits vorhandenen Werke nicht ausreichten und daß man weiterhin mit Nachdruck nach etwas suchen müsse, das zweckmäßiger sei? Darum schreiben auch diese Autoren im Anschluß an andere (und manchmal auch im Anschluß an sich selbst, oftmals unter großem eigenen Nachteil und in ungeheurer geistiger Erschöpfung). Denn sie sind davon überzeugt oder vertrauen doch zumindest darauf, daß dieses oder jenes noch gar nicht oder noch nicht genügend wiedergegeben sei, daß es aber auf irgendeine Art besser oder wahrhaftiger oder verständlicher wiedergegeben werden könne. Sie versuchen dies und unterwerfen ihre Versuche dem Urteil anderer. Diejenigen, die nach neuen Büchern begierig sind, zeigen damit gleichermaßen ein sehr tiefes Gespür dafür, daß ein Mangel herrscht, den sie beseitigt sehen möchten. Glaubten sie nämlich, alles wäre bereits auf

rechte Weise abgehandelt, dann wären sie mit dem Vorhandenen durchaus zufrieden und beschafften sich nicht unter neuen Kosten und Mühen neue Beschwerlichkeiten.

11. Die Welt ist also auf der Suche, durch ihr Suchen bekennt sie, daß sie sich nach einem vollständigeren Weg eines vollständigeren Lichtes sehnt. Wenn diese Sehnsucht in unser Herz eingesenkt wäre, ohne daß es eine Hoffnung auf ihre Erfüllung gäbe, dann würde man jenen Satz tilgen müssen: *Gott und die Natur tun nichts vergeblich.*[148] Wenn er aber unaustilgbar ist, dann kann auch unsere Sehnsucht erfüllt werden; und sie ist uns nicht vergeblich verliehen.

12. Ich weiß, was hierauf entgegnet werden kann: *Jenes Sehnen nach immer noch Größerem und Besserem habe unser bester Schöpfer dem menschlichen Gemüt zu einem ganz bestimmten Zweck eingepflanzt. Die Sterblichen sollen nämlich bemerken, daß ihre Augen nicht vom Sehen satt werden, ihre Ohren nicht vom Hören und ihre sehnsuchtsvollen Wünsche nicht von alledem befriedigt werden, was sich nur ersehnen läßt. Dadurch sollen sie auf gewisse Weise durch sich selbst dazu angestachelt werden, sehnsuchtsvolle Wünsche gerade nach der Ewigkeit zu entwickeln (wo alles zugleich existiert und deshalb die Fülle und der Endzweck alles Seienden vorhanden ist).*[149] Doch es ist unwahrscheinlich, daß nicht schon in diesem Leben immer reichlichere Nahrung für unsere sehnsuchtsvollen Wünsche zur Verfügung gestellt werden sollte, und zwar solange wir hier sind, bis schließlich die oberste Grenze, die es hier geben kann, erreicht ist. Nach ihr steht nur noch die Vollendung in der Ewigkeit aus. Eine derartige Fülle von Abstufungen erfordert die Weisheit unseres Gottes durchaus. Denn in der Natur hat die Unmöglichkeit des Vakuums[150] die Möglichkeit zu schönsten Kunstfertigkeiten hervorgebracht. Dementsprechend scheut auch der menschliche Geist das Vakuum, er sehnt sich unablässig nach Erfüllung. Wir vertrauen also unenttäuschbar darauf, daß dies für Gott die Möglichkeit bietet, immer noch Größeres zu geben, für uns aber, immer noch Größeres zu suchen und es auch zu finden. Wenn es sich aber so verhält, warum sollten wir dann nicht irgendwann einmal zu einer Art Allwissen gelangen? Ich verstehe

darunter ein im höchsten Grade vollständiges Wissen von allem, was hier unter dem Himmel an Lernenswertem dargeboten wird und was in jenem dreifaltigen Buch, das uns hier gegeben ist, zur Darstellung kommt.

13. Jene menschliche Sehnsucht danach, alles zu wissen, hat der Satan gleich von Anfang an mißbraucht und damit den Menschen durch das Vergehen der Neugier[151] kopfüber in Finsternis gestürzt. Unablässig und in rasender Wut vermehrt der Satan seither diese Finsternis (zur Lästerung Gottes und der Mittel, die dieser dazu gewährt, um das Licht wiederherzustellen). *Sollen wir es angesichts dessen etwa nicht für möglich halten, daß Gott sein Licht derart vermehren wird, daß der gesamte Chor der Geschöpfe sehen kann, daß der triumphale Sieg nicht dem Fürsten der Finsternis zukommt, sondern dem Schöpfer des Lichtes?* Nicht nur in der Ewigkeit, sondern auch in diesem Theater hier, wo er sich Gott entgegenstemmt, ist jener Feind zu erledigen, sofern der Triumph unseres Gottes und seines Gesalbten vollständig sein soll. Wenn dies geschehen wird, dann wird der Zustand der Welt völlig verschieden sein von demjenigen, in dem sie sich gegenwärtig befindet. Denn was der Satan verwirrt hat, wird dann notwendigerweise wieder zur Harmonie zurückgeführt. Die Güte und Weisheit unsres Gottes vermag nämlich auszubessern, was der Satan verdorben hat; und sie kann ihren (aus der Gewalt des Satans befreiten) Gechöpfen in Wahrheit dasjenige geben, was er ihnen trügerisch versprochen hat. Und in ihrer Allmacht hat sie damit auch schon von Anfang an begonnen. Der *Satan versprach dem Menschen* nämlich *das Leben* und verwirrte ihn zu Tode. Gott dagegen benützte diese Gelegenheit dazu, den Tod, den wir uns zugezogen hatten, in ewiges Leben zu verwandeln. *Der Satan versprach Verbundenheit mit Gott,* und er riß uns von Gott los. Gott aber führte uns Losgerissene zu einer um so innigeren Vereinigung mit ihm selbst; für alle Ewigkeit ist er nämlich auf hypostatische Weise mit uns eins geworden.[152] *Der Satan versprach, daß wir Gott ähnlich sein würden* und um Gutes und Böses wüßten; er aber machte uns ihm selbst ähnlich, so daß wir das Gute für böse halten und das Böse für gut. *Gott bewirkt daher in der Tat, daß wir ihm selbst ähnlich*

sind, daß wir um das Gute als Gutes und um das Böse als Böses wissen. Indem wir das Böse verabscheuen und uns am Guten erfreuen, sollen wir nämlich in Ewigkeit dem Guten nachstreben und das Gute genießen. Und weil *der Satan in seiner Verstocktheit weiterhin die Menschen verführt, wird auch Gott in seiner Beständigkeit weiterhin die Menschen befreien,* bis die Menschen merken, daß sie befreit sind, jener Unverschämte aber zu spüren bekommt, daß er ganz und gar in heillose Verwirrung gestürzt ist.

14. *Die lieblichsten Verheißungen Gottes, der sich unser erbarmt, lassen uns nun endlich vollständig darauf vertrauen, daß dies mit Gewißheit bevorsteht.*[153] Die göttlichen Orakel sagen nämlich voraus, daß *zur Abendzeit der Welt ein Licht entstehen wird, das im Vergleich zum bisherigen Dämmerlicht* (das wegen der Beimischung von Finsternis weder den Namen »Tag« noch den Namen »Nacht« verdiente) *als Licht zu bezeichnen ist.* Dieses Licht soll – so wird es verheißen – die Bekehrung aller Völkerschaften zur Kirche hin bewirken. *Jehova wird dann der König über die ganze Erde sein, so daß der Herr der einzige und sein Name der einzige sein wird* (Zach. 14, 7–9). Dasselbe wird bei einem anderen Propheten sogar in noch ausdrucksstärkeren Worten im voraus verkündet: *In den letzten Tagen wird der Berg als das Haus Jehovas auf der Spitze anderer Berge bereitet werden; und er wird die Hügel überragen, so daß zu ihm alle Völkerschaften strömen. Und viele Völker gehen hin und sagen: Kommt, wir steigen hinauf auf den Berg des Herrn, zum Haus des Gottes Jakobs; und er wird uns seine Wege zeigen. Kommt, wandeln wir im Lichtschein unseres Gottes* (Jes. 2, 2–5). An anderer Stelle wird die allumfassendste Bekehrung der Völkerschaften ebenfalls geschildert, und zwar so: *Auf, werde licht, Jerusalem! Denn dein Licht kommt, und die Herrlichkeit des Herrn ist über dir aufgegangen. Denn siehe, Finsternis bedeckt die Erde und Dunkel die Völker! Doch über dir wird der Herr aufgehen, und seine Herrlichkeit erscheint an Dir! Völkerschaften werden in deinem Licht wandeln und Könige in deinem erstrahlten Glanz usw. Tagsüber wird nicht mehr die Sonne für dich scheinen; dich wird nicht mehr der Glanz des Mondes erhel-*

len; sondern der Herr wird dein einziges Licht sein und dein Gott wird deine Herrlichkeit sein (Jes. 60, 1–3.19–20). Ebenso: *Das Licht des Mondes wird sein wie das Licht der Sonne, das Licht der Sonne aber wird siebenmal so hell sein; dies wird zu der Zeit sein, in der der Herr die Wunde seines Volkes verbunden und dessen Leiden geheilt hat* (Jes. 30, 26). *In der der Herr das verstreute Israel gemeinsam mit allen Völkerschaften und Sprachen zusammenrufen wird, damit sie kommen und seine Herrlichkeit sehen und all unsere Brüder herbeiführen* usw. (Jes. 66, 18–20). *In der das Evangelium vom Reich auf der ganzen Welt verkündet werden wird als Zeugnis für alle Völkerschaften, bevor das Ende kommt* (Mt. 24, 14). *Es wird dies das ewige Evangelium sein, das den Bewohnern der Erde verkündet werden wird, jedem Stamm, jedem Gau, jeder Sprache und jedem Volk, so daß alle Gott fürchten, ihm Ehre erweisen und ihn als den anbeten, der den Himmel und die Erde, das Meer und die Wasserquellen geschaffen hat* (Offb. Joh. 14 ,6-7). *Zu der Zeit also, in der das Land von der Erkenntnis des Herrn erfüllt werden wird, so wie das Meer mit Wasser gefüllt ist* (Jes. 11, 9).[154] *In der Gott allen ein einziges Trachten und einen einzigen Weg geben wird* (Jer. 32, 29). *Und er wird die Lippen der Völker verwandeln, so daß sie rein sind, damit alle den Namen des Herrn anrufen und ihm einmütig dienen* (Zef. 3, 9). *Zu der Zeit, in der alle Reiche der Welt unserem Herren und seinem Gesalbten gehören* (Offb. Joh. 11, 15), *so daß es nur eine Herde und einen Hirten gibt* (Joh. 10). *Zu der Zeit, in der Satan, der Fürst der Finsternis, mit einer Kette gefesselt und in den Abgrund eingeschlossen werden wird, damit er die Völkerschaften nicht mehr verführen kann* (Offb. Joh. 20). Auch an anderen Stellen enthält die Schrift allenthalben Vorhersagen, die alle die gleiche Bedeutung haben und sich darauf beziehen, welchen ruhmreichen Zustand die Kirche noch auf der Erde erreichen wird.

15. Jedoch haben wir all das noch gar nicht gesehen. Wir haben keinen derartigen Zustand der Welt und der Kirche gesehen, keinen derartigen *Glanz des Lichtes, der alle zu sich hinwendet*; wir haben auch noch nicht gesehen, daß die Gewalt des Fürsten der Finsternis gebunden wurde. Es steht also noch bevor, daß

dies eintritt. Denn es ist notwendig, daß bis zum Letzten erfüllt wird, was durch den Ratschluß Gottes vorherbestimmt und durch den Mund Gottes im voraus verkündet wurde.

KAPITEL 7[155]
Wenn wir glauben, daß sich die Zeiten des universalen Lichtes nähern, dann sind wir auch gehalten, die Wege dieses Lichtes zu erforschen

Ein so großes Licht nach so großer Finsternis hervorzurufen, das kommt allein dem zu, der schon im Anfang der Welt dem äußeren Licht befahl, es solle aus der Finsternis aufleuchten, und der ebenso am Ende der Welt das Licht der Erkenntnis der Herrlichkeit Gottes auf dem Antlitz Jesu Christi aufleuchten läßt *(2 Kor. 4, 6). Wie* nun aber *zu zeigen ist, ist es für die Söhne des Lichtes kein unangemessenes Anliegen, wenn sie selbst die Heraufkunft jenes Lichtes in ihren Bitten und Bemühungen erwägen und Mittel und Wege dafür auf jede mögliche Weise aufsuchen.* Das aber geschieht zu folgendem Zweck: Wir können die Sache um so zuversichtlicher in Angriff nehmen, wenn es klar ist, daß wir bei derartigen Wagnissen nicht mit dem Einspruch unseres Gewissens zu rechnen haben. Mit unserer Hilfestellung werden wir Gott gefällig sein, wenn es ihm beliebt, sich ihrer zu bedienen und die Wege, die seine Weisheit schon erblicken läßt, mit seiner Allmacht zu ebnen, *so daß auf diesen Wegen jenes letzte Licht um so rascher für uns aufscheint.*

2. Das Folgende wird uns darin bestärken, Wege für das kommende Licht zu suchen, und uns guten Gewissens, ja sogar vermittels des Gewissens dazu zu verpflichten.

3. *Alles, was die Christen sich an Gutem wünschen und von Gott erbitten dürfen, danach dürfen sie auch suchen.* Denn derselbe, der sagte: *bittet,* der sagte auch: *klopft* und *sucht* (Mt. 7, 7).[156] Es ist also nicht Gottes Wille, daß wir bei unserem Bitten und Warten müßig bleiben, während wir das ersehnte Gut von ihm erbitten oder auf bereits Versprochenes warten. Vielmehr sollen wir zugleich auch handeln, und zwar so, daß wir damit die

Ernsthaftigkeit unseres Bittens, Klopfens und Wartens bestätigen, d. h. wir sollen Gott entgegenkommen und unsere Hand ausstrecken, um die Geschenke anzunehmen, die er bringt. Ansonsten müßte es heißen, wir versuchten Gott, wenn wir dasjenige auseinanderrissen, was zu verbinden ist, d. h. wenn wir nicht zugleich mit unserem Bitten nicht auch suchten und klopften. Dies mag anhand von Beispielen offenkundig werden. Unser Herr lehrte uns beten[157]: *Vater, geheiligt werden dein Name.* Wollte aber nun einer dies bloß beten und nicht zugleich auf jede mögliche Weise dafür sorgen, daß der Name Gottes geheiligt werde, so wie ihn auch andere heiligen, dann wird man von diesem Beter sagen, er verspotte Gott. Wenn uns geboten wird, zu beten *Dein Reich komme,* dann wird uns ebenso geboten, daß wir auch selbst nach dem Reich Gottes suchen sollen (Mt. 6, 33). Wenn wir beten *Dein Wille geschehe,* dann verstehen wir dies nicht so, daß Gott seinen Willen in uns auch ohne unser Wissen geschehen lassen soll, sondern so, daß er uns den Willen dazu geben möge, all das zu tun, was er will. Und wir sind gehalten, mit eben der Ernsthaftigkeit danach zu streben, mit der wir darum bitten. Wenn wir sagen *Unser tägliches Brot gib uns heute,* dann bedeutet das nicht, daß wir müßig warten sollen, bis uns Brot vom Himmel heruntergeschickt wird. Vielmehr möge Gott seinen Segen dazukommen lassen, während ein jeder mit seiner Arbeit Brot zu erwerben sucht und daher im Schweiße seines Angesichtes sein Brot ißt.[158] Während wir beten *Vergib uns unsere Schuld,* legen wir uns dementsprechend verbindlich darauf fest, uns nichts mehr zuschulden kommen zu lassen; oder, falls dies uns mit Schwäche Geschlagenen doch zustößt, die Schuld bald zu begleichen und zu dem Vorsatz zurückzukehren, nicht mehr zu sündigen. Während wir sagen *Führe uns nicht in Versuchung,* verpflichten wir uns dazu, uns nicht selbst Hals über Kopf in Versuchung zu stürzen und Gott nicht zu versuchen. Wenn wir schließlich sagen *Befreie uns von dem Bösen,* dann werden wir belehrt und dazu verpflichtet, auch selber das Böse fliehen und nicht in es hineinzugeraten. Nun aber hoffen wir, daß die Ankunft jenes erleuchteten Zeitalters eine Wiederherstellung der gefallenen Dinge mit sich bringt; wir erbitten dies von Gott. Warum sollten wir da nicht einsehen, daß es gemäß dem gerade Gesagten unsere Pflicht ist, das Erhoffte und Erbetene zugleich auch voranzubringen?

4. *Überdies ist es gestattet, bei jedem erlaubten Handeln zugleich auch dessen Prinzipien einzusehen, nach denen es zu geschehen hat, und dieser Einsicht wegen Nachforschungen anzustellen.* Wie Gott nämlich uns nichts Unvernünftiges aufträgt, so fordert er von uns auch nicht, daß wir bei irgendeinem Tun unvernünftig vorgehen; er will dies überhaupt nicht. Es ist im Gegenteil sicher, daß wir nicht daran gehindert werden, die Gründe all der einzelnen Dinge zu erforschen und einzusehen, die zu tun jetzt ein jeder ausdrücklich verpflichtet ist. Folglich ist es auch sicher, daß wir nicht daran gehindert werden, die Prinzipien des Zusammenhangs dieser Einzelheiten einzusehen. Zum Beispiel *ist schon jetzt ein jeder gehalten, jeden anderen das Wahre und Gute zu lehren und ihn hinsichtlich des Falschen und Verkehrten eines Besseren zu belehren sowie die diesem Zweck angemessenen Gelegenheiten zu kennen.* Was hindert uns also daran, eine Vorgehensweise zu suchen, dank derer wir allesamt es vermöchten, allen anderen zu jeder Gelegenheit das Wahre und Gute aufzuzeigen und sie vom Falschen und Schlechten machtvoll abzuschrecken? *Wir Christen sind schon jetzt, ein jeder für sich, angehalten, das Reich Gottes zu erweitern und das Reich des Teufels zu zerstören.* Warum sollten wir nicht auch dazu angehalten gehalten sein, einen Weg dafür zu suchen, wie wir alle anderen davon überzeugen können, daß sie gemeinsam mit uns auf dasselbe Ziel hin wirken müssen? *Wir sind angehalten, Frieden mit allen anderen zu erstreben.* Warum sollen wir also nicht, wenn wir es vermögen, auch den anderen die für alle gangbaren Wege zum Frieden zeigen? Und wenn *man sich bisher unbeschwerten Gemütes daranmachen durfte, die Wahrheit aus der Finsternis hervorzuholen oder sie vor Widersprüchen in Schutz zu nehmen* – warum sollte es dann nicht erlaubt sein, sich der Aufgabe zu widmen, die schon ans Licht gebrachte und verteidigte Wahrheit auch überall zu verbreiten? *Und wenn dies mit dem gnädigen Beistand Gottes* (der die Wahrheit ist und nicht will, daß jemand die Wahrheit verkennt) *gestattet ist* – warum soll es dann nicht

erlaubt sein, Wege zu suchen, auf denen die Wahrheit vor aller Augen gestellt werden könnte? Jene Punkte hängen untereinander zusammen; sie können nicht auseinandergerissen werden.

5. Schließlich *war es immer schon gestattet, den von Gott angebotenen guten Gelegenheiten zu guten Taten gottesfürchtig nachzugehen; dies kennzeichnet auch einen Weisen,* gemäß jenem Wort: *Gib einem Weisen die Gelegenheit, und er wird noch mehr Weisheit erhalten* (Spr. 9, 9). Wir wären also unweise, falls wir es unterließen, die Gelegenheiten wahrzunehmen, zu verstehen und auszuführen, welche uns die Güte Gottes zur Vermehrung unserer Weisheit darbietet. Die Güte Gottes läßt uns nämlich schauen, was geschehen wird. Damit wir verstehen, wie dies geschehen wird, beginnt sie damit, die schon aufgedeckten Wege für das Licht noch weiter aufzudecken.[159] *Wir haben also den Spuren Gottes dorthin zu folgen, wohin er uns sicheren Schritts vorangeht;* und wir müssen auch bedenken, wie die von allen Seiten her aufleuchtenden Lichtstrahlen in einem Punkt zusammenkommen können. Dabei wird uns die gute Gnade des Vaters der Lichter[160] unterstützen; dieser zündet die Fackeln niemals dazu an, daß sie unter einem Scheffel verborgen werden, sondern stets dazu, daß man sie auf einen Leuchter stellt und daß sie allen dienlich sind, die sich im Haus befinden.[161] *Daher handelt als ein Freund Gottes, wer die Aufgabe übernimmt, im Haus Gottes Lichter anzuzünden und abzuputzen:* Je mehr und je größere Lichter es sind, um so mehr zählt solches Tun.

6. *Also gilt es, mit Zuversicht ein Werk in Angriff zu nehmen, das Gott wohlgefällig und für die Welt heilbringend ist.* Dabei darf man sich nicht um das Bellen derer kümmern, deren Sitte es ist, Ungewöhnliches gleich beim ersten Anblick zu verurteilen. Zweifellos werden diese Leute auch hierzu sagen: *Auf euch hat die Weisheit also noch gewartet?* Darauf ist zu antworten: *Sie wartet stets, vom Anfang bis zum Ende* (siehe Spr. 1, 20 und andere Stellen); wir aber sind träge. O würden doch die dunklen Abwege aufgeklärt sein, auf denen die Irrtümer sich nach allen Seiten hin verbreiten können! O könnten wir doch endlich einmal aus all den Formen der Abirrungen sichere Regeln zum Verhindern weiterer Irrtümer aufstellen!

7. Wenn sie sagen: *Kommt es etwa menschlicher Kunstfertigkeit zu, die Strahlen der Weisheit so zusammenzufassen, daß sie die Herzen erleuchten und bekehren?* - dann ist zu antworten: Das Werk, die Herzen zu erleuchten, vollbringt allein der Vater der Lichter. Aber ist deswegen auch zu erwarten, daß dies in Gestalt eines Wunders geschieht? Sind nicht stattdessen auch zugleich die Mittel, die er dafür anbietet, anzunehmen, zu erproben und beständig anzuwenden? Wir wissen, daß *menschlicher Fleiß ohne Gott völlig nichtig ist. Dies gilt aber nicht, wenn dieser Fleiß Gott zu Diensten ist.* Gott bringt seine Werke in fortwährendem Tätigsein hervor; und wir wissen: *Gott pflegt seinem inneren Handeln äußere Mittel vorauszuschicken* und sich durch Sendboten den Weg dorthin zu bereiten, wohin er aufbricht.[162]

8. Es bleibt also nur das eine übrig: Niemand darf Gott seine Mitarbeit verweigern, wenn er merkt, daß er in einer Angelegenheit etwas zum allgemeinen Nutzen beitragen kann. Diesem Zweck wollen auch wir dienen und den Vater der Lichter bei seiner Tätigkeit gegen die ihm verhaßte Finsternis eifrig unterstützen. *Deswegen gehen wir sogleich daran, das Wesen des Lichtes ausfindig zu machen, so daß wir die Gelegenheit dafür, die Wege für das Licht kennenzulernen, nirgends anderswoher erhalten als von diesen Wegen des Lichtes selbst.*

KAPITEL 8[163]

Was ist das Licht und in wievielen Arten kommt es vor? Was ist ferner die dem Licht entgegengesetzte Finsternis und in wievielen Arten kommt sie vor?[164]

Allgemein betrachtet *ist* das Licht *ein Glanz, der sich über die Dinge verbreitet, sie sichtbar werden läßt und aufdeckt. Dadurch treten die Formen der Dinge, ihre Lagen und ihre Bewegungen sowie ihre Abstände voneinander und auch ihre Verhältnisse zueinander für Beobachter klar zutage.*[165]

2. Die Finsternis dagegen ist eine Dunkelheit, die die Dinge umhüllt und verdeckt. Dadurch läßt sich nicht mehr erkennen, was uns umgibt und von welcher Beschaffenheit und Zahl es ist;

und es ist noch viel weniger zu ersehen, wie sich die Dinge untereinander verhalten.

3. Von daher ist es klar, *daß Licht und Finsternis einander entgegengesetzt sind und einander widerstreitende Eigentümlichkeiten und Wirkungsweisen besitzen.* Das Licht kehrt nämlich sich selbst nach außen und mit sich auch die Dinge, die es entfaltet, eröffnet und ins Blickfeld bringt. Die Finsternis wiederum kehrt sich selbst nach innen und mit sich auch die Dinge, die es verwickelt, verschließt und in Verstecken verbirgt. Deswegen *kommt vom Licht die Erkenntnis der Dinge und von der Finsternis die Unkenntnis der Dinge.* Das Licht verleiht den Dingen und dem Geist Liebreiz und Freude, die Finsternis Trübsinn und Verdruß. Schließlich wirkt die Erscheinung des Lichtes wie das Leben, die der Finsternis wie der Tod. Daher sagt die Schrift: *Süß ist das Licht, und es tut den Augen wohl, die Sonne zu sehen* (Sir. 11, 7).

4. Sowohl das Licht als auch die Finsternis kommen jeweils nicht nur in einer einzigen Art vor. Von den göttlichen Orakeln wird das Licht vornehmlich *als ein dreifaches* gerühmt: *nämlich als ewiges, äußeres und inneres Licht.*[166] Ebensoviele Arten der Finsternis entstellen das Licht oder lassen es noch deutlicher aufstrahlen.[167]

5. *Das ewige Licht ist jenes den menschlichen Sinnen unzugängliche Leuchten, in dem Gott wohnt* (1 Tim. 6, 16), *in dem er sich selbst als Quelle aller Glückseligkeit betrachtet sowie die Prinzipien aller Dinge, die außerhalb seiner selbst sind und sein können. Es ist also dasjenige Licht, in dem Gott sich von Ewigkeit zu Ewigkeit in Leben und Glückseligkeit genießt.* Dieses Licht wird den Geschöpfen zuteil, die Gott mit seiner Gemeinschaft beschenkt, die in beseligender Schau[168] Gott betrachten und in ihm ohne Ende das volle Maß der Freuden genießen. *Diesem ewigen Licht ist die ewige Finsternis entgegengesetzt.* Für sie ist in Gott, der Quelle des Lichtes, kein Platz (*Gott ist nämlich Licht, und keine Finsternis ist in ihm,* 1 Joh. 1, 5), wohl aber in den Geschöpfen, die ohne jede Gemeinschaft mit dem Schöpfer sind, wenn sie vom Anblick ihres Schöpfers ausgeschlossen werden, so daß sie in Ewigkeit keinen einzigen Strahl seines beglük-

kenden Lichtes, kein noch so kleines Fünkchen davon mehr sehen. Das ist dann der Abgrund der ewigen Schrecken und Ängste (*Ps.* 49, 20; *Mt.* 25, 30).

6. *Das äußere Licht ist jener Glanz, der sich mit körperlichen Augen wahrnehmen läßt und mit der Gott dieses sein Amphitheater der körperlichen Welt beleuchtet hat.* Das Transportmittel für dieses Licht sind die Gestirne am Himmel, vor allem die SONNE. Bevor der Schöpfer diese Fackeln angezündet hatte, gab es nichts als *tohu vabohu,* einen wüsten und leeren Abgrund, bar des Lebens, der Bewegung und aller Gestalten.[169] Aber auch jetzt noch hüllt scheußliche Finsternis alles ein, was vom Licht nicht erreicht wird: wie die tief hinabreichenden Eingeweide der Erde und sogar die äußere Oberfläche der Erde zur Nachtzeit; allen Dingen wird hier ihr Liebreiz entzogen.

7. Das innere Licht schließlich ist ein Glanz, der im Geist *eines vernunftbegabten Geschöpfes entfacht wurde, der diesen Geist beleuchtet und ihn auf seinen Wegen leitet.* Dieses Licht ist wiederum ein dreifaches, es durchstrahlt den dreigeteilten Innenraum des Menschen, den Verstand, den Willen und das Gemüt.

8. *Das Licht im Verstand* ist die vernunftgemäße Erkenntnis der Dinge. Durch diese Erkenntnis geht der Mensch der Wahrheit der Dinge nach und betrachtet deren innerste Prinzipien; dadurch erfreut er seinen Geist auf angenehme Weise. *Wenn dieses Licht blitzhell ist, wird es Weisheit genannt, d. h. die wahrhaftige Erkenntnis dessen, was ist, und der umsichtige und zuträgliche Umgang mit allem.* Die diesem Licht entgegengesetzte Finsternis ist die *Unkenntnis der Dinge,* eine wirklich finstere Finsternis, die den Geist in betäubende Starrheit versetzt. Beschließt der verfinsterte Geist aber doch, seinem angeborenen Antrieb gemäß sich heftig nach verschiedenen Seiten zu bewegen, um trotz allem voranzukommen, dann legt ihm die Finsternis nicht bloß unablässig Stolpersteine in den Weg. Sie läßt den Geist auch in Gruben und in Abgründe stürzen; sie bereitet ihm Verfall und schließlich den Untergang.

9. *Die zweite Stufe des inneren Lichtes liegt im Willen.* Dadurch geht der Mensch der Güte der Dinge nach und kostet von deren Süße, weshalb er dann nur an Heiligem und Reinem

Gefallen hat. *Die diesem Licht entgegengesetzte Finsternis ist die Unreinheit des Geistes.* Um ihretwillen werden in der Schrift die befleckten Menschen als *Söhne der Finsternis*[170] bezeichnet; denn sie erfreuen sich an den Werken der Finsternis.

10. *Die dritte Stufe des inneren Lichtes liegt im Gewissen oder im Gemüt. Es ist dies nämlich eine Heiterkeit und Fröhlichkeit des Herzens, die aus dem Gefühl entsteht, die Wahrheit erkannt zu haben und der Heiligkeit teilhaft geworden zu sein.* Darüber sagt die Schrift: *Ein Licht erstrahlt dem Gerechten und Freude dem Menschen mit redlichem Herzen* (Ps. 97, 11). Die diesem Licht entgegengesetzte Finsternis ist die *Angst, die in einem Geist herrscht, der sich seiner Verkehrtheit und Boshaftigkeit bewußt ist.* Diese Angst ist ein Vorspiel zur ewigen Finsternis der Hölle.

11. *Wir wollen alle Sterblichen lehren, all diese Finsternisse des Geistes zu kennen und ihnen vorzubeugen. Darum werden wir insbesondere die Wege für das Verstandes-Licht untersuchen.* Wenn dieses Licht nämlich rein und hell ist und dem Willen auf eine ordentliche Weise die Fackeln voranträgt, dann bewirkt es, daß auch der Wille dem Licht folgt, und das Gemüt wird aufgeheitert, gemäß jenem Worte Christi: *Dein Auge gibt deinem Körper Licht. Wenn dein Auge gesund ist, dann wird auch dein ganzer Körper hell sein* (Lk. 11, 34).

12. Die Wege für das Verstandes-Licht werden wir aber dadurch erforschen, daß wir uns am äußeren Licht orientieren, das uns in die Sinne fällt (und zu dem das innere Licht in einem Entsprechungsverhältnis steht).[171] Das ewige Licht klammern wir aus der gegenwärtigen Erwägung aus, da es für uns zunächst unzugänglich ist.

13. Einstweilen mögen aus diesem Kapitel folgende Axiome festgehalten werden:

I. *Wie die größere Welt vom Vater der Lichter mit ihrem eigenen Licht ausgestattet worden ist, so ist auch die kleinere Welt, der Mensch, mit seinem eigenen Licht ausgestattet.*[172]

II. *Wie das Licht der Welt Finsternis bei sich hat, die ihm entgegengesetzt ist, so hat auch das Licht des Geistes seine spezifische Finsternis bei sich.*

III. *Wie das Licht der Welt unter allen anderen Gegenständen jeglicher Sinneswahrnehmung herausragt, so ragt auch das Licht des Geistes unter allen übrigen Geistesgaben heraus.* Wie nämlich die Welt ohne ihr äußeres Licht überhaupt keine Zierde besäße, so würde ohne das Licht des Geistes keine Zierde als solche eingesehen werden können; so viele Werke Gottes blieben ohne Zeugen. Nimm aus der Welt das Licht fort, und du hast auch die Wärme beseitigt, mit der Wärme aber die Bewegung, und mit der Bewegung alles, was durch Bewegung geschieht, zum Beispiel die Erzeugung von Dingen sowie die Vielfalt der Formen und das Leben, die aus dieser Erzeugung entspringen.[173] Ebenso beseitigst du den Geist selbst, wenn du aus dem Geist den Verstand fortnimmst. Dadurch entleerst du nämlich den Geist von den Bildern und Formen der Dinge. Falls du schließlich das gute Gewissen und die Freuden des Herzens fortnimmst, wirst du sehen, daß nichts übrigbleibt außer ein Chaos scheußlichster Verwirrungen.

KAPITEL 9

Das unablässige Ringen zwischen Licht und Finsternis, deren abwechselndes Zunehmen und Schwinden bis hin zum triumphalen Sieg des Lichtes

Da das Licht und die Finsternis einander entgegengesetzt sind und auf gegensätzliche Weise in sich selbst wirken, muß es geschehen, daß sie sich untereinander bekämpfen. Dabei ist die stärkere Seite, nämlich das Licht, stets der schwächeren, der Finsternis, überlegen. *Das Licht ist nämlich etwas Positives, das wahrhafte und wirkliche Handlungen vollbringt und das seine Wirkkraft machtvoll verbreitet:* Die Finsternis ist an sich nichts anderes als eine Beraubung des Lichtes. Diese Beraubung trägt aber doch die Maske eines Seienden; und daher ahmt sie auch, so weit ihr das möglich ist, das Wesen eines Seienden nach, d. h. sie liebt sich selbst, sie schützt, verteidigt, bewahrt sich und leistet Widerstand, sie haßt und flieht das, was ihr entgegengesetzt ist, oder kämpft dagegen an, wenn sie ganz und gar nicht fliehen kann; und sie verdunkelt dann, so weit wie möglich, die Helle des Lichtes, indem sie sich dem Licht beimischt.

2. Daher rühren die unablässigen Kriege zwischen Licht und Finsternis, in deren Verlauf jede der Parteien danach strebt, für sich ein eigenes Reich zu gründen. Wir wollen sehen, wie sich dies beim äußeren Licht und bei der äußeren Finsternis zuträgt, um auf dieser Grundlage leichter und genauer über deren innere Entsprechungen urteilen zu können.

3. Bevor Gott für die Welt das frühzeitliche Licht entfachte, lag Finsternis über allem; dabei war der Lebenshauch der Weltmaterie bereits eingegeben worden *(Gen. 1, 2)* (und alsbald gab es zusammen mit jenem Gestalter aller Dinge keimhaften Anlagen). Dann aber wurde aus jener Finsternis das Licht entfacht; es bewegte sich um den kreisförmigen Rand des Abgrunds herum[174] und begann dadurch, heftig auf die düsteren Dämpfe und Rauchschwaden des Abgrunds einzuwirken und sie so zu reinigen, daß bald aus dem ersten Umlauf der Lichtmasse – am zweiten Tage – das feine und durchsichtige *Antlitz eines Ausgebreiteten*[175] (das wir Himmel und Luftraum nennen) hervorging, jene überaus geräumige Heimstätte des Lichtes. Davor floh die Finsternis; auf dieser Flucht ballte sie sich zusammen und begann auch damit, sich an den Orten, die dem Licht entgegengesetzt sind, eine Heimstätte zu errichten, nämlich in den dichteren Teilen der Weltmaterie und in den Räumen, die hinter diesen liegen.[176] Entstanden aus urstofflicher Masse, die auf einen beschränkten Raum zusammengedrängt wurde, bieten nämlich Wasser und Erde *in sich und hinter sich Verstecke für die Finsternis, jeweils entsprechend dem Grad an Dichte, den sie erreicht haben.* So weit zeigt sich die Sache von selbst.

4. Denn aus dem Inneren jeder dichten Materie wird das Licht gänzlich ausgeschlossen, da es ihm nicht gestattet ist, Undurchsichtiges zu durchdringen.[177] Das nennen wir im eigentlichen Sinn *Finsternis,* die völlige Abwesenheit des Lichtes. Trägt man um einen derartigen undurchsichtigen Körper ein Licht herum,

so wird es zwar die Oberfläche des Körpers beleuchten, aber bloß auf der Seite, von der das Licht heranstrahlt; die entgegengesetzte Seite beansprucht die Finsternis für sich, als ob sie es nicht dulden kann, ganz aus dem Wesen der Dinge vertrieben zu werden. Gemäß dieser ihrer Position wird die Finsternis noch einmal mit einem besonderen Namen, mit *Schatten*, bezeichnet. Trägt man an diesen Schatten das Licht heran, um ihn auch von dort zu vertreiben, wo er sich gerade befindet, so flieht er wiederum in die entgegengesetzte Richtung. Er wechselt seinen Ort lediglich, verliert ihn aber nicht.

5. *Es ist unmöglich, auf solche Weise Schatten und Finsternis aus der Welt zu schaffen.* Sie tauschen lediglich mit dem Licht die Plätze. Wo das Licht aufstrahlt, dort weicht die Finsternis; und wo das Licht verschwindet, dort folgt die Finsternis sofort unmittelbar nach. Es tritt nämlich nichts anderes dazwischen, es kann auch gar nichts anderes dazwischentreten außer den Grenzbereichen von Licht und Finsternis, die wir *Dämmerung* nennen, Morgen und Abend. *So ist das Licht in seiner eigenen Mitte, gleichsam in seinem Zentrum, am strahlendsten; entsprechend ist die Finsternis in ihrer eigenen Mitte am dichtesten. In den Grenzbereichen vermischen sich beide und ringen gewissermaßen miteinander.* Entweder ist dabei die Finsternis stärker, wenn nämlich das Licht weicht, oder das Licht, wenn es sich mit größerer Gewalt auf die Finsternis stürzt. Denn die Finsternis kann dem Licht nicht widerstehen, wenn es in sie eindringt; sie kann nur den Ort des Lichtes einnehmen, wenn das Licht von diesem Ort weicht. Daß dies gewissermaßen nach einem ewigen Gesetz geschieht, läßt sich am allmählichen Wechsel zwischen Tag und Nacht ersehen.

6. *Ähnlich verhält sich die Sache beim Licht und bei der Finsternis des menschlichen Geistes.* Als Gott den Geist erschuf, besäte er ihn mit Samen für Erkenntnisse aller Art.[178] Diese Samen nennen wir *angeborene Begriffe und Funken der Natur*, oder auch *Zunder für das natürliche Licht.* Doch bevor dieser Zunder Feuer fangen kann, hält notwendigerweise Finsternis den Abgrund des Geistes besetzt (wie es bei Lallkindern, die von keinem Ding etwas wissen, offensichtlich ist). Sie wird auseinan-

dergetrieben durch die Entstehung des wirklichen Lichtes. Dank der Dienstleistung der Sinne kommt es nämlich zu verschiedenen Beobachtungen, die sich auf verschiedene Dinge beziehen (so als ob Stahl an Feuerstein geschlagen würde). Dabei wird ein Funke nach dem anderen geschlagen, allmählich wachsen die Funken zur Flamme an und entfernen jene Finsternis des Geistes: nicht ganz und gar in einem Augenblick, sondern immer nur teilweise und stufenweise; denn die Dinge sind dicht und lassen sich nicht sofort durchstoßen.

7. Daher kommt es, daß sich auch in unserem Geist die Finsternis der Unwissenheit dem Licht der Erkenntnis entgegenstellt. Wird sie in einem Teilbereich verringert und ausgeräumt, dann ballt sie sich in einem anderen erneut zusammen, verdichtet sich und kehrt dem Licht ihre Dunkelheit entgegen. Deshalb läßt es sich in unserem Geist, ebenso wie in der Welt, stets antreffen, daß etwas zwar beleuchtet, anderes aber dafür verfinstert ist. Dies wird andauern, bis die Zeit kommt, in der Gott aus der Welt wie auch aus dem Geist der Menschen alle Finsternis vertreibt, die Erde genauso durchsichtig werden läßt wie den Himmel und jeden Schleier von den Augen des Geistes seiner Erwählten nimmt.[179] Daß beides im kommenden Leben bevorsteht, das sagen die heiligsten Orakel unseres Gottes voraus.

8. Einstweilen soll aus diesem Kapitel folgendes offenkundig sein:

I. *Der Zustand des menschlichen Geistes ähnelt der Bestimmung, der auch die Welt unterliegt:* daß sie nämlich in Finsternis beginnen und ins Licht übergehen soll. (Denn die Dinge, die Gott mit ewigem Sein beschenken will, führt er aus dem Abgrund der Nichtigkeit in feststehende Wesentlichkeit über.[180])

II. *Was aber zwischen jenen Grenzen* (nämlich der frühzeitlichen Finsternis und dem endgültigen Licht) *liegt, ist aus beidem zusammengemischt:* Stets gibt es ein Ringen des Lichtes mit der Finsternis; und dies wird so weitergehen, bis das Licht die Finsternis überwunden hat.

III. *Das Licht besitzt die Kraft, die Finsternis zu vertreiben, nicht umgekehrt.* Denn wo immer Licht aufscheint, dort wird die Finsternis alsbald schwächer oder vergeht. Im Gegensatz dazu hat die Finsternis keinerlei Kräfte, mit denen sie das Licht von der Stelle bewegen könnte.

IV. Daraus folgt: *Wenn einmal die Finsternis in der Welt oder im Geist die Oberhand gewinnt, dann kann dies durch keine andere Einwirkung geschehen, als durch das Weichen des Lichtes*, gewissermaßen deshalb, weil das Licht dies duldet oder zumindest nachlässig ist.

V. *Daher geht das Licht aus dem Zusammentreffen mit der Finsternis stets als Sieger hervor;* und, wie die Erfahrung bestätigt, bietet selbst noch jeder Irrtum eine Gelegenheit dafür, eine Wahrheit zu entdecken.

VI. *Wenn das Licht weiterhin vordringt und sich beständig ausbreitet, dann findet die Finsternis gewiß nirgendwo mehr Verstecke, aus denen sie nicht wieder vertrieben wird.*

VII. *Es gibt demnach für uns nichts anderes zu tun, als die Wege für das Licht zu erforschen und, soweit es an uns ist, vorzubereiten:* auf daß das Licht es vermöge, sich über diese Wege machtvoll zu verbreiten, sich auch in alle verborgenen Höhlen hineinzubeugen, sie zu durchdringen und dereinst das ganze Reich der Finsternis auf einmal anzugreifen, zu bestürmen und, mit Gottes Hilfe, zu überwinden.

KAPITEL 10[181]

Über die Wege, auf denen das Licht naturgemäß ausströmt und sich ausbreitet

Weißt du etwa, auf welchem Weg sich das Licht verteilt?[182] – so fragt Gott den Ijob, nicht um ihm die Hoffnung darauf zu rauben, dies herausfinden zu können, sondern vielmehr, um seine Forscherleidenschaft anzustacheln.[183] Im gleichen Buch heißt es, es sei unmöglich, Walfische zu fangen[184]; an einer anderen Stelle, Menschen wären nicht dazu imstande, die Tiefe der Erde zu erkunden[185]; wieder an einer anderen, es gäbe unzählbar viele Sterne.[186] Wenn Gott nun dieses und ähnliches vorbringt, *zeigt er bloß die Schwierigkeit und nicht die Unmöglichkeit dieser Unterfangen auf; denn all dies ist vom menschlichen Unternehmungsgeist bereits in gewissem Maße erreicht worden.* Einiges wurde doch schon in Erfahrung gebracht: von unseren Nordmännern, wie sich selbst in Walfische Haken spießen lassen; von den Kosmographen, wie sich aus dem Umfang der Erde deren Tiefe ermessen läßt; von den Astronomen, wie sich die Sterne zählen lassen, die für Menschenaugen erkennbar sind[187] (die unsichtbaren Sterne hat Gott auch dem Abraham nicht gezeigt[188]). Und auch was die Optiker bislang schon über die Wege des Lichtes festgestellt haben, ist alles andere als nichts.[189] Alles, was sich im Umkreis des Lichtes, durch das Licht und im Licht ereignet (und beinahe auch, was das Licht seinem Wesen nach ist), zeigen sie mit mathematischer Verläßlichkeit auf, so daß für Zweifel an der Wahrheit dieses Wissens kein Raum mehr bleibt.

2. Bedenken wir also folgendes: *Wenn wir die bereits festgestellten Wege des äußeren Lichtes betrachten und mit den Wegen des inneren Lichtes vergleichen, können dadurch dann nicht die Fundamente für unser Unterfangen aufgespürt werden* – so daß uns die Natur selbst, wie es ihr auch entspräche, die Pfade hin zu einer Kunst im voraus bezeichnet, und uns diese Kunst zu der Handlungsweise weiterleitet, die wir suchen? Wir werden aber nicht alles darlegen, was sich auf das Wesen des Lichtes bezieht (dies wäre hier nämlich nicht am Platz). Vielmehr werden wir dasjenige, was zu unserem aktuellen Anliegen offenkundig beiträgt, in Theoremen vorlegen und es nach Art der Mathematiker möglichst kurz und bündig aufweisen. *Selbst wenn wir* dennoch *ein klein wenig über das vorgegebene Maß hinausgehen, ist diese Betrachtung des Lichtes so wertvoll, daß es lichtvolle Geister nicht verdrießen dürfte noch reuen könnte, dafür etwas Zeit und Mühe aufzubringen.*[190]

Theorem I

3. *Das Licht hat ein eigenes Subjekt, von dem es ausströmt, ein Objekt, in das es einströmt, und ein Mittleres, durch das es hindurchströmt.* (Wie auch das Tageslicht von der Sonne, hin zur

Erde, durch die Luft ausströmt und wie überhaupt jedes andere Licht durch irgendeinen durchscheinenden oder durchsichtigen Körper hindurch in irgendeinen undurchsichtigen Körper strömt.) *Auf ähnliche Weise kommt das Verstandes-Licht, das Erkennen der Dinge, über die Sinne in den Geist.*[191]

4. *Folgesatz I.* Es gibt also drei Körper, die im körperlichen Licht sind und in ihm betrachtet werden: *die Lichtquelle, das Durchsichtige und das Undurchsichtige.*[192] (Ohne Lichtquelle gibt es kein Ausströmen; ohne Durchsichtiges gibt es kein Hindurchströmen; ohne Undurchsichtiges gibt es kein Einströmen: das heißt, es gibt jeweils überhaupt kein Strömen, kein Licht.) *Auf ähnliche Weise kann es kein Licht der Erkenntnis geben, wo es an Dingen, an Sinnen oder am Geist fehlt.*

Folgesatz II. Das Wesen des Lichtes besteht ganz im Strömen, d. h. in Bewegung (es vollzieht nämlich den Übergang von einem Gegenstand durch einen anderen hindurch zu einem dritten). *Ebenso handelt es sich beim Erkennen der Dinge um eine Art Übergang, bei dem der Geist von etwas Bekanntem zu etwas Unbekanntem übergeht, und etwas, das teils bekannt, teils unbekannt ist, eine vermittelnde Rolle spielt.*

Folgesatz III. Das Wesen des Lichtes besteht ganz im Dienen und ist dazu bestimmt, die verstreuten Dinge für die Sinneswahrnehmung zu vereinen (damit ein Urteil darüber gefällt werden kann, ob diese Dinge angegangen oder umgangen werden sollten). In ähnlicher Weise besteht das Erkennen der Dinge nicht um seiner selbst willen, sondern dient zur Freude und zur Nutzanwendung.

Theorem II

5. *Im Licht ist also ein Strömen. Es gibt darin etwas, das strömt, und für das Strömende gibt es Grenzen, nach denen sich das Woher, Wodurch und Wohin seines Strömens richtet; ferner gibt es gewisse Weisen des Strömens.* Dies ist so zu erläutern: Was strömt, das ist der Lichtstrahl; das Woher, aus dem er strömt, das ist der leuchtende Körper selbst; das Wodurch, durch das er strömt, ist das durchsichtige Medium; das Wohin, zu dem er

strömt, ist ein durchsichtiger, spiegelnder oder undurchsichtiger Gegenstand. *Die Weisen des Strömens* sind: direkt oder schräg. *Dementsprechend verhält es sich beim Erkennen der Dinge: Was* einen Übergang vollzieht, das sind Bilder oder wesensgemäße Ausdrucksweisen der Dinge; das *Woher*, von dem aus sie den Übergang vollziehen, das sind die Dinge selbst; das *Wodurch*, durch das sie den Übergang vollziehen, das sind die äußeren Sinne; das *Wohin*, auf das hin sie den Übergang vollziehen, das ist der Geist.[193] Ein Teil dieses Geistes, der durchlöchert ist und das Licht durchläßt, heißt *Unbesonnenheit*; ein Teil, der das Licht spiegelt und zurückwirft, heißt *Aufmerksamkeit und Urteilskraft*; wieder ein anderer Teil, der undurchsichtig ist und das Licht verteilt, heißt *Verstand*. Dieser Teil vervielfältigt für sich alsbald den Lichtschein[194], den er aus dem Vernunftschluß bezieht.

6 *Definitionen*

1. *Ein Strahl ist der sichtbare Ausdruck oder das Bild einer Lichtquelle.* (Dies ist zu beobachten, wenn irgendeiner Lichtquelle wie der Sonne, dem Mond oder einer Kerze ein Spiegel entgegengehalten wird. Denn dann wird bald ein Bild dieser Lichtquelle zu sehen sein, das in den Spiegel eingeprägt ist. Woher soll das aber kommen, wenn nicht von dem Strahl, der auf den Spiegel gefallen ist?) Dementsprechend handelt es sich bei allem, was dem Geist zu Erkenntniszwecken zugeführt wird und was im Geist aufstrahlt, um sichtbare Ausdrucksweisen oder Bilder der Dinge.

2. *Eine Lichtquelle ist etwas, das aus sich heraus Strahlen verbreitet.* Z. B.: die Sonne, der Mond, die Sterne, eine Kerze usw. NB. Allerdings entsendet nicht nur eine Lichtquelle Strahlen, sondern auch ein erhellter bzw. beleuchteter Gegenstand, nämlich dank der Kraft des Lichtes, in das er getaucht ist. In einem Spiegel sehen wir nämlich alle körperlichen Gegenstände abgebildet, wenn Licht zugegen ist. Wir sehen darin aber nichts mehr, wenn kein Licht da ist. Warum ist das so? Aus dem einen Grund, daß *Körper, die ins Licht getaucht sind, strahlen, andere dagegen nicht.*

3. *Durchsichtig ist, was eingefallene Strahlen durch sich hindurchschickt* (wie *Luft, Wasser, Glas, Horn und* gewisse *Edelsteine* usw.; ein anderer Ausdruck dafür ist »transparent« oder, auf Griechisch, »diaphan«).

4. *Spiegelnd ist, was eingefallene Strahlen reflektiert* (wie es alle Spiegel infolge ihrer glatten Oberfläche tun, sowie Wasser, Öl, poliertes Metall und Glas, das seine Transparenz verloren hat usw.).

5. *Undurchsichtig ist, was eingefallene Strahlen zerstreut* (oder vielmehr zerstäubt) *und sie über die angrenzenden Körper verteilt* (wie es bei Körpern geschieht, die eine dichte und rauhe Oberfläche besitzen: Erde, Stein, Holz usw.). [NB. Welche Auswirkung jener dreifache Gegenstand des Lichtes *(das Durchsichtige, das Spiegelnde und das Undurchsichtige)* jeweils hervorbringt, kann jeder sehen, der es sehen möchte. Dazu muß man nur in einem abgedunkelten, nach allen Seiten hin abgeschlossenen Zimmer durch eine Öffnung in der Wand einen Sonnenstrahl schicken. Wenn der Strahl nämlich in eine Öffnung der gegenüberliegenden Wand fällt, dann schickt die in diesem Loch enthaltene Luft aufgrund ihrer Transparenz den Strahl durch sich hindurch und nach draußen, ohne daß er irgendeine Spur im Zimmer hinterläßt, d.h. die Finsternis bleibt ungebrochen. Wenn der Strahl auf einen Spiegel fällt, wird man das reflektierte Bild der Sonne auf der gegenüberliegenden Wand sehen. Wenn derselbe Strahl schließlich direkt auf die Wand oder auf etwas anderes Rauhes fällt, wird er zerstreut und ruft im ganzen Zimmer einen Lichtschein hervor. *Dementsprechend kann sich der Geist verschiedener Menschen jeweils unterschiedlich zu den Strahlen der Wahrheit verhalten.* Einige sind teilnahmslos und erstarrt, sie nehmen fast überhaupt nichts auf und lassen alles durch sich hindurch, ohne aus irgendetwas einen Nutzen zu ziehen. Andere geben lediglich das wieder, was sie aufnehmen; es sind dies die *Gedächtniskünstler*. Wieder andere verstreuen alles, was sie aufnehmen, d.h. sie verbinden Folgerungen untereinander und vervielfältigen rasch durch einen Vernunftschluß ihr Wissen; das sind die *diskursiven Denker*.]

6. *Ein Strahl ist direkt, wenn er lotrecht auf die Oberfläche des Körpers fällt, der ihm entgegensteht. Er ist schräg, wenn er von der Seite her einfällt.* So scheint die Sonne senkrecht auf diejenigen hinab, für die sie zur Mittagszeit über dem Scheitel steht; diejenigen aber, für die sie sich am Horizont befindet, trifft sie bloß mit schrägen Strahlen.

7 *Axiome über die Lichtquelle und den Strahl*[195]

1. *Leuchtende Subjekte*, aus denen Licht strömt, *sind entweder solche, die Gott ans Firmament gesetzt hat: Sonne, Mond und Sterne, oder solche, die durch Kunstfertigkeit entstanden sind, Kerzen, Fackeln* usw. Auf ähnliche Weise sind die Subjekte, die dem Geist mit Licht dienen, entweder *gottgegeben* oder von Menschen zur Verfügung gestellt. *Gottgegeben* und wie Leuchten in Sichtweite unserer Vernunft aufgehängt sind: I. *Die Welt selbst, die von den Dingen erfüllt ist*; II. *der Geist, der mit den Begriffen strahlt, die uns Menschen von Geburt an innewohnen* und der deswegen von Salomon Leuchte Gottes genannt wird *(Spr. 20, 27)*; III. *das darüberhinaus noch dazugegebene geschriebene Gesetz*, von dem eben dieser Salomon sagt: *Das Gesetz ist Licht*[196] (Spr. 6, 23). *Bei den Fackeln aber, die aus menschlichem Bestreben heraus erfunden worden sind, handelt es sich um künstlich hergestellte Werke sowie um die Bücher, die mit bloß menschlichem Talent geschrieben worden sind.* Doch wie unsere Lampen vor dem Himmelslicht verblassen, so verblassen auch menschliche Schriften und Werke vor den göttlichen.

2. *Alles, was sich in einer Lichtquelle befindet, ist als deren Teil selbst eine Lichtquelle, wenngleich auch nur mehr oder weniger.* (Die Sonne und eine Kerzenflamme leuchten als Ganzes, auch wenn sogar auf der Sonne gewisse Flecken zu bemerken sind. Dies kommt nicht daher, daß einige ihrer Teile finster wären; sie glänzen nur nicht so hell wie andere.) Dementsprechend ist alles Wahrheit, was sich in der Welt, im Geist und in der Schrift an göttlichen Taten, Worten und Geisteingebungen finden läßt –

auch wenn manche Stellen klarer als andere sind. *Nimmt man aber alle diese Erscheinungen zusammen, dann erhellen sie sich gegenseitig und bringen ein einziges, vollständiges und wahrhaft leuchtendes Licht hervor.*

3. *Jede Lichtquelle strahlt* (das wird offenkundig aus der Definition der Lichtquelle). Dementsprechend besitzt alles Wahre eine Gestaltung[197] oder eine wesensgemäße Ausdrucksweise[198], die es aus sich heraus entsendet oder durch die es erkennbar ist.

4. *Jede Lichtquelle strahlt ständig* (oder: Die Strahlen strömen fortwährend aus der Lichtquelle, ob nun jemand zuschaut oder nicht. Dementsprechend kann die Sonne, solange sie Sonne ist, und jede Flamme, solange sie brennt, nicht aufhören zu strahlen.) Ebenso geht die Wahrheit der Dinge unablässig aus deren charakteristischen Eigenschaften, Tätigkeiten und den von ihnen erlittenen Veränderungen hervor.

5. *Jede Lichtquelle strahlt auf allen Seiten.* (Denn in einer Lichtquelle gibt es selbstverständlich keinen Punkt, der nicht seinerseits eine Lichtquelle ist, gemäß Ax. 2. Folglich geht aus einer Lichtquelle, z.B. aus der Sonne, nicht bloß ein einziger Strahl hervor, sondern gewissermaßen eine unendliche Anzahl von Strahlen.) Dementsprechend ist alles Wahre nicht nur als Ganzes wahr und geht nicht nur in seiner Gesamtheit als Wahres hervor, sondern auch schon in seinen kleinsten Teilen.

6. *Die stärkere Lichtquelle strahlt stärker.* (Wie die Sonne, aufgrund ihres größeren Glanzes, stärker leuchtet als der Mond und der Mond wiederum stärker als die Sterne, da die jeweils helleren Körper eine größere sichtbare Oberfläche besitzen und mehr Strahlen aussenden. *Stärker strahlt nämlich der Gegenstand, der mehr oder auch stärkere Strahlen aussendet.*) Dementsprechend prägt sich das Wahre dem Geist deshalb ein, weil es schon an sich in höherem Grade wahr ist, wie es sich bei den *allgemeinen Begriffen* verhält; oder weil es den Sinnen besser zugänglich ist, wie bei *Versuchen, die sich auf die Sinneswahrnehmung stützen*.

7. *Jeder Strahl erstreckt sich auf einer geraden Linie.* (Daher wird ein Strahl, dem man irgendetwas Undurchsichtiges in den

Weg hält, restlos unterbrochen. Dies wird bei jedem Schatten offenkundig; denn ein Schatten ist nichts anderes als eine Unterbrechung des Strahls oder der Strahlen. Die Lichtquelle, die den Strahl aussendet, den undurchsichtigen Körper, der den Strahl unterbricht, und den beschatteten Körper, für den der Strahlengang unterbrochen ist, findet man nämlich stets auf ein und derselben geraden Linie.) Dementsprechend richtet sich der Strahl der Wahrheit direkt auf den Geist, dem er sich einprägt. Sobald jedoch irgendeine falsche Voraussetzung dazwischenkommt, wird dieser Strahl unterbrochen.

8. *Kein Strahl erstreckt sich ins Unendliche, sondern nur so weit, wie er es vermag.*[199] (Dies wird bei den Sternen offenkundig, die so lichtschwach sind, daß sie nur ganz feine Strahlen aussenden, weshalb man sie lediglich mit Hilfe von optischen Instrumenten sichten kann. Auch strahlt eine Kerze, die nächtens auf freiem Felde angezündet wurde, für diejenigen zur Genüge, die nahe bei ihr stehen. Für diejenigen, die von ihr entfernt sind, strahlt sie schon weniger; und für diejenigen, die ganz weit entfernt sind, verschwindet die Kerze, d. h. sie dringt mit ihren Strahlen nicht mehr zu ihnen durch.) Dementsprechend verschwinden die Strahlen der Wahrheit, wenn sie aus allzu großer Entfernung kommen. (Denn wie soll mich etwas anregen, das von meinen Sinnen so weit entfernt ist, daß zu mir keine Wahrnehmung von diesem Gegenstand durchdringt?)

9. *Je näher ein Strahl der Lichtquelle ist, desto stärker ist er; je weiter er von der Lichtquelle entfernt ist, desto schwächer ist er, und zwar jeweils im proportionalen Verhältnis zum Abstand.* Das folgt aus dem unmittelbar vorhergehenden Axiom. Denn das Licht ist in seiner Quelle am hellsten und wird von da an schwächer, wenn es sich über Strahlen verbreitet. Daher kommt es, daß Menschen, die bei Kerzenschein in verschiedenen Abständen vom Licht ein Buch lesen, einen je verschiedenen Teil des Lichtes erhalten. Wer sein Buch in einem Abstand von einer Elle ans Licht hält, wird doppelt soviel Licht abbekommen wie einer, der zwei Ellen von der Lichtquelle entfernt ist, und viermal soviel wie einer, der vier Ellen davon entfernt ist usw.[200]) Dementsprechend leuchtet die Wahrheit der Dinge mit um so größerer

Gewißheit hervor, je größer die Nähe ist, aus der heraus sie betrachtet wird.

10. *Jede Lichtquelle strahlt in einen kugelförmigen Umraum hinein.*[201] (Das heißt, das Licht verbreitet seine Strahlen nach allen Seiten. Das wird bei einer Kerze offenkundig, die man nachts in ein Zimmer trägt und die daraufhin das ganze Zimmer beleuchtet: Es wird unten, oben und an den Wänden hell.) Dementsprechend breitet die Wahrheit der Dinge ihren sichtbaren Ausdruck nach allen Seiten hin aus und teilt sich selbst allen mit, die nach Erkenntnis verlangen.

11. *Folglich besitzt jedes Licht einen kugelförmigen Umraum für seine Wirksamkeit, über den es nicht hinausreicht. Bei einem größeren Licht ist dieser Umraum größer, bei einem kleineren kleiner.* (Daher kommt es, daß schon ein kleines Licht dazu genügt, einen kleinen Raum zu beleuchten, während ein größerer Raum auch ein größeres Licht erfordert. Eine Kerze genügt nämlich dazu, ein Zimmer zu beleuchten. Um einen geräumigen Palast zu beleuchten, braucht man entweder zahlreiche Kerzen oder eine übergroße Fackel. Zur Erleuchtung der Welt ist die riesige Masse der Sonne kaum ausreichend.) Dementsprechend besitzen die Dinge, deren Wahrheit klar ist, einen größeren kugelförmigen Umraum für ihre Wirksamkeit. Bei Dingen, deren Wahrheit eher im Dunkel liegt, ist dieser Umraum kleiner. Dementsprechend benötigt ein Geist, der vieles aufnehmen kann, auch viele Erkenntnisgegenstände; ein engerer Geist ist schon mit wenigerem ausgefüllt.

12. *Der Strahl geht innerhalb seines kugelförmigen Umraums niemals verloren.* (Wenn er nämlich von etwas Durchsichtigem hindurchgelassen wird, dehnt er sich frei aus, soweit er es vermag, bis hin zu der Grenze seines kugelförmigen Umraums. Wenn er reflektiert wird, geht er unversehrt in eine andere Richtung über. Wenn er zerstreut wird, teilt er sich in viele kleinere Strahlen auf und wirkt mit seiner Kraft auf um so mehr Gegenstände ein.) Dementsprechend ist die Wahrheit der Dinge ewig. Sie bleibt selbst dann bestehen, wenn jemand sie nicht berücksichtigt. Wenn jemand diese Wahrheit einem anderen mitteilt, dann vollzieht sie einen Übergang. Wenn sie jemand in einer

Untersuchung auffächert, dann leuchtet sie um so stärker und vervielfacht sich.

Axiome über das Durchsichtige oder Transparente

13. *Alles Durchsichtige läßt die Strahlen durch sich hindurchgehen. Undurchsichtiges hält sie auf.* (Das ist aus der Definition des Durchsichtigen und des Undurchsichtigen ersichtlich.) Dementsprechend geht die Wahrheit der Dinge durch die Sinne hindurch und macht sich im Verstand und im Gedächtnis fest. (Denn auch wenn ein Elefant aus meinem Blick entschwindet, verliert sich zwar sein Bildchen aus meinen Augen, nicht aber aus meinem Gedächtnis und aus meinem Verstand.)

14. *Ohne das Durchsichtige dringt das Licht nicht zum Undurchsichtigen durch.* Dementsprechend geht die Wahrheit der Dinge nicht auf den Verstand über, wenn sie nicht sinnlich wahrgenommen wird.

15. *Feste Gegenstände hindern das Licht nicht schon deshalb am Hindurchdringen, weil sie fest sind, sondern nur insofern sie undurchsichtig sind.* (Glas ist nämlich eine Substanz von ziemlicher Festigkeit, Dicke und Härte und läßt dennoch, weil es rein und durchsichtig ist, Strahlen durch sich hindurch.) Dementsprechend hindern die Sinne die Wahrheit der Dinge daran, zum Verstand durchzudringen, aber nicht schon deshalb, weil sie körperliche Sinne sind, sondern weil sie von dichten Gegenständen besetzt, behindert und nicht abgeklärt sind.

16. *Durchsichtiges kann sich nicht selbst beleuchten* (und andere Körper können dies noch viel weniger). *Jedoch nimmt es eingefallenes Licht sofort auf und überträgt es auf Undurchsichtiges.* (Das ist von sich aus klar.) Dementsprechend sind unsere Sinne von ihrem Ursprung her nicht dazu in der Lage, aus sich selbst heraus Wahrheit zu erkennen. Wird die Wahrheit von den Dingen her an die Sinne herangetragen, dann nehmen sie diese Wahrheit sofort auf und lassen sie zum Verstand durchdringen.

17. *Damit etwas Durchsichtiges das Licht in dessen reinem Glanz aufnehmen und durch sich hindurchlassen kann, muß es*

rein und ohne alle Färbung sein.[202] Dementsprechend müssen die Sinne rein von jeder fremden Flüssigkeit und Beschaffenheit sein, wenn sie die Wahrheit der Dinge zum Verstand hindurchlassen sollen.

18. *Durchsichtiges, das in sich zwiespältig ist, bricht den Strahl und bringt falsche Eindrücke von den Dingen hervor.* (Z. B. scheint ein Stab, der aus einem Fluß herausragt, gebrochen zu sein, obwohl er es gar nicht ist. Man sieht nämlich einen Teil von ihm durch Luft, einen anderen durch Wasser hindurch. Ebenso scheint der Teil, den man durch Wasser hindurch betrachtet, eine andere Farbe und eine größere Dichte zu besitzen als der Teil, den man durch Luft hindurch anschaut.) Dementsprechend ruft es meistens verkehrte und irrige Auffassungen hervor, wenn die sinnenfällige Bedeutung der Dinge nicht unmittelbar von den Dingen selbst herrührt, sondern aus einer fremden Überlieferung stammt.

19. *Alles, was sich durch einen gebrochenen Strahlengang darbietet, ist also hinsichtlich seiner Lage, Gestalt und Farbe entstellt.* (Denn man sieht die Gegenstände höher oder tiefer liegen, man sieht sie größer oder kleiner, als dies in Wirklichkeit der Fall ist; oder man sieht sie in einer anderen Färbung.) Dementsprechend erkennt man alles auf verkehrte Weise, was man durch Vorurteile hindurch erkennt.

Axiome über den spiegelnden Gegenstand, der den Lichtschein reflektiert, d. h. über den Spiegel der Dinge

20. *Jeder Spiegel reflektiert die Strahlen, die er aufgefangen hat. Ebenso prägt jede Aufmerksamkeit die Wahrheit, die sie wahrgenommen hat, der Vernunft ein.*

21. *Ein Spiegel, der an einen kräftigeren Strahl herangebracht wird, reflektiert kräftiger; ein Spiegel, der an einen schwächeren Strahl herangebracht wird, reflektiert schwächer.* (Was ein stärkerer oder schwächerer Strahl ist, wird aus Axiom 8 ersichtlich. Man bringe einen Spiegel bis auf eine Handbreit an eine Kerze

heran, und schon kann man deren Licht in jede gewünschte Richtung überaus kräftig reflektieren lassen. Entfernt man aber eben diesen Spiegel um einige Ellenlängen, so wird man sehen, daß er immer schwächer reflektiert.) Dementsprechend nimmt die Aufmerksamkeit um so mehr wahr und prägt dem Verstand um so mehr ein, je mehr sie sich den Dingen selbst annähert; je weiter sie sich von den Dingen entfernt, desto weniger leistet sie.

22. *Jeder Spiegel gibt so viel von der Lichtquelle wieder, wie er von ihr aufgenommen hat, nämlich ein Bild der Lichtquelle, das diese ganz oder teilweise darstellt.* (Z. B. gibt ein Spiegel die Sonne als Ganzes wieder, wenn die ganze Sonne strahlt, und nur zur Hälfte, wenn nur die halbe Sonne strahlt.) Dementsprechend empfängt die Aufmerksamkeit so viel von den Dingen und läßt so viel davon zum Verstand hindurch, wie man ihr von diesen Dingen zeigt.

23. *Ein flacher Spiegel gibt das naturgetreue Bild eines Dinges wieder.* (Ein Bild, das weder zu groß noch zu klein ist. Flach sind aber die Spiegel, deren Oberfläche weder konvex noch konkav ist.) Dementsprechend genügt die Aufmerksamkeit dazu, ein Ding seiner eigentlichen Bedeutung gemäß einzuschätzen, falls man so aufmerksam ist, wie die Sache es erfordert.

24. *Ein konvexer Spiegel gibt ein Bild wieder, das kleiner ist als das Ding.* Dementsprechend nimmt die Aufmerksamkeit, wenn sie nicht genügend auf ein Ding ausgerichtet ist, die Dinge bloß beiläufig auf und schätzt deren Wichtigkeit nicht richtig ein.

25. *Ein Spiegel, der gesprungen ist oder auf andere Weise beschädigt wurde, zeigt gebrochene und schadhafte Bilder der Dinge.* Dementsprechend bewirkt die Aufmerksamkeit zerrissene, unangemessene, gebrochene und ungeheuerliche Auffassungen von den Dingen, wenn sie zwischen mehreren Gegenständen zerrissen ist.

Axiome über das Undurchsichtige, das das Licht zerstreut

26. *Alles Undurchsichtige hält Strahlen auf, d.h. es hindert sie daran, weiter vorzudringen.* Dementsprechend hält die Vernunft in sich die Wahrheit der Dinge auf, weil sie die größte Tiefe ist, in welche die Wahrheit vordringen kann.

27. *Alles Undurchsichtige zerstreut Strahlen schon allein dadurch, daß es diese Strahlen aufhält, d.h. es bewirkt einen Lichtschein.* (Denn da das Wesen des Strahles selbstverständlich, wie das des Lichtes überhaupt, ganz in Bewegung besteht, kann ein Strahl nicht derart aufgehalten werden, daß er fest an einem Ort verharrt; vielmehr eilt ein aufgehaltener Strahl entweder als ganzer in eine andere Richtung, wie bei der Reflexion; oder er verteilt sich ganz auf die Umgebung, wie bei der Zerstreuung; der verteilte Strahl wird dabei Lichtschein genannt.) Dementsprechend nimmt der Verstand die Wahrheit der Dinge nicht auf solche Weise in sich auf, daß er sich jemals mit ihr zufrieden gibt; vielmehr reflektiert er diese Wahrheit, um andere zu belehren; oder er vervielfacht sofort für sich und für andere den Lichtschein der Erkenntnis, indem er Eines aus Anderem herleitet.

28. *Auch der Lichtschein verbreitet Strahlen und wird zerstreut, wo immer er auf Undurchsichtiges fällt.* (Daher wird das Licht bei Optikern in einfallendes und zerstreutes unterteilt. *Einfallend* heißt es, wenn es unmittelbar aus dem zerstreuten Strahl selbst auf dem undurchsichtigen Körper aufleuchtet, der das Licht verstreut; *zerstreut* wird es dagegen genannt, wenn es aus einem Lichtschein heraus anderswo erneut auf einen undurchsichtigen Gegenstand stößt und, wiederum zerstreut und weiterverbreitet, von dort loskommt.) Dementsprechend bringt der Verstand nicht bloß dann wieder Vernunftschlüsse hervor, wenn er sich unmittelbar auf die Dinge bezieht, sondern auch dann, wenn er durch vorausgehende Vernunftschlüsse angestoßen wird.

29. *Zerstreutes Licht ist geringer als einfallendes; beide zusammengenommen ergeben jedoch ein größeres Licht.* (Wenn

man nämlich ein Buch lesen möchte und es in die Sonnenstrahlen hält, wird man jedenfalls mehr Licht haben als jemand, der das Buch der Wand zukehrt, von der ihm zerstreutes Licht ins Buch leuchtet. Das meiste Licht wird man aber dann haben, wenn man das von der Sonne her einfallende und das von der Wand zerstreute Licht miteinander vereinigt.) Dementsprechend ist das Verstehen unmittelbar wahrgenommener Dinge in jedem Fall gewichtiger als jegliche Vermutungen, die aus Vernunftschlüssen entstanden sind. Dennoch lassen der Vernunftschluß und die auf verschiedene Weisen durchgeführte Erprobung der Wahrheit der Dinge das Verstehen der Dinge im ganzen noch gesicherter und anschaulicher werden.

30. *Ein Lichtschein, der mehrmals zerstreut worden ist, endet zuletzt in Schatten und Finsternis.* Dementsprechend wird das Licht des verständigen Schließens um so trüber, je weiter es sich von den Dingen und von der sinnlichen Wahrnehmung zurückzieht. Dies ist, wie wir sehen, z. B. dem Licht der Religion zugestoßen. Zuerst wurde nämlich von Gott her durch das Gesetz und die uns von Geburt an innewohnenden Begriffe der Lichtschein der θεογνωσία [Gotteserkenntnis][203] empfangen. Durch unterschiedliche Überlieferungen wurde dieser Lichtschein auf verschiedene Weisen über das Menschengeschlecht verbreitet und endete schließlich in Schatten, nicht bloß im Heidentum, sondern auch inmitten der Kirche. Man hatte nämlich die Quelle des Lichtes, das Gesetz, vernachlässigt, so daß die verschiedenen Gruppen einander nur noch ihr zerstreutes Licht entgegenhielten, das sie aus den Überlieferungen empfangen hatten. So kam es, daß sie sich mehr und mehr vom hellen Licht entfernten.

Axiome über die Beleuchtung der Dinge

31. *Licht, das im Entstehen begriffen ist, nimmt nach und nach zu.* (Wenn z. B. eine Fackel mit Funken angezündet wird, schlägt man zuerst aus dem dunklen Feuerstein Funken. Werden diese auf den Zunder der Fackel gebracht, so beginnt es zu glimmen; und wenn man den Schwefel hinzufügt, flammt das Licht auf.

Wenn schließlich die Fackel oder der Kienspan angezündet sind, leuchtet es. Dementsprechend geht auch, wenn sich die Nacht zu einem Tag wandelt, die *Morgenröte* voraus; es folgen die *Morgendämmerung*, der *helle Schein* der aufgehenden Sonne und schließlich der *Glanz* der vollständig aufgegangenen Sonne usw.) Dementsprechend geht dem deutlichen Erkennen der Dinge von Natur aus ein verworrenes, dem klaren ein düsteres voraus. Zuletzt aber erglänzt die Erkenntnis, nachdem sie sich gemäß ihren aufeinanderfolgenden Stufen entfaltet hat.

32. *Der Lichtschein macht alle Gegenstände sichtbar, auf die er in seinem Verlauf fällt* (weil er die Finsternis sofort auseinandertreibt und zum Zurückweichen zwingt). Dementsprechend bringen die Gesetzmäßigkeit oder die gute Gestaltung eines jeden Dinges jeden Verstand, in den sie gelangen, zum Leuchten, indem sie die Unwissenheit vertreiben.

33. *Licht strömt nur bei unmittelbarer Berührung in einen Gegenstand hinein* (anders ausgedrückt: *Licht beleuchtet keinen Gegenstand, den es mit seinen Strahlen nicht erreicht*). Auch die Gestaltungen der Dinge können nicht in den Verstand einströmen, wenn sie nicht durch die Vermittlung der Sinne mit ihm verbunden sind.

34. *Was einem Lichtstrahl direkt gegenüberliegt, das zielt er auf direktem Wege an; was ihm schräg gegenüberliegt, auf schrägem Wege; was seiner Richtung entgegengesetzt ist, das kann er überhaupt nicht erreichen.* (So leuchtet und brennt die Sonne am kräftigsten, wenn sie am Zenith steht, etwas schwächer, wenn sie sich am Horizont befindet, und gar nicht mehr, wenn sie hinter der Erde verschwunden ist.) Dementsprechend prägen sich die wesensgemäßen Ausdrucksweisen oder Gestaltungen der Dinge gut ein, wenn man seine Aufmerksamkeit direkt auf sie richtet; sie prägen sich nachlässiger ein, wenn man seine Aufmerksamkeit nachlässiger darauf richtet; ohne jede Aufmerksamkeit prägen sie sich überhaupt nicht ein.

35. *Mehrere Lichter, die ihre Strahlen vereinigen, verstärken die Helligkeit des Lichtscheins*. (Das ist bei einem Zimmer offenkundig, das von mehreren Kerzen viel besser beleuchtet wird als von einer einzigen.) Dementsprechend ist auch im Geist das

Licht des Wissens um so größer, je mehr er an Wißbarem in sich aufgenommen hat.

36. *Ein größeres Licht verdunkelt (jedoch) ein kleineres.* (Solange nämlich die Sonne am Himmel steht, ist der Schein des Mondes, der Sterne oder einer angezündeten Kerze nicht wahrzunehmen; denn er ist verschwindend gering im Vergleich zu dem größeren Glanz der Sonne.) Dementsprechend verhält es sich auch im Geist: Entflammt etwas Erhabenes, Überragendes und Göttliches das Herz, dann ergreift es davon ganz und gar Besitz, so daß die sehnsuchtsvollen Wünsche, Gedanken und die Verstandestätigkeiten ermatten, die sich auf niedrigere Dinge beziehen.

37. *Ein großes Licht besitzt die Kraft dazu, große Hitze hervorzurufen.* Dementsprechend ergibt es sich aus einem großen Licht im Verstand, daß im Willen eine große Neigung zum Guten entsteht, sowie eine große Abneigung vor dem, was klar als Übel erkannt wird.

38. *Lichtstrahlen können derart gebündelt, vereinigt und verdichtet werden, daß sie in einem Punkt zusammenkommen.* (Dies geschieht, wenn man mit einer konkaven Linse Strahlen zusammenbringt und sie dazu zwingt, sich an einem Ort zu treffen.) Durch ein ähnlich kunstvolles Vorgehen kann die Geisteskraft konzentriert werden, indem man die Sinne und die Vorstellungskraft zusammennimmt und sie fest auf einen bestimmten Gegenstand richtet.

39. *Licht, das derart verdichtet wurde, leuchtet und brennt am kräftigsten.* (Von daher rührt nämlich das Prinzip der Brennspiegel, die, wie man erzählt, bisweilen sogar aus dem kältesten Eis gefertigt sind.) Dementsprechend verhält es sich bei den Strahlen der Dinge, die sich auf den Verstand richten: Werden sie zu einer Einheit gebündelt, dann können sie mit größter Kraft in den Geist eindringen, so daß sie nicht nur den Verstand nachhaltig erleuchten, sondern auch den Willen zu Feuer und Flamme werden lassen – selbst wenn sich die Strahlen in (irdischen, unreinen, schädlichen) Dingen bündeln, die glühenden Eifer nicht verdienen.

40. *Das Licht ist ursprünglich der Lichtquelle und nachträglich dem Beleuchteten inne.* Dementsprechend ist die Wahrheit ur-

sprünglich den Dingen inne, nachträglich dann dem Geist, der ein Ding auf rechte Weise versteht.

Axiome über die Anschauung der Dinge

41. *Alle Lichtquellen reizen den Gesichtssinn.* Dementsprechend verlangt alles Intelligible nach verstandesgemäßer Einsicht, sobald es dem Geist zugewendet wird.

42. *Das Licht allein vollbringt nicht schon die ganze Leistung des Sehens; vielmehr erfordert es die simultane Mitwirkung des Auges.* Auch das Auge besitzt nämlich eine eigene Struktur, *ein eigenes Tätigsein und Wege, auf denen es sich dem Licht zuwendet.* Dementsprechend bietet sich die Wahrheit der Dinge dem Verstand zwar über die Dinge dar, vollbringt aber nicht schon aus sich selbst heraus, ohne Mitwirkung des Verstandes, die Leistung des Verstehens.

43. *Damit das Auge sehen kann, muß es den sichtbaren Dingen zugewandt werden.* Ähnlich ist es auch bei dem Verstand und den intelligiblen Dingen.

44. *Nicht das Auge muß beleuchtet werden, sondern das Ding, das betrachtet werden soll.* Solchermaßen gibt auch jeder *Spiegel*, der im Schatten steht, die Bilder der im Licht befindlichen Dinge besser wieder als ein Spiegel, der selbst im Licht steht. Der Grund dafür ist, daß die Strahlen der Lichtquelle stärker sind als die aus dem Schein des zerstreuten Lichtes stammenden Strahlen (gemäß Definition 2 und Ax. 29). Wenn nun das Licht mit seinem hellen Glanz das Auge in Beschlag nimmt, behindert es dadurch das Anschauen anderer Dinge, weil es sie verdunkelt (gemäß Ax. 36). Daher sehen Menschen mit tiefsitzenden Augen besser; und daher pflegt man auch die Augen (soweit dies möglich ist) mit der flachen Hand vom Glanz der Sonne abzuschirmen, sobald man bei hellem Licht etwas in der Ferne Liegendes betrachten will. Dementsprechend haben wir es nicht nötig, unsere Denkkraft zu zerquälen und unter Zwang zu setzen, wenn wir ein Ding klar verstehen wollen. Es reicht vielmehr aus, die wahre Gesetzmäßigkeit des Dinges, das verstanden werden soll, im Blickfeld

unserer Denkkraft klar darzulegen; sofort wird sie diesen Gegenstand auch klar auffassen.

45. *Das Auge sieht nicht seinen ganzen kugelförmigen Umraum, sondern nur das, was vor ihm liegt.* Vorhin haben wir gesagt, daß das Licht in einen kugelförmigen Umraum hinein strahlt (*Ax. 10*). Beim Auge verhält es sich aber nicht so. Es ist nur dazu befähigt, die Strahlen derjenigen Dinge aufzufangen, die sich vor ihm befinden. Daher soll es direkt nur auf das Ding oder auf den Teil eines Dinges gerichtet werden, das es sehen möchte. Auf ähnliche Weise *richtet sich die Aufmerksamkeit des Geistes ihrem Wesen nach immer nur auf einen Gegenstand.* Zwingt man sie dazu, sich mehreren Gegenständen zuzuwenden, dann wird sie nichts mehr richtig auffassen. Denn *ein Sinn, der mit mehreren Objekten beschäftigt ist, wird hinsichtlich der einzelnen Gegenstände abgeschwächt.*

46. *Wie das Licht, so besitzt auch das Sehen einen kugelförmigen Umraum für seine Wirksamkeit, über den es nicht hinausreicht.* Denn der Sehraum hat die Gestalt einer Pyramide[204]; deren Grundlinie ist der Durchmesser der gesehenen Körper, ihre Spitze aber ist der Mittelpunkt des Auges. Im Augengrund (bzw. in der Pupille) wird also das Bild des Dinges wiedergegeben. Dieses Bild ist größer, wenn das Ding in der Nähe steht, und kleiner, wenn es weit entfernt ist usw. Dementsprechend durchschaut der Verstand die Kleinigkeiten an den Dingen nicht hinreichend, wenn sie nicht näher herangebracht werden, und zwar in einen Abstand, der ihrem Ausmaß angemessen ist.

47. *Damit das Auge einen reinen Blick hat, muß es rein von jeder fremdartigen Beschaffenheit sein.* (Den Gelbsüchtigen, deren Auge voll gelber Galle ist, erscheint nämlich alles gelb; Melancholikern erscheint alles düster usw.) Dementsprechend muß der Verstand frei von jeder vorgefaßten Meinung sein, wenn er die Dinge rein sehen soll.

48. *Ein reines Auge sieht nichts anderes als seinen Gegenstand; und es sieht diesen Gegenstand auch nicht anders, als er sich ihm zeigt.* (Das heißt, das Auge sieht eben den Gegenstand, den man ihm darbietet, und nicht einen anderen, und zwar sieht es gerade so viel vom Gegenstand, wie ihm davon dargeboten wird. Auch

sieht es den Gegenstand in derselben Lage, Gestalt und Farbe, in der er dargeboten wird. Bietet man ihm einen Menschen dar, so sieht es einen Menschen; bietet man ihm einen ganzen Menschen dar, so sieht es diesen Menschen ganz; einen teilweise dargebotenen sieht es nur teilweise. Bietet man ihm einen Menschen dar, der liegt, aufsteht, fällt, weiß oder schwarz ist, so sieht es ihn jeweils auf ebensolche Weise.) Ähnlich ist es bei dem Verstand, der einem gesunden Geist gehört: Was ihm in der Empfindung eines hellen Lichtes vergegenwärtigt wird, das versteht er als das, was es ist, im jeweils vorgegebenen Umfang und auf die vorgegebene Weise. Denn jeder Spiegel, jedes Auge und jedes Verstehen empfängt und vergegenwärtigt mit gleicher Leichtigkeit Leuchtendes und Finsteres, Schönes und Häßliches, Totes und Lebendiges, den Himmel und die Erde usw.

KAPITEL 11[205]
Auf welchen Wegen sich die Finsternis dem Licht entgegenstellt

Die offen daliegenden Wege des Lichtes haben wir schon betrachtet, betrachten wir nun die versteckten Wege der Finsternis. Zwar handelt es sich bei ihnen nicht so sehr um Wege, als vielmehr um Abwege und Schlupfwinkel; doch dürfen wir sie keinesfalls außer acht lassen, wenn wir sie überwinden wollen. Richten wir also unsere Aufmerksamkeit in einigen wenigen Überlegungen darauf, *wo*, *wie* und *mit welcher besonderen Kraft* die Finsternis eine Übermacht über das Licht zu bewahren pflegt.

1. *An allen Orten, die* (weder direkt einfallendes noch schräges) *Licht erreicht, behauptet die Finsternis einen festen Platz*, wie in tiefgelegenen unterirdischen Grotten. Auf ähnliche Weise herrscht notwendigerweise Unwissenheit in einem Geist, in den keinerlei Sachkenntnis vorgedrungen ist.

2. *An allen Orten, die kein unmittelbar einfallendes, sondern bloß zerstreutes Licht erreicht, nistet der Schatten* (wie in einer Bergschlucht, unter einem Baum, in einer Häuserecke usw.).

Dementsprechend verhält es sich bei jemandem, der nur aus »schräger«, mittelbarer Unterrichtung etwas über die Dinge erfährt. Notwendigerweise hat er bloß eine dunkle und schattenhafte Kenntnis von diesen Dingen.

3. *Alles Undurchsichtige ist in seinem abgeschlossenen Inneren eine Aufnahmestätte für Finsternis* (wie ein Stein in den Teilen, die sich unter seiner Oberfläche befinden). Dementsprechend muß auch ein Mensch in seinem Inneren verfinstert sein, der seiner Sinne beraubt ist oder sie aus Unwillen, Unwissenheit oder Unachtsamkeit nicht zum Betrachten der Dinge verwendet. Daher setzt der Fürst der Finsternis dem Menschen irdische Güter vor und füllt damit ihre Sinne an, damit sie die besseren und wahrhafteren Güter nicht mehr sehen können.

4. *Etwas Undurchsichtiges, das im Licht liegt, wird zum Teil beleuchtet, zum Teil von Schatten bedeckt* (wie es dem Mond, der Erde und überhaupt jedem Körper ergeht, der in einem Lichtstrom steht). Dementsprechend wird auch ein Mensch, der in die Welt gesetzt und von körperlichen Dingen umgeben ist, in dem Maß erleuchtet, in dem er sich dem Lichtschein der Weisheit zuwendet, um ihn zu bündeln. Er versinkt aber auch in dem Maß ins Schattenhafte, in dem er von Irdischem umstellt, angereizt und bewegt wird.

5. *Alles, was sich vom Licht abwendet, beschattet sich selbst* (so hat ein Ochse, der sich von der Sonne abgekehrt hat, sofort seinen eigenen Schatten vor sich). Dementsprechend erzeugt sich der Verstand, der sich von den Dingen zu sich selbst hingewendet hat, schattenhafte Phantasiegebilde, die an die Stelle des wahren Sachwissens treten. Wendet sich aber der Wille von Gott, seinem wahren Licht, ab und erfreut er sich an irgendetwas anderem, dann ist er selbst die Ursache dafür, daß er mit Schatten statt mit Dingen zu tun hat.

6. *Schatten und Finsternis täuschen ein wirkliches und positives Wesen vor, das sie gar nicht besitzen.*[206] (Denn sie wollen als etwas erscheinen, das noch wirklicher, dichter und greifbarer ist als das Licht selbst, obwohl sie doch nichts sind als eine gewaltsam herbeigeführte Beraubung des wirklichen Wesens, das dem Licht eignet. Wenn das Licht nämlich über sie kommt,

dann verschwinden sie sofort und werden zu dem Geständnis gezwungen, daß sie nichts sind.) Dementsprechend finden Unwissenheit und sogar Irrtümer an sich selbst Gefallen und empfehlen sich, solange sie unter sich bleiben, als Wissen und Wahrheit. Kommen aber wirkliches Wissen und Wahrheit über sie, dann werden sie auseinandergetrieben wie Nebel von der Sonne.

7. *Ein Schatten gibt die Gestalt des undurchsichtigen Körpers wieder, von dem er ausgeht; und auf diese Weise schmeichelt er ihm (so als ob er dem Körper sein Abbild entgegenhielte).* Dementsprechend finden meistens die Unwissenden an den Irrtümern Gefallen, gleichwie an ihrem unverfälschten Ebenbild. Was ihnen außer diesen sonst noch dargeboten wird, erscheint ihnen als fremdartig.

8. *Das Licht fürchtet sich nicht vor Schatten und Finsternis und es flieht auch nicht vor ihnen. Die Finsternis aber fürchtet das Licht und flieht vor ihm.* Dementsprechend kümmert sich die klare, gewisse Kenntnis von einem Ding weder um die Unwissenheit anderer noch um irgendwelche Irrtümer bezüglich des Dinges. Unwissende und Irrende aber haben in sich selbst keinen genügend festen Stand und fliehen deshalb meistens vor dem Licht der Wahrheit oder lenken es von sich ab.

9. *Wenn das Licht weicht, dann kommt die Finsternis herbei. Wenn aber das Licht zurückkehrt, dann weicht die Finsternis.* Dementsprechend ebnet jemand, der das Bündeln des Lichtscheines der Erkenntnis vernachlässigt, der Finsternis der Unwissenheit einen Weg, auf dem sie ihn heimsucht. Wer sich nicht darum kümmert, sich in der Wahrheit zu vergewissern, der öffnet sich für Irrtümer. Wer sich dagegen um den Lichtschein des Wissens und der Wahrheit bemüht, zwingt eben dadurch schon die Finsternis der Unwissenheit und der Irrtümer dazu, ihn zu verlassen.

10. *Auf seiner Flucht vor dem Licht sucht sich der Schatten stets in dem Bereich eine Bleibe, der dem andringenden Licht gegenüberliegt.* Dementsprechend finden die Unwissenheit und der Irrtum vorzugsweise dort eine Bleibe, wo sie das kleinste Maß an Untersuchung und Erprobung antreffen.

11. *Je größer ein Licht und je undurchsichtiger der ihm gegenüberliegende Körper ist, desto dichter ist der Schatten.* Dementsprechend verstrickt sich jemand mit um so größerer Blindheit in sich selbst, je heller ihn das Licht der Wahrheit anblitzt und je hartnäckiger er sich diesem Licht entgegenstellt.

12. *Je kleiner die Lichtquelle dem undurchsichtigen Gegenstand gegenüber ist, desto weniger beleuchtet sie von ihm und desto rascher und weiter läßt sie den Schatten anwachsen. Je größer hingegen die Lichtquelle dem undurchsichtigen Gegenstand gegenüber ist, desto mehr beleuchtet sie von ihm und desto stärker zwingt sie den Schatten dazu, abzunehmen und schließlich zu verschwinden.* Dementsprechend schafft es eine zu kleine Menge Licht in einem irrenden Geist nicht, den Irrtum beiseite zu schaffen, sondern läßt ihn noch anwachsen. Eine große Menge Licht dagegen führt zu großer Erhellung und zwingt den Irrtum dazu, abzunehmen und schließlich zu verschwinden. So lautet also die Theorie über die Wege des Lichtes und der Finsternis; nun folgt die praktische Anwendung.

KAPITEL 12[207]

Wie können und wie sollen die Wege des Lichtes zusammengefügt und auf passende Weise angewandt werden, so daß sie allenthalben die Finsternis wirksam und machtvoll vertreiben?

Es mag nun offenkundig sein, daß die optischen Künste auf das Tätigsein des Verstandes-Lichtes angewandt werden können. *Anhand einiger beispielhaft vorgestellter Probleme soll die Sache jedoch noch etwas deutlicher gemacht werden.*

Problem I: Wie kann es bewirkt werden, daß eine Lichtquelle hell[208] leuchtet?

Dies läßt sich mit einer dreifachen Bemühung erreichen:

1. *Indem bewirkt wird, daß alle Teile des Lichtes leuchten.* Dazu ist freilich alles zu entfernen, was einen Schatten werfen könnte, sei es nun in der Flamme selbst (etwa der Docht, der eine Eintrübung bewirkt), sei es im Raum um die Flamme herum (*gemäß Axiom 2, Kap. 10*[209]). 2. *Das durchscheinende Medium hat klar und von feiner Beschaffenheit zu sein,* nicht aber nebelig und dicht; es soll auch so einfach wie möglich sein (*Ax. 13. 14. 15. 16. 17*[210]). 3. *Der Gegenstand selbst muß dem Licht auf rechte Weise zugekehrt werden:* so nämlich, daß er zugleich das einfallende und das zurückgeworfene Licht auffängt (gemäß *Ax. 29*[211]). Ein großes Licht wird also unter den folgenden Bedingungen auch im Verstand entfacht: 1. Alles, was unter den Werken, Worten und Äußerungen Gottes vorkommt, soll dazu angewandt werden, den menschlichen Geist zu erleuchten. 2. All dies soll durch klare Sinne in den Geist dringen. 3. Der Geist soll sich den Dingen aufmerksam zuwenden.

II. Wie kann etwas kräftig beleuchtet werden?

Die Lösung dieser Aufgabe besteht gleichfalls in drei Schritten. 1. *Man nehme eine größere Lichtquelle, die entweder einen vermehrten oder einen kräftigeren Lichtschein verbreitet* (gemäß Ax. 5. 6. 11[212]). 2. *Der Gegenstand, der beleuchtet werden soll, werde innerhalb des kugelförmigen Umraums der Leuchtkraft aufgestellt; und zwar möglichst nahe an der Lichtquelle* (gemäß Ax. 9. 10. 11[213]). 3. *Außerdem kehre man den Gegenstand so zum Licht hin, daß dessen Strahlen direkt und lotrecht auf ihn einfallen* (Ax. 29 und 34[214]). Was immer auf solche Weise an das Licht herangebracht wird, das wird kräftig beleuchtet. Dementsprechend kann der Geist eines Menschen nach Wunsch stark erleuchtet werden: Man bringe nur das hellste Licht an ihn heran, *das Wort Gottes*, oder mehrere Lichtquellen in möglichst großer Zahl; damit sind die *Natur der Dinge selbst* und *alle inneren Begriffe des Geistes* gemeint. Man halte dann den Geist fest in der Mitte zwischen all diesen Lichtquellen, so daß die Strahlen von allen Seiten her einfallen können, und richte die Aufmerksamkeit des Geistes nach allen Seiten hin aus. So muß notwendigerweise ein großes Licht entstehen.

III. Wie läßt es sich bewirken, daß ein bestimmter Gegenstand gesehen wird?

1. Er werde den Augen dargeboten und nicht dem Hinterkopf (gemäß. Ax. *43. 45*). 2. Man öffne die Augen (*Ax. 41. 42*).[215] 3. Man bringe Licht herbei, das den Gegenstand strahlen läßt (*Definition 2* mit ihrem Folgesatz[216]). Dementsprechend geschehe es auch mit dem Verstand.

IV. Wie läßt sich ein Ding, so groß es auch sein mag, als Ganzes sehen?

Man biete es dem Blick als Ganzes dar; dann wird er es auch als Ganzes sehen (gemäß *Ax. 22*[217]). Also muß auch der Verstand alles, was man ihm zeigt, als Ganzes auffassen, insofern man es ihm als Ganzes vorstellt (von einem Extrem bis zum anderen, vom Anfang bis zum Ende, vom Tiefsten bis zum Höchsten, von links nach rechts).

V. Wie läßt sich ein Ding so sehen, wie es ist?

Das bewirkt man, indem man das Ding dem Blick so darbietet, daß sich all seine Teile in ihrer ursprünglichen Lage befinden, nicht aber in einer umgekehrten (*Ax. 23. 24. 25*[218]), und zwar durch ein Medium hindurch, das rein, einfach und nicht von Dämpfen verunklärt ist (gemäß *Ax. 17. 18. 19*[219]). Ebenso verhält es sich folglich, wenn man vor den Augen des Geistes ein beliebiges Ding so hinstellt, wie es ist, und wenn man dieses Ding unmittelbar durch es selbst vorstellt, nicht durch fremde Aussagen und Vorurteile darüber. Der Geist wird es dann so sehen, wie es ist.

VI. Wie läßt sich ein Ding klar sehen?

Das Ding ist dazu folgendermaßen aufzustellen: 1. gegenüber einem klaren Auge, 2. in hellem Licht und in einem klaren durchscheinenden Medium, in dem sich keine Brechung ereignet, 3. in gebührendem Abstand. Auf ähnliche Weise verfahre man, wenn Dinge klar verstanden werden sollen: Man zeige sie (1) einem einsichtsfähigen Denkvermögen, (2) auf klare Weise, durch den gebührenden Lichtschein einer Methode und (3) einem Geist, dessen Aufmerksamkeit bereits geweckt ist und der sich gebührend lange Zeit nehmen kann. Es kommt dann notwendigerweise zur Wahrnehmung.

VII. Wie läßt sich ein Ding deutlich sehen?

Das Ding ist nicht bloß beiläufig als Ganzes zu zeigen, sondern in seinen einzelnen Teilen, Teilchen und in den Teilen dieser Teilchen. Dafür braucht es gebührend lange Zeit. Denn um jede Einzelheit betrachten zu können, muß man von einer Einzelheit zur nächsten übergehen. Diese Bewegung aber, die schrittweise vonstatten geht, geschieht nicht in einem einzigen Augenblick, sondern erfordert eben eine gewisse Zeitspanne. Wenn alles deutlich wahrgenommen werden soll, ist es notwendig, sich auch bei Einzelheiten aufzuhalten. Der Verstand kann die Dinge nur auf diese Weise durchdringen.

VIII. Wie läßt sich ein entferntes Ding so betrachten, als ob es nahe wäre?

Man bringe es an das Auge heran, oder man nähere sich selbst dem Ding, wenn es unbeweglich ist. Geht aber auch dies nicht oder ist es nicht erwünscht, so wende man ein Fernrohr an. Mit dessen Unterstützung wird man das Ding weitaus besser beurteilen. Gleiches ist zu tun, wenn einem ein Ding begegnet, das von der Fassungskraft des Verstandes zu weit entfernt liegt. Man muß sich dann darum bemühen, dieses Dinges habhaft zu werden und es zur Untersuchung möglichst nahe an die Sinne heranzubringen; oder man muß zum Fernrohr der Panharmonie greifen, um den per se nicht erkennbaren Gegenstand trotzdem noch nach Möglichkeit zu erkennen, und zwar vermittels dessen, was sich gleichartig und parallel zu ihm verhält.

IX. Wie läßt es sich vermeiden, etwas zu sehen, das nicht gesehen werden soll?

Was nicht gesehen werden soll, das werde entweder für immer ausgeschlossen, so daß es nie mehr vor Augen kommt, oder es gelange nicht über das Licht ins Auge. Läßt es sich aber nicht vermeiden, daß das Unerwünschte hervortritt, dann soll dieses wenigstens nicht unverhüllt in den Blick kommen, sondern irgendwie verschleiert. Ähnlich ist es bei dem, was wir nicht wissen und was wir nicht verstehen wollen. Wir dürfen es niemals an unsere Sinne heranlassen. Wir müssen wenigstens unsere Aufmerksamkeit anderswohin lenken, wenn wir es sehen. Oder wir müssen zumindest dafür sorgen, daß Schädliches immer nur zusammen mit einem passenden Gegenmittel in Erfahrung gebracht wird.[220]

X. Wie läßt sich ein Ding stark beleuchten und entzünden?

Festes durchscheinendes Material (wie z. B. Glas, Edelsteine, Eis, Horn usw.) läßt sich durch eine bestimmte Kunstfertigkeit in eine konkave Form bringen. Dank dieser Form zwingt es alle einfallenden Sonnenstrahlen (bei diesen ist das Beispiel am einleuchtendsten, weil sie am kräftigsten sind) in eine kegelförmige, spitz zulaufende Bahn; und es konzentriert die Leuchtkraft und Wärme der Strahlen in dem Punkt, an dem sie zusammentreffen. Dies hat zur Folge, daß sie dann mit ihrer Helligkeit die Augen blenden oder, falls ihnen genügend Zeit dazu gegeben wird, das Ding, worauf sie fallen, in Flammen aufgehen lassen (natürlich nur, wenn es brennbar ist). Eine ähnliche Kraft besitzen die Strahlen, die von den intelligiblen Gegenständen (insbesondere von den himmlischen) ausgehen, sobald sie mit höchster Aufmerksamkeit und Vorstellungsgabe aufgenommen werden und sich sodann in der Mitte des Herzens vereinigen. Denn sie durchfluten den Geist mit unglaublichem Licht und ergreifen ihn mit der Gewalt einer Flamme. Dies könnte mit einer Kunstfertigkeit geschehen, die ebensoviel Erfolg verspricht wie jene Entzündung körperlicher Dinge und die sogar noch weniger Zeit beanspruchen würde. Wir bräuchten dazu nur eine auf gleiche Weise vervollkommnete Kunstfertigkeit beim Überzeugen und beim Verändern von Einstellungen. Und wir bräuchten Menschen, die sich genauso bereitwillig formen lassen wie Glas und ähnliche Stoffe.

XI. Wie läßt sich die Finsternis allenthalben vertreiben?

Dazu bedarf es keiner besonderen Kunstfertigkeit. Man bringe bloß Licht herbei, und sofort wird die Finsternis fliehen (gemäß *Ax. 1, 6 und 9 in Kap. 8*[221]). Dementsprechend verschwindet die Finsternis des Geistes von selbst, wenn dem Geist Gegenstände zum Erkennen dargeboten werden. Denn wie das Auge den Lichtschein, so streben auch die anderen Sinne – und durch die

Sinne hindurch das Denkvermögen – von selbst ihre natürliche Nahrung an.

XII. Wie läßt sich Licht an Orte bringen, die Lichtstrahlen an und für sich nicht zugänglich sind?

Dies kann mit Hilfe von Spiegeln geschehen, die Licht reflektieren (gemäß *Ax. 20*[222] usw.). Wohin ein Strahl nämlich auf direktem Wege nicht gelangen kann (z.B. in Erdspalten, in die Gewölbe unterirdischer Zellen usw.), dorthin kann er als reflektierter Strahl vordringen, auch wenn er viele und weitschweifige Biegungen hinter sich bringen muß.[223] Es lassen sich nämlich beliebig viele Spiegel hintereinander aufstellen. Dies führt allerdings dazu, daß sich das Licht abschwächt und etwas von ihm verlorengeht. Denn es gibt kaum einen Spiegel, der so gut poliert ist und der die Strahlen so rein zurückwirft, daß dabei kein Strahl auch nur teilweise zerstreut wird. Daher geht schon bei jeder Reflexion etwas vom Strahl verloren usw. Entsprechend ist nun auch vorzugehen, wenn jemand in der tiefen Höhle der Unwissenheit und des Irrtums begraben liegt, so daß er keinen Glanz der ihn außen ringsherum umstrahlenden Wahrheit hereinläßt: Durch gut miteinander verkettete Folgerungen ist er dahin zu bringen, daß er schließlich doch einen Strahl der Wahrheit zu bemerken beginnt usw.

XIII. Wie lassen sich Augen, die sich an die Finsternis gewöhnt haben, wieder daran gewöhnen, das Licht zu ertragen?

Aus historischen Berichten steht fest, daß Menschen, die lange in unterirdischen Kerkern gefangengehalten wurden und nicht mehr an das Licht gewöhnt waren, bei ihrer unvermittelten Rückkehr ans Licht erblindeten. Ähnliches stößt Menschen zu, die sich an die Finsternis der Irrtümer gewöhnt haben: Wenn sie unvorbereitet dem Licht der Wahrheit ausgesetzt werden, dann erschaudern sie und bekommen Haß auf das Licht. Daher beginnen sie auch zu fliehen oder sich zu wehren, oft sogar in Raserei. Was für ein Ratschlag hilft hier nun weiter? Er ist in *Ax. 31*[224] zu suchen, nämlich: Das Licht, insbesondere das himmlische (NB), soll nicht urplötzlich in seinem vollen Glanz über uns hereinbrechen (damit wir nicht erblinden und uns verhärten), vielmehr soll es uns stufenweise zugeführt werden.[225] Die Menschen sollen zwar emporgehoben werden, aber natürlich nur nach und nach: von der Finsternis zu Schatten, vom Schatten zum Lichtschein, vom Lichtschein zum Licht und schließlich zum vollen Glanz des Lichtes.[226] Auf eine andere Weise geht dies nicht. Wenn es also gilt, durch Unterweisung weltliche Menschen zum Himmlischen zu führen, fleischliche zum Geistigen und ungläubige zum Glauben, dann muß dies notwendigerweise in durchgehender Abstufung durchgeführt werden: Bekanntes hat am Anfang zu stehen, und von da an ist dann nach und nach zu Unbekanntem überzugehen. Ein Beispiel für derartiges kluges Handeln geben uns auch Christus und die Apostel. *Doch wollen wir nun damit beginnen, diese Betrachtungen über die Wege des Lichtes mit unserem universalen Vorhaben in Einklang zu bringen.*

XIV. Wie läßt sich für die Welt ein größtmögliches Verstandes-Licht entfachen?

Werden alle erreichbaren Lichtquellen zusammengefaßt, dann entsteht das größte Licht, das sich erreichen läßt. Nun hat uns Gott aber genau drei solche Lichtquellen gegeben, so daß von ihnen her ein Lichtschein auf den Geist fallen kann: *die Natur, die Schrift und die angeborenen Begriffe, die uns allen gemeinsam sind.* Dies haben wir schon vorhin gesehen (*Ax. 1*[227]). Wenn also diese drei Lichtquellen alle zusammengenommen und zu einem einzigen Lichtschein vereinigt werden (so daß alle Sonnen und Sterne am Himmel unseres Verstandes als geballte Einheit strahlen), dann wird die größtmögliche Lichtflamme erreicht. Über diese hinaus wird es nichts mehr zu suchen geben, abgesehen vom ewigen Licht, das uns aber in der Sterblichkeit ohnehin nicht zukommt.

XV. Wie läßt sich dem größtmöglichen Licht dessen größtmöglicher Gegenstand geben?

Der Gegenstand des Verstandes-Lichtes ist der Geist des Menschen, der mit dem Verständnis der Dinge erfüllt werden soll. Der größte Gegenstand für das größte Verstandes-Licht wird also der Verstand aller Menschen sein, der mit universalem Licht erleuchtet werden soll.

XVI. Wie läßt es sich bewirken, daß sich die Augen aller Menschen diesem Licht zuwenden?

Hierzu ist es gar nicht nötig, irgendeine Geheimkunst anzuwenden. Das einmal entfachte universale Licht darf bloß nicht unter einen Scheffel gestellt werden; es gehört vielmehr auf einen Leuchter, damit es unbehindert seine Strahlen im Haus der Welt verbreiten kann.[228] Aus eigener Kraft wird es die Augen aller Menschen auf sich ziehen. Daß dies zur Natur des Lichtes gehört, wird an neugeborenen Kindern deutlich. Mehr als die Gegenstände der anderen Sinne zieht sie das Licht zu sich hin; es bringt ihre Augen dazu, sich ihm zuzuwenden, auch ohne daß sie darum wissen. So groß ist die Schönheit der Dinge selbst, die das einmal entstandene Licht darbietet, daß sie die Kraft besitzen wird, die Menschen aus der gewohnten Schläfrigkeit aufzurütteln.

XVII. Wie läßt es sich gewährleisten, daß dieses Licht auch abgelegene Völkerschaften erreicht?

Wenn die Welt mehrere Sonnen besäße (z. B. zwei, die einander von entgegengesetzten Himmelsrichtungen her beschienen), dann würde für alle Völkerschaften stets Tag herrschen. Der Tag ohne darauffolgende Nacht gebührt allerdings nicht dem gegenwärtigen Zeitalter, sondern bleibt der Ewigkeit vorbehalten (*Offb. Joh. 21, 25*). Trotzdem reicht die eine Sonne dazu aus, alle

Länder der Erde zu beleuchten, dank ihrer schrittweisen Bewegung, die sie im Lauf eines Tages sowie im Lauf eines Jahres vollzieht, und dank ihrer Gehilfen, des Mondes und der Sterne usw. Dementsprechend läßt sich auch das universale Geisteslicht, sofern es auf rechte Weise entfacht ist, schrittweise allen Völkerschaften mitteilen: durch reflektierte Strahlen, d. h. dadurch, daß die unbedingt erforderlichen Bücher in die gebräuchlichen Sprachen übertragen werden.

XVIII. Wie läßt es sich bewerkstelligen, daß alles menschliche Handeln im Licht stattfindet?

Steht die Sonne über der Erde, dann wird jemand, der sich irgendwo auf dem freien Feld befindet, stets im Licht sein. Dementsprechend verhält es sich, wenn sich die Sonne der Weisheit, die die grundlegenden Gesetzmäßigkeiten aller bestehenden und entstehenden Dinge aufdeckt und erläutert, über dem Herzen eines Menschen und über all seinen Gedanken und Taten erhebt: Wo auch immer dieser Mensch ist, wird er notwendigerweise verstehen, *was geschieht, wozu, wodurch und auf welche Weise es geschieht*. Und weil Gott das höchste Licht der Seelen ist, kann sich dessen Glanz über alles verbreiten, und zwar so, daß die Seele die Helligkeit dieses Lichtes vor Augen hat, wohin sie sich auch wendet – es sei denn, daß sie sich freiwillig von diesem Licht abwendet (gemäß *Ax. 5*[229]) und zum Rebellen gegen das Licht wird (*Ijob 24, 14*). Die Strafe für diese Verkehrtheit besteht in ewiger Finsternis (*Ax. 5, Kap. 8*[230]).

XIX. Wie läßt es sich bewerkstelligen, daß der Verstand, der sich schon im Licht befindet, durch nichts umschattet wird?

Schatten rührt von einem undurchsichtigen Körper her, der sich zwischen uns und das Licht schiebt (gemäß *Ax. 4, Kap. 8*[231]), und auf ähnliche Weise wird der Verstand vom Nebel der Meinungen und der unsicheren Überlieferungen umschattet. Sobald man daher diesen Nebel von sich abgewiesen hat, so daß die Dinge dem Verstand unmittelbar einleuchten können, wird man auch stets ohne Schatten das sehen, was wirklich ist.

XX. Wie läßt sich die Rückkehr der Finsternis verhindern?

Wir müssen uns davor hüten, daß wir uns mit zerstreutem Licht zufriedengeben und darüber das ursprüngliche oder einfallende Licht vernachlässigen. Durch allzu große Nachlässigkeit kann uns nämlich auch das Licht verlorengehen, das wir bereits besitzen (gemäß *Ax. 30*[232]).

KAPITEL 13[233]

Bislang ist von Gott her ein sechsfacher Weg[234] dafür aufgezeigt worden, wie das Verstandes-Licht über den Geist der Menschen zu verbreiten ist; ein siebter, ganz universaler Weg steht aber noch aus

Wir haben den üblichen abgestuften Werdegang des Lichtes gesehen *(Ax. 31, Kap. 7*[235]). Es wird entfacht, es glüht und es leuchtet auf. Wenn die Sonne sich dazu anschickt, den Ländern der Erde den Tag zu bringen, so beginnt auch sie damit, matte Strahlen aus der Tiefe emporzuschleudern. Danach schickt sie den Glanz der Morgenröte voraus; und bald darauf erhebt sich ihr goldener Körper über den Horizont, so daß ihre Helligkeit selbst zu sehen ist. Je höher sich die Sonne von da an erhebt, desto mehr an Licht und Wärme ruft sie mit ihren Strahlen hervor, die in zunehmendem Maße senkrecht einfallen. Es mag allerdings geschehen, daß am Morgen Regen oder Nebel aufkommt und die Sonne daher nur mit größerer Anstrengung und geringerer Geschwindigkeit das Wolkendunkel durchbrechen kann. In solchen Fällen gelingt es ihr erst zur Abendzeit, siegreiche Strahlen herandringen zu lassen und die Bewohner der Erde mit dem vollen Anblick des

Tagesgestirns zu erfreuen.[236] Nicht unähnlich verhält es sich mit dem Verstandes-Licht des Geistes, der Weisheit. Während dieses langen Welttages (denn der ganze Strom der Zeitalter ist für das ganze Menschengeschlecht gleichbedeutend mit einem einzigen Tag[237]) konnte sie ihre Kraft nur dadurch zur Erleuchtung der Geister herandringen lassen, daß sie eine ebensolche abgestufte Reihenfolge einhielt. Denn bald nach dem Entstehen der Dinge kam es zum Fall[238]; und aus dem Fall entstand ein Strudel, der das gesamte Himmelszelt der menschlichen Vernunft mit Dunkelheit überzogen hat. Daher ist es nur unter größter Anstrengung möglich, diese Nebelschwaden zu durchbrechen und den menschlichen Geist zu heiterer Ruhe zurückkehren zu lassen.

2. *Von den Stufen, über die sich das Verstandes-Licht für die Menschen zu immer größerer Helligkeit entfaltete, beobachten wir bislang sechs. Wir folgern allerdings anhand zuverlässiger Beweise, daß noch eine siebte, zur Vollständigkeit führende Stufe aussteht: jene höchste und universale Stufe, die wir suchen.* Wir sprechen hier aber (und dies gilt es zu beachten) über die gewöhnlichen Wege und Stufen des Lichtes, die allen Menschen zur äußerlichen Licht-Vermehrung gegeben worden sind. Wir reden nicht von jenen außergewöhnlichen Wegen und Stufen, auf welchen Gott schon vor Zeiten einige Menschen auf wunderbare Weise mit innerem Licht zu erfüllen pflegte, wie es bei Salomon, den Propheten, den Aposteln usw. geschah.[239]

3. *Der erste Weg, auf dem das Verstandes-Licht in den Geist der Menschen geleitet werden konnte, war das eigenständige Hinschauen* [αὐτοψία][240], d. h. das unmittelbare und sorgfältige Betrachten einzelner Dinge, mit dem Gott den ersten Menschen beauftragte, als dieser noch alleine war. Alle Tiere waren diesem Menschen vor Augen geführt worden, damit er das Wesen der einzelnen schaue und ihnen sinngemäß ihre Namen gebe *(Gen. 2, 19)*. Auf diesem Wege schritt er so weit voran, daß seinem Blick überall die von der göttlichen Weisheit grundgelegte Zusammenordnung je zweier Einheiten begegnete[241] und er dadurch erkannte, daß es ihm an einer Lebensgefährtin mangelte.

4. Gemäß der vertrauten Gepflogenheit der göttlichen Güte (die unseren Mängeln entweder zuvorkommt oder ihnen alsbald Abhilfe schafft, wenn sie diese Mängel dazu geschickt hat, um uns in Sehnen und Ausdauern zu üben) *wurde ihm eine Lebensgefährtin beigesellt. Und da sie nun schon zu zweit waren, entstand unter ihnen eine weitere, von der ersten verschiedene Verfahrensweise zur Vervielfachung der Sach-Erkenntnis: die Unterredung zwischen zwei Menschen.* Indem nämlich ein Gesprächspartner den anderen fragt und auf die Fragen des anderen antwortet, können beide zu reicherem Fortschritt in der Weisheit angeleitet werden. Die Ohren sind nämlich von größerem Nutzen als die Augen, wenn es darum geht, jegliche Erkenntnis über die Dinge zusammenzustellen. Denn in der Unterredung können wir einander über Gegenstände unterrichten, die in der Menge des gerade Sichtbaren nicht vorkommen und solchermaßen auf wechselseitige Weise unser Wissen vermehren.

5. *Nachdem die Zahl der Menschen sich vervielfacht hatte und sie dem Eitlen an den Dingen verfallen waren, wurde ein anderes Verfahren, die Menschen zum Nützlichen, Guten und Heiligen zurückzurufen, hinzuerfunden,* nämlich *die Gepflogenheit, öffentliche Versammlungen*[242] *unter zahlreicher Beteiligung abzuhalten. Bei diesen Versammlungen ist es möglich, viele Menschen auf einmal in einer gefälligen Zusammenfassung darüber zu belehren, was das Beste ist.* Dieser Brauch entstand inmitten der Verderbtheit der Menschen, noch vor der Sintflut. Er wurde von dem heiligsten Patriarchen *Seth* eingeführt *(Gen. 4, 26)*.[243] Später ahmten andere den Brauch nach, und Gott selbst bestätigte ihn in seinem Gesetz, so daß er seither in der Kirche bewahrt wird wie ein Erlaß, der von Gott selbst ergangen ist.[244]

6. *Nach der Sintflut nahm allerdings die Lebenserwartung der Menschen ab, der Lärm der Geschäfte und der Betätigungen aber nahm zu.* Daraus erwuchs für den menschlichen Geist eine stärkere allseitige Zerrissenheit und eine gesteigerte Unruhe. *Deshalb wurde die Schrift hinzuerfunden*[245], um der Hinfälligkeit des Gedächtnisses abzuhelfen und um den Erfordernissen der Nachwelt gerecht zu werden. *Durch die Schrift können Menschen, die für einander* (dem Raum oder der Zeit nach) *abwesend*

sind, sich wechselseitig über das Erforderliche belehren; ja sogar Tote die Lebendigen, und das bis in alle Ewigkeit (Jes. 30,8). Als diese Kunst auch außerhalb Israels bekannt wurde, wünschte man, daß sie Allgemeingut werde, wie sich aus *Ijob 19, 23f.* entnehmen läßt. *Sie ist nämlich ein einzigartiges Mittel dafür, denkwürdige Begebenheiten der Nachwelt zu überliefern.* Wenn es die Schrift nicht gäbe, würden wir feststellen müssen, daß jegliche Erinnerung an die alte Zeit völlig erloschen wäre. Das wird offenkundig am Beispiel der barbarischen Völker in der Neuen Welt. Da sie keine Bücher besitzen, wissen sie von keinem Ursprung oder Fortschritt der Dinge; ja sie wissen von keinem würdigen Gegenstand menschlicher Erkenntnis. So sind sie (abgesehen von ihrer Statur) eher Tieren als Menschen ähnlich. Die Kunst des Lesens und Schreibens wurde als eine ganz beschwerliche Angelegenheit erachtet (wie sie es auch an sich ist; wir selbst würden es nicht glauben, daß sich Schreiben und Lesen mit so großer Zuverlässigkeit vollziehen können, hätte die Erfahrung uns nicht gelehrt, was häufige Ausübung vermag). Damit sich die Schwierigkeiten leichter überwinden ließen, *wurden* daher *öffentliche Schulen eröffnet. Darin konnten viele auf einmal* (vor allem die Jugendlichen, die noch nicht von den Geschäften des Lebens abgelenkt sind) *wissenschaftlich ausgebildet werden.*

7. *Allerdings war es eine mühevolle Angelegenheit, Bücher abzuschreiben. Daher gab es nur wenige, sie waren sehr teuer, und in Menge standen sie nur einem kleinen Kreis von Lesern zur Verfügung. Aus diesem Grund begann sich alles wieder mit Finsternis und Barbarei anzufüllen,* obwohl sich schon die letzten Zeiten näherten, *die Zeiten des Lichtes. Daher hielt es Gott für angebracht, den Menschen eine wunderbare Kunst zu zeigen, die es ihnen erlaubte, Bücher mit erstaunlicher Geschwindigkeit ins Unendliche zu vervielfachen: den Buchdruck.*[246] Welch großer Nutzen daraus dem Menschengeschlecht erflossen ist, kann kaum zureichend ausgedrückt werden. Dank diesem Hilfsmittel wurde *das Gesetz Gottes* ans Licht hervorgebracht, sowie überhaupt alles, was jegliches Zeitalter an Weisheit in schriftlichen Denkmälern niedergelegt hatte. Auch eröffnete sich dadurch für

uns ein Austausch mit allen zurückliegenden Zeiten; alle überragenden Geister des früheren Zeitalters sind uns tributpflichtig geworden. Daraus folgte, daß die Menschen durch das Licht der altertümlichen Weisheit angeregt wurden, sich aber nicht damit zufriedengaben, sich dieses Licht erschöpfend anzueignen. Vielmehr pflegen sie nun ihre geistigen Begabungen, indem sie um die Wette Neues erfinden. Seit jener Zeit gelangten die nunmehr reineren Bemühungen um Buchwissen, Sprachen, Künste und Religion zu einer solchen Blüte, wie es sie noch nie seit Bestehen der Welt gegeben hat, so daß einige nicht zu Unrecht die Kunst des Buchdrucks als Bewahrerin und Förderin der Künste bezeichnet haben. Und für gewöhnlich heißt es: *Alles Gedruckte werde »ans Licht gebracht«.*[247] *Eben damit gestehen wir ein, daß diese göttliche Erfindung ein Weg für das Licht ist.*

8. *Als den sechsten Weg zur Verbreitung des Lichtes über das Menschengeschlecht deuten wir die Kunst der Navigation, die ebenfalls erst in diesen letzten Zeiten entdeckt worden ist.* Dadurch sind Austauschmöglichkeiten für Menschen eröffnet worden, die über die verschiedenen Kontinente der Erde und Inseln der Meere verstreut sind und die bislang voneinander abgeschnitten und einander unbekannt waren. Damit wurde auch unser Wissen in vielen Punkten ergänzt und wir erhielten Gelegenheiten dazu, unseren Lichtschein jenen ungebildeten Volksstämmen mitzuteilen (Gelegenheiten, die wir mit Recht wahrnehmen[248]). Es ist nämlich nicht glaubhaft, daß jene erstaunliche Kunst, den Erdkreis wie im Fluge zu umrunden, nur für den Handel mit Waren entdeckt worden ist (damit wir, im Besitz peruanischen Goldes, übermütig werden oder damit wir uns an brasilianischem Tabak berauschen, oder zu ähnlichen Zwecken, die eine niedrige Denkungsart setzt). Man muß vielmehr glauben, daß der Plan Gottes auf Höheres hinausläuft. Darüber schweigen die heiligen Orakel auch nicht vollständig. Wenn sie berichten, dem Salomon seien durch die Flotten, die er entsandt habe, von fernen Inseln Gold, Silber, Elfenbein, Affen und Pfauen gebracht worden *(1 Kg. 10, 22)*, so sagen sie auch voraus, *daß die Hochseeflotten des himmlischen Salomon die Söhne Zions zum Namen Jehovas bringen werden, zusammen mit sei-*

nem Gold und Silber zur Ausschmückung der Kirche (*Jes. 60, 9;* es ist dies eine Stelle, an der jene endgültige, universale Bekehrung der Volksstämme beschrieben wird. Siehe aber auch *Kapitel 42, 10–12.15f.* sowie *Kap. 43, 14.16* und *49, 11f.* und *Kap. 51, 5* usw.) Zudem hätte Christus gewiß vergeblich den Auftrag erteilt, das Evangelium bis an die äußersten Enden der Erde zu verkünden, und er hätte fälschlicherweise vorausgesagt, daß dies noch vor dem Ende der Welt geschehen würde *(Mt. 24, 14)*, wenn er nicht endlich auch eine Verfahrensweise und einen Weg dafür aufgedeckt hätte, so weit vorzudringen. Diese zwei letzten Erfindungen *(der Buchdruck und die Kunst des Navigierens)* sind also an sich schon Mittel, die zur Vervielfältigung des Lichtes dienen. *Ich sehe daher nicht ein, warum jemand daran zweifeln sollte, daß sie* auch *die Vorläufer eines großen* (nämlich des universalen) *Lichtes sind.*

9. *Denn die gegenwärtige Beschaffenheit der Welt scheint geradewegs auf dieses Ziel zuzusteuern, da sie sich allseitig auf eine Art* Wiedergeburt [παλιγγενεσία][249] *ausrichtet.*[250] Wenn Gott die zu höchster Höhe aufgeschwemmte menschliche Bosheit mit der Sintflut seines gerechten Zornes überschwemmt, wenn er Menschen durch Menschen zugrunde richtet, *dann bereitet er mit dem universalen Verfall der Dinge einer universalen Umwandlung der Dinge den Weg. Denn er ebnet das Gelände ein, auf dem das verfallene Gebäude stand, um einen Platz zu schaffen, auf den er neue Bauten setzen kann. Er stachelt auch nahezu überall die geistige Regsamkeit der Völkerschaften, Sprachen und Religionen an, damit sie sich vor den vertrauten Verwirrungen ekeln und nach einem Ausweg suchen.* Mit einer Anstrengung, die gewiß größer ist als je zuvor, und mit nicht minder gutem Erfolg durchforschen viele den Schoß der Natur, die dunklen Stellen der Schriften oder auch das Innere des menschlichen Geistes. Sie bringen aus diesen Schätzen von Tag zu Tag mehr und größere Fundstücke ans Licht; es ist dies ein beachtlicher Zuwachs an menschlicher Weisheit, aber auch ein ganz sicherer Beweis dafür, daß die göttliche Vorsehung nunmehr dasjenige, was sie schon vor Zeiten vorausgesagt hat, auf die Welt bringen will. *Daher duldet es Gott, daß so viele umherziehen (er bewirkt*

sogar, daß sie dies tun), damit das Wissen sich vervielfache. Dan. 12, 4.

10. *Bis an diese Stelle sind wir also im Lauf der Zeitalter gelangt; die ersten sechs Wege des Lichtes haben wir schon zurückgelegt. Jetzt schauen wir nach dem siebten aus.* Weil bisher auf Stufen vorangeschritten wurde, muß es sich auch bei dem, was noch bevorsteht, um eine höhere Stufe handeln. Was kann dies aber anderes sein, *als daß aus allen bislang entdeckten Lichtern ein einziges großes Licht zum allgemeinen Nutzen des Menschengeschlechtes entsteht, zumal nun doch durch den Buchdruck der Austausch zwischen den Zeitaltern und durch die Navigation der Austausch zwischen den Völkerschaften erschlossen sind? Es wurde zwar schon manches irgendwann und irgendwo an Wahrem und Gutem vereinzelt und gewissermaßen als Privatangelegenheit gedacht, gesucht, gefunden, von Gott gezeigt und von den Menschen aufgegriffen, in diesem, jenem oder einem anderen Zeitalter, bei dieser, jener oder einer anderen Sippe, Sprache, Familie oder Hausgemeinschaft – all dies könnte nun aber der gesamten Welt angeboten werden. Was nur von wenigen, mit außergewöhnlicher Geistesschärfe begabten Menschen erfaßt wurde, das könnten später alle begreifen, wenn die Geheimnisse der Dinge aufgedeckt und in helles Licht gerückt worden sind. Diese Geheimnisse wahrzunehmen wäre dann nicht mehr mit solcher Mühe verbunden wie bisher; dank der allgemeinen, allen gezeigten und allerorten waltenden Harmonie würde es vielmehr leicht, von selbst, auf angenehme Weise geschehen.* Mit einem Wort: *Wir betreten den umfassendsten Weg des Lichtes. Indem die sterblichen Menschen darauf vorangehen, können sie* ALLE ALLES *auf* ALLSEITIGE WEISE *und ohne irgendeine Täuschung sehen, was sie zur Seligkeit nötig haben.*

11. Die beiden folgenden Punkte gilt es allerdings hinsichtlich dieses letzten WEGES DES LICHTES noch zu beachten, und es ist auch nützlich, daran zu erinnern. Erstens: *Dieser siebte Weg des Lichtes wird als der umfassendste, der sich unter dem Himmel denken läßt, für die Welt auch der letzte sein.* Danach wird nichts mehr bevorstehen, außer jener seligen Oktave in den Himmeln, die wiederum ein eigenständiges Hinschauen [αὐτοψία] sein

wird. Dieses wird jedoch von keiner neuen Stufe mehr überstiegen, denn jene Schau der Seligen wird sich nicht mehr auf die Rinnsale der Dinge richten, sondern auf die Quelle selbst, auf Gott: In ihm werden die Seligen alles ohne Ende sehen und auch besitzen.

12. Zweitens: *Zwischen diesen sieben Wegen des Verstandes-Lichtes herrscht eine vortrefflich geordnete Abstufung, wobei die jeweils nachfolgende Stufe die früheren nicht beseitigt, sondern umschließt und bekräftigt.* So löschte der aufkommende Gebrauch der Sprache das eigenständige Hinschauen [αὐτοψία] nicht aus, sondern bot die Gelegenheit dazu, noch mehr Menschen zu dieser Tätigkeit einzuladen. Auch beendeten die öffentlichen Versammlungen die privaten Gespräche nicht, sondern vermehrten sie noch. Als die Schrift erfunden wurde, brachte sie ihre Vorgänger nicht zum Stillstand, sondern förderte sie. Auch die Kunst des Buchdrucks hemmte die Schreibfeder nicht, sondern ließ sie in noch häufigeren Gebrauch kommen; wie denn auch die Seereisen all jene Errungenschaften einer größeren Zahl von Menschen bekanntmachten. Dementsprechend *wird der letzte Weg des Lichtes all jenes Vorangegangene vereinigen und ihm schließlich fürwahr zu noch glanzvollerer Bekanntheit verhelfen.* Er wird nämlich die zu betrachtenden Gegenstände besser als je zuvor ins Licht stellen. Die Unterredungen, die alle Menschen über diese Gegenstände miteinander hatten, wird er an alle in zugespitzter Prägnanz vermitteln; und wenn dieser Weg die Zahl der Bücher nicht vermehren sollte (sie hat sich nämlich schon über Genüge vermehrt), so wird er doch die Bücher reinigen, damit sie zu wahrhaftesten Transportmitteln für eine universale Bildung werden. Darüberhinaus wird er eine Verfahrensweise einrichten, mit der jene Bücher, unter allen Völkerschaften und in allen Sprachen verbreitet, gelesen und verstanden werden können. Dadurch wird sich der Lichtschein der Weisheit vermehren (so stark, wie es in dieser Sterblichkeit überhaupt möglich ist).

13. *Dieselbe Abstufung läßt sich auch bei der Größe des jeweiligen Nutzens beobachten.* Das eigenständige Hinschauen [αὐτοψία] fördert das Licht der Erkenntnis nämlich nur bei einzelnen

Menschen. Charakteristisch für die *Unterredung* ist es, daß sie jeweils zweien dient (die durch ihr Wechselgespräch glühenden Wissenseifer in sich wachrufen, anfachen oder sogar stillen). *Öffentliche Verkündigung* dient vielen, aber sie ergeht auf einmal und nur einmal an diejenigen, die sich zur selben Stunde am gleichen Platz versammelt haben. *Die Schrift* erreicht auch schon die dem Raum oder der Zeit nach Abwesenden. Dabei bringt sie es sogar zustande, daß selbst die Toten die Lebenden etwas lehren können. *Der Buchdruck* vereinigt die Lichter der einzelnen Zeitalter, indem er alles Altertümliche ans Licht hervorholt und alles Neue zusammen mit dem Altertümlichen der Nachwelt übermittelt. Damit dies nicht an den Bereich einer Völkerschaft, einer Insel oder eines Kontinents gebunden bleibt, sondern über den gesamten Erdkreis verbreitet werden kann, *offenbarte Gott, wie sich die Magnetnadel verwenden läßt. Dadurch wurde die ganze Welt für einen allgemeinen Austausch zugänglich und geriet gewissermaßen zu einer Herberge, die alle gemeinsam benutzen. Was jetzt noch bevorsteht, ist die Panharmonie, die zeigt, wie alle Geschenke Gottes, die er der Gemeinschaft der Menschen gab, von allen gemeinsam genutzt werden können.* So sehen wir nun, daß Gott diese Wohltaten (die zwar alle an und für sich schon groß sind, einander mit der Größe ihres Nutzens aber jeweils noch übertreffen) in einer geordneten Reihenfolge verliehen hat: auf eine derartige Weise nämlich, daß Gott stets noch etwas Größeres zu geben hat und daß der Mensch stets noch etwas erfindet, dessen Neuheit ihn erstaunt, worüber er sich freut und wofür er Gott lobt. Dies ist ein vortreffliches Gegenmittel gegen die menschliche Verdrießlichkeit.

14. Auch dies ist noch festzuhalten: *Die Wege für das Verstandes-Licht entsprechen auf gefällige Weise den Wegen des äußeren Lichtes. Das eigenständige Hinschauen [αὐτοψία]* entspricht nämlich dem ursprünglichen Licht, dem Strahl; *die Unterredung* dem reflektierten Licht; *öffentliche Zusammenkünfte* entsprechen dem zerstreuten oder verteilten Licht, d.h. dem Lichtschein. *Die Schrift* und die Bücher entsprechen einem Licht, das man aus irdischem Material entfacht hat, so daß es eine Zeitlang andauert sowie hierhin und dorthin getragen werden kann –

Licht, wie wir es von Kerzen und Kienspanen festgehalten sehen. *Der Buchdruck* steht für die Formen von Lampen und Kerzen, die auf verschiedene Weisen kunstvoll angefertigt worden sind. *Die Kunst der Navigation* ähnelt den Laternen, die ein geschütztes Licht über alle möglichen gefährlichen Plätze tragen. *Die Panharmonie* schließlich verspricht, einem dauerhaften Feuer oder einer unverlöschlichen Flamme (wie es die Sonne ist) gleichzukommen.

15. Ferner ist zu beachten: *All jene Wege des Lichtes wurden zuerst in der Kirche eröffnet* (wenngleich auch Weltleute sie an sich rissen und dazu verwendeten, Irrtümer und Gottlosigkeit zu verbreiten), gemäß jenem Worte Baruchs: »*Das ist unser Gott; kein anderer gilt neben ihm. Er hat den Weg zum Wissen ganz erkundet, und er hat es Jakob, seinem Sohn, und Israel, seinem Liebling verliehen*« (Bar. 3, 36). Denn der Gebrauch der Sprache begann mit dem eigenständigen Hinschauen im Paradies, und auch die heiligen Versammlungen fingen zuerst in der Kirche an. Die erste Schrift, die wir kennen, ist der *Dekalog* gewesen, vom Finger Gottes aufgeschrieben und durch Moses in die Hand Israels gegeben. *Der Buchdruck* wurde, zusammen mit der Kunst der *Navigation*, zuerst für christliche Völker entdeckt. *Schließlich ist auch vorausgesagt worden, daß das letzte Licht über dem Zion erstrahlen wird* (Jes. 60, 1.2), *und wir sehen, daß die Barmherzigkeit Gottes bereits auf unserem Zion erstrahlt.* Somit mag es offenkundig sein, daß es sich bei alledem um nichts anderes als um Geschenke Gottes handelt, und daß es zu keinem anderen Zweck als zum Lobpreis Gottes verwendet werden darf.

16. Auch dies kann vermerkt werden: *Jeder Weg, der auf einen anderen folgte, entstand stets unter der Vorbedingung, daß die Unzulänglichkeit des vorhergehenden Weges bekannt geworden war oder daß man mit diesem Weg Mißbrauch getrieben hatte.*

17. Schließlich *entstand kein Weg, ohne daß irgendein Sehnen oder Mitwirken seitens der Menschen hinzukam.* Der *zweite* Weg wurde nämlich in die menschliche Gesellschaft eingeführt, indem der Mensch die Gefährtin erhielt, nach der er ein fesselndes Verlangen verspürt hatte. Der *dritte* Weg entstand aus dem Schmerz, den die erstarkende Verderbnis verursachte. Ob der

vierte Weg (die Schrift) nun eine Erfindung des menschlichen Geistes ist, oder ob er zuerst unmittelbar von Gott gezeigt wurde, das steht nicht fest. Der *fünfte* und der *sechste* Weg sind Werke des menschlichen Fleißes. Dies scheint also beispielhaft zu sein: *Wenn die Hoffnung besteht, daß wir irgendetwas dazu beitragen können, auch den siebten Weg zu ebnen, dann dürfen wir nicht meinen, es läge nichts an uns und wir könnten auf Wundertaten vom Himmel herab warten.* Ahmen wir lieber jene feurige Bereitwilligkeit des Jesaja nach, der die göttliche Überlegung: *Wen soll ich senden? Wer wird für uns gehen?* hörte und sogleich seine Hilfe anbot: *Hier bin ich, sende mich!* (Jes. 6, 7f.) Vertrauen wir also auf die Güte Gottes, der selbst den kleinsten Dienst nicht verachtet, und unterziehen wir die Bahnen, auf denen jener siebte Weg des Lichtes verläuft, einer umfassenderen Untersuchung. Wohlan!

KAPITEL 14[251]

Die dreifache Zielsetzung des universalen Weges des Lichtes (daß in ihm alles von allen auf allseitige Weise gesehen werden kann) wird umfassender erläutert

Wir wollen nun noch genauer bestimmen, was für uns eigentlich dabei herauskommt, wenn wir ALLE ALLES auf ALLSEITIGE WEISE verstehen.[252] Wir wollen nämlich nicht den Anschein erwecken, daß wir etwas Unmögliches, etwas von geringerer Dringlichkeit oder gar etwas Unangemessenes versuchen.

2. Wir verstehen unter »ALLEM« dasjenige, was Gott den Menschen in dieser gegenwärtigen weltlichen Schule schon enthüllt hat oder was er uns in Zukunft noch enthüllen wird[253]: *sei es nun Ewiges oder Zeitliches, Geistiges oder Körperliches, Himmlisches oder Irdisches, Natürliches oder Künstliches, Theologisches oder Philosophisches, Gutes oder Böses, Allgemeines oder Konkretes.*

3. *Die Menschen müssen nämlich über das Ewige belehrt werden.* Sind sie doch für die Ewigkeit bestimmt und können ihr Ziel nicht verkennen, ohne Gefahr zu laufen, die Ewigkeit zu verlie-

ren. Zugleich ist ihnen aber auch *Zeitliches* zu lehren, weil man erst durch dieses hindurch zum Ewigen voranschreitet.

4. *Die Menschen müssen über das Geistige belehrt werden.* Sind sie doch zu ihrem besseren Teil von geistiger Natur, und sie sollen sich selbst (ein göttliches Geschöpf) nicht verkennen. Weil wir aber *in einem Körper wohnen* und, solange wir hier sind, von Körpern erhalten werden, dürfen auch jene zu unserem Gebrauch bestimmten Gegenstände nicht verkannt werden. Sonst enttäuscht uns etwas, das wir nicht erkannt haben, wenn wir es gebrauchen. Oder es schadet uns etwas, das wir nur mangelhaft erkannt und ungebührlich aufgegriffen haben.

5. *Sie müssen auch über Himmlisches belehrt werden.* Denn der Himmel ist unsere Heimat[254] und jenes Haus unseres Vaters, in dem Wohnungen für uns vorbereitet werden.[255] Man darf dies also nicht verkennen, vielmehr sollen die Menschen durch den Vorgeschmack der himmlischen Wonnen möglichst stark berauscht werden. Gott spricht aber zu uns, die wir jetzt Erdenbewohner sind, über jene himmlischen Güter nicht in himmlischen Worten, sondern zeichnet sie mit Bildern der irdischen Dinge nach (damit läßt er sich zu unserer Schwachheit herab, die sich in dem derzeitigen Mangel an Auffassungsvermögen äußert, *Joh. 3, 12*). Daher *ist es notwendig, auch jene irdischen Gegenstände zu verstehen, und zwar sogar vorgängig zu allem anderen*, damit wir sodann mit ihrer Hilfe das Himmlische leichter begreifen. Denn es ist nicht möglich, daß jemand die Bedeutung einer Metapher oder einer Allegorie erfaßt, der vorgängig dazu nicht versteht, wovon sich die Metapher oder die Allegorie herleitet.

6. *Natürliches ist notwendigerweise zu lehren.* Denn es ist der sichtbare *Spiegel* der göttlichen Erhabenheit und auch der *Schlüssel* zu vielen Geheimnissen der hl. Schrift.[256] Schließlich handelt es sich dabei um die *Ideen, Formen und Normen* unserer Handlungen (wenn sie verständig sein sollen). Auf diesen dreifachen Nutzen der Geschöpfe gilt es nun besonders aufmerksam zu achten, damit es unzweifelhaft ist, daß das höchste Licht des letzten Zeitalters gerade von diesen Fackeln Gottes her aufstrahlen wird. *Daher will ich an dieser Stelle etwas verweilen und jenes Thema noch ausführlicher entfalten.*

7. *Wieviel sich aus den Geschöpfen an Einsichten entnehmen läßt, die auf erhellende Weise zur Gotteserkenntnis beitragen,* das möchte ich nun ausschließlich anhand der Aussage eines großen Theologen anführen. Er schreibt folgendermaßen: *Weil wir die wahren Prinzipien der Welt nicht kennen und hinsichtlich der Dinge unerfahren sind, geraten wir in verschiedene Irrtümer über Gott und in viele falsche abergläubische Überzeugungen hinein. Dementsprechend fördert es in uns wahrhafte Frömmigkeit in nicht unerheblichem Maße, wenn wir über diese Gegenstände wahre Erkenntnisse erlangen. Einem schädlichen Irrtum erliegen diejenigen, die behaupten, es habe mit der Wahrheit des Glaubens nichts zu tun, was jemand von den Geschöpfen meine, solange er nur über den wahren Gott der rechten Auffassung sei* (wie Augustinus in seiner Schrift »Vom Ursprung der Seele« berichtet[257]). *Denn ein Irrtum bei der Erkenntnis der Geschöpfe bringt den Geist von Gott ab* (Zanchius, Hexaem., S. 4 und 5).[258] Bemerkenswert ist auch dies: *Der Engel mit dem ewigen Evangelium, der alle Nationen, Stämme, Sprachen und Völker dazu einlädt, Gott die Ehre zu erweisen* (daß sich eben dies in diesem letzten erleuchteten Zeitalter ereignen wird, darauf vertrauen wir), *bezieht seine Argumente aus der Natur der Dinge. Denn er hat den Himmel und die Erde, das Meer und die Wasserquellen geschaffen* (Offb. Joh. 14, 6f.). Es darf daher als gewiß gelten: Je zugänglicher die Natur für uns ist, desto kräftiger wird die Erhabenheit des Schöpfers der Natur aufstrahlen und damit auch die Verehrung, die alle dieser Erhabenheit entgegenbringen.

8. Wir haben auch gesagt, *daß wahrhafte Erkenntnis des Natürlichen ein Schlüssel für die Geheimnisse der Schrift sein wird; und diese Aussage ist wohlbegründet.* Denn ein jeder ist der beste Interpret für die Worte, die er selbst gesprochen hat. *Nun haben aber die Schrift und die Welt denselben Urheber, den weisesten Gott. Daher kann die den Dingen eingeprägte Wahrheit gar nicht anders, als mit der in seinen Worten ausgedrückten Wahrheit allenthalben übereinzustimmen; und sie wird sich auch selbst erläutern,* wenn sie hier und dort unklar zu sein scheint. *Schrift und Natur erläutern oder erklären sich also wechselseitig: die Schrift auf eine eher allgemeine Weise, die Natur dagegen eher in*

Hinsicht auf besondere Sachverhalte. Die Schrift belehrt nämlich auf allgemeine Weise darüber, woher die Geschöpfe stammen, von welcher Kraft sie erhalten werden und welches Ziel sie schließlich erwartet. Besondere, einzelne Geschöpfe enthüllen indessen den wahren Sinngehalt besonderer einzelner Schriftstellen (an denen in äußerer Verhüllung Geheimnisse dargeboten werden). Z. B. *wollte Gott, daß alles von Feuer verzehrt werde, was ihm im Alten Bund seinem Willen entsprechend als Opfer dargeboten wurde.*[259] Warum war das so? Man untersuche das Wesen des Feuers, und schon läßt es sich verstehen, worauf dieser Befehl Gottes hinausläuft. Dabei ist nämlich zu entdecken, daß dem Feuer eine dreifache Kraft innewohnt: die Kraft *zu leuchten, zu erwärmen und zu bewegen.* Angenommen, jemand legt diese bildhafte Wirklichkeit mit den folgenden Erklärungen aus: *Von denen, die sich ihm als Opfer darbieten, fordert Gott 1. das Licht der Erkenntnis*, das heißt (wie es der Apostel in Röm. 12, 1 erklärt) *einen vernünftigen Gottesdienst, 2. die Wärme des Eifers und 3. einen guten Vorsatz als bewegende Kraft,* bzw. *neuen Gehorsam* – scheint ein solcher Ausleger nicht hinter dem Buchstaben den Geist gefunden zu haben?[260] Ebenso wollte Gott nicht, *daß ihm Opfer ohne Salz angeboten würden.*[261] Warum dies? *Wer die charakteristischen natürlichen Eigenschaften des Salzes kennt, dem kann der verborgene Sinn nicht entgehen.* Denn das Salz bewahrt seine wesentliche Beschaffenheit hartnäckiger als alle anderen geschaffenen Körper und ist wegen dieser seiner Beharrlichkeit gleichsam unzerstörbar (es selbst verfault nämlich nicht und es hindert sogar die Stoffe, denen es beigemischt wird, am Verfaulen). Zwar kann es vorkommen, daß das Salz dazu gezwungen wird, seine äußere Form zu ändern. (Das geschieht mit ihm, wenn es in Substanzen gerät, die füreinander Gegensätze darstellen: Im Wasser löst es sich nämlich auf und zerfließt; im Feuer zerspringt es.) Doch selbst dann ändert oder verliert es sein Wesen nicht. (Denn für das Wasser, welches das Salz auflöst, ist es unumgänglich, das Wesen des Salzes in sich aufzunehmen, und wenn Salz durch Feuer zerkleinert und atomisiert wird, dann bleibt es dabei doch dasselbe.) *Läßt es sich daraufhin etwa nicht glauben, daß Gott durch dieses Symbol seinen Verehrern, mögen sie es nun mit Steinen oder mit Feuer zu tun haben, Beständigkeit empfiehlt? Die Schrift ist voll von ähnlichen Aussagen. Diese können das wahre Licht des Verständnisses nur aus einer wahren Erkenntnis der Naturdinge erhalten. Von den Gleichnissen will ich hier erst gar nicht reden.* O wie groß wäre dieser Lichtschein, wenn wir wüßten, wie die ganze Schrift auf die Harmonie der Natur verweist und wie in der Natur andererseits durch die Schrift ein wahrheitsgetreues Symbolverständnis eröffnet wird!

9. Ich habe auch dies gesagt: *Im Natürlichen werden uns die Ideen für unsere Handlungen vorgezeichnet. Daher haben wir es nötig, die Vorgänge in der Natur irrtumsfrei zu erkennen. Denn nur so wird das, was mit uns vorgeht, für uns ohne Irrtümer und Umwege ablaufen können.* Dies haben auch schon früher diejenigen gesehen, die sagten, *daß die Kunst Nachahmerin und Tochter der Natur sei.*[262] Ebenso sahen es diejenigen, die der Ansicht waren, die Natur sei die beste Führerin und *wer ihr folge, der könne nicht in die Irre gehen.*[263] Es gibt noch mehr Bekundungen, die alle diese Bedeutung haben. *Doch war das Folgende noch nie so offenkundig wie jetzt, da es dank der Unterstützung Gottes* (da nun die Fackeln der universalen Harmonie bereits angezündet worden sind) *ganz klar zutage tritt: Alle Mängel und Irrtümer der früheren Zeitalter* (in den Bereichen der Kunst, der Moral, der Politik und der Kirche) *keimten aus Unwissenheit über das Natürliche auf, und die von uns erwartete Verbesserung der Dinge wird daher rühren, daß wir die Wege besser beobachten, die die Weisheit Gottes bezüglich ihrer Geschöpfe eingeschlagen hat.* Es ist also von entscheidender Bedeutung, ob wir wissen oder ob wir verkennen, was Gott uns als Normen gegeben hat. Daher wird die von uns aufgestellte Behauptung festbegründet stehenbleiben: *Alles Natürliche soll gelehrt werden.*

10. *Aber auch das Künstliche darf nicht übergangen werden.* Denn die Künste bringen die Natur zum Ausdruck oder setzen sie sogar unter Druck und nehmen sie gefangen, wodurch sie dazu gezwungen wird, uns allmählich ihre Geheimnisse zu gestehen.[264] Dadurch werden diese Geheimnisse immer bekannter.

Zudem dienen die Künste dazu, die Annehmlichkeiten des Lebens zu mehren (und im Erleuchteten Zeitalter wird es doch eher einen Überfluß als einen Mangel an solchen Annehmlichkeiten geben müssen).

11. *Ich habe gesagt, daß auch Theologisches und Philosophisches gelehrt werden soll,* d.h. das, was den Glauben betrifft ebenso wie das, was die Vernunft und die Sinne betrifft. *Was den Glauben betrifft, muß allseitig gelehrt werden; denn der Gerechte lebt durch seinen Glauben*[265]. *Dieser ist der einzige Weg zum ewigen Leben. Was zum Bereich des Verstandes gehört, darf nicht verkannt werden;* denn dadurch unterscheiden wir uns von den Tieren und werden davor geschützt, uns in verfehltem Vertrauen von Betrügern leicht zu etwas Unvernünftigem überreden zu lassen. *Aber auch Sinnliches darf nicht verkannt werden.* Denn es ebnet der Vernunft den Weg und schützt sie vor Täuschungen. *Da also die Sinne der Vernunft dienen und da die Vernunft dem Glauben dient, kann nichts von alledem im vollendeten Licht fehlen.* Andernfalls werden wir mit Gewißheit über keine Werkzeuge dafür verfügen, die Geister zu erleuchten. Zu Ungläubigen kann ich über den Glauben nämlich nur in Worten sprechen, die von der natürlichen Vernunft begriffen werden können. Dabei zeige ich ihnen auf vernunftgemäße Weise, daß die Geheimnisse unseres Glaubens nichts enthalten, das nicht rundherum wahr und heilbringend ist. Und daß jemand zu dem Schluß kommt, eine Behauptung sei glaubhaft, das kann nur die Macht vernünftiger Gründe bewirken. *Damit ich mit einem Ungläubigen über die Geheimnisse des Glaubens sprechen kann, muß er zuvor durch die Erkenntnis von Niedrigerem darauf vorbereitet werden.* Dadurch gewöhnt er sich an eben die Begriffe, die auch ich verwende; er wird dazu angeleitet, sich innerhalb der Schranken der Harmonie zu halten. Somit hört er sich die übrigen Belehrungen mit größerer Geduld an und verlangt nach Erkenntnis (weil er schon von der Lieblichkeit der Harmonie angelockt ist); schließlich aber fügt er sich bereitwilliger in die Wahrheit, welche er auf rechte Weise durchschaut hat.

12. Es gibt auch keinen Grund, der jemanden zu folgendem Einwand berechtigen könnte: *Die Apostel hätten üblicherweise*

nicht mit philosophischen Vorträgen begonnen, sondern wären geradewegs zu den Geheimnissen des Glaubens vorgedrungen. Die Apostel waren nämlich außergewöhnliche Werkzeuge Gottes, und als solche waren sie auch mit einer außergewöhnlichen Befähigung ausgestattet. Diese ermöglichte es ihnen, mit erstaunlichen Worten und Taten die Sinne aller Menschen wirksam anzusprechen und jeden Verstand für den Gehorsam dem Glauben gegenüber einzunehmen. Unsere jetzigen Erwägungen dagegen kreisen um den gewöhnlichen Weg, der zur Bildung der Menschen führt (doch läßt sich auch dieser Weg nicht finden, wenn Gott ihn nicht zeigt). Es kann indessen nicht geleugnet werden, *daß jene außergewöhnlichen Werkzeuge immer dann noch größere Wirkungen erzielten, wenn sie auf besser vorbereitete Subjekte trafen.* Ebenso läßt es sich auch nicht bestreiten, *daß Gott durch seine übernatürlichen Gaben gerade diejenigen noch weiter ins Licht zu rücken pflegt, die zuvor schon auf den untergeordneten Gebieten des Sinnlichen und des Intelligiblen gut unterwiesen worden sind.* Das ist ersichtlich bei *Moses (der,* noch ehe Gott ihn berief, *in aller Weisheit der Ägypter ausgebildet wurde* und der mächtig war in Wort und Tat, *Apg. 7, 22*). Es war auch so *bei Daniel*[266], *Salomon*[267], *Paulus*[268] und bei jenen *Magiern*[269], die zuerst von der Ankunft Christi erfuhren und die diese Kunde an andere weitergaben. *So wenig verachtet es die göttliche Weisheit, stufenweise vorzugehen, ihre Werke auf eigens dafür gelegten Fundamenten zu errichten und kleine, aber wohlgelungene Unternehmungen mit größeren Dreingaben zu krönen* (Mk. 4, 21.25). Ja, es gefiel Gott sogar, selbst das Buch seiner Offenbarungen, die hl. Schrift, mit der Schilderung von Körperlichem (d. h. mit der Beschreibung der geschaffenen Welt) zu eröffnen, in der Folge dann aber allmählich Bemerkungen über Natürliches, Künstliches und Mathematisches (über Zahlen, Maße und Gewichte) einzustreuen. Welchen Zweck sollte dies haben, wenn jene Gegenstände gar keine Kraft dazu besäßen, den Geist besser auf das Erfassen geistiger Geheimnisse vorzubereiten? Nicht ohne Grund warnt also Augustinus davor, *voreilig, ohne Kenntnis der Zahlenkunde und der Wissenschaften die göttlichen Geheimnisse zu erforschen*[270]. *Kyrill* sagt *sogar, die*

Philosophie sei den Heiden als Katechismus gegeben worden, der sie zum Glauben führen solle (erstes Buch ›Contra Julianum‹).[271] *Klemens von Alexandrien fügt hinzu: Wie für die Juden das Gesetz der Erzieher auf Christus hin war, so war die Philosophie dasselbe für die Heiden* (›Stromata‹, 1. Buch, Kap. 3).[272] Und *Huartus* schreibt (in ›Scrutinum ingeniorum‹, S. 10 der mir vorliegenden Ausgabe): *Einem großen Irrtum unterliegen alle, die meinen, die übernatürlichen Wissenschaften erforderten keine vorgängige Vorbereitung des Subjekts, bevor sie in dessen Geist einströmen könnten.*[273]

13. Zu dem Zweck, den wir hier verfolgen, wird es schließlich sogar nötig sein, in einem neuen Lichtschein eine neue Philosophie zu begründen. Denn die altertümliche Philosophie nach Art der Griechen soll nicht mehr fortbestehen – jene Philosophie, die in mannigfacher Weise als mangelhaft und rissig kritisiert worden ist, als wirr und unrichtig und doch zugleich auch lärmend und aggressiv, und die dem Christentum so viel Schaden zugefügt hat. *Die Israeliten sollen nicht ständig dazu gezwungen werden, zu den Philistern hinabzusteigen, wenn sie ihre Pflugscharen, ihre Hacken, ihre Äxte und ihre Sicheln schärfen lassen wollen*. Vielmehr sollen sie bei sich zu Hause Schwerter und jede andere notwendige Ausrüstung haben und am Tag der Schlacht nicht ermatten *(1 Sam. 13, 19f.22)*.

14. Ich habe auch gesagt, daß in vollem Licht *Gutes und Böses* gelehrt werden soll. *Daß selbst Böses gelehrt werden soll, kann auf den ersten Blick freilich als verwunderlich und unsinnig erscheinen.* Es wäre aber nicht von Nutzen, anders vorzugehen, denn *jedes Wissen, auch das Wissen um Böses, ist gut*. (Gott und die Engel wissen nämlich auch das Böse, werden dadurch aber selbst nicht böse.) *Jegliches Wissen ist nützlich, ja sogar notwendig. Und zwar ist das Wissen um Gutes dazu notwendig, daß man dieses Gutes ersehnen, suchen, lieben und sorgsam bewahren kann* (was unbekannt ist, wird nicht begehrt[274]). *Das Wissen um Böses ist dagegen dafür vonnöten, daß man dieses Böse verabscheuen und meiden kann.* Wenn wir daher dem Guten folgen und das Böse fliehen sollen, so ist es für uns unter allen Umständen notwendig, beides genau auseinanderzuhalten. Wie sollte

dies aber möglich sein, wenn uns genaues Vorwissen über beides fehlt? Der Teufel stellte im Paradies nur Gutes zur Schau und verheimlichte das Böse. Dadurch täuschte er den Menschen. Damit er uns nicht weiterhin täuscht, müssen wir das vorgetäuschte Gute entlarven, so daß uns alles Böse derart erscheint, wie es an sich selbst ist. Dann kann uns seine Kraft nicht mehr anlocken und täuschen, sondern nur noch abschrecken und vor dem Untergang warnen. *Es ist nur allzu wahr, daß es für den Menschen bis auf den heutigen Tag keine größere Gefahr gibt als das Böse, das hier und dort im Verborgenen lauert.* Weil sie es verkennen, hüten sie sich nicht davor und fallen darauf herein. Daher trachtet der Teufel beständig danach, daß sich die Menschen freiwillig mit den Ketten der Unwissenheit fesseln lassen; diese Menschen wissen dann nicht, was gut und was böse ist, ja sie halten sogar Gutes für böse und Böses für gut. *Gott dagegen zeigt stets das Gute und das Böse. Das Gute trägt er uns auf und stellt es als Belohnung in Aussicht; das Böse aber verbietet er und droht es als Strafe an.* Die wahre und vollständige Nachahmung der göttlichen Weisheit besteht also darin, *das Gute zu wissen und es auch zu tun, das Böse zu wissen und es auch zu fliehen. Je gründlicher wir in beiden Fällen Bescheid wissen, um so besser ist dies.* Denn wir lieben das Gute mit um so größerer Glut, je besser wir es erkennen. Ebenso hüten wir uns mit um so größerer Sorgfalt vor dem Bösen, je zuverlässiger wir es durchschaut haben. Es liegt nämlich nicht in der Natur des Menschen (selbst dann nicht, wenn diese verdorben ist), daß er sich aus freien Stücken ins Verderben stürzt. Der Mensch täuscht sich vielmehr deswegen, weil er aus übereilter Sehnsucht nach etwas strebt, das den Anschein des Guten erweckt. Entweder bemerkt er dabei gar nicht, daß sich hinter dem Ziel seines Sehnens in Wahrheit etwas Böses verbirgt, oder er wiegt sich in der Hoffnung, der Strafe entkommen zu können, weil sie nicht auf der Stelle erfolgt (solches Hoffen beobachtete Salomon, *Koh. 8, 10f.*). *Damit unser Geist sich nicht weiterhin auf so tölpelhafte Weise selbst täuschen kann, ist es* also *nötig, ihm das, was in Wahrheit böse ist, wahrhaft in den Blick zu stellen.* Es wird ihm daraufhin nicht länger möglich sein, vor dem Bösen nicht zurückzuschrecken und sich von einer Sache nicht zurückzuziehen, die mit Sicherheit ins Verderben führt. Zusammengefaßt heißt dies: *Unwissenheit ist schon an sich böse, weil sie Finsternis ist; Wissen – selbst das Wissen um Böses – ist gut, weil es Licht ist.* Aus einem nachgeordneten Grund (da wir verdorben sind) *ist es* jedoch *besser, gewisse Dinge nicht zu wissen.*[275] Daher wird es auch gut sein, gewisse Gegenstände zu verheimlichen (nämlich solche, die bloß zur Befriedigung von Neugier dienen und die schmutzig sind).

15. Schließlich habe ich noch gesagt, *daß Allgemeines und Konkretes gelehrt werden sollen.* Ich möchte hinzufügen: Selbst das Allerkonkreteste soll, soweit dies möglich ist, gelehrt werden. Denn darin besteht in Wahrheit das Wissen um die Dinge und der Nutzen des Wissens, und nicht in der Kenntnis des Allgemeinen. Und je mehr jemand an besonderen Einzelheiten kennt (wofern er sie nur genau kennt, der Sache nach und nicht im Anschluß an eine Meinung), einen desto reicheren Gewinn zieht er aus seinem Wissen. Weil aber besondere Einzelheiten für sich allein etwas Zusammenhangsloses sind, haben sie es allerdings schon aus sich selbst heraus nötig, der Ordnung halber in gewisse universale Bündel gesammelt zu werden.

16. Soweit zu dem, was unter jenem »ALLES« zu verstehen ist, das im universalen Licht gelehrt und gelernt werden soll. Wenn wir nun *dazu raten*, daß ALLE an diesem letzten Licht teilhaben sollten, *dann wollen wir damit nicht erreichen, daß sogar die Handwerker, die Bauern und die Frauen sich ganz und gar den Büchern widmen. Wir bezwecken damit vielmehr, daß keiner von ihnen auf den Gebieten vernachlässigt wird, deren Pflege für alle notwendig ist.* Man stelle sich nur einmal vor, daß niemand mehr sich selbst, die Geschöpfe und Gott auf tölpelhafte Weise verkennt, und daß außerdem jeder für seine besondere Berufung unterwiesen wird: der Vorsteher dazu, anderen tatkräftig voranzustehen und sie zu regieren, die Untergebenen dazu, sich unterzuordnen und sich regieren zu lassen. *Alle, wie ich betone, sind Menschen und daher darüber zu belehren, was ein menschenwürdiges Leben ausmacht. Alle sind ein Ebenbild Gottes und daher über Göttliches zu unterrichten. Alle sind Anwärter auf die*

Ewigkeit und daher über Ewiges zu belehren. Ansonsten wären die Menschen besser gleich als Vieh zur Welt gekommen. Denn sich von sich selbst zu entfremden bedeutet, der größtmöglichen Minderwertigkeit anheimzufallen. Die Schule der Welt kann auch nie in den geordneten Zustand zurückkehren, der mit der göttlichen Absicht übereinstimmt, wenn nicht alle, die dorthin geschickt worden sind, damit anfangen, das zu tun, wozu sie hierher geschickt worden sind. Sie können aber damit nicht anfangen, wenn sie ununterbrochen in ihrer Finsternis belassen werden und wenn sie nicht wahrhafte Gelegenheiten dazu erhalten, wirklich weiterzusehen. Diese Gelegenheiten können aber nur von denen gewährt werden, die sie kennen – so wie wir nun allmählich diese Gelegenheiten vor uns liegen sehen, weil Gott sie uns zeigt. Es muß uns also ein Anliegen sein, unsere Aufgabe besser zu bewältigen, als es die griechischen Philosophen getan haben, die Origenes (im 6. Buch ›Contra Celsum‹) tadelt: *Vor lauter Hochmut glichen sie denjenigen Ärzten, die das niedere Volk vernachlässigten und nur die Wohlhabenderen behandelten.*[276] Was aber, wenn nicht eben dies, tun auch noch heutzutage diejenigen, die mit ihren Anstrengungen darauf hinarbeiten, bloß einem Teil der Menschheit zu nützen (einem Teil, der sie als Sekte innerhalb seiner Grenzen festhält oder der sie für ihre Dienste bezahlt und dem sie vielleicht auch bei anderen Anlässen einen Gefallen tun wollen)? *Uns bewege demütige Liebe dazu, allen gleichermaßen wohl zu wollen, soweit wir dies können. Wir tun es nach dem Vorbild, das uns Christus und seine Apostel gegeben haben, und gemäß der Mahnung, die der weise Sirach aussprach: Versteckte Schätze und verborgene Weisheit, wozu sollten sie nützlich sein* (Sir. 20, 31). Die Anweisung Christi lautet dementsprechend: *Man zündet nicht ein Licht an und stellt es unter den Scheffel, sondern man stellt es auf den Leuchter, damit es für alle leuchtet, die im Haus sind.*[277]

17. Nun mag es aber Menschen geben (und wir wissen, daß es sie tatsächlich gibt[278]), die hierauf einwenden: *»Worauf wird es denn schließlich hinauslaufen, wenn alle zu Gebildeten werden? Gebildete und Bildung werden an Wert verlieren. Es wird daraus eine Verwirrung der Stände folgen, wenn sich ein jeder,*

woher er auch kommen mag, dazu aufmacht, andere zu belehren oder sein Urteil über Fragen der Religion und der Politik abzugeben.« Darauf antworte ich: 1. Ein Staatswesen oder eine Religionsgemeinschaft müssen sich in einem elenden Zustand befinden, wenn ihre Sicherheit von der Unwissenheit und der sklavischen Unterwürfigkeit der Untergebenen abhängt! *Die wahre Religion und der wahre Staat* (also eine solche Religion und ein solcher Staat, wie wir sie der ganzen Welt wünschen) *sind leuchtende Angelegenheiten, die ihre Sicherheit vom Licht, nicht von der Finsternis erhalten. Doch trachten wir auch gar nicht danach, alle Menschen zu Gebildeten zu machen.* (Das läßt nämlich bei einigen Menschen deren geistige Veranlagung gar nicht zu; auch dulden es die Umstände und die Staatsordnung nicht; außerdem gibt es keine Notwendigkeit, die dies erfordern würde.) *Vielmehr wollen wir alle Menschen weise werden lassen, damit sie ihr Heil erlangen* (2 Tim. 3, 15). Diese Weisheit erfordert nicht so viel Zutun wie eine Ausbildung. Es besteht aber auch kein Grund dafür, daß irgendjemand darum beneidet werden sollte – es sei denn von einem boshaften Geist, der Gott seine Ehre neidet, dem mit Verstand begabten Geschöpf jedoch die selige Gemeinschaft mit seinem Schöpfer. Eine derartige Verkehrtheit, charakteristisches Merkmal der verdammten Geister, *darf in keinem Menschenherzen vorkommen.*

18. *Wenn wir wünschen, daß das ganze Volk Jehovas prophetisch wirken*[279] (d. h. den offenbarten Willen Gottes klar verstehen) *möge, dann wünschen wir dies: Erstens,* daß dem Heil aller Rechnung getragen wird und daß es nicht unsere Schuld ist, wenn doch Menschen verlorengehen, sondern deren eigene. *Zweitens,* daß für Frieden und Ruhe gesorgt wird, daß sich jeder nach seiner göttlichen Berufung richtet (die er auch verstanden hat) und sich friedfertig mit der Stelle begnügt, die ihm zukommt. Jeder einzelne wird es nämlich verstehen, daß das Wohlergehen aller (also auch sein eigenes) vom Gemeinwohl abhängt, das alle zusammen etwas angeht. Dieses Gemeinwohl kann aber nur dann vor Störungen bewahrt werden, wenn ein jeder sich auf seinem Platz behauptet, ihn nicht verläßt und sich auch nicht den

Platz anderer aneignet. *Drittens:* Wenn wir wünschen, daß alle weise seien, dann tun wir dies aus folgendem Grunde: Es soll mit einer noch größeren Zuverlässigkeit erreicht werden, dieses (ganz universale) Licht für die Gegenwart zu erhalten und an die Nachgeborenen weiterzugeben. Wenn nicht auch die niedrigsten Schichten des Volkes verstehen, was für ihr Heil notwendig ist und wie jegliche gute Ordnung der Dinge beschaffen ist – wer wird denn dann ihre Kinder derartiges lehren? Wer wird sich dann als ihr Aufseher betätigen? Schließlich argumentieren einige mit der Verachtung, die das niedere Volk den Gelehrten entgegenbringt. Die Entwicklung wird aber in eine ganz andere Richtung verlaufen. Kein anderes Heilmittel gegen diese Verachtung wirkt nämlich so rasch wie dasjenige, welches das Volk damit vertraut macht, was es bedeutet, gelehrt zu sein. Denn bis jetzt bewundert das niedere Volk die Gelehrten deswegen nicht, weil es sie nicht versteht. Später wird es sie verehren, weil es in ihnen die Flammen jenes Lichtes erkennen wird, dessen Funken es selbst bei sich hat und an denen es sich mit Wonne labt. Zwischen der Bildung, die dem Volk zukommt, und der Bildung, die man sich aus Berufszwecken von Grund auf aneignet, wird sicherlich auch weiterhin ein großer Unterschied bestehen. Darauf hat auch Gott hingewiesen. Er sagt zwar voraus, daß das Licht des Mondes wie das Licht der Sonne sein wird, fügt jedoch hinzu, *daß das Licht der Sonne dann siebenmal stärker sein wird als bisher.*[280]

19. *Der dritte Zweck des universalen Lichtes besteht darin, die Dinge auf* ALLSEITIGE *Weise zu lehren,* d. h. nicht nur beiläufig. Daher ist aber auch die Forderung angebracht, *alles solle so gelehrt werden, daß es in Wissen übergehe.* Gleichfalls soll jeder Schüler dieser Schule, so weit er auch vorgerückt sein mag, zu seinen Lehrern das sagen können, was die Samaritaner der Frau sagten, die sie als erste benachrichtigt hatte: *Wir glauben jetzt nicht mehr aufgrund deiner Reden, sondern weil wir es selbst kennengelernt haben und es nun wissen*[281]. *Aus welchem Grunde sollen wir es denn wünschen, daß die Schüler der weltlichen Schule immer Schüler bleiben? Augustinus zählt diejenigen zu den Tölpeln, die lieber lernen, als daß sie das Gelernte wissen, die*

lieber kämpfen als siegen und die lieber essen als satt sein wollen.[282] D. h. er meint solche Menschen, die die Mittel schätzen, aber nicht des Zweckes wegen, und die sich nur dazu mit etwas beschäftigen, um beschäftigt zu sein. Um also selber weise zu werden und um zusammen mit uns auch die gesamte Welt weise werden zu lassen, *müssen wir die Menschen (in dieser unverzüglich zu erneuernden Schule der Weisheit Gottes) das Folgende lehren: Sie sollen lernen, aber nicht um des Lernens willen, sondern um Wissen zu erwerben. Wissen sollen sie aber nicht um des Wissens willen, sondern um sich im Handeln üben zu können. Im Handeln üben sollen sie sich schließlich nicht um des bloßen Übens willen, sondern um das Ziel aller Handlungen zu erreichen, das in Ruhe und Seligkeit besteht.*

20. Dies wird geschehen, wenn das Lehren folgendermaßen vonstatten geht: *Was zuerst kommt, soll zuerst vorgetragen werden, und was vorrangig ist, soll Vorrang besitzen. Alles zusammen aber sollen sich die Lernenden durch eigenständiges Hinschauen [αὐτοψία] und unablässige eigene praktische Betätigung aneignen. Was zuerst kommt, zuerst:* das bedeutet, sich stufenweise vom Ersten und Niedrigsten über das Mittlere zum Letzten und Höchsten aufzuschwingen. Denn so wird endlich alles klar, da alle Punkte dann zwanglos auseinander hervorgehen. Es gewinnt dann auch alles Beständigkeit, da das eine die Grundlage für das andere bildet. *Das Vorrangige mit Vorrang:* Es darf also nicht zugelassen werden, daß weniger Wichtiges für eine Verzögerung sorgt und Wichtigerem, Notwendigerem den Raum nimmt. Stattdessen ist Gerinfügiges mit geringerem Aufwand vorzutragen, Ernsthafteres dagegen mit größerem Ernst. Dabei aber dürfen die bedeutsameren Ziele nie aus den Augen verloren werden. *Eigenständiges Hinschauen [αὐτοψία]* meint dies: Das Wissen, das die Menschen nötig haben, dürfen wir ihnen nicht mit Autorität aufzwingen (denn Wissen ist eine freie Angelegenheit und strömt gerne in freie Geister). Wir dürfen es ihnen allerdings auch nicht bloß in Form einer Beschreibung anbieten, wie genau diese auch immer sein mag. Stattdessen haben wir die Dinge selbst, so unmittelbar wie möglich, den Sinnen darzubieten, *damit alle es erblicken und auch wirklich*

sehen, es betasten und auch begreifen, es wissen und auch erfassen: daß ein jedes Ding wirklich so ist, wie es ist. Denn erst das heißt wirklich wissen: zu wissen, wie ein Ding an sich selbst ist, und nicht nur, wie es einigen Aussagen zufolge sein soll. *Etwas zu wissen, weil ein anderer Mensch dafür Gründe angeführt hat, das ist kein Wissen, sondern Glauben. So bedeutet ja auch »mit dem Mund eines anderen kauen« nicht, daß der Betreffende kaut, sondern daß er anderen beim Essen zuschaut.* Den Kuchen, den du ißt, und den Wein, den du trinkst, schmecke ich nicht. Und ein Blinder sieht ein Bild auch dann nicht, wenn ihm ein Sehender erzählt, daß er es sieht. Wenn mir nun einer davon erzählt, was er gesehen, gelesen und erfahren habe, dann erhalte ich dadurch doch kein Wissen, sondern ich glaube ihm, daß er etwas gesehen, gelesen und erfahren hat. Mit Wissen, das fast ausnahmslos so geartet ist (das darin gründet, daß man der Autorität der Lehrenden Glauben schenkt und sich eher eines fremden Verstandes bedient als des eigenen), hat sich die Welt bislang zufriedengegeben (wenn auch mit großem Widerwillen, unter gelegentlichen Unruhen und mit starker Sehnsucht danach, den Käfig dieser Gefangenschaft aufzubrechen). Denn meistens wurde derartiges Wissen aus den früheren Zeitaltern überliefert, wenn auch als dunkel und verworren. Jetzt aber *ist es an der Zeit, daß wir uns von den ungeschliffenen Grundlagen zur Vollendung erheben. Wir sollen nicht länger hilflos umhertreibenden Knaben gleichen, die es erdulden müssen, vom Wind einer jeden Lehrmeinung davongetragen zu werden. Stattdessen müssen wir nun weise sein, so wie es sich für erwachsene Männer geziemt. Niemandem soll es mehr möglich sein, unsere Weisheit als eitel und irreführend oder als auf gefährliche Weise unvollendet bloßzustellen.*

21. Dies alles wird jedoch erst dann erreicht sein, wenn wir uns von allen menschlichen Autoritäten abgekehrt haben und nur Gott als dem einzigen, dem höchsten und dem allein kompetenten Lehrer der Wahrheit folgen. *Wir schöpfen dann unser Wissen und unseren Glauben nirgendwo anders als aus deren ursprünglichen Quellen (aus den Vorgaben der Natur, der Schrift und des Gewissens); und wir tun dies mit unseren eigenen Gefäßen* (un-

seren eigenen Sinnen, unserer eigenen Vernunft und unserem eigenen Glauben). Fern sei es daher, daß wir die Welt künftig durch jene Labyrinthe führen, die von den menschlichen Zeugnissen über die Dinge und von menschlichen Autoritäten ausgebildet werden. Fern sei, daß wir uns den Blinden als Führer anbieten (und eben dadurch selbst bald erblinden) und bloß diese und jene Nachschrift der Bücher Gottes anstelle der eigentlichen Urschriften lesen und anderen aufdrängen. *Diejenigen aber verdienen es, getäuscht zu werden, die lieber den Menschen als Gott folgen und sich mit Schatten statt mit Dingen zufriedengeben.* Doch es ist an der Zeit, daß sich alle den Schleier vom Gesicht ziehen[283] und in Christus (durch den der Vater alles tat, sagte, inspirierte und noch inspiriert, was immer getan, gesagt und inspiriert wurde) mit eigenen Augen die Wege und die Endpunkte aller Wege vor sich sehen; und daß sie schließlich, indem sie im göttlichen Lichtschein den Lichtschein betrachten, auf den Pfaden des Lichtes wandeln.

22. Es wird indessen dieses Licht *noch stärker vermehren und absichern, wenn wir uns nicht davor fürchten, zugleich auch menschliche Erfindungen und Einfälle in den Blick gelangen zu lassen.* Wenn diese nämlich am Wahren teilhaben, dann werden sie die allgemeine Wahrheit bestärken. Wenn sie aber in die Irre gehen, dann werden sie, gegen dieses hellste Licht gehalten, verschwinden, wie es ein Schatten zu tun pflegt, in den ein Licht hineingetragen worden ist. Sie werden sogar dadurch für das Licht Zeugnis ablegen, daß sie nichts anderes als ihre Verlogenheit und Eitelkeit zu bekennen haben. *Dies will ich erreichen, damit dieses universale Licht* (das zuerst und in ausreichender Fülle ohne Frage aus Gottes Lampen, aus den göttlichen Taten, Worten und Inspirationen hervorscheint) *allseitig verstärkt wird. Dabei muß man auch die Lämpchen der menschlichen Wahrheit hinzuziehen können, ob sie nun hell wie eine Flamme leuchten oder ob sie rußen. Denen aber, die im göttlichen Lichte wandeln, sollen diese Lämpchen nicht länger Ungemach bereiten, sondern auf ihre besondere Weise Nutzen bringen.*

23. An das eigenständige Hinschauen [αὐτοψία] schließen wir zuletzt noch die praktische Betätigung an. Denn es genügt nicht,

etwas mit den eigenen Sinnen erfaßt zu haben. Um untrügliche Gewißheit zu erreichen, ist häufige Wiederholung vonnöten (bei der man betrachtet, was es zu betrachten gibt, und tut, was es zu tun gibt). Dies läuft darauf hinaus, *daß wir uns die Welt-Schule in ihrem künftigen Zustand nur als eine solche vorstellen können, die ganz und gar von der Glut der Übungen erfüllt ist.* Für die Zeit, die darauf noch folgt, erwarten wir schließlich die πανανγία (einen universalen Glanz).[284]

KAPITEL 15
Die vier Voraussetzungen des universalen Lichtes: universale Bücher, universale Schulen, ein universales Kollegium und eine universale Sprache

Nachdem wir nun die Ziele der Panaugie abgesteckt haben, werden wir bald auch passende Mittel bereitstellen können. Es bieten sich insgesamt vier solcher Mittel an: *universale Bücher, universale Schulen, ein universales Kollegium der weisen Männer und eine universale Sprache. All das ist völlig neuartig und muß daher mit noch nie gekannter Sorgfalt von seinen Fundamenten her errichtet werden.*

2. Freilich fehlt es uns selbst jetzt nicht an *universalen Büchern, in denen alles enthalten ist: die Welt, die Schrift und das Gewissen.* Es fehlt uns auch nicht an einer *universalen Schule*, aus der niemand entkommen kann: unser gegenwärtiges Leben. Es gibt sogar ein *universales Kollegium*: die Heerscharen der Engel und der heiligen Menschen, die in der frommen Verherrlichung ihres Schöpfers übereinstimmen.[285] *Einzig und allein die gemeinsame Sprache*, mit der wir alle einander verstehen könnten, ist nicht vorhanden; diese gab es jedoch dereinst schon einmal, nämlich im Stand der Unschuld. Wenn wir in diesem Stand verharrt wären, würden wir überhaupt keine anderen Bücher, keine andere Schule, keine andere kollegial verfaßte Gesellschaft und keine neue Sprache brauchen. *Weil wir* jedoch *in die Irre gegangen sind und nun die unendlichen Tiefen durchstreifen, in die wir herabgefallen sind, ist Rückkehr vonnöten. Es ist auch*

eine universale Wiedervereinigung nötig; und dafür müssen wir auf die angegebene Weise die Werkzeuge zusammenstellen.

3. Mit Gottes Hilfe können jene vier Hilfsmittel – *die neuen Bücher, die neuen Schulen, das neue Kollegium und die neue Sprache – allesamt wahrhaft universal und allgemein sein, ferner auch dazu geeignet, alle Menschen zu den oben erwähnten Zielen hinzuführen. Die Bücher, die wir herbeisehnen, sollen nämlich nichts anderes sein als Einführungen in die Bücher Gottes,* so daß diese nun endlich besser und wahrer verstanden werden können. *Und die Schulen, wie wir sie uns wünschen, werden nichts anderes als Vorschulen für die größere Schule des Lebens sein.* Sie werden nur das eine Ziel verfolgen, daß sich niemand in der Welt anders als in einer Schule verhält und daß jeder möglichst große Fortschritte macht. *Das Kollegium, zu dem wir raten, wird sich gleichfalls nur nach dem einen Vorsatz richten,* daß es für alle Menschen, wo immer sie auch sind, nicht an Gelegenheiten dazu fehlen darf, sich den Heerscharen der Heiligen anzuschließen. *Jene universale Sprache schließlich wird nur auf ein Ziel hinarbeiten.* Sie soll es uns ermöglichen, daß wir einander schon in dieser gegenwärtigen unterhimmlischen Gesellschaft besser verstehen und alle daran mitwirken, uns wechselseitig Gutes zu tun.

4. *Daß sich all dies aber auch mit den erwähnten Mitteln erreichen läßt, darauf vertrauen wir fest.* Sobald nämlich die *universalen Bücher* (die alles notwendige Wissen in einer wahrheitsgetreuen, kurzen und klaren Form enthalten) geschrieben werden, heißt dies: Wer sie liest und versteht, dem ist es nicht mehr möglich, etwas Notwendiges zu verkennen. Daß diese Bücher von allen gelesen und verstanden werden können, wird in den *Schulen* gewährleistet, sofern diese ganz und gar universal sind. In ihnen soll die ganze Jugend uneingeschränkt und zwanglos unterrichtet werden. Kleinere Vorspiele (Büchlein, die für das erste Kindesalter taugen) mögen hierbei die Schüler anlocken, auch alle jene größeren Werke zu lesen, und zu deren Verständnis vorbereiten. *Daß derartige Schulen bei allen Völkerschaften errichtet werden, kann jedoch nur jenes Kollegium guter und gelehrter Männer gewährleisten, die zu diesem Zweck zusammen-*

wirken und die in stets wachsender Zahl von einer Völkerschaft auf die anderen überströmen. Daß diese weisen Männer, aus welcher Völkerschaft und aus welcher Sprachgemeinschaft sie auch immer sein mögen, sich untereinander austauschen können, wird die *allgemeine Sprache* bewirken.

5. *Bislang haben wir verschiedene Bücher gehabt, die, auf jeweils verschiedene Weise nach den Sprachgebieten voneinander getrennt, in verschiedenen Punkten verstümmelt und beschädigt waren und die einander widersprachen. Die allermeisten dieser Bücher dienten nicht dem Menschengeschlecht, sondern Teilgruppen und Sekten.* Daher müssen wir unverzüglich auf Bücher bedacht sein, die wahrhaft allgemein sind, die sich möglichst leicht lesen lassen und doch auch von höchster Wahrhaftigkeit sind, auf Bücher, die alles Notwendige darlegen und dadurch das Sektenwesen nicht begünstigen, sondern beseitigen.

6. *Wir haben auch schon Schulen gehabt, die aber nur an bestimmten Orten erichtet wurden. Diese Schulen lehrten auch schon etwas (aber bloß einen sehr geringen Teil des Lehrstoffes, um dessentwillen wir in dieses Leben geschickt werden).* Dies erniedrigte den großen Rest der Menschen dazu, wie Vieh Lasten zu schleppen und Futter in sich hineinzuschlingen.[286] Wenn die Kunst des Lehrens jedoch erst einmal gefestigt ist (so daß ein jeder jeden anderen zu belehren vermag, worüber er nur will), kann es überall Schulen geben, wo es Menschen gibt; und dann wird niemand mehr ungebildet bleiben.

7. *Bislang wurden, sowohl in der Philosophie wie auch in der Theologie, im Heimlichen und auch öffentlich, verschiedene Kollegien, Gesellschaften und Bruderschaften erdacht.*[287] *Bestimmten Religionen und philosophischen Strömungen brachte dies einigen Nutzen; dieser beschränkte sich aber stets auf vereinzelte Gruppen.* Was nun aber betrieben wird, ist etwas Universales. (Daß es an der Zeit ist, das Verstreute einzusammeln und alle Zusammenfassungen zu Zusammenfassungen der Zusammenfassungen zu bündeln, haben wir vorhin schon gesehen.[288]) Daher wird ein *Kollegium* zu errichten sein, *das allgemein ist und an dem gebildete Menschen aus aller Welt teilnehmen*. Mit deren Unterstützung und teilnahmevoller Mitarbeit wird es

möglich sein, dasjenige zum gemeinsamen Gut aller Menschen zu machen, was Gott irgendwann und irgendwo zur Vermehrung von Licht und Wahrheit offenbart hat oder was er später noch offenbaren wird. *Dabei wird kein Winkel der Erde, keine Völkerschaft, keine Sprache, keine Ordnung und kein Stand vernachlässigt werden.*

8. *Ebenso haben wir bislang verschiedene Sprachen gehabt, die das geeignetste Mittel dafür darstellen, unsere Verwirrungen andauern zu lassen und sie stets noch zu vergrößern.* Aufgrund dieser Strafe für menschlichen Übermut wurden wir alle in Wahrheit zu einem Babel. Daher sind wir voneinander schärfer getrennt, als dies je unter stummen Tieren der Fall ist. Jene verstehen sich doch stets im erforderlichen Ausmaß, indem sie einander etwas mit Bewegungen signalisieren. Ein Mensch dagegen weiß überhaupt nicht, was er mit einem anderen Menschen anfangen soll, der eine unbekannte Sprache spricht. Deshalb schreibt Augustinus: *Es gibt unter uns keinen, der nicht lieber mit seinem Hund zusammen ist, als mit einem Menschen, der eine unbekannte Sprache spricht.*[289] Auf der Welt gibt es so viele unterschiedliche Sprachen, wie es unterschiedliche Völkerschaften gibt (und wir wissen noch nicht einmal, wieviele es sind). Daher steht zu den meisten Völkerschaften der Welt kein Zugang offen, solange dieses Hindernis noch nicht beseitigt ist. Dies aber muß uns dazu veranlassen, wieder und wieder darüber nachzudenken, wie eine einzige, für alle gemeinsame Sprache geschaffen werden kann. Wenn es möglich ist, diese Sprache zu finden und sie gebräuchlich werden zu lassen (wie auch die schon vorher erwähnten Einrichtungen), dann ist das Gesuchte endlich gefunden: ein völlig offenstehender Weg, auf dem allen Menschen alles Notwendige gelehrt werden kann.

9. Diese vier Mittel *(allgemeine Bücher, allgemeine Schulen, das allgemeine Kollegium und die allgemeine Sprache)* sind dazu bestimmt, das Verstandes-Licht über den ganzen Bereich des menschlichen Verstandes zu verbreiten. *Deswegen können sie ihre Benennung auch vom Licht empfangen* und *Bücher des Lichtes, Schulen des Lichtes, Kollegium des Lichtes* sowie *Sprache des Lichtes* genannt werden. Dies ist nicht weit hergeholt. *Denn*

was werden die *universalen Bücher* anderes sein als LAMPEN, die dafür sorgen, daß jenes universale Licht gesehen wird? Und was werden die *universalen Schulen* anderes sein als LAMPENTRÄGER, die überall im Haus der Welt hängen und zum Nutzen aller Hausbewohner jene Lampen zur Schau stellen? Und was werden die *Gelehrten*, die auf die erwähnte Weise miteinander in universaler Verbindung stehen, anderes sein als die DIENER DES LICHTES? Was werden sie anderes tun als jene LAMPENTRÄGER aufzuhängen, das Öl einzugießen und die Flamme sauberzuhalten? Was wird *schließlich die universale Sprache* anderes sein als eine Art BRENNSTOFF für jenes Licht (d. h. *das allerreinste Öl*)? Was anderes wird diese Sprache sein als eine Heilsalbe für das geistige Auge, die den Blick des Geistes auf gefällige Weise klar werden läßt und ihm dazu verhilft, die grundlegenden Gesetzmäßigkeiten der Dinge besser zu durchschauen?

10. Wenn wir eine Anspielung auf heilige Überlieferungen machen wollten, *dann könnte dafür ein Salomonisches Schauspiel herangezogen werden. Es handelt von der Weisheit, die sich ein Haus baut, ihr Mastvieh schlachtet und ihren Wein mischt, die ihre Tische deckt und ihre Mägde ausschickt, um in den Kollegien und auf den erhabenen Plätzen der Stadt* (der Welt) *sogar die Einfältigen und die Wahnsinnigen zum Essen und Trinken einzuladen* (Spr. 9, 1 f.). Als Speisen werden hierbei die Wissensgegenstände bereitgestellt, die in je eigene Bände eingeordnet und mit dem Wein unterschiedlicher Liebreize übergossen worden sind. Dementsprechend stellen die Schulen die gedeckten Tische dar. Die Mägde aber, die zu diesem heiligen *Gastmahl der Weisheit* einladen, werden die Mitglieder des Kollegiums sein, die reinen und jungfräulichen Sinnes alle Menschen zu dem heiligen Hochzeitsfest herbeirufen, das die Braut Weisheit feiert. Neue und wirksame Einladungsformeln wird schließlich jene neue, für alle leichtverständliche Sprache reichlich gewähren. Nun aber wollen wir uns aus größerer Nähe anschauen, wie sich diese Mittel im einzelnen beschaffen lassen.

KAPITEL 16[290]
Sinnvolle Methode zum Schreiben der universalen Bücher

Wir wollen, daß die universalen Bücher *wahrheitsgetreue und im höchsten Grade geordnete Zusammenfassungen all dessen sind, was gewußt werden kann.* Ihnen wird daher ein dreifacher Vorzug eignen: *die Vollständigkeit, die Ordnung und die Wahrheit.* Sie werden eine derartige *Vollständigkeit* besitzen, daß sie ausnahmslos und lückenlos alles enthalten, was den Zustand der Zeit und der Ewigkeit ausmacht. Ihnen wird eine solche *Ordnung* innewohnen, daß alles im ununterbrochenen Zusammenhang vom Ersten über das Mittlere zum Letzten dahinströmt. Ohne Beimischung von Falschem oder Eitlem werden sie die *Wahrheit* darbieten, indem sie alles so wiedergeben, wie es ist, wie es geworden ist oder wie es entsteht.

2. Weil sie unterschiedlichen Gegenständen, unterschiedlichen Zielen und unterschiedlichen Verwendungszwecken zu genügen haben, *wird es drei derartige Bücher geben müssen.* Denn das Wissen, das in gebündelter Form jenes universale Verstandes-Licht hervorzurufen vermag, ist ein Wissen um Sachverhalte, die sich *auf eine dreifache Weise betrachten lassen*, nämlich

I. *entweder in ihren Wurzeln und Quellen*: nämlich das Insgesamt der Dinge unter der Hinsicht, wie es gemäß allgemeiner Ideen als in sich selbst verflochtene Viel-Einheit durch ewige Bande der Wahrheit und der Ordnung in innigem Zusammenhang bewahrt wird[291];

II. *oder aber in ihrer Entfaltung über Zweige und Wasserläufe*, d. h. in den besonderen Einzelereignissen: wie also in diesem Weltenlauf alle Dinge gemäß der Vorgabe der Ideen hervortreten beziehungsweise von dieser Vorgabe abweichen;

III. *oder schließlich in den verschiedenen weitschweifigen Ausführungen, Vergleichungen und Schattenrissen bzw. in den Zeugnissen über die Dinge*: wie dieser, jener oder ein dritter Mensch der Welt seine Gedanken darüber mitteilt, was er für sich an den Dingen beobachtet, gesehen und festgestellt hat.

3. Eine Erkenntnis der Dinge, die auf die erste Weise zustande kommt, macht die Menschen *weise*; eine Erkenntnis, die auf die zweite Weise zustande kommt, macht sie *erfahren*; und eine Erkenntnis, die auf die dritte Weise zustande kommt, macht sie *gebildet. Der Weise zeichnet sich nämlich dadurch aus, daß er vieles auf universale Weise weiß*, d. h. dadurch, daß er die allgemeinen Formen oder Ideen der Dinge erfaßt hat und gemäß diesen Formen oder Ideen alle besonderen Einzelheiten beurteilt. *Kennzeichen eines Erfahrenen ist es dagegen, vieles in Gestalt besonderer Einzelfälle zu wissen und die Gewißheit darüber aus Versuchen zu erlangen. Einen Gelehrten schließlich macht es aus, vieles* (Universales oder auch besondere Einzelfälle) *aus der Überlieferung zu wissen*, so wie es ihm in der Beschreibung durch die Autoren vorliegt.

4. Auf diese drei Gattungen läßt sich restlos alles zurückführen, was gewußt werden kann. Daher *sind drei Bücher*[292] *zu verfassen, die sich aufgrund ihres je eigenen Bezugs zur Wirklichkeit voneinander unterscheiden.* Deren *erstes möge* PANSOPHIA *genannt werden*; es soll das Mark der ewigen Wahrheiten selbst umfassen, d. h. den grundlegenden Zustand aller Dinge, wie sie in ihren Ideen sind (wie alles von einem Prinzip ausgeht und, zwischen den Schranken einer Ordnung hindurch, zum dauerhaften Zustand der Ewigkeit gelangt).

Deren *zweites nennt sich* PANHISTORIA[293]; es legt die ganze Mannigfaltigkeit der besonderen Einzeldinge dar, d. h. alle (bislang in Erfahrung gebrachten) Tätigkeiten, Fälle und Ereignisse der besonderen Einzeldinge, von deren Ursprung an bis jetzt.

Deren *drittes wird als* PANDOGMATIA *bezeichnet werden* und die verschiedenen wahren oder irrigen Meinungen durchgehen, die allerorten und auf alle möglichen Weisen über die Dinge geäußert wurden.

5. *Die Pansophia wird also all das enthalten, was für alle, die weise sein wollen, unbedingt notwendig ist.* In hellem Licht wird sie die Menschen *die Zielbestimmungen aller Dinge, Mittel* zum Erreichen dieser Ziele und den *unfehlbar richtigen Gebrauch*

dieser Mittel sehen lassen. Sie werden dadurch befähigt, alles, was ihnen eignet, auf gute Ziele hinzuordnen und mit guten und zuverlässigen Mitteln zuverlässig auf diese Ziele zuzugehen (was letztendlich bedeutet, daß die Menschen weise sind).

6. *Die Panhistoria wird Inhalte überliefern, die nicht im gleichen Maß und nicht einfachhin notwendig sind, die aber auf ihre eigene Weise doch eine gewisse Notwendigkeit darstellen.* Denn es wird die universale Weisheit kräftig bestärken, wenn man besonderes Einzelwissen über den Verlauf der besonderen Einzeldinge (in den Bereichen des Natürlichen und des Künstlichen, der Moral und des öffentlichen Lebens sowie des Geistigen) besitzt.[294]

7. *Die Pandogmatia wird nicht derart notwendig sein; sie wird eher denen nützen, die sich eine vollständige Bildung erwerben möchten und die dafür mehr freie Zeit aufbringen können.* Für jemanden, der an irgendeinen Ort eilt, genügt es nämlich, den rechten Weg zu kennen, der zu diesem Ort führt. Er braucht von den Abwegen, Nebenwegen und Seitenwegen, die rings um diesen Weg herum vorkommen, nichts zu wissen. Kennt der Wanderer jene Abwege und Seitenwege aber doch, so erwächst ihm daraus keinerlei Schaden. Stattdessen gibt ihm dieses Wissen noch größere Gewißheit darüber, daß er sich auf dem rechten Weg befindet; es schützt ihn noch zuverlässiger vor Irrtümern. Dementsprechend genügt es für jemanden, der auf die Zielmarke der Seligkeit zueilt, wenn er die Ziele unseres Lebens und die dafür bereitgestellten Mittel auf eine wahrheitsgemäße Weise kennt. Er braucht dabei gar nicht zu wissen, auf wieviele verschiedene Weisen andere in die Irre gehen oder irr umhergehen. Wenn wir aber die verschiedenen Verirrungen dennoch kennen, mit denen sich andere von der Wahrheit entfernt haben, dann kann uns dies größere Gewißheit darüber geben, daß wir uns im Besitz der Wahrheit befinden. *Es wird also der allgemeinen Wahrheit größere Festigkeit verleihen, wenn keine Lehre unberücksichtigt bleibt, die je von einer Völkerschaft, einer Religion, einer Sekte oder einem Schriftsteller vertreten worden ist.*

Denn alles, was sie an Wahrem zu bieten haben, wird dazu beitragen, unser Unterfangen zu bestärken. Was sich bei ihnen aber an Falschem findet, dessen Unvernünftigkeit wird klar zutage treten. So wird dort *(in der Pandogmatia)* schließlich das Ringen zwischen Licht und Finsternis beobachtet werden können, wie es sich in jedem Zeitalter und in jedem Geist zugetragen hat. Es wird dort auch klar erkennbar werden, daß alle menschlichen Gedanken eitel sind (wenn sie denen überlassen werden, die sie auf rein spekulative Weise denken und sich nicht eng genug an die Schranken der Dinge halten).

8. D. h. kurz gesagt: Die *Pansophia* entspricht den in ununterbrochenem Zusammenhang stehenden Regeln aller Dinge, die *Panhistoria* den (durch hinlängliche induktive Beweisführung) in Erfahrung gebrachten Beispielen, die *Pandogmatia* den Ausnahmen oder den verschiedenen Glossensammlungen, die sich auf verschiedene Wahrheits-Texte beziehen. Dies alles muß nun aber im einzelnen noch etwas ausführlicher dargelegt werden.

PANSOPHIA

9. Dieses Buch wird nichts anderes sein als eine ordnungsgemäß gegliederte Abschrift *der Gottes-Bücher: der Natur, der Schrift und der Begriffe, die dem Geist von Geburt an innewohnen*. Wer diese Abschrift liest und versteht, soll zugleich auch *sich selbst, die Natur der Dinge und Gott* lesen und verstehen. Es wird also (1) *das universalste Buch* sein, da es im Blickfeld aller alles ausbreitet, was der Mensch in diesem und im künftigen Leben notwendigerweise wissen und glauben, tun und hoffen soll. Es wird (2) *das regelhafteste Buch* sein. Es berücksichtigt nichts, was bloß aufgrund einer Konvention anerkannt wird, sondern einzig und allein die Dinge selbst. Wie diese sich harmonisch verbinden, so verbindet und verknüpft es auch die geistigen Begriffe. Es wird (3) *das geordnetste Buch* sein, d. h. ein Buch, das aus ein für allemal gesetzten und von allen anerkannten Prinzipien alles Nachfolgende solchermaßen ableitet, daß das Eine ununterbrochen aus dem Anderen hervorgeht und niemand es vermag, irgendetwas hiervon anzuzweifeln, nicht anzuerkennen oder nicht mit freudiger Bereitwilligkeit (wie die allgemeine

Wahrheit) an sich heranzulassen. Das ganze Werk wird daher aus Prinzipien zusammengefügt werden, die durch sich selbst klar sind, sowie aus Folgerungen, die mit Notwendigkeit aus diesen Prinzipien hervorgehen. Dazwischen werden immer wieder *berühmte Sinnsprüche* eingeflochten sein, *die durch die Zustimmung des Menschengeschlechtes schon bestätigt worden sind*. So wird das Buch unablässig den Unterschied zwischen dem, was notwendigerweise, und dem, was zufälligerweise wahr ist, beachten. Deshalb wird es sich auch davor hüten, etwas infolge einer Meinung als feststehend anzunehmen. Es wird stattdessen einzig und allein dasjenige anführen, was der Überprüfung *durch die Sinne, die Vernunft und die göttliche Offenbarung* sicher standhält, so daß nichts Gegenteiliges als wahr hingestellt werden kann und daß es auf keine Weise möglich ist, die Zustimmung dazu zu verweigern.

10. *Dieses Buch wird nicht so sehr darauf abzielen, uns zu bilden, als vielmehr darauf, uns weise zu machen;* d.h. es wird uns verstehen lassen, worin die Zielbestimmungen unserer selbst und aller Dinge bestehen, die Mittel, die zu diesen Zielen führen, und den rechtmäßigen Gebrauch dieser Mittel. Dies wird zur Folge haben, daß niemand mehr von dem Ziel seiner Seligkeit, der zeitlichen und der ewigen, abirren kann, es sei denn, daß sich jemand lieber vorsätzlich ins Weglose stürzt, als auf dem ebenen und glanzvollen Weg des Lichtes und der Wahrheit einherzugehen. Indem das Buch eine ununterbrochene, wahrhafte und echte Analyse des Universums vollzieht, wird es dem Geist der Menschen alles ins Blickfeld stellen, was ist und wo dieses in seiner ursprünglichen Ordnung zu finden ist. Es wird daher in hellem Licht erscheinen, woher alles kommt, worauf es abzielt und auf welchen Wegen es voranschreitet (ob es seine Wege geht oder abirrt; und es wird auch gezeigt werden, wodurch selbst das Abirrende schließlich auf den Weg zurückkommen kann.)

11. Zusammengefaßt heißt dies: *Das Buch der Pansophia wird ein Buch von höchster Vollständigkeit sein.* Außerhalb seiner Grenzen soll nichts sein und nichts gedacht werden können. *Es wird auch ein Buch sein müssen, das sich sehr leicht lesen läßt,* dessen wichtigere Inhalte allesamt (infolge ihrer ununterbroche-

nen Abstufung, die vom Ersten bis zum Letzten, vom Niedrigsten bis zum Höchsten reicht) selbst für jeden beliebigen Ungebildeten begreiflich sein sollen. *Es wird ferner ein Buch von höchster Standfestigkeit sein.* Außerhalb seiner Fundamente bleibt kein ungenützter Grund übrig. Über dieses Buch soll mit Recht gesagt werden können, was Cicero (in De finibus 5) in Worten, deren Gefälligkeit ihren Wahrheitsgehalt übertrifft, hinsichtlich der stoischen Philosophie gesagt hat: *Bewundernswert ist bei ihnen die enge Verbundenheit der Dinge. Die Endpunkte entsprechen den Anfängen, das jeweils Mittlere beiden, und alles überhaupt allem. Sie sehen daher, was füglich ist und was einen Widerspruch darstellt. Und wie in der Geometrie muß man alles zugestehen, sobald man die anfänglichen Aussagen zugestanden hat.*[295] Die Pansophia hüte sich jedoch davor, einer fingierten Harmonie, Ordnung oder Wahrheit zu folgen (die sie nicht in den Dingen findet, sondern ihnen andichtet). Sie soll nur dasjenige kundgeben, was sie klar beweisen kann. Was sie nicht kennt, darüber schweige sie, bis Gott und ein bestimmter Tag es geoffenbart haben. Denn aus dem Folgenden wird es offenkundig werden, daß sich der pansophische Lichtschein gerade dadurch ständig vermehren und verbessern wird, daß er sich selbst eine strenge Zucht auferlegt.

PANHISTORIA

12. Dies wird nichts anderes sein *als ein hell erleuchtetes Theater für den Verlauf aller* (natürlichen und künstlichen, moralischen und geistigen) *Dinge, die in der Pansophia bereits hinsichtlich der generellen Ideen beschrieben worden sind.* Dieses Theater wird gleichsam ein unablässiges Ringen zur Schau stellen, ein Ringen *der natürlichen Form mit der Materie*, der natürlichen Substanzen untereinander, der Kunst mit der Natur, der Gesetze mit den Gewohnheiten, der menschlichen Klugheit mit den tatsächlichen Geschehnissen, der göttlichen Weisheit mit der menschlichen Torheit, der himmlischen Gnade mit der weltlichen Undankbarkeit, der Geduld der Gottheit mit unserer Frechheit sowie der Gerechtigkeit mit der Verstocktheit. Mit welcher Be-

harrlichkeit bewahrt nämlich die Natur ihre Gesetze; oder was für eine Vielfalt erreicht sie, wenn sie spielerisch abschweift? Mit welchen Experimenten sind die geheimen Kräfte der Dinge ausfindig gemacht worden? Wo aber haben diese Kräfte den Erfolg vereitelt? Bei der Panhistoria wird es sich auch um eine *Wiedergabe der menschlichen Angelegenheiten vor allem in bezug auf die staatliche und die kirchliche Verfassung* handeln. Sie soll dafür sorgen, daß uns nichts von alledem unbekannt bleibt, was sich jemals an Erinnerungswürdigem zugetragen hat und was uns und den Nachgeborenen als nachahmenswertes oder abschreckendes Beispiel dienen könnte.

13. Vor allem aber *wird dieses Werk sich darum bemühen, mit höchster Zuverlässigkeit und Gewissenhaftigkeit eine Naturgeschichte zusammenzustellen. Denn vornehmlich auf diesem Gebiet liegen die Sockel unseres Wissens und die Fundamente zur Gründung einer wahren und vollendeten Pansophie verborgen.* Die Wege der Natur sind indessen sehr fein angelegt und es gibt unter ihnen eine erstaunliche Vielfalt. Sachverhalte, die einander dem äußeren Anschein nach ähnlich sind, erweisen sich oft als unähnlich oder sogar als gegensätzlich, und umgekehrt. Es wurden hier auch viele Überlieferungen ganz und gar wie eine Fabel ausgesponnen; sie ohne Versuche gelten zu lassen, hieße, sich selbst zum Narren zu halten.

14. Angesichts einer so großen Vielzahl von Gegenständen reicht die Lebenszeit und der Fleiß keines einzigen Menschen dafür aus, alles zu bewältigen. Auch bietet sich die vollständige Menge all dieser Gegenstände nirgends an einem einzigen Ort dar; gewisse Versuche können nur langsam, im Verlauf von Jahren und Jahrhunderten voranschreiten (wie in der Chemie und in der Astronomie). Aus diesen Gründen benötigen wir unbedingt eine *induktive Wiedergabe, durch die eine zuverlässige Sammlung all dessen vor Augen gestellt wird, was je genau beobachtet und auf unfehlbare Weise als wahr erkannt worden ist.*[296] Dadurch lassen sich dann die Einzelfälle hinlänglich überprüfen und untereinander vergleichen, was dazu führen wird, daß die universalen Naturgesetze selbst bekannt werden. Doch haben wir eine derartige *induktive Geschichte*, außer bei den Astrono-

men, fast nirgends. Deswegen wird die Erforschung der Natur von vielen Unebenheiten behindert. Es bleibe also dabei, *daß wir in Fragen der Naturforschung fürderhin nicht so verfahren dürfen, daß wir allen möglichen Aufzeichnungen oder jedem Traum Glauben schenken*. Vielmehr sollen wir darauf hinarbeiten, daß alles erst durch hinlängliche Experimente festgestellt wird. Von diesen her wird es möglich, daß wir uns ein wahres Urteil über die Dinge bilden; andernfalls würden wir ständig betört werden wollen und andere betören (indem wir eben das, was wir aus der Überlieferung übernommen haben, auf die gleiche Weise wieder an andere weiterüberliefern).[297]

15. Was das gesamte Werk der Panhistoria betrifft, *so werden die beiden folgenden Einschränkungen eindringlich beachtet werden müssen: Erstens darf sich nichts Eitles, Falsches oder Ungewisses beimischen.* Denn es soll doch eine Wiedergabe geschrieben werden, nicht Fabeln oder erdichtete Erzählungen. *Sodann darf auch nicht alles Wahre verzeichnet werden, sondern allein dasjenige, das in bedeutsames Wissen übergehen kann*, in Wissen, das dazu dient, die geistige Auffassungskraft auf die Betrachtung der Dinge auszurichten, dazu, Klugheit hinsichtlich der Tätigkeiten der Dinge anzuerziehen, oder schließlich dazu, dem Geist der Menschen fromme, pflichtbewußte Gesinnung und ernsthafte Ehrfurcht vor der Gottheit zu verleihen. Es gibt nämlich etliches aus der Gattung des Lasterhaften, von dem es besser ist, es nicht zu wissen, als es zu wissen. Wer so etwas gezeigt oder berichtet hätte, der würde es auch schon gelehrt haben. Daher müssen schändliche, unzüchtige und andere derartige Begebenheiten verheimlicht werden. *Davon solle unter Christen nicht einmal die Rede sein*, mahnt der Apostel.[298]

16. Wer den Honig der wahren Weisheit (deren Anfang und Ziel die Furcht des Herrn ist[299]) zubereitet, muß demnach die pflichtbewußten Bienen nachahmen: Diese lassen alles Minderwertige und Giftige in den Blüten für die Spinnen zurück und bringen es nicht in die Bienenkörbe. Und wie die Sintflut die Erinnerung an die Verbrechen der früheren Welt (nicht aber an die Art dieser Verbrechen) auslöschte, so sollen auch unsere Bücher die Verbrechen der zurückliegenden Jahrhunderte unter

Finsternis begraben. Die Berichte über jene Untaten werden zwar in alten Büchern, in den Kerkerräumen der Bibliotheken vorliegen. Der Zugang hierzu wird aber nur Menschen mit gefestigtem Charakter offenstehen. Daß die unschuldige Jugend oder das einfältige Volk Anstoß daran nimmt, soll vermieden werden.

PANDOGMATIA

17. Als Gebildete werden gebräuchlicherweise diejenigen erachtet, die die Werke möglichst vieler Autoren gelesen und sich dadurch eine Kenntnis über verschiedene Dinge oder über verschiedene Meinungen bezüglich der Dinge erworben haben. Dies empfiehlt auch Sirach denen, die sich um Weisheit bemühen: Sie sollten *die Weisheit aller Alten ergründen* (Sir. 39, 1). Wenn wir alle Wege der Weisheit erforschen, geziemt es sich also auch für uns nicht, diese Weisheit zu übergehen. Und weil wir einer universalen Weisheit nachspüren, ist es unsere heilige Pflicht, den universalen Reigen der Autoren (wer von ihnen auch immer, zu welcher Zeit auch immer, in welcher Sprache auch immer über welchen Gegenstand auch immer dem Erdkreis seine Gedanken mitgeteilt hat) zur Betrachtung zu empfehlen. *Kein Buch ist so schlecht, daß es nicht auch noch etwas Gutes enthielte.* An anderer Stelle[300] zeigen wir auf, daß diese bekannte Aussage eines antiken Autoren[301] auf ihre Weise wahr ist.

18. Nun gibt es aber so viele Tausende von Autoren; und es reichen schon einige von ihnen (die sehr viel oder sehr Tiefsinniges geschrieben haben) dazu aus, die Auffasungskraft in Beschlag zu nehmen. Diese einzelnen Autoren, so wie sie sind, mit allem literarischen Rüstzeug, an sich heranzulassen, das ist eine Aufgabe, die das geistige Fassungsvermögen der Menschen übersteigt (zumal bei denen, die von den Geschäften des täglichen Lebens abgelenkt werden, und am meisten bei denjenigen, die pansophischen Beschäftigungen nachgehen. Denn diese Bestrebungen lenken die Aufmerksamkeit eher auf die Dinge hin als auf die Meinungen über die Dinge. Sie erfreuen den Blick stärker

mit den einfachen und rechten Wegen der Wahrheit als mit den so zahlreichen Abwegen, die von der Wahrheit wegführen. Und sie legen überhaupt eher Handlungen ans Herz, die vollbracht werden müssen; nicht so sehr aber bereits vorhandene Abhandlungen). Daher ist es allseitig vonnöten, *eine Methode der Kurzfassung* zu erfinden. *Diese soll aus den Autoren auf solche Weise die Quintessenz ziehen, daß es für jeden, der es möchte, weder unmöglich noch schwieirg ist, alle Lehren all dieser Autoren zur Kenntnis zu nehmen.* Einige Menschen werden also jene Mühe ein einziges Mal auf sich nehmen müssen, um alle übrigen ein für allemal davon zu befreien. Denn wir raten nicht dazu, die Werke der Autoren auszulöschen, in welcher Form auch immer sie jetzt vorliegen mögen. Wir empfehlen stattdessen, diese Werke durch Auszüge, kurze Übersichten und Inhaltsverzeichnisse oder durch die Einordnung in Büchersammlungen auszuschlachten. Dadurch wird es leicht fallen, die Geisteshaltung eines jeden Autoren (hinsichtlich eines jeden Dinges) ganz zu erkennen. Die Autoren mögen, bei alledem völlig unverändert, weiterhin in ihren Theatern und Bibliotheken zur Schau stehen; dies besonders für den Fall, daß ein direktes Quellenstudium nötig sein sollte oder daß Liebhaber einer vielseitigen Bildung sich in jenen berühmten alten Wiesen ergehen möchten.

19. *Das Buch der Pandogmatia wird aber gemäß den Gesetzen der beiden vorausgehenden Bücher geschrieben werden müssen, so daß es alles enthält, und zwar in einer bestimmten Ordnung und auf wahrheitsgetreue Weise.* Wenn ich »alles« sage, dann verstehe ich darunter nicht alle Kleinigkeiten oder Nebensächlichkeiten, wie sie selbst bei berühmten Autoren (von zweitrangigen ganz zu schweigen) hin und wieder vorkommen; ich meine damit all dasjenige, dem wir die Kraft zutrauen können, eine Wahrheit zu bestärken oder einen Irrtum zu enthüllen. In einem anderen Zusammenhang sagt Quintilian nicht unzutreffend: *All dem nachzugehen, was jeder, auch der verächtlichste Mensch, irgendwann einmal gesagt hat, ist ein Ausdruck übergroßer Ängstlichkeit oder eitlen Angebertums. Es fesselt und es erdrückt Begabungen, die sich besser für andere Aufgaben freimachen sollten* usw.[302]

20. *Wenn ich »Ordnung« sage, verstehe ich darunter eine Abfolge, die sich nach Jahrhunderten gliedert. Die Schriften sollen so begutachtet und zu Kernaussagen zusammengefaßt werden, wie ihre einzelnen Autoren nacheinander gelebt und geschrieben haben.* Diese Verfahrensweise sehen wir in Abraham Scultetus'[303] »Medulla Patrum«[304] befolgt. Wenn sie Gefallen findet, wird an das Werk noch ein *Index von dreifacher Art* anzufügen sein: ein Index I. *der Autoren*, in alphabetischer Reihenfolge; II. *der Volksstämme und der Sprachen*, in denen die Autoren ihre Werke verfaßt haben; III. *der Stoffgebiete*, in alphabetischer oder auch nochmals in pansophischer Reihenfolge.

21. *Wenn ich sage, die Pandogmatia müsse auf eine wahrheitsgetreue Weise geschrieben werden, so meine ich damit, daß die Aussagen und Lehrsätze unverfälscht wiedergegeben werden sollen, ohne irgendeinen Aufputz und ohne sie in etwas zu verwandeln, das sie gar nicht sind.* Solche Verzerrungen geschehen oft, wenn aus parteiischem Haß oder Eifer den Äußerungen von Autoren ein Sinn angedichtet wird, welcher der Geisteshaltung dieser Schriftsteller zuwiderläuft, oder wenn Worte und Aussagen unachtsam verkürzt und dadurch in ihrem Sinngehalt verdunkelt werden. *(Zu diesem Thema sehe man die vortrefflichen Mahnungen ein, die der Verulamier im dritten Buch seines Werkes »De augmentis scientarum«, in dessen viertem Kapitel »über die Lehrmeinungen der antiken Philosophen« vorbringt*[305]*.)* Es wird daher heilsam sein, jeden Autoren mit seinen eigenen, ganz unverfälschten Worten anzuführen, damit der Leser das wahre Bild eines jeden dieser Schriftsteller vor sich hat und nicht eine Maske, die ihm von einem anderen angedichtet worden ist. *Die Aufgabe, die ein Verfasser der Pandogmatia zu erfüllen hat, besteht nämlich im Wiedergeben und nicht im Werten.*

22. Nachdem die Geisteshaltung eines Autoren umfassend und ehrlich dargelegt wurde, mag indes auch der Bewertung Raum gegeben werden, sofern hier keine Weitschweifigkeit zu befürchten ist. Diese Bewertung soll aber folgendermaßen vonstatten gehen: Zunächst sind die Aussagen der Autoren auf die pansophischen Grundlagen zu beziehen, so daß offenkundig wird, worin diese Aussagen die Wahrheit erreichen und in wel-

chen Punkten sie von ihr abfallen. Sodann gilt es, die Meinungen der Autoren miteinander zu vergleichen und aufzuzeigen, was dieser und jener an Wahrem zugrundeliegt. Ist schließlich der Mittelweg der Wahrheit aufgewiesen, so sollen die Ansichten der Autoren miteinander (soweit dies möglich ist, mit der Wahrheit aber, soweit das nötig ist) versöhnt werden. Dies kann zweifellos in den meisten Fällen geschehen, wenn die Grundlagen der beiden miteinander verglichenen Behauptungen nur auf rechte Weise verstanden werden.

23. Wir gehen nämlich davon aus, daß niemand, der sich geistiger Gesundheit erfreut, und erst recht niemand, der seine Bildung dem Studium der Weisheit verdankt, ohne Begründung Behauptungen aufstellt. Daher *liegt selbst noch jedem Irrtum irgendeine Wahrheit zugrunde. Auf diese Wahrheit allein achtete ein Autor allzu angespannt; und er ließ sich darüber die anderen, ihn von verschiedenen Standpunkten her erreichenden Wahrheiten entgehen. Deshalb dichtete er schließlich seiner Einzelwahrheit noch etwas Irriges an.* Autoren, die einander widersprechen, besitzen also meistens jeweils ihre eigene Wahrheit. Wenn sie verstünden, in welchem Verhältnis diese Wahrheiten in Wahrheit zueinander stehen, dann würden sie damit aufhören, einander zu bekämpfen. *Z. B. weist Aristoteles den Empedokles zurück, weil dieser sagt, der Lichtschein der Sonne verbreite sich in einem Augenblick vom Ort ihres Aufgangs bis zu dem ihres Untergangs.*[306] Aristoteles bestreitet, daß dies geschehen könne. *Welcher von beiden kommt der Wahrheit am nächsten? Beide nähern sich ihr auf rechte Weise, sobald die Sache selbst recht verstanden wird.* Die Sonne wäre nämlich nicht die Sonne, wenn sie nicht unablässig Strahlen aussenden würde. Daher beginnt sie nicht erst damit, Licht in unsere Richtung auszusenden, wenn sie sich von uns aus gesehen über den Horizont erhebt. Vielmehr sind ihre Strahlen bereits schon, bevor sie aufgeht, über unseren Häuptern in der Luft ausgebreitet. In dem Augenblick, in dem die Sonne sich zeigt, senken sich folglich ihre Strahlen und umfluten uns. Und *so entspricht die Aussage des Empedokles, wir würden in einem Augenblick vom Licht umflutet, der Wahrheit.* Weil uns aber in der Tat nicht die gleichen Teile des Strahls umflu-

ten, welche dann erst von der Sonne ausgehen, sondern Strahlen, die sich schon vorher über uns ausgebreitet haben, *drängt Aristoteles mit Recht auf eine schrittweise Bewegung; und er bestreitet, daß diese Bewegung in einem einzigen Augenblick vollbracht werden kann.*

24. *Zuweilen aber* wird der Verfasser der Pandogmatia auch mahnend darauf hinweisen können, *daß von zwei einander entgegengesetzten Behauptungen keine einzige wahr ist.* Z. B. *behaupten die Peripatetiker, das Feuer sei das Leichteste von allem, was es gibt*[307]*; Huartus dagegen meint* (in »Scrutinum ingeniorum«), *es sei das Schwerste.*[308] Es wird anzumerken sein, daß diese Streitigkeit auf einem Irrtum beruht, da gemäß der Wahrheit des Dinges (einer Wahrheit, die der Pansoph erfaßt und aufdeckt) Feuer weder leicht noch schwer ist.[309] Denn es ist kein Teil der Weltmaterie oder der Elemente, sondern eine Kraft, die auf die Materie einwirkt und die Materie stets so (schwer oder leicht) zurückläßt, wie sie diese vorgefunden hat. Metall, das ins Feuer gehalten wird, ist nämlich nicht schwerer oder leichter, als es selbst an sich ist; so verhält es sich auch beim Wasser.

25. *Dies sind also die universalen Bücher, die die wahrhaftesten Lampen für das universale Licht sein werden, sobald sie nach ihren eigenen Ideen auf rechte Weise vollendet werden.* Sie werden insgesamt sieben gute Auswirkungen zeitigen: I. *werden wir nicht länger bloß das Wort »Bildung«, sondern auch die dazugehörige Sache besitzen.* II. *werden wir es nicht nötig haben, der Bildung in den unermeßlichen Bibliotheken nachzujagen und dabei unseren Geist unbegrenzt mit unendlichen Mühen zu ermüden.* Die überaus angenehme Zusammenfassung wird uns von den unendlichen Abwegen befreien. III. *werden wir mit dieser* (zwar in Form von Zusammenfassungen vermittelten, aber doch in allen Bereichen vollständigen und gediegenen) *Bildung glücklich und zufrieden sein können.* IV. werden diejenigen, die sich trotzdem den Autoren selbst zuwenden möchten, *schon Schlüssel bereitliegen haben, mit denen sie alles durchdringen können; vor ihnen werden bereits geöffnete Pforten liegen.* V. *ergibt sich dadurch für niemanden mehr eine Veranlassung,* inmitten so großer Anreize *Widerwillen gegen Buchwissen und*

wissenschaftliche Beschäftigungen zu empfinden. VI. *kann sich die Welt mit wahrhaft gebildeten Menschen und mit wahrhafter Bildung füllen*; eben danach streben wir doch. VII. *kann sich* schließlich *das universale Licht der Weisheit immer mehr selbst reinigen und vermehren, und zwar dadurch, daß sich diese Bücher wechselseitig unterstützen.* Die Pansophia wird nämlich der Panhistoria zeigen, welche Gegenstände sie vorrangig beachten und aufspüren muß. Die Panhistoria aber wird mit immer neuen Experimenten die Pansophia berichtigen, wo immer diese beim Bestimmen der Ideen der Dinge in die Irre gegangen ist. Die Pandogmatia wird schließlich sowohl die Pansophie als auch die Panhistoria mahnend darauf hinweisen, daß sich verschiedene Gegenstände noch besser beobachten und gewissenhafter überprüfen lassen, daß sie zuletzt mit noch größerem Nachdruck zu betreiben und allseitig von allen Mängeln zu befreien sind. *Und so wird die Hoffnung stets berechtigt sein, daß Gott bei der Vermehrung des Lichtes zu Hilfe kommt.*

KAPITEL 17[310]
Die Verfassung der universalen Schulen

Sind die universalen Bücher erst einmal auf rechte Weise verfaßt und darüberhinaus sogar in die Landessprachen der Volksstämme übersetzt, *dann mag es scheinen, daß Schulen nicht so dringlich benötigt werden. Denn aus den derart kunstvoll zusammengefügten Tafelwerken der menschlichen Weisheit läßt sich doch schon alles leicht entnehmen.* Erwägen wir diese Angelegenheit aber genauer: *Jenes universale Heilmittel der universalen Bücher wäre unwirksam, wenn nicht irgendeine Verfahrensweise dafür erfunden würde, daß alle Menschen die ihnen gegebenen Bücher benützen wollen und wissen, wie sie sie benützen können.* Was sollen nämlich Blinde mit einem Spiegel anfangen? Was für einen Nutzen haben Bücher, die niemand liest? Diejenigen werden aber nicht lesen können, denen die Kunst des Lesens nicht beigebracht worden ist; und diejenigen werden nicht aufmerksam lesen können, die nicht daran gewöhnt worden sind, Aufmerksamkeit für etwas aufzubringen. Schließlich werden diejenigen nicht freien Geistes lesen können, die immer noch von irgendwelchen vorgefaßten Meinungen eingenommen sind.

2. Es ist also nichts gewisser als dies: Lassen wir es zu, daß die Jugend weiterhin so aufwächst (d. h. verwildert) wie bisher, dann wird der Geist der Menschen in gleicher Weise wie bisher von eitlen Dingen eingenommen werden. Und dies wird ein solches Ausmaß erreichen, daß Menschen die Bücher, welche mit Engelsweisheit abgefaßt sind, entweder gar nicht oder nicht ernsthaft lesen wollten. Oder es käme dazu, daß sie zwar ein wahrhaftes Verständnis solcher Bücher gewinnen, sie aber nicht ihrer wahrhaften Verwendung zuführen könnten (dies entstünde aus verkehrten Meinungen über die Dinge, die den Menschen von vorneherein eingeflößt wurden).

3. *Schulen, die mit Weisheit eingerichtet sind, sind daher unumgänglich. Diese Schulen sollen den Geist der Jugend* (bevor er von der Welt in Beschlag genommen wird oder sich selbst mit eitlen und nebligen Auffassungen füllt) *mit kluger Disziplin ergreifen und bearbeiten. Wie man nämlich einen Acker darauf vorbereitet, das Saatgut richtig aufzunehmen, so sollen sie die Jugendlichen darauf vorbereiten, die Weisheit mit kräftigen Zügen in sich hineinzutrinken.* An diesen Schulen liegt so viel, daß die ganze Hoffnung der Welt auf eine Erneuerung zum Besseren hin davon abhängt, ob die noch nicht verdorbene, bildsame und umbildbare Jugend unterrichtet wird. Daher *schärft es Gott durch sein Wort den Eltern so häufig und mit so großem Ernst ein, sie mögen darin nicht nachlassen, ihre Söhne in der Gottesfurcht zu erziehen.* Äußerst bemerkenswert ist es auch, was er bei Jesaja sagt: *In der universalen Verderbtheit des Volkes sei niemand übriggeblieben, dem er Wahres lehren und Verständigkeit in Aussicht stellen würde, mit Ausnahme derer, die eben von der Milch entwöhnt und die gerade von der Brust genommen worden seien. Selbst wenn für die übrigen Vorschrift an Vorschrift und Abriß an Abriß gereiht werde, hier ein wenig, dort ein wenig* (damit ist gemeint, was bisher von allen Seiten als Hilfe angeboten wird), *so wäre es für sie genauso, als ob sich jemand mit fremdartiger Rede*

und in einer fremdländischen Sprache an sie wende (Jes. 28, 7–12).

4. Diesem göttlichen Ratschlag leisten wir nun Folge. Um es zu vermeiden, daß wir unsere Fabel den Tauben vortragen[311], *wollen wir uns der Menschen schon von ihrem frühesten Lebensalter an annehmen (d.h. derer, die gerade von der Milch entwöhnt und von der Brust genommen wurden), um sie erzieherisch zu formen.* Damit dieses Unternehmen universale Fortschritte macht, müssen wir dazu raten, universale Schulen bei allen Völkerschaften zu eröffnen und diese Schulen besser auszustatten als bisher. So eindringlich, wie es bei allen Gelegenheiten jeweils nur möglich ist, wollen wir darauf mit inständigen Bitten bestehen und drängen. Entweder erreichen wir nämlich auf diese Weise den Zweck der universalen Erneuerung, oder wir bleiben mit all unserer sonstigen Zurüstung erfolglos.

5. *Das Ziel der universalen Schulen wird es sein, nicht nur allen Völkerschaften, Sprachen und Ordnungen der Menschen, sondern auch einzelnen Individuen Gelegenheit dafür zu bieten, sich aus Unwissenheit und Barbarei zu erheben.* Das soll aber folgendermaßen vor sich gehen: *Zuerst sind die geistigen Veranlagungen frühzeitig vorzubereiten*, so daß sie dazu geeignet werden, dasjenige aufzunehmen, was ihnen später und während des ganzen Lebens beigebracht wird. Die Menschen sollen also biegsam werden sowie Gott und der Obrigkeit gehorchen lernen; in gebührender Ehrfurcht vor der Gottheit und im Empfinden für das künftige Leben sind sie zu unterrichten. *Zweitens* ist den Menschen *darüberhinaus* das Buchwissen *zu lehren.* Denn es stellt gewissermaßen die notwendigen Werkzeuge dafür dar, jene universalen Bücher zu lesen und zu verstehen. *Drittens müssen sie mit den bekannten Prinzipien der Erkenntnis vertraut gemacht werden*, nach denen sich, wie sie später feststellen werden, die universalen Bücher aufbauen, insbesondere aber die Pansophie. Bei diesen Prinzipien handelt es sich um *die sinnlich wahrnehmbaren Gegenstände der ganzen Welt, um alle historischen Berichte der heiligen Schrift und um die allgemeinen Begriffe des Geistes*, die gleichsam die Grundlagen des menschlichen Vernunftschlusses bilden.

6. All das läßt sich ohne irgendeinen Verdruß in der Mutterschule und in der Vorschule[312] durchführen. Ein solcher Unterricht wird für Lehrer und Schüler sogar ein angenehmes Vergnügen sein. Die Methoden hierfür sollen in der Didaktik[313] aufgezeigt werden. Nur dies eine möge nun schon festgehalten werden: *Derartige Schulen können überall dort bestehen, wo es Menschen gibt. Denn es fehlt nirgends an dem, was dafür erforderlich ist.* Es gibt nämlich Menschen, die lernen können, die neuen Gäste in dieser Welt. Sie sind von Natur aus neugierig genug, um mit ihren Augen alles rigsum zu erkunden und zu erfahren, was ein jeder Gegenstand sei, wozu und wodurch er bestehe. Sodann gibt es Menschen, die lehren können, wenn sie nur darum wissen, *die Eltern.* Aber damit sie dies auch wirklich wissen, kann (mit Gottes Hilfe) eine genau bestimmte Verfahrensweise des Unterrichtens und der Disziplin geschaffen werden. Wenn die Eltern ihr folgen, werden sie den Zweck nicht verfehlen.

7. *Durch die fromme Fürsorge einer christlichen Obrigkeit können gleichfalls Vorkehrungen dafür getroffen werden, daß alle Jugendlichen, sogar die Kinder der bedürftigsten Eltern und die Waisen, das gleiche Maß an Ausbildung erhalten und sich dafür gleich viel Zeit nehmen können.* Die Wohlhabenderen könnten doch, entsprechend der Zahl ihrer eigenen Söhne und Töchter, zusammen mit diesen ebensoviele gleichaltrige Buben und Mädchen versorgen, deren Eltern arm sind. Dadurch würden sie Gott Ehre erweisen und sich die Menschen zu treuem Dank verpflichten. Ihnen und ihren Kindern würde daraus vielfältiger Vorteil und Nutzen erwachsen. Wenn diese Wohltat dem Gemeinwesen aus privaten Reichtümern gewährt wird, dann werden vielleicht nicht mehr so viele Jugendliche übrigbleiben, die auf Staatskosten unterhalten werden müssen (bis sie sich genügend Buchwissen, Charakter und Frömmigkeit angeeignet haben, um sich in irgendeine Lebensweise einfügen zu lassen). Falls aber doch einige übrigbleiben, dann besteht Hoffnung darauf, daß die Öffentlichkeit (die Kirche und die Obrigkeit) für sie sorgt. *Denn es ist wichtig für das öffentliche Wohlergehen, daß keine müßiggehenden und von Neugier getriebenen Menschen,*

die bald zu Verderbern der anderen werden, heranwachsen und sich in die menschliche Gesellschaft einschleichen.

KAPITEL 18[314]
Die Gestaltung des universalen Kollegiums[315]

Wer beabsichtigt, ein Gebäude zu errichten, und die Baustoffe schon haufenweise zusammengebracht, die Idee des Hauses gehörig aufgefaßt sowie das für den Bau bestimmte Gelände eingeebnet hat, der benötigt noch einen Architekten und Handwerker, die diese Pläne in die Tat umsetzen. Uns obliegt nun die notwendige Aufgabe, das Bildungswesen insgesamt zu erneuern. Wenn die universalen Bücher veröffentlicht worden sind, wenn es eine kunstvolle Methode zum Benützen dieser Bücher gibt und wenn ein Entwurf darüber vorliegt, wie sich diese Schulen überall errichten lassen, *dann sind auch noch Arbeiter erforderlich*. Sie sollen mit Gottes Hilfe ihre Gedanken bestens auf die erwünschte Wirksamkeit hinordnen.

2. Für diese Aufgabe werden *weltweit auserlesene, begabte, erfinderische und gewissenhafte Männer* geeignet sein, *die dem öffentlichen Wohlergehen in glühender Liebe zugetan sind. Dabei macht es keinen Unterschied, ob sie sich im öffentlichen Leben einsetzen oder Kirchenmänner sind. Wie auf einer Warte sollen sie zum Wohl des Menschengeschlechtes Ausschau halten und alle möglichen Mittel, Wege und alle Gelegenheiten dafür sichten, das allgemein Nützliche zu suchen, das Gefundene zu verbreiten und das Verbreitete gegen Verderbnisse zu schützen.*

3. *Wenn ich »Männer« sage*, dann verstehe ich darunter, daß es mehrere Menschen dazu braucht. Einer oder wenige werden bei einer so großen Angelegenheit nichts zuwege bringen. Denn: *Eine Vielzahl von Weisen wird das Heil des Erdkreises sein* (Weish. 6, 26). Es kommt sicherlich nicht einem einzelnen Menschen zu, universale Vorhaben in Gang zu bringen, dies vor allem, wenn es Vorhaben sind, die nicht zugunsten einer einzelnen Völkerschaft oder einer einzelnen kirchlichen Gemeinschaft aufgenommen werden, sondern für die Welt. Durch diese Vor-

haben wird auch nicht für ein einziges Jahr oder für ein Jahrhundert Vorsorge getroffen, sondern für die gesamte Nachwelt. Daher ist es nötig, daß sehr viele Menschen sich zusammenschließen, die mit vereinter Gewissenhaftigkeit und mit einem Arbeitseinsatz, der sich schrittweise von einem auf den anderen überträgt, *danach streben sollen, den Menschen zu nützen, solange es Menschen geben wird.*

4. *Wenn ich aber »auserlesen« sage*, dann verstehe ich darunter, daß nur bestimmte Personen für diese Aufgabe vorgesehen werden sollen: Menschen, die spüren, daß sie auf göttlichen Antrieb hin zu dieser Form von Arbeit gedrängt werden und deshalb *nur darauf hinwirken, daß alle göttlichen Gaben für die Welt zum Gemeingut werden.* Es ist ohnehin schon bekannt, *daß sich um einen Auftrag, der sich nicht an einen bestimmten Empfänger richtet, entweder keiner kümmert, oder aber, daß Verwirrung entsteht, wenn sich alle darum kümmern.* Sodann ist auch dies gewiß: *Wer sich den gewöhnlichen Verrichtungen* (in der Kirche, in der Schule oder in der Politik) *widmet, der findet* (wenn er seine Pflichten erfüllen will) *stets eher in seinem angestammten Bereich etwas, das es zu tun gibt und wodurch er sich bestimmen läßt, als daß er seine Gedanken zu universalen Aufgaben abschweifen lassen und sich diesen Anliegen auf angemessene Weise widmen könnte.*

5. Es wird daher überaus nützlich sein, *unter den einzelnen Völkerschaften Honorarprofessoren einzusetzen* (wenigstens einzelne, wenn schon nicht vollzählige Kollegien; so wie es sich als schönes Beispiel bei den Holländern[316] hinsichtlich der Förderung der *Lipsius*[317], *Scaliger*[318] *und Salamasius*[319] beobachten läßt.[320] *Diesen Professoren soll keine besondere Einzelaufgabe obliegen, sondern die sorgfältige Förderung der universalen Bildung im allgemeinen.* Warum sollen diejenigen, die Gott zum Wohl der Öffentlichkeit mit Gaben für die Öffentlichkeit ausstattet, denn nicht auch auf öffentliche Kosten versorgt werden? Nicht zu Unrecht *wundert sich der Verulamier darüber, daß es unter all den Kollegien Europas, deren Gründung vortrefflich vollzogen wurde und die alle jeweils bestimmten wissenschaftlichen Tätigkeiten vorbehalten sind, kein einziges gibt, das sich*

freien und universalen Beschäftigungen mit den Künsten und Wissenschaften verschrieben hat. Dies ist seiner Überzeugung nach der eigentliche Grund dafür, daß sich ein glückliches Fortschreiten in Lehrfragen für das Menschengeschlecht bislang verzögerte (weil sich nämlich niemand um die universalen Aufgaben kümmerte).[321] Die Welt wird also weise werden, wenn sie in dieser Hinsicht den Beschäftigungen mit der Weisheit größere Fürsorge angedeihen läßt.

6. Für derartige Hüter des universalen Wissens wird es aber, wo auch immer sie sich unter den Völkerschaften befinden (und ob sie noch Kollegen besitzen oder versprengt sind), nötig sein

I. *einander erreichen zu können,*
II. *sich einer kollegialen Gemeinschaft beizuordnen,*
III. *von den Banden heiliger Gesetze zusammengehalten zu werden.*

7. Es ist notwendig, daß sie einander erreichen können, wenn sie dasselbe Werk betreiben und ihre Arbeit auf dieselben Ziele hin ausrichten sollen. Gott pflegt nämlich (entsprechend seiner allgemeinen Güte, die sich über alle verströmt) seine Gaben über alle Völkerschaften und Geister hinweg auszustreuen. Wenn wir es vernachlässigen, uns eifrig um das vereinigende Sammeln dieser Gaben zu bemühen, dann bleiben sie verstreut und gelangen nicht zu allgemeiner Nutzanwendung. Wir müssen gestehen, daß es so in vielen Angelegenheiten zugegangen ist und daß viele Menschen, sogar ganze Völkerschaften viele Güter entbehren mußten, nur weil sie die Gemeinschaftlichkeit vernachlässigt hatten. Wenn sich also der feste Vorsatz herausgebildet hat, alle Gaben Gottes und alle menschlichen Erfindungen zur allgemeinen Nutzanwendung zu sammeln, so wird es der Welt nicht mehr länger daran mangeln können, daß die Weisen miteinander in Schriftverkehr treten.

8. Der Welt hat es zwar auch bislang nicht ganz an Gemeinschaften gefehlt, deren Angehörige miteinander in Schriftverkehr standen. Doch fehlte jenen Gemeinschaften eine universale Weite. Bloß innerhalb eines vertrauten Kreises pflegten ihre Mitglieder den Austausch mit Menschen, die ihrer Religionsgemein-

schaft oder ihrer Sekte angehörten; und dieser Austausch beschränkte sich auf einige bestimmte Beschäftigungen. Dadurch aber wurden sie von anderen getrennt, die sich mit anderen Anliegen befaßten. Diese unsere Engstirnigkeit oder unsere Teilnahmslosigkeit oder sogar den Dünkel, den wir gegeneinander hegen, hat der schlaue Feind des Menschengeschlechtes für seine Machenschaften mißbraucht. Er brachte die Feindin des allgemeinen Glücks auf: die eifernde Parteilichkeit für die einzelnen Sekten; diese bewahrt und fördert er sorgsam. Denn er sieht, daß jede der Sekten nicht (wie Gott es festsetzte und Christus es mit seinem Beispiel lehrte) nach dem Gemeinwohl trachtet, sondern stattdessen nach ihren privaten Vorteilen sowie danach, aus dem Untergang anderer für sich selbst Gewinne zu erhaschen. Dies ist für den Betrüger eine Quelle des Vergnügens. Folglich gibt es für dieses Übel nur ein einziges ebenbürtiges Heilmittel: In universaler Gemeinschaft müssen wir auf ein universales Gut hin zusammenarbeiten; wir müssen uns auf alle möglichen Weisen zusammenschließen, so daß wir uns gemeinsam danach sehnen und gemeinsam danach streben, dasjenige voranzubringen, was für die Allgemeinheit gut ist. Daher gilt es, dieses Bemühen um universale Weite allen besonderen Einzelsekten und Einzelbemühungen äußerst wirksam entgegenzustellen.

9. *Wenn ich jenen Vermittlern des allgemeinen Glücks ferner eine Ordnung empfehle,* so empfehle ich ihnen etwas, ohne das ihr Fleiß von geringerem Nutzen sein würde. Wir wünschen es nämlich, und die Sache selbst fordert es, daß sich viele beteiligen. *Wo es aber eine Vielzahl gibt, dort herrscht auch Verwirrung, wenn diese Vielzahl nicht durch die Kraft einer Ordnung wieder zu einer Einheit gebracht wird.* Also ist für jene Kollegiumsmitglieder eine gewisse Ordnung notwendig, damit ein jeder weiß, was er für wen, wo und mit welchen Hilfsmitteln zu tun hat, und damit infolgedessen ein jeder so handelt, wie es für die Öffentlichkeit förderlich ist. Die Grundlage für diese Ordnung ist offenbar dadurch zu erreichen, *daß es unter allen Beteiligten einen gibt, den die anderen als Vorsitzenden des Kollegiums anerkennen.* Dank der Mittlerschaft dieses Vorsitzenden dürfte nämlich jener universale Austausch sich noch unbehinderter

nach allen Richtungen hin vollziehen. Dabei ließen die einzelnen Mitglieder dem Vorsitzenden alle notwendigen Nachrichten schriftlich zukommen. Der Vorsitzende jedoch würde alle derartigen Mitteilungen wiederum an alle Kollegiumsmitglieder weiterleiten.

10. Wenn diese Ordnung besteht, dann wird es notwendig sein, dem Vorsitzenden eine Niederlassung zuzuweisen, die so gelegen ist, daß sie auf dem Seeweg von jeder Weltgegend aus erreicht werden kann und daß sich von ihr aus alle Weltgegenden ansteuern lassen. Derartiger Vorteile erfreuen sich einige Reiche Europas: *Spanien, Frankreich, Holland und England*. Nun scheint es aber angebracht, vor allen anderen Ländern England als Hauptsitz der Korrespondenzführung auszuersehen.[322] Dies empfiehlt sich *erstens* zum Andenken an die heldenhafte Tat *des Engländers Drake*[323], der die ganze Welt fünfmal umsegelt hat und damit gewissermaßen das Vorspiel zu jenem universalen heiligen Zusammenspiel der Völkerschaften gab.[324] *Zweitens* wird so das Andenken *an den hochberühmten Verulamier, den Kanzler Englands*, geehrt, der als erster Überlegungen darüber anstellte, wie eine universale Erneuerung der Wissenschaften geschehen kann. *Schließlich* soll daran erinnert werden, daß dieser derart heilvolle Plan gefördert wurde[325] und daß das Kollegium[326] mit genügend Einkünften ausgestattet worden ist (wenn es denn damit ausgestattet werden wird), so daß so vielen Kollegiumsmitgliedern und Schreibern Unterhalt gewährt werden kann, wie die Angelegenheit selbst es erfordert (eine Angelegenheit, bei der es nicht um Ehre oder Reichtum gehen wird, sondern um mühevollen Dienst am Nächsten). Wenn es angebracht erscheint, wird es aber auch möglich sein, in jedem beliebigen Reich auf der ganzen Welt jemanden zum führenden Kopf zu bestimmen, nach dem sich um einer besseren Ordnung willen die anderen Kollegiumsmitglieder zu richten haben.

11. Wenn diese heilige, für das Allgemeinwohl des Menschengeschlechtes zusammenwirkende Gesellschaft *»Kollegium«* genannt werden soll, dann wird sie unbedingt von einigen Gesetzen zusammengehalten werden müssen.[327] Deren erstes wird lauten: Die Kollegiumsmitglieder sollen die Erhabenheit ihrer

Berufung (zu der sie sich von einem göttlichen Antrieb hingezogen fühlen) zu würdigen wissen und sich daran erfreuen, *daß sie* (wie Seneca sich ausdrückt) *als Erzieher des Menschengeschlechtes eingesetzt sind*[328] *und daß sie dazu gesandt sind, den Himmel auszubreiten und die Fundamente der Erde zu legen* (wie Gott es beim Propheten sagt, Jes. 51, 16). Aufgrund eben dieser Berufung sollen sie darauf hinarbeiten, Gottes gütiger Fürsorge (die es will, daß alle Menschen gerettet werden und zur Erkenntnis der Wahrheit gelangen, *1. Tim. 2, 3*) zu dienen. Sie sollen sich auch darum bemühen, den Eifer der Apostel nachzuahmen (denen *es ein Anliegen war, alle Menschen mit aller Weisheit zu bilden, um dadurch alle in Christus Jesus vollkommen zu machen,* Kol. 1, 28). Zu diesem Zweck sollen sie sich ganz und gar der Aufgabe verschreiben, die Ehre Gottes und das öffentliche Wohlergehen zu mehren.

12. Weil die menschlichen Kräfte aber zu so großen Anstrengungen nur allzu schwach sind, sollen es die Kollegiumsmitglieder nie unterlassen, sich in tiefster Demut mit unaufhörlichem Seufzen Hilfe vom Himmel herabzurufen. Schließlich sollen sie, im Vertrauen auf die Barmherzigkeit und Wahrhaftigkeit Gottes (die sich selbst nicht verleugnen kann und allem förderlich ist, was seinem Ruhm und dem Wohlergehen der Seinen dient), ihre Tätigkeiten beflissen vorantreiben; ein jeder so, wie es sich für ihn ergibt.

13. Geleitet von der Erinnerung an die Erbauer des zweiten Tempels (die für den neuen Tempel keine neuen Fundamente legten, sondern auf den Grundlagen aufbauten, die von früher übriggeblieben waren, *1 Esr. 3, 3*), sollen sie sich in jeder Hinsicht davor hüten, *von der Natur, der Schrift und den allgemeinen Begriffen* abzuirren. Sie halten sich dabei an das ewige Fundament, das ein für allemal gelegt worden ist und neben dem niemand ein anderes legen kann *(1 Kor. 3, 11)*; ebenso haben sie sich auch nach den Grundlagen unseres Wissens zu richten, die von Gott stammen. Sie sollen gleichfalls sicherstellen, daß sie eine möglichst vollständige Kenntnis der universalen Bücher besitzen. Wenn jedoch zu beobachten ist, daß in diesen Büchern noch etwas ergänzt oder verbessert werden kann, dann sollen sie

es ja nicht unterlassen, einander darüber zu ermahnen und nach gemeinsamer Beratung die Bücher zu verbessern. Wenn es außerdem jemandem zuteil wird, daß er ein recht tiefes Geheimnis ergründet[329], dann wird er dies nicht nach seinem Gutdünken unter das Volk bringen. Stattdessen wird er es den Brüdern mitteilen, damit die Wahrheit dessen, was er gefunden hat, mit den erforderlichen Experimenten bestätigt wird. Dadurch soll alles, was Gott gegeben hat, in die allgemeinen Schatzkammern der allgemeinen Wahrheit gebracht und so dem Nutzen des Menschengeschlechtes zugeführt werden. (Man achte jedoch darauf, nur dasjenige als ein Geheimnis einzuschätzen und anzupreisen, was auch in Wahrheit ein solches ist.) Außerdem werden die Kollegiumsmitglieder darauf zu sehen haben, daß überall unter den Völkern, in den Städten und in den Dörfern Schulen errichtet werden; sie werden bei den Obrigkeiten und bei den jeweiligen Machthabern darauf drängen. Sie werden sich ebenso darum kümmern, daß es um die Schulen gut bestellt ist. Sie werden es verhindern, daß Mißbräuche und Schlendrian einreißen. Sobald sie das hierfür Zuträgliche zu Hause wohl eingerichtet haben, werden sie sich darüber Gedanken machen, wie sich der Lichtschein der Wahrheit auch auf die benachbarten Völkerschaften ausdehnen läßt (solange solche übrigbleiben, die der Macht der Finsternis entrissen werden müssen). Zu diesem Zweck werden sie sich um sichere und wirksame Mittel und Wege dafür kümmern, die Juden, Moslems, Götzendiener usw. zu überzeugen und zu bekehren. Falls sie hierbei auf allzu mächtige oder verschlagene Gegenspieler treffen, die mit den bereits vorhandenen Waffen nicht bezwungen werden können, dann werden sie den Rat der benachbarten oder (über den Vorsitzenden) überhaupt aller Brüder einholen. (Es wird nämlich möglich sein, binnen zweier Jahre aus der ganzen Welt hilfreiche Hinweise zu erhalten.) Überdies soll jedes einzelne Mitglied wenigstens einmal pro Jahr den Vorsitzenden mittels eines Briefes grüßen und ihn über den Stand der öffentlichen Angelegenheiten seines Bezirkes unterrichten. So werden diese Nachrichten tröstlich sein, falls alles auf rechte Weise vorangeht; falls es aber schlecht läuft, kann die Botschaft die Suche nach einem Heilmittel auslösen. Der Vorsitzende soll gleichfalls (mindestens einmal im Jahr) Schreiben an alle sowie an die einzelnen Angehörigen des Kollegiums richten und alles Denkwürdige mitteilen, das ihm von anderer Seite zugetragen wurde oder das sich bei ihm zu Hause ereignet hat. Solchermaßen soll es diesen universalen Wachtposten für das Wohlergehen aller unmöglich sein, den Zustand der Welt in deren universaler Weite zu verkennen.

14. Auf diese Weise wird der über alle Völkerschaften hinweg bestehende Freundschaftspakt der Weisen als die Heerschar derer bezeichnet werden können, die den Triumph Gottes in seiner Wahrhaftigkeit ankündigen (davon handelt *Ps. 68, 12*); und er wird diese Heerschar auch sein können. Sie wird eben das Feldzeichen bedeuten, von dem Jesaja vorausgesagt hat *(Kap. 11, 10)*, daß es für die Stämme und Völker aufgerichtet werde, damit sie bei ihm zusammenströmten: *Christus Jesus, das Licht der Welt, die Tür zur Ewigkeit, die Grundlage, der Stützpfeiler, der Gipfel und die Krone der Weisheit, der Führer und Leiter aller Weisen* (Weish. 7, 15). Er selbst wird das Haupt dieser heiligen Gesellschaft sein, er, den der Vater als Haupt über alles eingesetzt hat *(Eph. 1, 22)*, der zuvor selbst als Gesandter Gottes auf Erden auftrat und, als er fortgehen sollte, andere als Gesandte zu sämtlichen Völkerschaften schickte. Ihnen versprach er, daß er bei ihnen sein werde bis zum Ende der Welt *(Mt. 28, die letzten Verse)*. Der Herr selbst pflegt also die Menschen von ihren Verderbnissen zu ihrer frühzeitlichen Schlichtheit zurückzurufen (indem er nachdrücklich erklärte: *Am Anfang war das nicht so; Mt. 19, 8*). Dementsprechend werden diese seine Diener davon überzeugt sein, daß sie es vor allem erreichen müssen, daß die sterblichen Menschen auf die alten Wege Gottes, von denen man überall auf vielfache Weise abgeirrt ist, zurückgerufen werden *(Jer. 6, 16)*. Es mag sein, daß sie sich ihre Pflicht auch mit diesem Losungswort vor Augen halten: »LASST UNS UMKEHREN!«[330], nämlich *aus der Zerstreutheit zur Vereinigung, aus der Verwirrung zur Ordnung, von den Meinungen zur Wahrheit, von den Peripherien der Dinge zu ihren Mittelpunkten, von uns selbst und von den Geschöpfen zu Gott.*

KAPITEL 19[331]
Die Grundlegung der universalen Sprache

Als es darum ging, die Eintracht zu bewahren, die wissenschaftlichen Bemühungen um Weisheit zu fördern, die Lehre der Wahrheit zu verbreiten und den Wirkungsbereich der Kirche auszudehnen, war die *Verwirrung der Sprachen* für die menschliche Gesellschaft sehr hinderlich. Wie sehr dies zutrifft, mag daraus ersichtlich werden, daß Gott, als er sich unserer Finsternis erbarmen und das Licht des Evangeliums in die Welt bringen wollte, die Sprachen als Hilfsmittel benützte. Und dies auf eine zweifache Weise.

2. Erstens bestimmte er nämlich, *daß die griechische Monarchie der Ankunft Christi vorausgehen, die römische Monarchie aber diese Ankunft begleiten solle. Beide Reiche besaßen eine sehr gepflegte Sprache, die zugleich mit dem Herrschaftsgebiet über die Völkerschaften verbreitet und so zu einem günstigen Transportmittel für das Evangelium geworden war.* Die Inschrift auf dem Kreuze Christi[332], die evangelischen und apostolischen Schriften sowie die Werke der griechischen und lateinischen Väter lassen dies erkennen.[333]

3. Zweitens stattete *der Hl. Geist* die Verkünder *des Evangeliums auch mit der Kenntnis weiterer Sprachen aus, so daß die Stimme des Evangeliums auch zu den Völkerschaften durchdringen konnte, die weder Latein noch Griechisch verstanden.* Ohne dieses Mittel wäre der Weg verschlossen geblieben, der zur Erleuchtung des Geistes fremdsprachiger Menschen führte.

4. Folglich brauchen auch wir nun, da die Erneuerung der ganzen Welt erstrebt und erhofft wird, notwendigerweise den Beistand der Sprachen. D. h.: *diejenigen, die das Licht der Weisheit austeilen wollen, müssen die Gabe erhalten, alle möglichen Sprachen zu beherrschen, oder es muß allen Völkerschaften eine einzige Sprache zueigen werden.* Diese beiden Aufgaben können zwar als unerfüllbar angesehen werden; sie sind es aber nicht. Das zuletzt genannte Ziel läßt sich sogar noch leichter erreichen als das zuerst erwähnte. *Es ist nämlich leichter, daß alle ein Einziges erlernen, als daß ein einziger alles erlernt* – wenn diese Ziele

mit Anstrengung und Fleiß überhaupt zu erreichen ist. Sie sind aber auf diesem Weg zu erreichen, da die Gabe des Wunderwirkens nicht mehr verliehen wird.

5. Folgende Fragen werden die gebildeten Männer also mit ganzem Einsatz zu durchdenken haben: Wie sollen sie vorgehen, um sich die Kenntnis aller gewünschten Sprachen mit Leichtigkeit zu erwerben? (In diesem Fall sollte freilich ein jeder die Sprache der Völkerschaften erlernen, mit denen er im Austausch steht.) Oder aber: Wie läßt sich von ihnen eine einzige Sprache einführen, die sie gemeinschaftlich untereinander verwenden und die sie alle Völkerschaften (selbst die ungebildetsten) leicht und gründlich lehren können? Jede dieser beiden Möglichkeiten wird Beifall finden und, mit Gottes Hilfe, auch nicht ohne Erträge bleiben.

6. *Der uneingeschränkte Vorzug gebührt jedoch dem letztgenannten Weg, der darin besteht, für die Welt eine gemeinsame Sprache einzuführen.* Denn so werden alle Menschen einander besser verstehen, da sie dieselben Klanglaute verwenden. *Es wird dies* auch *ein deutliches Zeichen dafür sein, daß der universale Lichtschein zu allen durchgedrungen ist. Ferner wird das wissenschaftliche Bemühen um Weisheit unter den Menschen noch unverrückbarer bewahrt und noch verläßlicher an die Nachwelt weitergegeben werden. Und jeder, der es will, wird durch alle Ländereien und Zonen der Erde reisen können und dabei in der Lage sein, alle zu verstehen und von allen verstanden zu werden.*[334]

7. Das wäre eine durchweg angenehme Sache, und wir würden endlich den Zustand zu Gesicht bekommen, den Claudian besang, als er der Größe des römischen Reiches, das damals von Stilicho klug verwaltet wurde, nach Poetenart schmeichelte:

> *Diesem Friedensstifter verdanken wir alle unsere Gepflogenheiten:*
> *Der Gast verkehrt in fremden Landen, als wären es die seiner Väter;*
> *Es steht frei, den Wohnsitz zu wechseln, Thule zu schauen,*
> *aber auch einstmals gefürchtete Weiten hinter sich zu bringen.*

Wasser trinken wir bald aus der Rhone, bald aus dem Orontes:
Wir sind alle ein einziges Volk.[335]

Eine so große Wohltat haben die Zeiten allerdings nicht von Stilicho oder von irgendeinem anderen sterblichen Feldherren zu erwarten, sondern vom Alleinherrscher Christus. Das werden wir im folgenden Kapitel sehen.

8. *Dieser allgemeine, zwischen den Völkerschaften vermittelnde Götterbote*[336] *soll notwendigerweise für alle ausreichend, gewinnend und liebenswürdig, für niemanden aber schwierig, hart und verdrießlich sein.* Wir *müssen ihn schon als einen solchen aufsuchen, der all dem gerecht wird.* Daher kann ich nicht umhin, an dieser Stelle Ludovicus Vives anzuführen. Auch er wünschte der gesamten Welt eine einzige Sprache und entwickelte (am Anfang des dritten Buches von »De tradendis disciplinis«[337]) diese Gedanken: *Da die Sprache*, sagt er, *sowohl das Werkzeug der menschlichen Gesellschaft als auch die Schatzkammer der Bildung ist, wäre es vorteilhaft für das Menschengeschlecht, wenn es eine einzige Sprache gäbe, derer sich alle Nationen bedienten. Diese Sprache hätte lieblich, gebildet und wendig zu sein: »lieblich« dank einer leichten und angenehmen Aussprache; »gebildet« dank einer passenden und eindeutigen Zuordnung von Benennungen; »wendig« dank einer reichen Vielfalt von Wörtern und Formen. Das würde bewirken, daß die Menschen gerne sprächen und auf die passendste Weise alle Aussagen ihren Bedeutungen gemäß gestalteten. Auch würden die Menschen dadurch stets einen großen Gewinn an Urteilskraft verzeichnen.* Er fügt aber noch hinzu: *Unter den Sprachen, die wir heute benützen, scheint mir das Latein solche Eigenschaften zu besitzen. Denn* (1) *es ist schon unter vielen Nationen verbreitet;* (2) *nahezu alle Künste sind darauf eingestellt;* (3) *es ist wortreich,* (4) *es klingt lieblich und* (5) *es wirkt feierlich. Aus diesen Gründen wäre es ein Frevel, das Latein nicht zu bewahren und zu pflegen. Falls es verlorenginge, würde daraus eine große Verwirrung der Disziplinen folgen* usw. *Auch ist es zum Verbreiten der Frömmigkeit von höchstem Nutzen, wenn*

sich die Menschen wechselseitig verstehen. Es kommt noch hinzu (NB), *daß es eine geheiligte Sprache der Gelehrten geben muß, mit der geheime Angelegenheiten festgehalten werden* usw. *Ich weiß aber nicht, ob es schicklich wäre, wenn jene Sprache von der allgemeinen verschieden sein würde.* Soweit Vives.

9. Wir stimmen mit ihm insofern überein, als auch unserer Einschätzung zufolge eine einzige allgemeine Sprache für die Welt notwendig ist und zu dieser Verwendung, falls eine andere, neue Sprache nicht zur Verfügung steht, eher noch als alle übrigen Sprachen das Latein bestimmt werden soll. Doch weil *sich unsere Gedanken nun auf Höheres richten, können wir es nicht unterlassen, eher noch zu einer ganz neuen Sprache zu raten.* Dafür haben wir die folgenden Begründungen:

10. Erstens *muß mit einer universalen Sprache allen Menschen gleichermaßen geholfen sein. Mit Latein würden wir aber nahezu ausschließlich uns selbst helfen, denen diese Sprache bereits bekannt ist*, und nicht so sehr den barbarischen Völkerschaften (die hierbei doch die größere Beachtung verdienen, weil sie den größeren Teil der Welt ausmachen). Für diese Menschen ist Latein ebenso unbekannt und schwierig wie andere Sprachen, ja es übertrifft diese in jener Hinsicht noch. Denn Latein bringt einen überaus großen Arbeitsaufwand mit sich, da es langjährige aufmerksame Einübung und ein konzentriertes Studium erfordert.[338] Das erfahren unsere Heranwachsenden, und das zeigt auch die Struktur des Lateins selbst. Es ist nämlich voller Mannigfaltigkeit (1) bei den Hauptwörtern hinsichtlich ihrer Fälle, (2) bei den Zeitwörtern hinsichtlich der Verbformen und Zeiten, (3) beim Satzbau hinsichtlich der Konstruktionen, (4) wimmelt es bei alledem aber vor zahlreichen Unregelmäßigkeiten. Die Italiener haben all das zu einem Großteil aus ihrer Sprache entfernt, erwecken damit jedoch den Anschein, das Latein verdorben zu haben. Allerdings haben sie es dadurch erreicht, daß nicht nur nahezu alle europäischen Völker ihre Sprache (das Italienische) mit Freude erlernen, sondern auch die Araber, Türken, Tartaren und andere Barbaren. Indessen ist auch das Italienische noch mit Dornen übersät, d. h. es leidet an Unregelmäßigkeiten. Was soll-

ten wir da nicht erhoffen können, wenn es eine noch leichtere, in allen Punkten völlig regelmäßige und flüssige Sprache gäbe?

11. Sodann *soll die universale Sprache die am reichsten ausgestattete von allen sein. Sie soll allseitig dafür taugen, alle Dinge passend auszudrücken und alle Auffassungen des Geistes leicht kundzutun. Das Latein gibt von selbst zu erkennen, daß es keine derartige Sprache ist.* Es ist nämlich arm an zusammengesetzten Wörtern, und seine Ableitungen sind nicht allzu gut geglückt. Deshalb entlehnt es so viele Vokabeln von anderswoher, vor allem aus dem Griechischen, von dem es völlig abhängig ist und ohne das es niemals seine Vollendung erreicht. So entfernt sich das Latein von der Einheit und Schlichtheit und erreicht nicht die erforderliche Vollendung; es genügt daher weder sich selbst noch den Dingen.

12. Schließlich *soll eine universale Sprache ein universales Gegenmittel gegen die Verwirrung der Auffassungen sein;* danach trachten wir nämlich am meisten. Eine Sprache kann nur dadurch zu einem derartigen Gegenmittel werden, daß sie parallel zu den Dingen verläuft, indem sie weder mehr noch weniger Bezeichnungen enthält, als es Dinge gibt, und indem sie diese Bezeichnungen nach keiner anderen Ordnung verbindet als nach der höchst gründlichen, dergemäß die Dinge selbst untereinander verbunden werden. Um dies zu erreichen, muß die Sprache stets schon mit ihrem Klang das Wesen der Dinge ausdrücken und dem Geist vergegenwärtigen.[339] Das leistet das Latein ebensowenig wie irgendeine andere Sprache. Denn die Menschen der früheren Jahrhunderte, die Urheber der auf uns gekommenen Redeweise, waren beim Betrachten der Dinge nicht so genau, daß sie alle Unterschiede bemerkten und mit genauen und eindeutigen Wörtern ausdrückten. Es genügte ihnen, das Bekannte und Geläufige ausdrücken zu können. Auf die meisten Wörter kamen sie sogar durch Zufall und wendeten sie grundlos dazu an, diesen oder jenen Gegenstand zu bezeichnen. (Sie versahen dabei selbst Gegensätzliches mit ein und demselben oder einem ähnlichen Lautzeichen und umgekehrt ein und dasselbe Ding mit gegensätzlichen Lautzeichen.) Daher ist alles voller Homonyme, Synonyme, Paronyme, Tropen, Anspielungen und Um-

schreibungen, d.h. voller Zweideutigkeiten, Überflüssigkeiten und Verwirrungen. Und wann immer man genauer über die Dinge zu sprechen hat, muß man ständig definieren und häufig wiederholen, was unter diesem oder jenem Wort zu verstehen ist. Oder man muß, während das Gespräch noch läuft, unablässig Ausnahmen machen, unterscheiden, eingrenzen – öfter aus Unwissenheit und Sophisterei als aus Wahrheitserkenntnis. Weil niemals irgendeine Auffassung hinreichend von Verwirrung befreit werden kann, daher mischen sich stets der Zweifel oder die Täuschung ein.

13. *Daher kommt es, daß alle Völker immer noch an Babel bauen und daß sie bei dem, was sie tun und sprechen, sich niemals zur Genüge verstehen.* Dies gilt nicht nur für Menschen, die verschiedene Sprachen sprechen, sondern auch für diejenigen, die eine gemeinsame Mundart reden. Denn den Dingen werden ihre Namen ohne Rücksicht auf die Natur der Dinge verliehen. Durch den Gebrauch der Rede werden auch die Fundamente der Dinge und deren wechselseitiges harmonisches Verhältnis nicht aufgedeckt. Solange dies nicht geschieht, begibt es sich bei jeder Streitigkeit, die um Dinge geht, daß ein Kampf hin und her wogt und die Streitenden doch nichts anderes tun, als Wörter mit Wörtern zu mischen. Denn wie die Wörter nicht in genaue Übereinstimmung mit den Dingen gebracht worden sind, so können sie auch keine Auffassungen formen, die mit den Dingen übereinstimmen. Daher kommt es, daß wir sogar unter dem gewaltigen Lärm der Unterweisungen und Streitgespräche nur mit Mühe einen ganz kleinen Fortschritt im Studium der Weisheit machen können. *Wir sprechen nämlich Worte, nicht aber die Dinge aus.*

14. Es bleibt nur dies übrig: *Aus der Vielzahl, Schwierigkeit und Unvollkommenheit der Sprachen entstehen für den Austausch unter den Menschen mannigfache Verzögerungen und Verwirrungen. Dagegen ist kein anderes Heilmittel mehr vorhanden als die Erzeugung einer neuen Sprache, die alle bereits bekannten Sprachen übertrifft* (1) *an Leichtigkeit, so daß sie ohne übermäßigen Aufwand an Zeit und Dingen gelehrt werden kann,* (2) *an Lieblichkeit, so daß es Vergnügen bereitet, sie zu lernen und sie erlernt zu haben,* (3) *an Vollkommenheit* (sie soll

so vollkommen sein, wie es das Wesen der Schulen und unsere Unvollkommenheit in dieser vorhimmlischen Schule zulassen), *so daß es sehr zum Verständnis der Dinge selbst beiträgt, diese Sprache zu kennen.*

15. Mit unseren Wünschen prägen wir die Auffassung (1) von einer ganz *vernünftigen* Sprache, unter deren Stoff und Form sich nichts befindet, das (bis hin zum kleinsten Häkchen) nicht zu einer Bezeichnung diente; (2) von einer ganz *analogischen* Sprache, die in keinem Bereich irgendeine Unregelmäßigkeit enthielte; (3) und von einer ganz *harmonischen* Sprache, die keine Mißklänge zwischen den Dingen und den Auffassungen von den Dingen aufkommen ließe, weil sie mit ihrem Klang die Natur der Dinge und deren Unterschiede ausdrücken würde. Sie wird dadurch zu einer Art Weisheits-Trichter. Falls das Menschengeschlecht diese Sprache unter allgemeiner Zustimmung annähme, würden es auch alle freudig anerkennen, daß sie das geeignetste Mittel dafür ist, die Menschen untereinander und die Wahrheit mit den Auffassungen von den Dingen zu versöhnen. *Dann könnte nämlich das erleuchtete und friedensstiftende Zeitalter endlich da sein und als ein solches bezeichnet werden. In den Dingen, den Auffassungen von den Dingen und den Transportmitteln für diese Auffassungen, den Worten, würden dann Licht und Ruhe zu finden sein.*

16. Über *die gegenstandsbezogenen Schriftzeichen der Chinesen* hat unser Weltkreis eine reizvolle Nachricht erhalten: *Diese Zeichen böten den Vorteil, daß sich mit ihrer Hilfe auch Menschen, die verschiedene Sprachen sprechen, wechselseitig verstehen könnten, und zwar auf die Weise, daß man sich mit Hilfe der Hand unterhält, sobald sich die Sprache zum Austausch nicht verwenden läßt.*[340] Wenn dies Gefallen findet und als eine gewisse Entlastung erscheint, warum sollen wir uns dann nicht besonders darum bemühen, eine GEGENSTANDSBEZOGENE REDE zu erfinden[341]? (Alle Menschen sollten, egal ob sie dafür nun ihre Zunge oder ihre Hand zu gebrauchen hätten, diese Rede gleichermaßen verstehen, und nicht allein die Rede, sondern zugleich auch die Auffassungen sowie, was noch wichtiger ist, die Dinge selbst.) Dies würde weit weniger Anstrengung

erfordern (verglichen mit jenen ungeheuerlichen sechstausend Schriftzeichen der Chinesen[342]). Es brächte aber einen unendlich größeren Gewinn ein.

17. *Eine derartige neue Sprache wäre das trefflichste Mittel dafür, die Weisheit Gottes vor den Augen der Welt auf eine neue Weise ins rechte Licht zu rücken. Gott hat zwar durch die Sprache den Menschen schon mehrmals eine erstaunliche Kostprobe seiner Weisheit gegeben. Dies aber scheint als Höhepunkt bevorzustehen. Erstens* ist es nämlich wunderbar, daß er die menschliche Zunge zu einem Organ geformt hat, das so viele Klanglaute zu bilden vermag. (Sie kann nämlich über zwanzig erste und einfache Klanglaute bilden, die aber auch schon alle artikuliert sind.) Sodann ist es wunderbar, daß sich aus einer so kleinen Anzahl von ersten Klanglauten, allein durch deren Verknüpfung, eine solche Vielzahl an Wörtern bilden ließ – eine Vielzahl, die so groß ist, daß sie dafür genügt, jegliche Vielfalt der Dinge auszudrücken. *Später vergrößerte* die Rede *das Wunder noch,* als sie sich zu so vielen Formen entfaltet hatte, daß sich die Mundarten der Völkerschaften nicht mehr zählen lassen. Wenn die Welt noch länger besteht, können sogar noch mehr Sprachen erdacht oder durch Zufall hervorgebracht werden. *Man wird aber zu Recht von einem Gipfel der Wunder sprechen können, die Gott an der Sprache getan hat,* wenn es nach einer so großen Verbreitung und Verwirrung möglich wird, die Sprache in die entgegengesetzte Richtung zu leiten und sie wieder in eine Einheit und Ordnung einzufügen (nachdem das Ebenmaß und die Harmonie zwischen den Klanglauten und den Dingen selbst gefunden wurde). Diese Angelegenheit verdient es in der Tat, daß alle Menschen sie in Erwägung ziehen. Sie werden sehen, daß es einzig und allein auf diesem Weg möglich ist, die zerrissene Gemeinschaft der Völkerschaften wiederherzustellen, dem Erdkreis wieder einen einzigen Mund zu geben[343] und die Ehre Gottes auf eine so lichtvolle Weise zu mehren.

18. Es wird wohl niemanden geben, der die ängstliche Frage aufwirft, *ob es denn überhaupt gestattet sei, eine neue Sprache zu erfinden.* Falls dieses Bedenken doch in irgendjemandem aufkommen sollte, dann werde ich ihm antworten: *Es ist gestattet.*

Die Erlaubnis dazu ist den Menschen sogar aufgrund göttlichen Rechtes zugestanden worden (Gen. 2, 19). Den Dingen Namen zu geben ist nämlich ebenso wie das Betrachten der Dinge Teil der Herrschaft, die dem Menschen über die Geschöpfe zugestanden worden ist. Wenn es aber dem Adam und seither den Philosophen, Handwerkern und allen anderen Menschen erlaubt war, den Dingen besondere Eigennamen zu verleihen, warum sollte es dann nicht auch gestattet sein, Verben und Partikel hervorzubringen und auch noch alles übrige, was zu einer vollständigen Rede gehört? Und wenn ein Zufall zu der bloßen Verwirrung so vieler Sprachen geführt hat, warum soll dann nicht durch einen wohlbedachten Plan und eine gefällige, kunstvolle Wiederverschmelzung eine einzige Sprache entstehen können? Warum sollen wir denn hier alles dem Zufall überlassen und nichts auf die Wege der Vernunft zurückrufen? Wenn es nun gestattet ist, die Auffassungen von den Dingen nach Maßgabe der Dinge selbst zu verbessern, warum sollte es dann nicht auch erlaubt sein, die Sprache so angemessen zu gestalten, daß sie die verbesserten Auffassungen auf verbesserte Weise ausdrückt?

19. Gott behindert in der Tat menschlichen Fleiß nicht; er gibt vielmehr den Auftrag, daß man sich wahrheitsgemäße Auffassungen von den Dingen bilden soll. Ebenso wird Gott niemanden daran hindern, sich eine wahrheitsgemäße *Rede von den Dingen* zu bilden. Es muß nur die Zeit gekommen sein, in der (wie es von den Propheten vorhergesagt wurde) ALLE *Völkerschaften und* SPRACHEN *versammelt werden sollen, damit sie kommen und die Herrlichkeit Gotes sehen* (Jes. 66, 18), und in der DIE LIPPE DER VÖLKER VERWANDELT WERDEN SOLL, *damit es eine reine Lippe ist, mit der alle den Namen des Herrn anrufen und damit ihm alle einmütig dienen* (Zef. 3, 9), so daß der Herr *König über die ganze Erde ist, der einzige Herr, und sein Name der einzige, und sich die ganze Erde in eine Ebene verwandelt* (Sach. 14, 9 usw.). Diese Orakel haben folgende Bedeutung: Es wird dereinst geschehen, daß die Herrlichkeit Gottes auf eine lichtvolle Weise und endlich auch vor allen Völkerschaften aufstrahlt. Die angeführten Stellen erwähnen auch ausdrücklich *die Versammlung der Sprachen, die Bekehrung*

(oder, wie Tremellius[344] es übersetzt, *die Verwandlung*) *der Lippe, den einzigartigen Namen Gottes und die Verwandlung der ganzen Erde in eine Ebene.* Daher ist es nicht abwegig, dies so zu verstehen, daß derjenige, der zu Beginn des Evangeliums, über die Verschiedenheit sämtlicher Sprachen hinweg, alle Völkerschaften in der Einheit des Glaubens versammelt hat, in der Zeit der vollständigen Versammlung der Völkerschaften auch die Sprachen versammeln wird, damit ihm alle mit auserlesener Lippe und einmütig dienen. Ob er dies durch ein Wunder oder durch menschliches Mitwirken zustande bringen möchte, wird nicht angegeben; es spielt auch keine Rolle. Auf welche Weise es auch immer geschehen wird, es wird als sein Werk geschehen.

20. *Fragt nun jemand nach der Vorgehensweise, mit der diese Sprache in ihrer besten Form geschaffen werden kann, so bieten sich zwei Methoden an: Die eine läßt sich* nämlich *von den bereits bekannten Sprachen leiten, die andere aber von den Dingen selbst.*[345] Die erste Methode liefe darauf hinaus, den Zeuxis nachzuahmen. Als dieser Helena malen wollte, ließ er sich so viele Jungfrauen von herausragender Schönheit herbeibringen, wie er nur haben konnte. Bei allen betrachtete er alles sorgfältig, und wenn er sah, daß ein bestimmter Körperteil bei einer der Jungfrauen im Vergleich zu den anderen überragend gut geformt war, dann übertrug er ihn auf seine Helena. Auf diese Weise glückte es ihm, gewissermaßen der Idee der vollkommenen Anmut Ausdruck zu verleihen.[346] Etwas ähnliches könnte auch in diesem Fall geschehen. Was jede Sprache an besonderer Nützlichkeit, Gefälligkeit und Ausdruckskraft besitzt (es ist auch wohl kaum eine Sprache so verunglückt, daß sie den anderen nicht irgendeinen einzigartigen Vorzug voraus hätte), all das müßte man von überall her auslesen und daraus auf harmonische Weise jene eine Sprache gestalten. So würde aus vielen Annehmlichkeiten eine einzige entstehen, die Quintessenz all dieser Annehmlichkeiten.

21. *Allerdings ist die zweite Vorgehensweise sachgemäßer. Sie besteht darin, daß sich die Urheber der neuen Sprache eher von den Dingen selbst leiten lassen.* Denn es soll ja alles darauf ausgerichtet werden, diese Dinge genau auszudrücken. Wenn dies

gelingt, wird endlich eine wahre und leicht herbeizuführende Harmonie herrschen. Die Dinge selbst, die den Sinnen aller Menschen gleichermaßen zugänglich sind, werden diese Harmonie nämlich so zuwege bringen, daß sie für alle verständlich und leicht nachzuahmen sind. Die Geistreichsten der Franzosen (*Mersenne*[347] und *le Maire*[348]) meinen, sie hätten schon mit Erfolg die Fundamente für eine derartige Sprache gelegt. Sie sind davon überzeugt, daß sie sich über diese Sprache nicht nur mit allen Erdbewohnern unterhalten könnten, sondern auch mit Mondbewohnern, falls es welche gibt.[349] Wir selbst, die wir uns auf die Fundamente der Pansophie stützen, wagen es nun, auf eine Sprache zu hoffen, *die sich zehnmal leichter anwenden läßt als das Latein,* weil sie ganz frei von allen Unregelmäßigkeiten ist; *die hundertfach vollkommener ist,* weil sie alle Dinge und Auffassungen nachbilden kann und leichterdings allen Unterschieden entspricht; *die sich schließlich tausendfach besser dazu eignet, die Natur der Dinge harmonisch auszudrücken,* weil ihre einzelnen Wörter in Hinsicht auf die Zahlen, Maße und Gewichte der Dinge selbst entworfen worden sind und daher den Stellenwert von Definitionen besitzen.

22. *Doch wie auch immer die Zukunft jener allgemeinen Sprache nun aussehen mag, einstweilen scheinen die folgenden beiden Ratschläge angebracht zu sein:*

I. Erstens *sollen die gelehrten Sprachen, die durch die Inschrift auf dem Kreuze Christi geheiligt sind, bei den Gebildeten in Gebrauch bleiben;* das sind Hebräisch und Griechisch aus Rücksicht auf die Quellen der Heiligen Schrift; Latein aber, weil es immer noch die Schatzkammern so vieler geistiger Leistungen erschließt.

II. Zweitens *sollen sich die Völkerschaften auch ihre Einzelsprachen bewahren und sie vervollkommnen.* (Was nun diejenigen erstreben, die von ihren eigenen barbarischen und schauderhaften Sprachen nur noch zurückschrecken können, wenn sie den lieblichsten Geschmack jener neuen Sprache voll ausgekostet haben, das überlassen wir dem Lauf der Zeit.) *Es möge nämlich alles, was atmet, den Herrn loben und es sollen alle Zungen für Gott singen.*[350] Für alle Sprachen könnte auch ein *universales*

Lexikon angefertigt werden, sowie eine Grammatik, die alle ähnlichen, verschiedenen und gegensätzlichen Gepflogenheiten der Formenbildungen und der Konstruktionen darlegt. Dies würde die (sogar inmitten jener Verwirrung der Sprachen) über alles verbreitete Weisheit Gottes noch deutlicher vor Augen führen.[351]

KAPITEL 20[352]

Welcher Zustand der Welt ist von der Einrichtung dieser Instanzen zu erhoffen?

Wir wissen es sehr wohl: Jene Worte Christi, *Euch steht es nicht zu, die Zeiten oder die Fristen zu kennen, die der Vater in seiner Macht festgesetzt hat* (Apg. 1, 7) ermahnen uns zu Bescheidenheit (beim Untersuchen der Geheimnisse des göttlichen Ratschlusses). Wie lange der Vater diese Geheimnisse noch verborgen hält, das enthüllt er uns weder durch Weissagungen noch durch die Anordnung der Ereignisse oder die Mittel, die zu diesen Ereignissen führen sollen. Sooft aber die Vorspiele der Werke Gottes bereits in Erscheinung treten und die Verwirklichung seiner Pläne beginnt, und sooft sich anhand der nächstliegenden Ursachen die nächstfolgenden Wirkungen voraussehen lassen, ist es kein Zeichen von Verwegenheit, sondern von gebührender Dankbarkeit und Verehrung, wenn man das Haupt erhebt, die Augen umherschweifen läßt und auch die Hand ausstreckt, um die Geschenke Gottes entgegenzunehmen.

2. Warum sollten wir also nicht darauf vertrauen, daß über die Wege für das Licht, die bereits offenstehen, dem Reich der Finsternis das Ende, dem Licht und der Wahrheit dagegen ein triumphaler Sieg bereitet wird? Wir wollen aber dennoch im einzelnen ansehen, was aufgrund der Fundamente, die bereits gelegt worden sind und die sich auf die prophetischen Weissagungen beziehen, erhofft werden kann, so daß Anlaß besteht, dem Herrn entgegenzujubeln. Unsere Überlegungen aber lauten folgendermaßen:

3. *Gibt es erst eine wahre Pansophie* (eine solche, wie wir sie von der göttlichen Barmherzigkeit erhoffen), *dann wird das*

wahre Licht hervortreten, in dem die grundlegenden Gesetzmäßigkeiten aller Dinge sichtbar werden. Dadurch wird im Größten und im Kleinsten, im Offenbaren und im Verborgenen nichts unbekannt bleiben, gemäß jenem Worte Christi: *Es gibt nichts Verborgenes, das nicht offenkundig wird, und nichts Geheimes, das nicht bekannt wird und an den Tag kommt* (Lk. 8, 17). Bis auf den heutigen Tag liegt freilich noch vieles in den Schatzkammern Gottes, *in den Falten der Natur, der Schrift und des menschlichen Geistes* unentdeckt im Verborgenen. Dies erkennen diejenigen an, die bemerken, daß von daher Tag für Tag neue Geheimnisse herausgebracht werden, und die sehen, daß dabei noch vielerlei zurückbleibt. Man muß jedoch nicht annehmen, daß jene Dinge, die im Geheimen bleiben, dem Himmel vorbehalten sein werden. Denn jene Bücher sind doch für dieses Leben herausgegeben worden und nicht für das künftige, in dem Gott nicht mehr durch Abbildungen und Spiegel belehren wird, sondern sich selbst unmittelbar, von Angesicht zu Angesicht, darbieten wird. Dagegen muß alles, was für dieses Leben bezeichnend ist, in seiner Gesamtheit auch schon in diesem Leben offensichtlich werden. Es würde sonst der Anschein entstehen, all dies sei vergeblich gegeben worden und Gott habe selbst etwas getan, was er anderen verbiete. Er hätte dann nämlich die (hier, da und dort) angezündeten Lichter unter einem Scheffel verborgen und nicht zum Nutzen aller, die in der Welt sind, auf einen öffentlichen Leuchter gestellt (*Lk. 8, 16* und *Mt. 5, 15*).

4. *Es ist zwar wahr, daß vieles im Verborgenen liegt und uns allen unbekannt ist. Nach dem gerade Gesagten ist es aber ebenso wahr, daß der Herr dies alles enthüllen wird.* Und zwar wird er alles auf eine wahrheitsgemäße Weise enthüllen, nicht nur durch Meinungen und Vermutungen, sondern durch die aufgedeckten Gründe der Dinge selbst. Dadurch werden alle, die nur hinsehen, schon allein dadurch sehen, was jene Dinge sind und woraus das ganze Buch der Welt, das ganze Gefüge der Kirche und das ganze Gewebe aller Jahrhunderte besteht. Darüberhinaus werden alle wahrnehmen, warum keines dieser Dinge fehlen oder anders sein kann, als es ist. Und dann wird die Weissagung

in Erfüllung gehen, daß die Menschen dereinst nicht länger von Menschen belehrt (das heißt, von menschlichen Autoritäten an der Nase herumgeführt) werden *(Jer. 31, 34)*, daß sie stattdessen beginnen werden, Theodidakten [θεοδίδακτοι] *(Jes. 54, 13)* zu sein, d. h. allein Gottes Werke, Worte und Anreize zu beachten und davon geleitet zu werden. Das wird dann geschehen, wenn die Gottes-Bücher so aufgeschlagen sind, daß jeder, der sie liest, sie zugleich auch versteht. Aus diesem Grunde wird es geschehen, daß die Menschen die Geheimnisse Gottes nicht mehr bloß glauben (was für die Seligkeit der früheren Zeitalter genügte, gemäß jenem Wort Christi: *Selig sind die, die geglaubt haben,* Joh. 20, 29), sondern auch verstehen. Gott hat beschlossen, mit dieser Vermehrung des Lichtes das letzte Zeitalter zu beglücken *(Jes. 32, 4; Jer. 30, 24; Dan. 12, 4; Offb. Joh. 22, 10)*. Gott wird seinen Heiligen die ehrenvolle Gunst erweisen, daß sie der Sonne oder des Mondes nicht mehr bedürfen. Gott selbst wird nämlich ein ewiges Licht sein, wenn er sein Zelt unter den Menschen aufschlägt *(Ps. 84; Jes. 60, 19; Offb. Joh. 21, 3)*. Nicht, daß es an Menschen fehlen wird, die zur Weisheit hinführen und die Weisheit lehren (es wird sogar solche Menschen zu jener Zeit in größter Zahl geben, wie Gott an anderer Stelle voraussagt, *Jes. 30, 21f.*). Vielmehr wird es dann keine Menschen mehr geben, die sich selbst als Führer und Lehrer für andere einsetzen oder die für sich selbst andere in diese Funktionen berufen. Denn alle werden den einen und einzigen Lehrer, Christus, anerkennen *(Mt. 23, 10)*. Zu den Lehrern aber wird man jenes feierliche Wort der Samaritaner sagen: *Nicht mehr aufgrund deiner Aussage glauben wir* usw.[353]

5. *Gibt es erst einmal die universalen Schulen* (d. h. ist für die Menschen eine universale Ausbildung eingeführt, so daß alle es lernen, die gegebenen Bücher zu lesen und zu verstehen), *dann wird es auch eine Ausdehnung des Lichtes geben, die sich universal auf alle erstreckt, so daß alle, vom Kleinsten bis zum Größten, den Herrn erkennen* (Jer. 31, 34). *Die Erde wird dann so von der Erkenntnis des Herrn erfüllt, wie das Meer mit Wasser gefüllt ist* (Jes. 11[354]). *Es wird hier kein Lallkind mehr geben* (Jes. 65, 20); *vielmehr werden alle zur Einheit im Glauben und zur Erkennt-*

nis des Sohnes Gottes gelangen. Sie werden zum vollkommenen Menschen werden gemäß der Vollgestalt Christi; sie werden nicht länger unmündige Kinder sein (Eph. 4, 13f.).

6. *Gibt es erst die universale Vereinigung der Weisen, dann wird das Licht nicht mehr schwinden können und der Finsternis wird die Rückkehr verwehrt sein: Das universale Licht wird* dann nämlich *alle Menschen bescheinen.* Außerdem wird es nicht an Menschen fehlen können, die jenes Licht über eine stets wachsende Zahl anderer Menschen verbreiten. Das Licht vervielfacht sich nämlich, wenn es sich auf den Geist aller Menschen ausdehnt, so wie sich die Früchte der Erde von Jahr zu Jahr vervielfachen. Wenn guter Samen nur irgendwo auf die Erde geworfen wird, bringt er bald aus sich noch mehr an weiterem Saatgut hervor. Das ist es, was in *Jes. 60* vorausgesagt wird: *Deine Tore werden immer geöffnet bleiben* (V. 11). Desgleichen: *Deine Sonne wird nicht mehr untergehen, und dein Mond wird nicht mehr abnehmen. Denn der Herr wird dein ewiges Licht sein, wenn die Tage deiner Trauer zu Ende sind. Dein Volk wird aus lauter Gerechten bestehen* usw. *Der Kleinste wird zu einer Tausendschaft werden, der geringste zu einer überaus starken Völkerschaft. Ich, Jehova, werde es zu seiner Zeit schnell herbeiführen* (V. 20–22. Siehe auch Jes. 33, 20f. und Jer. 30, 19f. sowie andere Stellen).

7. *Gibt es erst die universale Sprache und haben alle Völker sie zum Gebrauch übernommen, dann wird die Welt für die Gesamtheit ihrer Bewohner leicht zu durchqueren sein, so daß es jedem, der dies möchte, sogar möglich sein wird, ohne weitere Behinderung alle Zonen zu durchreisen und dort zu lehren und belehrt zu werden.* Wenn sich nämlich alle untereinander verstehen, werden alle gleichsam eine Völkerschaft, ein Volk, ein Haus und eine Schule Gottes sein.[355] So wird es endlich offenkundig sein, was die Voraussage bedeutet: *Die ganze Erde wird sich in eine Ebene verwandeln* (Sach. 14, 10). *Ein Volk mit einer Rede, die so tief ist, daß sie nicht mehr verstanden wird, ein Volk mit der fremden Sprache, in der keine Einsicht ist* [356](andere geben dies mit »Weisheit« wieder), *wird nicht mehr gesehen werden* (Jes. 66, 18; vgl. 33, 19). Die Völkerschaften werden *eine auserwählte*

Lippe erhalten und so aus der Babylonischen Gefangenschaft wieder versammelt werden (Gen. 11, 1.7 f.), *sobald Jehova damit beginnt, Zion wieder aufzubauen und in seiner Herrlichkeit zu erscheinen* (Ps. 102, 16 f.19.23).

8. Alsdann *werden* nämlich *zu dem Licht, das über Zion aufgegangen ist, die Völker herbeieilen, um in seinem Licht zu wandeln* (Jes. 60, 1–3). *Und alle Enden der Erde werden sich zum Herrn bekehren* (Ps. 22, 28). *Die Schätze der Völker werden hinzukommen; wie dichte Wolken werden sie zusammenströmen; wie Tauben werden sie zu ihrem Schlag heranfliegen* (Jes. 60, 5). *Die Völker werden ihre Söhne auf den Armen herbeibringen und ihre Töchter auf den Schultern tragen* (Jes. 49, 22). *Wer dann noch übrigbleibt von allen Völkern, die regelmäßig gegen Jerusalem gezogen sind, wird kommen, um den König, den Herrn der Heerscharen anzubeten* (Sach. 14, 18.20 f.).

9. Wenn die Israeliten dies sehen, die nun in alle vier Windrichtungen zerstreut sind, dann werden auch sie sich wieder versammeln, um ihre Finsternis einzugestehen. Sie werden damit anfangen, Ausschau zu halten; *und auch sie werden Jehova als ihren Gott aufsuchen, David aber als ihren König* (Hos. 3). Und sogar sie werden im Zuge einer großen Erneuerung[357] wieder angenommen werden. Feierlichste Versprechungen dieser Art (über die letzte, allgemeine und feierliche Wiedereinsetzung der Juden) gibt es überall in den Schriften.[358]

10. Dann wird es geschehen, *daß das Königreich aus Ton und Eisen untergeht und der Stein, der sich vom Berg gelöst hat, die ganze Erde erfüllt.* D. h., *daß alle Reiche unserem Herrn und seinem Gesalbten gehören werden* (Dan. 2, 35.45; Offb. Joh. 11,15). Nicht, daß es keine Könige der Erde und Fürsten der Völker mehr geben würde (daß es sie auch dann noch geben wird, läßt sich deutlich erschließen aus *Ps. 72, 11* und *102, 16.23* sowie *138, 4*; *Jes. 49, 23* und *60, 3.10f.16* usw. sowie *62, 2*; *Offb. Joh. 10, 11*). Doch werden sie dann keine Bestien mehr sein, die andere zerfleischen und verschlingen, die andere Untiere bekriegen und aus bloßer Laune heraus alles niedertreten und zertrampeln, was ihnen in den Weg kommt. Stattdessen werden sie alle zusammen *Löwen* sein, *die gezähmt und in die Ordnung der Herde Christi*

eingefügt worden sind (Jes. 11, 7), *Ernährer der Kirche* (Jes. 60, 11), *Aufseher für den Frieden und Vollstrecker der Gerechtigkeit, so daß auf Erden nicht mehr von Gewalt, Verheerung und Zerstörung zu hören ist* (Jes. 60, 17f.). *Es werden nämlich die ins Verderben stürzen, welche jetzt die Erde verderben* (Offb. Joh. 11, 18).

11. So wird Christus, der bislang inmitten seiner Feinde herrschte, ohne Feinde herrschen, wie es *der Psalm 110 (V. 2f.)* und der Apostel *(1 Kor. 15, 24–29)* über jene zwei Zeitabschnitte seines Reiches unverhüllt lehren. Zwar ist man für gewöhnlich der Ansicht, jener letzte Zeitabschnitt (der Herrschaft über die Feinde, die für ihn zu einem Fußschemel geworden sind) erstrekke sich über das ewige Leben, das mit dem Jüngsten Gericht anfangen wird. Der Apostel verbietet es jedoch, dies so zu verstehen, wenn er voraussagt, zu jener Zeit würde erst noch jede Herrschaft und Macht zunichte gemacht. Wie er bekräftigt, wird der Sohn selbst das Reich Gott-Vater übergeben, so daß Gott alles in allem ist *(V. 24.28)*. Er meint das gleiche, wenn er sagt *(V. 26), als letzter Feind werde der Tod vernichtet werden.* Die übrigen Gegner sollen also noch vor der Vernichtung des Todes vernichtet werden, nämlich noch in diesem unserem sterblichen Leben, *damit die Reiche der Welt unserem Herrn und seinem Gesalbten gehören* (Offb. Joh. 11[359]). Und dies wird jene Zeit sein, zu der Israel wiederhergestellt wird (Apg. 1). Ja, es wird die *Zeit* sein, *in der alles wiederhergestellt wird* (Apg. 3, 21), wie es vor dem Gesetz und unter dem Gesetz vorgezeichnet wurde. Es ist nämlich eine allgemein akzeptierte Ansicht, *daß der Welt eine dreiteilige Zeit zugemessen wurde: die Nichtigkeit, das Gesetz und der Messias.*[360] Nun gliederte sich aber jede der ersten beiden Zeiten in zwei Abschnitte – warum sollte dies nicht auch bei der dritten so sein? Schon vor dem Gesetz gab es die Kirche; sie wurde inmitten der frevelhaften Nachkommen des Kain bedrückt, jedoch nicht erdrückt. Als aber jene Kainskinder von der Sintflut vernichtet waren, da wurde der Kirche die Freiheit zurückgegeben. *Das Gesetz wiederum blieb von Abraham bis Moses ungeschrieben; die Kirche befand sich unterdessen auf unablässiger Wanderschaft. In Ägypten geriet sie sogar in Bedräng-*

nis, bis sie dann, nachdem Pharao ertrunken war, befreit das Gesetz entgegennahm. Sie überquerte den Jordan, überwand die Feinde und herrschte (obwohl sie immer wieder auch gezüchtigt wurde, wegen der Sünden, zu denen es kam). Folglich *hat die Kirche unter dem Messias gleichfalls zwei Zustände zu durchleben: einen, in dem sie unter den Feinden gequält wird, so wie bisher, und einen anderen, in dem sie mit Christus über die Feinde herrscht, so wie sie es schon erhofft.*[361]

12. *Dies wird zur Folge haben, daß auch der Führer und das Haupt der Feinde selbst, der Satan, als Gefangener im Triumphzug mitgeführt wird.* Die göttlichen Orakel sagen voraus, dies werde sich so zutragen, daß er mit einer großen Kette gefesselt und in den Abgrund seiner Finsternis eingeschlossen wird, damit er die Völker nicht mehr verführen kann, und zwar die ganzen tausend Jahre des letzten Zeitalters hindurch *(Offb. Joh. 20*[362]*).* Wir glauben daran, daß diese Kette nichts anderes als die Allmacht unseres Gottes sein wird. Falls es jedoch auch gestattet wäre, die äußeren Mittel für jene Macht Gottes zu erkennen, und falls wir glaubten, diese Kette werde *aus Licht und Wahrheit* bestehen, *die so gründlich in die Form einer Kette gebracht worden sind, daß nicht einmal der Satan deren Glieder zertrennen kann* – was wäre an einer solchen Auffassung absurd? Gewiß hielt der Satan bisher die Völkerschaften mit den Ketten krasser Unwissenheit oder fälschlicherweise so genannten Wissens sowie der sich daraus ergebenden Irrtümer gefangen. Warum sollen für ihn also nicht schon bald die Verknüpfungen aus glänzendem Licht und aus Wahrheit zur Kette werden? Mit dieser Kette gefesselt, wird er sich notwendigerweise auf den Abgrund seiner Finsternis beschränken müssen; er wird sein Haupt daraus nicht mehr emporstrecken können. Denn in der Tat besitzt die mit Licht bewaffnete Wahrheit unbezwingbare Kraft.

13. *Dann wird auf dem ganzen Erdkreis universaler Friede herrschen. Auf allen Seiten werden die Feindseligkeiten aufgehoben sein, aber auch die Gründe dieser Feindseligkeiten, die Uneinigkeiten unter den Menschen.* Es wird nämlich nichts geben, worüber sie uneins sind, sobald alle dieselben Wahrheiten klar vor sich stehen sehen. Die Kreuzwege der Meinungen werden

auch niemanden mehr verunsichern; denn alle werden nicht mehr durch Menschen belehrt sein, die in ihren Meinungen uneins sind, sondern durch Gott, der die Wahrheit ist. Dann wird auch jener einzigartige heilige Weg Zions, von dem selbst die Toren nicht abirren können, für alle im Blickfeld liegen *(Jes. 35, 8)*. Dann wird allen ein Herz und ein Weg gegeben, so daß sie allesamt den Herrn fürchten *(Jer. 32, 39)*. Alsdann wird sich erfüllen, was vorausgesagt worden ist: *Die Völkerschaften werden ihre Schwerter zu Pflugscharen, ihre Lanzen zu Winzermessern und die Speere zu Hacken umschmieden. Kein Volk wird mehr gegen das andere das Schwert erheben, und man wird nicht mehr für Schlachten üben* (Jes. 2, 4; Mich. 4, 3). *Jeder wird unter seinem Weinstock und unter seinem Feigenbaum sitzen, ohne daß ihn jemand aufschreckt* (Mich. 4, 4). Denn man wird nichts mehr von Gewalt hören *(Jes. 60, 18)*. Siehe auch *Jes. 65, 21–23.25* und *66, 12–14* sowie viele weitere Stellen bei den Propheten, wo die friedensreiche Herrschaft des Friedensfürsten Christus in feierlichen Worten beschrieben wird.

14. *So wird die Verheißung Christi vom einen Schafstall und einen Hirten in Erfüllung gehen*[363], *wobei sogar die Löwen, Wölfe, Bären und Panther in die Einheit der Kirche zurückgerufen werden* (Kap. 11).[364] *Und es wird ein wahrhaft goldenes Zeitalter geben, das das Salomonische noch übertreffen wird.* Dann werden alle Menschen zu einer gesunden Geisteshaltung zurückgekehrt sein und daher das vertierte Leben verlernen. Sie werden anfangen, wirklich zu leben, und sie werden sich, wie es sich für Menschen geziemt, um ein vernünftiges, geistiges, göttliches Leben bemühen. Auf diese Weise wird es zur glücklichen Beendigung allen vorausgegangenen Elends kommen, und die märchenhafte Erzählung davon, *daß der Phönix aus der Einäscherung in noch schönerer Gestalt wiedergeboren werde*[365], wird sich bewahrheiten. Kirche und Welt werden nach so vielen Uneinigkeiten, in denen sie beinahe eingeäschert wurden, ein neues Antlitz erhalten, das weißer ist als Schnee usw. Dann *wird sich sogar die Kirche darüber wundern, auf welch wunderbare Weise ihre Wüsten und Einöden wiederhergestellt worden sind* (Jes. 49, 19 usw.).

15. *Dies wird der Sabbat der Kirche sein, das siebte Weltalter: Nach sechstausend Jahren beständiger Mühen, schweißtreibender Anstrengungen, Kämpfen und Niederlagen wird es uns in diesem Zeitalter gestattet sein, daß wir uns ausruhen, bevor die Oktave*[366] *der seligen Ewigkeit ertönt.* Dann werden wir auch die Worte des Petrus verstehen, der das Ende der Welt mit keinem anderen Merkmal kennzeichnete als mit der Feststellung, *daß beim Herrn ein Tag wie tausend Jahre und tausend Jahre wie ein Tag seien* (2 Petr. 3, 8). Das Werk, in welchem die Geschöpfe geformt wurden, wurde nämlich in sechs Tagen vollzogen; und der siebte Tag wurde daraufhin als ein Tag der Ruhe hinzugefügt. Ebenso *wird das Werk, in welchem die Kirche geformt wird, in sechstausend Jahren vor sich gehen; das siebte Jahrtausend aber wird als ein Jahrtausend der Ruhe und der Betrachtung, des Segens und der Freude hinzugefügt werden.*[367] In dieser Zeit wird ein Sabbat nach dem anderen gefeiert werden, so daß alles Fleisch kommen wird, um dem Herrn zu huldigen *(Jes. 66, 23).* Der Segen wird aber mitten auf der Erde wohnen *(Jes. 19, 24f.).* In dieser Zeit *wird nämlich die ganze Kirche singen: Seht doch, wie gut und schön es ist, wenn Brüder miteinander in Eintracht wohnen* usw., *denn dann wird der Herr Segen und Leben spenden bis in Ewigkeit* (Ps. 133).

16. So wird das Lamm seine Hochzeit mit seiner Braut in seinem Garten feiern; aus diesem werden die Düfte wohlriechender Gewürze strömen; und es wird sagen: *Ich bin in meinen Garten gekommen, meine Schwester Braut! Ich habe meine Myrrhe mit meinen Gewürzen gemischt. Ich habe meine Wabe mit meinem Honig gegessen; und ich habe meinen Wein mit meiner Milch getrunken. Freunde, eßt und trinkt, berauscht euch* usw. (Hld. 4 und 5[368]).

17. Es könnte einer sagen, daß nun auch wir berauscht sind oder träumen. Aber würde doch derjenige, der seine Freunde auf solche Weise trunken machen will und seinem Liebling Schlaf gibt *(Ps. 127, 2),* alle Menschen auf ebensolche Weise mit dem Strom seiner Wonnen berauschen *(Ps. 36, 9.10)*! Würde er sich doch darzu herablassen, allen derartige Träume zu schicken, in denen sie von nichts anderem träumen als von Christus, seinem

Himmel, vom allgemeinen Heil, von gegenseitiger Liebe und Erbauung und von jenem Sabbat, der Ruhe verschafft von der elenden Knechtschaft für die Sünde! Gewiß hat auch der Prophet für sich und andere den Anschein erweckt, daß er träume, als er der Kirche in ihrem traurigsten Zustand jenen lieblichsten voraussagte. Daher fügte er hinzu: *Ich erwachte wie aus einem Schlaf, und siehe mein Schlaf war süß für mich* (Jer. 31, 23–26)!

KAPITEL 21

Sieben Voraussetzungen zur Realisierung der so sehnlich herbeigewünschten Zustände

Wir wissen also sehr wohl, was von jener universalen Erneuerung zu erhoffen ist, welche wir mit heiliger Sehnsucht erwarten. Wir werden daher *zu Recht* zu dem Entschluß kommen, *uns darum zu kümmern, daß die Pläne in die Tat umgesetzt werden.* So erweisen wir uns als Gehilfen der göttlichen Güte.

2. Zu diesem Zweck werden wir benötigen:

I. *ein Herz voll ungeheuer großer Zuversicht,*
II. *die glühendste Anrufung Gottes,*
III. *den Fleiß und die unermüdliche Anstrengung ziemlich vieler weiser Männer,*
IV. *die Gunst der Hochgestellten,*
V. *Klugheit und eine verläßliche Ordnung bei den Arbeiten,*
VI. *die rasche Nutzanwendung all dessen, was erarbeitet worden ist,*
VII. *sodann aber auch eine kluge und stetige Ausdehnung von einer Gruppe auf eine andere, bis hin zur ersehnten universalen Weite.*

Zu diesen einzelnen Punkten werden wir noch ein wenig ausführlichere Erklärungen geben.

3. Erstens sagt uns ja schon die Vernunft, *daß für große Aufgaben große Beherztheit vonnöten ist*; was auch aus den Beispielen des göttlichen Handelns ersichtlich wird. Für alle Aufga-

ben nützt nämlich unverzagte Herzensstärke am meisten. *Für Wagemutige gibt es nichts Unüberwindliches; nichts ist ausreichend befestigt gegen beherzte Angreifer,* sagt Plutarch.[369] Seneca aber bemerkt: *Jeder hat viel zu einer Erfindung beigetragen, der die Hoffnung hegte, daß diese Erfindung möglich sei.*[370] Sooft daher Gott gewisse Personen zu einer außerordentlichen, leuchtenden Tat berief und sie mit der Ausführung seines Ratschlusses beauftragte, verlangte er nichts so dringlich wie großen Glauben. Kleinmütigkeit aber tadelte er stets, wie dies aus den Geschehnissen zu ersehen ist, die sich im Zusammenhang mit der Berufung *des Moses*[371], *des Gideon*[372], *des Jeremia*[373], *der Apostel*[374] usw. abspielten. Daher ermutigt Christus diejenigen zu festem Vertrauen, die gute Dinge von Gott erbitten und diese auch haben wollen. Er sagt: *Glaubt nur; und es wird für euch geschehen. Denn für den, der glaubt, ist alles möglich.*[375]

4. Was uns nun angesichts der gegenwärtig anstehenden Aufgabe (die, wie wir bereitwillig eingestehen, über uns hinauswächst) zu festem Vertrauen auf ein gutes Vorankommen ermuntern kann, ist folgendes: *Erstens* die unanfechtbare Hoffnung auf göttliche Hilfe, *zweitens* die öffentliche Begünstigung durch gute Menschen, die wir uns versprechen, und *drittens* die leichte Durchführbarkeit der Aufgabe selbst, für welche bereits ein gutes Fundament gelegt ist.

5. Zum ersten Punkt ist zu sagen: Das gesamte Unterfangen, das wir planen, ist seinem ganzen Umfang nach eine Angelegenheit, die die Ehre Gottes und die Erweiterung seines Reiches betrifft. Daß Gott dieser Bemühung nicht beistehen könnte, dürfen wir ebensowenig glauben, wie wir an eine Selbstverleugnung Gottes glauben dürften. Für uns, die wir mit keiner außerordentlichen Offenbarung ausgestattet sind und die wir keinen besonderen Auftrag erhalten haben, mag es dabei vielleicht im Ungewissen bleiben, ob Gott so große Wunschziele durch unsere Arbeit verwirklichen lassen will oder ob er andere zu dieser Aufgabe bestimmt hat (die dann auch durch unser Beispiel und durch unsere Ermahnungen aufgerüttelt worden sind). Wir dürfen aber weit größeres Vertrauen fassen, wenn Gott geruht, uns durch zuverlässige Anzeichen seinen Willen mitzuteilen. Für

diese beiden Möglichkeiten besitzen wir Beispiele in David, Salomon und in anderen Heiligen. David bot es Gott an, am Bau seines Tempels zu arbeiten. Doch wurde es ihm befohlen, diese Obliegenheit an seinen Sohn Salomon weiterzugeben.[376] Deswegen hinderte ihn Gott jedoch nicht im geringsten daran, an dem Werk zu arbeiten, das er sich vorgenommen hatte. Vielmehr billigte er den derart frommen Wunsch mit Nachdruck und bot Anlässe dafür, daß sich David mit höchster Anspannung darum kümmern konnte, alle notwendigen Baumaterialien zu sammeln. Es ist nun gewiß, *daß außergewöhnlich gute Dinge nirgendwo anders herkommen können als aus jener unerschöpflichen Quelle selbst, aus der die Bächlein aller guten Gedanken und Taten entspringen.* So ist es also gewiß, daß Gott seine Werke nicht im Stich zu lassen pflegt, falls sie nicht von denen im Stich gelassen werden, durch deren Hände er diese Werke verrichten lassen wollte.[377]

6. Jeder, der fest davon überzeugt ist, daß er die Sache Gottes vertritt, und der sein Redetalent für Gott einsetzen kann, mag so tapfer wie Elihu auftreten (*Ijob 33, 6* und *36, 2*). *Andernorts ziemt es sich für uns, demütig und bescheiden zu sein. Wenn es aber um die Sache Gottes geht, ist eine gefestigte und nicht nachgebende Gesinnung gefordert.* Da Elischa danach eiferte, den Ruhm Gottes zu mehren, wagte er es, zwei Anteile vom Geist des Elija zu verlangen, eine fürwahr große Sache (wie es Elischa selbst bezeugt hat), und er erhielt sie auch.[378] *Kein Vertrauen in die Barmherzigkeit Gottes kann so weit reichen, daß es von Gottes Güte und Macht nicht überstiegen würde. Der Kraft Gottes, die mit den menschlichen Bemühungen zusammenarbeitet, sind keine Grenzen gesteckt. Wenn da einer anruft, so ist auch einer da, der ihn erhört. Wenn da einer etwas verlangt, so ist auch einer da, der es ihm gibt. Wenn da einer klopft, so ist auch einer da, der ihm öffnet*[379]*. Wenn da einer sucht, so ist auch einer da, der ihm das anbietet, was zu finden ist.* Denen, die sich nach Größerem sehnen (sofern dies Gottes Willen entspricht, für ihn rühmlich und für die Menschen heilvoll ist), wird er Größeres nicht verweigern können, und zwar deshalb, weil er sich selbst nicht verneinen kann. *Öffne nur deinen Mund, und ich werde ihn*

füllen, sagt er selbst *(Ps. 81, 11).* Die hochmütigen Erbauer Babels jedoch, die für sich selbst gegen den Willen Gottes himmelwärts ragende Türme herstellten – sie mögen sich davor fürchten, im Stich gelassen zu werden, nicht aber die demütigen Bauleute Zions. Sollen sie etwa in einer derart guten Angelegenheit den Mut sinken lassen? *Geht hinaus in die ganze Welt und richtet die Verkündigung an jedes Geschöpf: Ich bin bei euch bis zur Vollendung des Zeitalters*[380] – sollen diese Worte denn fortan nicht mehr gelten? Mit diesen Worten verhieß er seinen Beistand doch nicht nur den Aposteln, die damals in die Welt hinausgehen sollten, sondern all den Seinen, denen er fortwährend bis ans Ende der Welt zur Seite steht. Also versprach er dies auch uns, die wir an den Grenzen der Zeitalter angelangt sind.

7. *Es besteht für uns aber auch kein Grund dazu, an der Gunst der Menschen zu verzweifeln. Denn das, was wir tun, zielt nicht darauf ab, auch nur einen einzigen Menschen zu betrügen, sondern darauf, für alle Menschen das Gute zu erreichen.* Wir trachten doch nicht aus menschlichen Absichten heraus nach irgendeiner menschlichen Alleinherrschaft, vor der Könige und Völker ihren Nacken beugen müßten. Wir wollen auch keine Sekte auf dem Gebiet der Philosophie oder der Religion gründen, vor der sich die übrigen zu fürchten hätten. Wir betreiben auch nicht das Geschäft irgendwelcher neuen Meinungen oder Geheimnisse, von denen das Althergebrachte Vorurteile und Verachtung zu erwarten hätte. *Unsere Ziele sind vielmehr: Alle Menschen sollen wissen, was ihnen an Gutem zukommt. Sie sollen dies in gemeinsamen Besitz überführen und Gefallen daran finden, es mit geteilter Freude zu gebrauchen und zu genießen. Alle Menschen sollen damit aufhören, einander ihre Freiheit zu rauben; sie mögen vielmehr damit beginnen, unter Christus, dem höchsten Monarchen, in dessen freiem Reich frei zu herrschen. Sie sollen gleichfalls damit aufhören, sich in Sekten gegeneinander abzusondern und Feindseligkeiten auszutragen. Stattdessen mögen sie, unserem Ratschlag gemäß, auf den Entschluß hinarbeiten, die Künste, Wissenschaften und Geheimnisse sowie alle Schätze der Weisheit als gemeinsames Gut zu besitzen. Wir raten also dazu, den Fleiß, die Erfindungen und die lobenswerten Lei-*

stungen der vor uns lebenden Menschen nicht nur hochzuhalten, sondern ihnen die Krone aufzusetzen. Jene Menschen konnten nämlich nicht weiter nach oben steigen, *weil sie fest auf ihrer Stufe postiert waren.* Wir aber können weiter vorankommen, weil wir schon über ihre Schultern hinaus erhoben worden sind. *Mit einem Wort: Unsere Vorhaben dienen nicht dazu, irgendeinem Menschen Gewalt anzutun oder jemanden einer Täuschung zu unterwerfen. Vielmehr wird dadurch allen das Licht angeboten, so daß sie ihr eigenes und fremdes Eigentum genauer betrachten können. Allen wird Urteilsvermögen angeboten, damit sie in Freiheit einsehen können, ob sie es für der Mühe wert halten, an ihrem Eigentum festzuhalten, oder ob sie es lieber gegen Besseres eintauschen möchten. Schließlich wird allen eine Methode dafür angeboten, alles, was es an Wahrem und Gutem gibt, in gemeinsamen Gebrauch zu überführen.* Wenn wir nun dies betreiben, wessen Haß verdienen wir dann? Warum sollten wir uns nicht vielmehr die allgemeine Gunst aller Menschen, deren Hilfsleistungen und Fürbitten für uns erhoffen? *Folgendes kann die Hoffnung noch vergrößern: Die Welt hält nicht dermaßen zäh an ihren Unordnungen fest, daß sie nicht Besseres zuließe, sofern es ihr nur angeboten wird. Dies ersehen wir aus folgendem Tatbestand:* Was immer an Neuem angeboten wird und irgendeinen Nutzen verspricht, das läßt sich die Welt anbieten, auch wenn es von einem Aufputz verhüllt ist. Warum soll sie also nicht darauf eingehen, wenn sie sieht, daß ihr ihre wahren Güter wahrheitsgetreu gezeigt werden?

8. *Schließlich* läßt sich frohe Hoffnung auch daraus schöpfen, daß sich diese Aufgabe leicht durchführen läßt, wenn wir sie mit Gott und mit Vernunft angehen. Denn es betreiben ja schon mehrere Menschen das gleiche; und die Welt selbst richtet sich merklich auf eine Wiedergeburt [παλιγγενεσία][381] aus. Zudem bietet Gott Pläne an, die ganz deutlich und zugänglich sind. Ich möchte sie so schildern: Sie sind in keiner Hinsicht gefährlich und für niemanden hassenswert (wie sie es wären, wenn sie eine geheimgehaltene, spitzfindige, schlüpfrige oder schwierige und gefährliche Ausführung erforderten). Vielmehr zeigen diese Pläne greifbare Mittel für einen greifbaren Zweck; und sie rich-

ten diese Mittel auch passend her. Wenn sich all dies offenkundig so verhält, was kann dann noch übrigbleiben, außer willig zuzustimmen sowie Gott anzurufen und Hand anzulegen?

9. Ich sagte nämlich (an zweiter Stelle), *die glühendste Anrufung Gottes sei vonnöten.* Denn diese Aufgabe ist so groß, daß die gesamte Welt ihre Kräfte und ihre Weisheit vergeblich dafür zusammennimmt, wenn dabei nicht Gott selbst behilflich ist, zu Werke geht und das Werk vollendet. *Die Erde gehört nämlich dem, der ihren Grund gelegt hat* (Ps. 24[382]). *Wer würde den Versuch wagen, sie zu erneuern, wenn Gott dies nicht will, wenn er nicht gefragt worden ist oder wenn er nicht den Auftrag dazu gegeben hat?* Deshalb haben wir Gott zu bitten; er selbst möge uns seinen heiligen Geist aus den Höhen schicken, damit die Pfade derer, die auf Erden wohnen, berichtigt werden, und damit gründlich gebildete Menschen in Weisheit dasjenige bewahren, was Gott wohlgefällt. Weil uns dies durch zuverlässige Voraussagen bestätigt wird, *dürfen wir um Zions willen nicht schweigen, um Jerusalems willen nicht still sein, bis sein Recht wie ein heller Glanz hervortritt und sein Heil wie die Lampen aufleuchtet. Dann sehen die Völkerschaften die Gerechtigkeit Gottes, und alle Könige seine Herrlichkeit* (Jes. 62, 1 f.7).

10. Seine gewöhnlichen Taten vollbringt Gott aber durch gewöhnliche Mittel. *Nachdem wir den Himmel um Hilfe angerufen haben, müssen wir uns daher auch nach menschlichem Beistand umschauen.* Dabei benötigen wir zuallererst Männer wie *Bezalel und Oholiab*[383], Männer, die der Herr mit Einsicht erfüllt hat, so daß sie die Wege der Weisheit genau beobachten und erfindungsreich ersinnen können, was sich kunstgerecht herstellen läßt, Männer, die das auch wollen, was sie dank einer Gottesgabe können und wissen, und die sich ganz und gar diesen heiligen Arbeiten verschrieben haben, die der Ehre Gottes und der Kirche sowie dem Heil des Menschengeschlechtes dienen. Wenn solche Männer überall unter den Völkerschaften zu sehen sind und wenn Gott mit ausgestrecktem Finger auf sie hinweist (wenngleich sie nicht wie einst Bezalel und Oholiab namentlich berufen worden sind, *Ex. 31, 2*), dann sollten wir sie anerkennen.

11. Das Werk ist so groß, es erfordert viele und verschiedenartige Leistungen und nimmt eine lange Zeit in Anspruch. Daher darf man nicht von den Kräften irgendeines einzelnen alles erwarten. Vielmehr *müssen ziemlich viele talentvolle Menschen zusammengebracht und ausgewählt werden, die sich von Natur aus dazu eignen, das universale Licht und die universale Wahrheit, den universalen Frieden und die universale Eintracht zu entdecken, zu begründen und zu verbreiten.* Vom Zusammenschluß dieser Männer dürfen wir etwas erwarten, wozu kein einzelner Mensch in der Lage wäre: daß sie in diesem Aufgabenfeld die Vollendung erreichen, sofern sie nicht davon ablassen, die heiligen Tätigkeiten mit der Unterstützung Gottes ernsthaft voranzutreiben, nachdem sie erst einmal Hand angelegt haben.

12. *Diese Angelegenheit bedarf vieler Hilfsmittel in Form von Büchern und Bibliotheken sowie der Unterstützung seitens vieler Menschen. Nicht zuletzt muß sie von den Oberen Vollmacht und Schutz erhalten. Daher sind unbedingt die Gunst und die wohlwollende Freigiebigkeit derer vonnöten, die Gottes Stellvertreter auf Erden sind, bei denen die Amtsgewalt liegt und die über Mittel verfügen, mit denen etwas in Bewegung gesetzt werden kann.* Denn was vermögen schon Privatleute, die sich nur privat einsetzen und bloß über private Ressourcen verfügen, in so großen Angelegenheiten? Daher kommt es, daß Gott stets *Helden erweckte*, wenn er die Kirche mit einer neuen Verzierung ausschmücken wollte. *So berief er, als das Zeltheiligtum errichtet werden sollte, den Moses* mitsamt den Fürsten des Volkes, die sich höchst leidenschaftlich darum bemühten, das heilige Werk durch möglichst großzügige freiwillige Abgaben voranzubringen.[384] *Als der Tempel aufgebaut werden sollte,* gab er ihm als Architekten *David und Salomon*, die weisesten und frömmsten der Könige.[385] Als der Tempel wieder neuerbaut werden sollte, gab er ihm Männer wie *Serubbabel*[386], *Kyrus*[387] *und Darius.*[388] Ebenso gab er *der Religion, als sie erneuert werden sollte,* Männer wie *Joschafat*[389], *Joschija*[390] *und die Makkabäer.*[391] Als ferner die heiligen Schriften aus dem Hebräischen ins Griechische übersetzt werden sollten (auf daß bereits vor der Ankunft Christi

göttliche Orakel die Vorankündigung dieser Ankunft bekannt werden ließen) gab er ihnen *die Ptolemäer*[392]; und auf diese Weise gab er noch andere Männer zu anderen Zwecken. Schließlich *verhieß er* auch *für diese letzte Wiederversammlung, die die Völkerschaften zur Kirche hinführt, Könige und Königinnen, die Ernährer der Kirche sein sollten* (Jes. 49[393]), *und noch andere, die ihr Silber und ihr Gold dem Herrn bringen werden, um sein Haus zu schmücken* (Jes. 60, 9). Mit einem Wort: *Es schickt sich, daß diejenigen, die Großes zu tun haben, zu diesen großen Taten von großen Menschen ermutigt und ausgerüstet werden.*[394] Allerdings pflegt Gott seine großen Werke manchmal auch durch ganz geringe Gehilfen zu vollziehen, die ohne menschlichen Beistand dastehen (da es keinen gibt, der Gott seine Hilfe anbietet), so daß sein Ruhm um so heller hervorstrahlen kann.

13. *Was die Klugheit betrifft, so wird ihr bedeutsamster Teil darin bestehen, daß all dies* (was auf solche Weise zum allgemeinen Nutzen des Menschengeschlechtes vorbereitet wird, gleich wer dies tut und unter wessen Leitung, Führung und Schutz es geschieht) *möglichst im Verborgenen verrichtet wird, ohne Lärmen und weltliche Prahlerei.* Denn auch Gott führt die meisten seiner Werke so durch, daß deren Vollendung eher offenkundig wird als ihr Beginn. *Jupiter selbst* (so drückt es ein Heide aus) *schlägt mit seinem Blitz zu, noch bevor die Flamme auflodert.*[395] Selbst die Sonne geht lautlos auf, und Bäume machen keinen Lärm, wenn sie wachsen. Gleichfalls *kommt das Reich Gottes nicht so, daß man es an äußeren Zeichen beobachten könnte*, sagt Christus.[396] Daher mögen die Erneuerer der Wissenschaften Christus nachahmen, der *erst handelte, bevor er lehrte; der nicht haderte und nicht schrie, der seine Stimme nicht auf der Straße erschallen ließ, bis er dem Rechtsspruch zum Sieg verholfen hatte.*[397] Wenn wir dies zuvor nicht genügend beachtet haben, so verdient es künftig um so gründlichere Beachtung: Deshalb soll nicht einmal die (unter dem Namen »Weg des Lichtes«) vorliegende Überlegung bekannt werden, außer bei denen, die für einen Teil der Pläne herangezogen werden. Dies gründet vor allem darin, daß diese anfänglichen Überlegungen, die unge-

schliffenen Grundlagen einer so großen Sache, noch nicht ansehnlich genug sind, um öffentlich zur Schau gestellt zu werden.

14. *Sodann haben sich diejenigen, die diese Werke verrichten sollen, um folgendes zu bemühen: Was sie für die Öffentlichkeit an Gutem tun, darf nicht bloß an sich selbst gut beschaffen sein; es muß auch jedem Menschen als etwas Gutes erscheinen* (und zwar für den Fall, daß die Bemühungen bekannt werden; sie werden ja auch nicht für immer im Verborgenen bleiben können). Als unmittelbares Ziel ist das allgemeine Heil vorzulegen. Alles ist unter günstigen Bedingungen auf dieses Ziel hin auszurichten und voranzutreiben. Daraus muß deutlich hervorgehen, daß nichts von alledem, was hierbei getan wird, ein schlimmes Vorzeichen für alle Menschen bedeutet, so daß nicht einmal die Ungerechtigkeit selbst etwas finden könnte, was sie als verfehlt aufgriffe.

15. *Der dritte Teil der Klugheit wird darin bestehen, daß alle, die etwas dazu beitragen wollen, die Instrumente zur Verbreitung der Weisheit auszuarbeiten, eher die Bienen und Ameisen als die Fliegen und Spinnen nachahmen.* Denn Bienen und Ameisen arbeiten für die Gemeinschaft, Fliegen und Spinnen arbeiten ins Unbestimmte hinein, wobei sich jede einzelne angespannt ihrem privaten Beutezug widmet. Daher sollten gebildete Männer nicht so sehr aus der Vereinzelung heraus handeln, als vielmehr kollegial, getrieben von der Begierde danach, öffentliche Fortschritte zu erzielen; sie sollten fortwährend ihre jeweiligen Partner und deren Werke berücksichtigen. Immer noch erschöpft sich das Menschengeschlecht nämlich unter vergeblichen Mühen an jenen so zahlreichen und so großen *Sisyphusfelsen*[398], die ihm überall im Weg liegen. Um diese Hindernisse beiseite zu wälzen, bedarf es der vereinten Kräfte ziemlich vieler Menschen; man vereinige sie also. Was aber einmal festgesetzt wurde, das darf nicht wieder verändert und von neuem in Unordnung gebracht werden. Daher sollen die Mitwirkenden darauf achten, was ihre Kollegen tun, damit keiner seine Mühe an bereits Erledigtes verschwendet und jeder mit Aufgaben beschäftigt ist, die noch zu vollbringen sind. Dies hat so lange zu

geschehen, bis ein Felsen nach dem anderen den Platz gefunden hat, an dem er bequem ruhen kann, bis ein Abhang nach dem anderen überwunden worden ist, bis eine Schwierigkeit nach der anderen aufgehoben worden ist, bis eine Verwirrung nach der anderen in Ordnung gebracht ist. Und alles, was nur von irgendjemandem auf diese Weise erfolgreich erreicht worden ist, werde auf den Haufen der bereits vollbrachten Taten geworfen, so daß keiner gedroschenes Stroh dreschen muß, sondern die Tatkraft der Gesamtheit sowie der einzelnen sich ausschließlich auf die Aufgaben richtet, die noch zu vollbringen und zu vollenden sind.

16. *Viertens: Werden die Mittel für die umfassende Erneuerung eingeführt, so wird man gut daran tun, sich an die Ordnung zu halten, die wir bereits festgelegt haben.* Vor allem anderen sind, mit Hilfe unserer Methode, die *Bücher* zu erneuern, danach, mit Hilfe der Bücher, die *Schulen*, sodann haben sich die *universalen Schulleiter* kollegial zusammenzuschließen, und zuletzt soll die *universale Sprache* eingeführt werden.

17. *Was die Ausarbeitung der Bücher betrifft, so wird man entweder mit denen anfangen, die den größeren Nutzen bieten, oder mit denen, die schneller Verwendung finden können.* Wenn die erstgenannte Möglichkeit zusagt, wird die Pansophie das Alpha und Omega sein. Denn sie teilt alles, was gewußt werden kann und soll, in eine wahre, einleuchtende und ununterbrochene Ordnung ein. Eben dadurch aber setzt sie für sich selbst und für die anderen Bücher die Grenzmarken, bestimmt die Gewichtungen und gewährt Liebenswürdigkeit (so wie es das Ziel für seine Mittel zu tun pflegt). Falls aber eher dasjenige hervorgebracht werden soll, was sich eher in praktische Betätigung überführen läßt, *dann wird man mit den einfachsten Büchlein anfangen müssen, mit Informationsschriften für das Lallalter und die frühe Kindheit der Menschen.* So wird es möglich sein, von den Fundamenten über die Steigerungen bis zum Gipfel vorzudringen: von einer generellen und verworrenen Vorkenntnis der Dinge über bestimmte und besondere Einzelversuche zu einem abgehobenen Verständnis; man wird im Ausgang von experimenteller Unterweisung zur Weisheit gelangen. Weil aber all

diese Stufen untereinander in vollständigem Zusammenhang stehen müssen, wird es kaum möglich sein, eine allein auszuarbeiten und nicht zugleich auch alle anderen. *Daher scheint hier der Plan der beste zu sein, nichts zu veröffentlichen, solange nicht alles die angestrebte Vollständigkeit, Ausgewogenheit und Harmonie erreicht hat.*

18. *Hinsichtlich der universalen Sprache sind insbesondere die folgenden beiden Ermahnungen zu erteilen: Erstens* darf man sich nicht daran wagen, diese Sprache zu erfinden, solange die Pansophie nicht vollendet ist, wenigstens so weit, daß sie die Gattungen, Ideen und wesentlichen Eigenschaften der Dinge richtig erfaßt. Die universale Sprache wird nämlich nicht gegenstandsbezogen sein können, wenn sie nicht so ausgerichtet worden ist, daß sie überall parallel zu den Dingen verläuft. Sie wird auch nicht angewendet werden können, wenn vorher nicht die Grundlagen der Dinge, die Ordnung, die sie untereinander einhalten, und ihre wechselseitigen Verbindungen offenkundig geworden sind. *Zweitens* darf niemand für sich allein versuchen, diese Sprache zu ersinnen. Vielmehr ist diese Obliegenheit dem Kollegium der Weisen zu überlassen. Ansonsten kann es geschehen, daß sich mehrere geistreiche Menschen danach sehnen, eine derart gefällige Leistung zu vollbringen, und sich ans Werk machen. Es wird sich dann aber nicht vermeiden lassen, daß in der einen oder in der anderen Frage ein jeder eine andere Lösung für richtig hält. Und wenn nun ein jeder an seinen eigenen Erfindungen festhalten möchte, *dann werden wir statt einer mehrere neue Sprachen haben. So würden wir die Verwirrung nicht beseitigen, sondern vergrößern.*[399] Zwar hindert nichts daran, daß mehrere Menschen über alles nachdenken, was zu dieser Sache beiträgt, nur sollen sie in einer Angelegenheit, die der ganzen Welt dienen soll, keine eigenmächtigen Entscheidungen fällen. Stattdessen sollen sie alles Nützliche, das ihnen eingefallen ist (gleich, ob es sich auf das Ganze oder auf einen Teil bezieht), aufzeichnen und schließlich der Allgemeinheit zur Entscheidung (welche zur gegebenen Zeit getroffen wird) überlassen.

19. Ich sagte auch noch, *mit der Erneuerung müsse allerorten ein wahrhafter und wirklicher Anfang gemacht werden, wobei*

die Bücher ebenso zu berücksichtigen seien wie die Schulen und das Kollegium. Wir dürfen nämlich nicht immer nur über das Handeln beratschlagen, wir müssen auch einmal handeln, selbst wenn am Anfang nicht gleich alles ausgezeichnet sein kann. *Es ist besser, auf gewissen Gebieten Mängel zuzulassen, als das ganze Unternehmen aufzugeben.* Zwar – dies sei zuerst bemerkt – zielen die Natur, die Kunst (die Nachahmerin der Natur) und die Gnade (die Erneuerin der verdorbenen Natur) auf vollendete Werke ab. Doch beginnen sie stets mit ungeschliffenen Grundlagen. Das Werden der Dinge ereignet sich nämlich so, daß sie von ihren Prinzipien her emporwachsen und sich über Steigerungen zu ihrer Vollendung erheben. Jeder Brand beginnt mit einem Funken, dann greift er auf Zunder über, bald erfaßt er einen Balken, daraufhin ein Haus, sodann ein Viertel und zuletzt die ganze Stadt. Christus aber, unser Herr, verglich seine Lehre mit Feuer[400], und er begann sie zuerst unter den Seinen zu verbreiten, im Kollegium der Apostel; daraufhin befahl er diesen, sie sollten bei Tageslicht sagen, was sie in der Dunkelheit gehört hätten, und von den Dächern verkünden, was ihnen ins Ohr geflüstert worden war *(Mt. 10, 27).* Weiterhin gilt: *Wer einen Ratschlag gibt, sollte ihn eher mit einem Beispiel als in Worten geben, oder zumindest nicht in Worten, die kein Beispiel begleitet;* andernfalls wird er keinen Nutzen haben. Wenn einer auf diese Weise dasjenige selbst tut, wozu er anderen rät, dann zieht er daraus nicht nur den Nutzen, daß er das Vertrauen anderer Menschen eher verdient und geschenkt bekommt und daß er andere dazu bewegt, ihn bereitwilliger nachzuahmen; er erhält überdies die Gelegenheit dafür, seine Pläne zu verwirklichen. *Denn allein Gott besitzt die Fähigkeit, gemäß den Ideen, die er in Ewigkeit immer schon geschaut hat, vollkommene Werke hervorzubringen.* (Deswegen konnte auch nur von ihm gesagt werden: *Er sah alles an, was er gemacht hatte, und siehe, es war sehr gut,* Gen. 1, 31). Der Mensch lernt, während er handelt, immer noch etwas dazu. Denn die Ideen, wie auch dasjenige, was er nach diesen Ideen ausgestaltet, kann er stets nur stufenweise angehen und vollenden. Die Erneuerer sollen sich selbst also als erste an die praktische Erprobung ihrer Pläne wagen. Sehen sie, daß sie dabei untrügliche Fortschritte erzielen, so werden sie ihre Betätigung der Welt mit größerer Gewißheit empfehlen können. Sehen sie dies aber nicht, so wird ihnen dadurch die Möglichkeit zum Verbessern und Vollenden geboten. Niemand läßt sich leichthin neue Medikamente geben. Man nimmt sie jedoch nicht ungern, wenn sie die vertraute Aufschrift »*Bewährt*« tragen.

20. Daher sollen alle ausgearbeiteten didaktischen Bücher rasch zur Anwendung gebracht werden, damit aus der Sache selbst heraus klar wird, ob die Schüler mit diesen Büchern Wissen wirklich leichter erwerben, als es bislang der Fall war. Und wenn dieser Versuch auf dem einen und anderen Gebiet gut vonstatten geht, dann soll man damit beginnen, diese Bücher in irgendeiner öffentlichen Schule öffentlich zu verwenden. Danach wiederum sollen sie in mehreren Schulen Verwendung finden usw. Mit der praktischen Erprobung und Verwendung auf eine derartige Weise zu beginnen, das sollte verdientermaßen an denen liegen, bei denen und dank deren Einsatz diese Hilfsmittel für die Ausbildung vorbereitet worden sind. Denn zum einen fängt eine wohlgeordnete Nächstenliebe[401] bei sich selbst an. Zum anderen fassen bei diesem Vorgehen diejenigen Vertrauen, die das Unternehmen nachahmen möchten. Schließlich aber ist es mehr als gerecht, daß diejenigen den ersten Ertrag der Ernte einfahren dürfen, die die erste Aussaat unternommen haben.

21. Auf eine ähnliche Weise *wird die Grundlage für das Kollegium des Lichtes* von ein, zwei Männern *geschaffen werden können,* die in das Mysterium des Lichtes eingeweiht sind. Sie sollen dies nicht zu dem Zweck tun, irgendeinen Vorteil vor den anderen beanspruchen zu können, sondern um den anderen ein Beispiel zu geben. Denn einige einzelne müssen doch einmal einen Anfang machen. Es beginnt nämlich auch jede Zahl, zu welcher Größe sie sich auch erweitern sollte, mit der Einheit; sie steigt über die Zweizahl zur Dreizahl empor, und in der Folge geht es dann dementsprechend weiter, wobei jede beliebige Einheit im Hinblick auf sich selbst und auf das Ganze die gleiche Vollkommenheit erreicht. *Solange Gott noch keine Gelegenheiten dafür geboten hat, das universale Kollegium in aller Form zu*

gründen und gesetzlich zu verankern, können es einstweilen auch die Urheber der universalen Bücher zusammen mit ihren Förderern und Schirmherren verkörpern.

22. Sind auf diese Weise an irgendeinem Ort, in irgendeinem Haus, in irgendeiner Stadt, bei irgendeinem Volk die Angelegenheiten wunschgemäß gestaltet, *so wird man als nächstes darüber nachzudenken haben, wie sich dieser Lichtschein in alle Richtungen ausweiten läßt.* Denn es ist das Wesen des Lichtes, sich zu verbreiten; überhaupt gehört es zur Natur alles Guten, sich selbst mitzuteilen.[402] Deshalb sagte Christus zwar, er sei vor allem zum Haus Israel gesandt; und er verbot es seinen Gesandten zunächst, *die Wege zu den Heiden zu gehen und die Städte der Samaritaner zu betreten* (Mt. 10, 5). *Später verkündigte er aber doch bei den Samaritanern und befahl auch, bei ihnen zu verkündigen*[403]. *Er gebot es sogar, in die ganze Welt hinauszugehen und das Evangelium allen Geschöpfen zu verkünden*[404]. Die Apostel befolgten diesen Auftrag. Daher betonten sie, daß sie Schuldner der Griechen und der Barbaren, der Weisen und der Toren seien[405]; und sie erfreuten sich daran, von einer Völkerschaft zur nächsten zu gehen und dabei Christus zu verkünden. Doch auch der Heide Seneca *beteuerte, er lerne zu dem Zweck, das Erlernte an andere weiterzugeben. Er sagte sogar, er wolle die Weisheit nicht, falls sie ihm unter der Bedingung gegeben werde, daß er sie für sich behalten und niemandem mitteilen dürfte.*[406] Wenn nun schon diejenigen die Natur der Guten nachahmen, die bloß Scheingüter besitzen (wie die Sektengründer), warum sollen das nicht auch jene tun, denen Gott die wahren Strahlen des wahren Lichtes sowie Methoden dafür offenbart hat, wie sich diese Strahlen nach allen Richtungen reflektieren lassen?

23. *Wie kann das aber vor sich gehen? Jedenfalls mit einer bestimmten Ordnung.* Als Christus nämlich eine ungeheure Menge sättigen wollte, da befahl er zuerst, daß sich auf einzelnen Plätzen jeweils eine Gruppe von hundert Menschen niederlassen solle. Dann brach er die Brote und teilte sie aus, indem er sie den Jüngern gab. Diese aber gaben sie an diejenigen weiter, die in ihrer unmittelbaren Nähe standen, und diese wiederum an an-

dere. Zuletzt gab es selbst in der größten Entfernung keinen mehr, dem nicht sein Anteil zugefallen wäre.[407] Offenbar müssen wir in diesem Fall genauso verfahren. *Jeder soll sich selbst auf das Licht Gottes hin erneuern, daraufhin die Seinen, als diejenigen, die ihm am nächsten sind. Bald danach lade man auch andere ein, die nicht allzu weit entfernt sind* (z. B. die Mitglieder der Religionsgemeinschaft, der man selbst angehört), *sodann auch andere Menschen, die in größerer Entfernung leben* (wie Simon und Andreas ihre Gefährten, die sich im nächsten Boot befanden, dazu einluden, sich an dem glücklichen Fang zu beteiligen[408]), *bis schließlich alle Christen zu Übereinstimmung und Harmonie gelangen. Danach werden sie endlich die dichtere Finsternis machtvoll bekämpfen, die sich außerhalb der Kirche befindet.* Das Gottes-Licht wird dann zuerst den *Moslems* vor Augen zu halten sein, da sie uns ja im Vergleich zu den Juden und den Heiden noch am nächsten stehen. Denn sie erkennen Christus als einen Propheten an und verehren ihn. Von ihnen aus *werden wir zu den heidnischen Völkerschaften weitergehen.* Da sie Christus nicht kennen, sind sie ebenso weit davon entfernt, ihn zu hassen, wie davon, ihn zu lieben. Die Letzten aber werden seine eingeschworenen Feinde sein, die *Juden.* Die Schrift kündigt es an, daß sie durch diese Fülle der bekehrten Völkerschaften in Eifer geraten werden, so daß sich der Kreis des göttlichen Erbarmens bei denen schließt, bei denen er seinen Anfang genommen hat.[409]

24. *Es könnte gefragt werden: Wie werden wir barbarische Völkerschaften erreichen, deren Sprachen wir nicht kennen? Wie werden wir ihnen das Licht der Wahrheit zeigen? Die Apostel hatten einen Schlüssel bei sich, der ihnen die Augen und die Herzen der Menschen erschloß, und zwar einen zweifachen: die Sprachengabe und die Macht, Wunder zu wirken – was aber haben wir?* Hierauf antworte ich: Wenn uns nicht die Bereitschaft dazu fehlen wird, Christus bei der Erweiterung seines Reiches zu dienen, dann wird es Christus auch nicht an Mitteln und Wegen dazu fehlen, Vertrauen zu seinen Dienern aufkommen zu lassen, wie es ja geschrieben steht: *Sie zogen aus und verkündigten überall. Der Herr arbeitete mit ihnen zusammen und bekräf-*

tigte ihre Rede durch die Zeichen, die ihr nachfolgten.[410] Ich möchte überdies erwidern: Um uns die menschlichen Sinne zu erschließen, dafür wird uns die PANHARMONIE *der Prinzipien für die Erkenntnis der Natur, der Schrift und jedes menschlichen Bewußtseins* Schlüssel genug sein, sobald sie einmal aufgedeckt ist. Wenn sie bei genügend hellem Licht in das Blickfeld aller Menschen gestellt wird, besitzt sie aus sich selbst heraus die Kraft dazu, gleich einem Blitz die Augen des Geistes heftig zu reizen und alle Sinne für den Gehorsam gegenüber der Wahrheit zu gewinnen.

25. *Wie aber wird dies bei denjenigen Menschen möglich sein, deren Sprache wir nicht kennen?* Darauf lautet meine Antwort: Der Herr – so hoffen wir – wird allen eine einzige auserlesene Lippe geben, so daß uns alle verstehen. *Auserlesen nenne ich die Lippe, die für eine Ausdrucksweise steht, welche unter Vermittlung der Dinge selbst allen Menschen leicht gelehrt werden kann.* Um selbst den Barbaren einen ersten Geschmack von der harmonischen Weisheit zu geben, ist es aber auch vonnöten, gebräuchliche Sprachen zu verwenden. *Daher sollen einige Mitglieder unserer Gemeinschaft die Sprachen der Barbaren lernen, indem sie im Ausland mit ihnen Austausch pflegen. Stehen jene Völkerschaften aber unter unserer Herrschaft, dann sollen möglichst viele ihrer Knaben, die schon sprechen können, bei uns aufgenommen werden, und sie sollen unsere Sprache und die Harmonie der Dinge erlernen. Wenn sie innerlich gefestigt sind, dann mögen sie als zukünftige Apostel ihres Volksstammes entlassen werden.*

26. Doch es gibt noch ein anderes Mittel: Selbst wenn die Sprachen der kleineren Völkerschaften nicht berücksichtigt werden, *läßt sich mit Hilfe der Dinge eine neue Sprache lehren, und zwar in den Sprachen, die im höheren Grade allgemein verbreitet sind und die bei den meisten Völkerschaften Anerkennung genießen.* Eine solche Sprache ist in Europa das *Latein*, in Asien und Afrika das *Arabische*. Was nämlich auf Latein geschrieben wird, das können Menschen aus allen europäischen Völkerschaften verstehen, und sie können es, falls es der Mühe wert zu sein scheint, in ihre eigenen Sprachen übersetzen. Ähnliches können

mit dem, was auf Arabisch geschrieben ist, fast alle asiatischen und die meisten afrikanischen Völker anfangen. *Ist nun die »Pforte der Dinge«* (oder *»Pansophische Metaphysik«*)[411] *nach den wahren Gesetzen der universalen Harmonie geschaffen und in allen Sprachen in der Weise herausgegeben, daß jede Seite, jede Zeile, jedes Wort dem jeweiligen Gegenstück entspricht, dann wird dieses Werk selbst eine Art Trichter sein können.*[412] Durch ihn wird es möglich sein, jede Sprache vermittels jeder anderen zu erlernen und das Fundament der neuen Sprache zusammen mit dem Fundament der Dinge selbst zu erfassen.

27. Hierauf wird jemand sagen: *Das scheint ein mühevolles Unterfangen zu sein.* Darauf antworte ich: Es ist dem Anschein nach mühevoller, als es in Wirklichkeit sein wird, wenn wir mit Vernunft an die Sache herangehen und sie ernsthaft vorantreiben. Doch wie groß die Last dieser Aufgabe auch immer sein mag, *das Gut, das wir dadurch erlangen, ist doch viel größer. Es besteht darin, daß unsere Brüder aus allen Völkerschaften zum Herrn herangeführt werden* (Jes. 66, 20). Unsere Brüder, möchte ich betonen, für die wir sogar unser Leben hingeben sollen und für die wir erst recht einige Mühe aufbringen müssen *(1 Joh. 3, 16).*

28. *Die Mittel sollten in einem angemessenen Verhältnis zu ihrem Zweck stehen.* Wir finden es nämlich nirgends, daß etwas Größeres zu einem niedrigeren Preis zu haben ist. Eine große Ernte[413] erfordert viele Arbeiter, viele Sicheln, viele Scheunen und auch ein gerechtes Maß an Zeit. Diese letzte Ernte der Welt (die Wiederversammlung, die alle Völkerschaften in die Scheune der Kirche zurückbringt) mag daher groß sein – wenn es auch viele eifrige Arbeiter, *Angehörige des Kollegium des Lichtes*, gibt, wenn sich viele Sicheln (der harmonischen Werkzeuge) in ihren Händen befinden und jeder an seinem Platz die gebührende Umsicht walten läßt, dann wird mit Gottes Hilfe geschehen können, was wir zur Zeit der Getreideernte an ländlichen Gebieten beobachten. Wir sehen dann, daß binnen weniger Tage die Felder abgeerntet, die Scheunen gefüllt und die Wünsche der Bauern erfüllt sind. Wenn in einer großen Stadt am Vorabend eines Festtages sich jedes Familienoberhaupt darum kümmert,

daß das eigene Haus und der angrenzende Teil der Straße ausgekehrt wird, dann pflegt die ganze Stadt noch am gleichen Tag einen sauberen und glänzenden Eindruck zu machen. Ebenso verhält es sich, wenn jeder, der schon in den göttlichen Lichtschein getaucht ist, unter den Seinen und den jeweils Nächsten seine Aufgabe erfüllt. Diese besteht darin, überall dasjenige in den Blick geraten zu lassen, was jetzt noch nicht oder nur schwerlich zu sehen ist: *daß die Einöden in Gärten des Herrn verwandelt worden sind,* so wie es die göttlichen Orakel voraussagen.[414]

KAPITEL 22[415]

An den Vater der Lichter[416] gerichtete Bitten um die letzte Erleuchtung des Menschengeschlechtes

Endlich zu Dir bekehrt, o Vater der Lichter, bitten wir alle Dich demütigst: Erbarme Dich über uns alle! Gib unserer Leuchte Licht, laß licht werden unsere Finsternis *(Ps. 18, 29)*!

Denn noch immer bedeckt Finsternis die Erde und Dunkel die Völker. Du aber gehe auf über Jerusalem, o Jehova, damit Deine Herrlichkeit erscheint *(Jes. 60, 1f.)*! Für sich genommen ist die Erde wie schon seit Anbeginn, so auch jetzt nichts anderes als ein leeres und unnützes Ding; unablässig bietet sie der Finsternis eine Aufnahmestätte. Da Du aber sprachst *Es werde Licht, und es wurde Licht*[417], befiehl auch nun, daß in unseren Herzen das Licht aus der Finsternis aufleuchte *(2 Kor. 4, 6)*. Bislang haben wir in einem Dämmerlicht gelebt, das weder Tag noch Nacht ist, weil sich ihm Finsternis beigemischt hat. Führe Du jetzt aus, was Du verheißen hast: daß es *zur Abendzeit der Welt Licht geben wird* (Sach. 14, 7). Es möge für uns der Tag anbrechen, der keinen Sonnenuntergang kennt! Jenes Licht möge für uns erstrahlen, über welches das Reich der Finsternis keine Macht mehr beanspruchen kann, vor dessen leuchtendem Glanz sogar der Fürst der Finsternis zitternd in seinen Abgrund flieht!

O Vater der Geister, o Gott allen Fleisches, dessen Augen auf alle Söhne Adams herabblicken, der Du unsere Blindheit siehst, erbarme Dich unser! Damit auch wir Dich sehen, durch den und in dem alles ist[418], auch wir selbst. Es mögen Dich alle finden, Dich, den alle suchen; auch diejenigen, die von ihrem Suchen nichts wissen! O unsichtbares Licht, verleihe uns eine Sicht, die Dich sieht! O ewiges Licht, erleuchte unseren Geist, der dazu geschaffen wurde, an der Ewigkeit teilzuhaben, damit Dich alle verstehen und lieben. Wird Dich denn die Finsternis preisen, ewiges Licht? O breite, breite Deine Strahlen aus und durchbrich machtvoll all unser Dunkel! Damit wir nicht länger blind sind, umherirren, tasten und in Gruben fallen – wir, die Du zur Teilhabe am Licht und am Leben geschaffen hast. Hättest Du uns nicht erschaffen, o Herr, dann wären wir nicht. Warum aber duldest Du es, daß diejenigen ins Verderben zurückstürzen, die Du zum Leben geschaffen hast? Deine Augen leuchten tausendfach heller als die Sonne, sie schauen sogar in die Tiefe des Abgrunds hinab. Warum gibst Du nicht auch uns, die Du nach Deinem Bild geschaffen hast, leuchtende Augen, die den Abgrund ihrer Nichtigkeit an sich selbst sehen, in Dir aber die Quelle ihrer Wesentlichkeit erkennen? O Wort, das Du im Anfang gesprochen hast: *Es werde Licht!*, sprich nun auch zu uns ein *Es werde Licht!* – und schon wird Licht geworden sein.

Zu Dir ruft eine alternde Welt, damit Du, der Du ihre Jugend erleuchtet hast[419], ihr Alter nicht verachtest, sondern ihre Gebeine jubeln[420] und ihre Jugend wie die eines Adlers wieder aufleben läßt[421]! O Gott aller Völker, gib allen Völkern, daß sie die Stimme Deiner Posaune anerkennen und in Deinem Licht wandeln (Ps. 89, 15 f.). *O Vater unser, der Du bist im Himmel, möge nun Dein Name auf der ganzen Welt geheiligt werden! Es komme nun Dein Reich für die ganze Welt! Es geschehe nun Dein Wille, wie im ganzen Himmel, so auf der ganzen Erde*[422]! O Herr, überall in Europa, Asien, Afrika, Amerika und Magellanien[423] und auf allen Inseln des Meeres werde Dein Name geheiligt, komme Dein Reich, geschehe Dein Wille! Erfülle, o Gott, die Erde mit Deiner Erkenntnis, so wie das Meer mit Wasser gefüllt ist[424], so daß Dir die ganze Erde zujubelt. Erwecke Menschen, die Deinen Willen in *Büchern* niederschreiben, in solchen Büchern aber, die Du selbst den Herzen aller Menschen einschreibst. Bewirke es, daß bei allen Völkern *Schulen* eröffnet werden, Nährstätten für Deine Söhne! Und errichte Du selbst deine Schule in den Herzen aller Menschen. Erwecke den Geist der Weisen auf der ganzen Welt, damit sie zu Deinem Lobpreis zusammenarbeiten. Du selbst aber sei der Vorsitzende für den Reigen Deiner Auserwählten! Gib den Völkern eine auserlesene *Lippe*[425], damit sie Dich mit einem Mund feiern! Und lehre uns Du selbst durch Deine inneren Ansprachen!

O Licht der Welt Jesus Christus, ohne den alles Finsternis ist, erleuchte die Welt! O Leben der Welt, ohne das alles tot ist, belebe die Welt! O Weg, ohne den alles unwegsam oder abwegig ist, führe alles, was abirrt von Dir, durch Dich zu Dir, zu deiner seligen Ewigkeit! Ach Herr, wenn Du uns, die wir zu Dir rufen, so fragst wie den Bartimäus: *Was soll ich euch tun?*, dann werden wir tausendmal das eine wiederholen: *Mach, daß wir sehen!*[426] Die großen und finsteren Wolken unendlicher Unwissenheiten, Irrtümer und Eitelkeiten verfinstern nämlich die Augen der Welt, so daß sie Dich, die Sonne der Wahrheit und Gerechtigkeit, nicht sehen können, weil sie in ihre Finsternis verwickelt sind. Diese lieben sie und sie wollen sich daraus nicht befreien lassen, da sie das Licht nicht anerkennen. Laß daher Deinen Donner rollen, o Herr, und schicke Deine Blitze, damit Dein Licht alle Saulusse machtvoll umstrahlt, so daß sie, zu Paulussen gewandelt[427], in Deinem Namen zu den Völkern und Völkerschaften gehen, um deren Augen zu öffnen, so daß sie sich von der Finsternis zum Licht bekehren, von der Macht Satans zum lebendigen Gott; so daß sie die Vergebung der Sünden annehmen und durch den Glauben an Dich mit den Heiligen ihren Anteil empfangen *(Apg. 26*[428]*)*. O Herr Jesus, bewirke, daß es so ist, wie es der Vater über Dich im voraus verkündigt hat: *daß es für dich zu wenig ist, die eine und die andere Völkerschaft wiederherzustellen; daß Du als Licht der Völkerschaften eingesetzt bist, um das Heil Gottes bis ans Ende der Erde zu sein* (Jes. 49, 6)! Entsende den Engel mit dem ewigen Evangelium, das allen Stämmen und Landstrichen und Sprachen und Völkern verkündet werden soll *(Offb. Joh. 14, 6)*. O Herr, der Du gesagt hast: *Laßt die Kindlein zu mir kommen; hindert sie nicht daran!*[429], wir bitten Dich bei deinem tiefsten Erbarmen darum, daß Du selbst die Kindlein der ganzen Welt zu dir kommen läßt *(Mk. 10, 9)*. Verhindere es auch nicht, daß die Söhne der Völkerschaften Dir, o Gott Zebaoth, zum Ruhm von den Enden der Erde herangebracht werden, zur Ausschmückung Deiner heiligen Stadt Jerusalem *(Jes. 60, 9)*! Und falls es Menschen gibt (sei es unter den Pharisäern, sei es unter Deinen Jüngern), die dies verhindern wollen, dann fahre sie an! Und bewirke Du selbst es, o Retter der Welt, daß sie nicht dasjenige verhindern, was Deinen Ruhm und das Heil der Welt betrifft *(Mt. 21, 16)*! Die Dämonen, Deine Feinde, pflegen Dich darum zu bitten, daß du ihnen nicht befiehlst, in den Abgrund zu verschwinden – und Du hast es ihnen gestattet, in die Schweine zu fahren *(Lk. 8, 31)*. Wir aber, Deine Diener, bitten dich: Laß sie sich jetzt in den Abgrund werfen, und laß den Abgrund sich über ihnen verschließen, damit sie die Völkerschaften nicht mehr länger verführen können *(Offb. Joh. 20*[430]*)*. Wenn Du es aber doch noch immer zuläßt, daß sie in die Schweine dieser Welt fahren, damit sie sich in ihrer Raserei selbst ein Ende bereiten, dann, o Herr, mögen Deine Urteile vollstreckt werden, die ja auch ein Abgrund sind – nur bitten wir Dich darum, daß die Menschen, die der Satan nun alle nach Belieben gefangen hält, alle aus seiner Gewalt befreit werden. Das ganze Haus der Welt erfülle sich mit dem Rauch und dem Licht Deiner Herrlichkeit[431]! Gemeinsam mit den Myriaden derer, die um den Thron Deiner Erhabenheit herumstehen, möge auf der ganzen Erde einer dem anderen zurufen: *Heilig, heilig, heilig, Herr Gott Zebaoth! Die ganze Erde ist erfüllt von seiner Herrlichkeit* (Jes. 6, 3f.). O es geschehe, es geschehe, heiliger Gott, es geschehe! *Amen! Amen! Amen!*

Der Name des Herrn sei gepriesen von nun an bis in Ewigkeit.
Vom Aufgang der Sonne bis zu ihrem Untergang
sei gelobt der Name des Herrn

(Ps. 113, 2.3).

ENDE

ANMERKUNGEN DES HERAUSGEBERS

Folgende Anmerkungen lehnen sich gänzlich bzw. weitgehend an den von Julie Nováková erstellten »In Viam Lucis Commentarius« (DJAK 14, S. 374–385; zit. als ›Comment.‹ mit Seiten- und Spaltenangabe) an: 3f., 13, 20, 29, 41, 44–48, 51, 53f., 57, 64, 70–72, 79, 82, 85, 88, 91–94, 96–103, 105, 108, 132–134, 143f., 146, 148, 151, 157, 160f., 182, 185f., 203, 228, 245, 254, 257–259, 261–263, 265, 267–270, 273, 276f., 279–282, 284, 286f., 289, 295f., 298–302, 306–309, 311, 321, 328, 332, 335, 337, 343, 346, 350, 353, 363–365, 368–380, 383–398, 400f., 403–408, 410, 413f., 417–431. Es handelt sich dabei vorwiegend um Querverweise sowohl innerhalb des comenianischen Werkes als auch auf Schriften anderer Autoren. Alle in Comment. vorgefundenen Quellenangaben wurden in Autopsie nachgeprüft.

1. [281.1] Die Anregung zu diesem Titel erhielt Comenius offenbar von einem Korrespondenzpartner, der auf *Prodromus*, vor allem auf die darin enthaltene Ankündigung weiterer didaktischer Entwürfe begeistert antwortete, dem Menschengeschlecht sei von Gott seit der Verkündung des Evangeliums kein größeres Geschenk zuteil geworden als der durch Comenius aufgezeigte »Weg des Lichtes«, den es zu vollenden gelte (vgl. DJAK 15/II, S. 55: Ad lectores).

2. [243] Unter dieses Motto steht auch Johannes Arndt, *Vier Bücher vom wahren Christenthum*, Viertes Buch, S. 1 (Kap. 1), »Vom ersten Tage=werck Gottes / dem Liecht«. Auf die gelegentlichen Entlehnungen der *Via lucis* von Arndt, die nachfolgend im einzelnen dokumentiert werden, hat bereits C. Gilly im allgemeinen hingewiesen; vgl. C. Gilly (1992), S. 18f. Zu dem von mystischem und paracelsischem Gedankengut beeinflußten J. Arndt (1555–1621) vgl. Siegfried Wollgast (1988), S. 518–522 u. ö. Trotz gelegentlicher Berührungspunkte vor allem auf dem Feld der Lichtsymbolik unterscheiden sich Arndt und Comenius freilich prinzipiell hinsichtlich ihres Geschichtsverständnisses; vgl. mit der zuversichtlichen Geschichtsperspektive in *Via lucis* J. Arndt, a.a.O., Erstes Buch, S. 104–112 (das völlig in augustinischem Geist gehaltene Kap. 17: »Daß der Christen Erbe und Güter nicht in dieser Welt seyn / dar-

umb sie des zeitlichen / als Frembdlinge / gebrauchen sollen«) sowie Arndts gleichsinnige Absage an »eine gelehrte Welt, eine geschickte und kunstreiche Zeit, doctum & eruditum saeculum«, ebd., S. 245 (Kap. 36).

3. [285.1] »ILLUMINATI SECULI PHOSPHORIS«: Den griechischen Terminus »phosphori« hat Comenius wohl deshalb gewählt, um dessen lateinisches Pendant »luciferi« zu umgehen, das die Konnotation des Satanischen mit sich führt. Von »daduchi & phosphori« auf dem Gebiet des Wissensstrebens redet Comenius bereits in: *De imped.* (ODO III, Sp. 752). – Mit seiner Anrede belegt er, daß er die ›Royal Society‹ als Vereinigung im Geiste Francis Bacons begreift. Vgl. ders., *Physicae synopsis*, Praefatio, § 5 (DJAK 12, S. 76) (Bacons ›Instauratio magna‹ als »leuchtkräftigster Lichtspender des heraufkommenden neuen Zeitalters«).

4. [285.5 f.] Diese Lichtmetaphorik wird dem Selbstverständnis der ›Royal Society‹ durchaus gerecht. In seiner offiziösen »History of the Royal Society« hatte T. Sprat 1667 geschrieben, die ›Royal Society‹ verbreite ein »universal light which seems to overspread this age« bis ins barbarische Amerika. Und in Henry Oldenburgs Vorwort zum ersten Band der ›Philosophical Transactions‹ der ›Royal Society‹ heißt es: »It will not become me to adde anything to a title which has a fulness of lustre from His Majesties denomination.« Beide Zitate nach R. F. Young (1932), S. 52, Anm. 3.

5. [285.6–8] Comenius schließt sich hier einer seinerzeit weitverbreiteten äußerst positiven Einschätzung der ›Royal Society‹ an, die seit ihrer Entstehung in internationalen Wissenschaftlerkreisen eine geradezu blendende Reputation besaß, mochten ihre tatsächlichen Leistungen auch hinter ihren eigenen Ansprüchen zurückbleiben. Das hohe Renommee der ›Royal Society‹ verdankt sich zum einen der regen Korrespondenztätigkeit ihres Sekretärs Henry Oldenburg, zum anderen den »Philosophical Transactions«. Seit 1665 von Oldenburg zunächst privat herausgegeben, wurde dieses Periodikum sehr bald vom Publikum und auch von der ›Royal Society‹ selbst als deren offizielles Sprachrohr anerkannt und etablierte sich als führende (und übrigens heute noch bestehende) wissenschaftlich orientierte Zeitschrift. Vgl. dazu M. Hunter (1988), S. 388–391, dort S. 390.

6. [285.10] Joh. 4, 38.

7. [285.12] Vgl. hierzu Comenius, *Prodromus*, § 97 (DJAK 15/II, S. 43); Übersetzung nach ders., Leben, S. 6 f.: »Es sind jetzt schon

fast zwanzig Jahre vergangen [= 1614] seit ich zum ersten Male das Verlangen und den Antrieb verspürte, nach Abhilfen für die Schwierigkeiten der wissenschaftlichen Arbeiten zu suchen, und zwar aufgrund meines eigenen Unglücks, das mich, ach, beinahe all meiner Jugendjahre beraubte.« Das »Unglück«, von dem Comenius an dieser Stelle spricht, ist allerdings nicht die europäische Katastrophe des Dreißigjährigen Krieges, sondern die mangelhafte Bildung, die ihm als Vollwaisen zuteil geworden war. Die Jahreszahl 1614 ist indessen für die Projekte Comenius dadurch von Bedeutung, daß er damals damit begann, erste Erfahrungen als Pädagoge zu sammeln; vgl. M. Blekastad (1969), S. 55.

8. [285.20] Eine Anspielung auf Comenius, *Labyrinth der Welt*; vgl. dazu U. Voigt (1996 b), S. 128–132; ebd., S. 190–196 (jew. mit weiteren Literaturhinweisen).

9. [285.21 f.] Von einer rigiden Ein-Buch-Konzeption, die sich bereits bei T. Campanella, *Civitas Solis* (Opera latina Francoforti impressa, T. II, S. 420) sowie in dem ›rosenkreuzerischen‹ Manifest *Confessio Fraternitatis*, cap. IV (ed. J. Fr. v. Meyer, S. 67–85, dort S. 72) angedeutet findet und zunächst auch von Comenius vertreten wurde (vgl. *Prodromus*, § 41 [DJAK 15/II S. 29]), ist die *Via Lucis* bereits abgerückt; s. u. Kap. 14, §§ 9–24 [341.15–345.2]. Damit hat Comenius den Weg eingeschlagen, der ihn schließlich zur siebenteiligen *CC* führte. Vgl. J. Patočka (1981), S. 372 ff.

10. [285.26 f.] Vgl. R. F. Young (1932), S. 59, Anm. 3: »The theologians in question were possibly John Dury and Theodore Haak. The bishops were probably John Davenant (1576–1641), Bishop of Salisbury, Joseph Hall (1574 – 1656), Bishop of Norwich, Thomas Morton (1564 – 1659), Bishop of Durham, and James Ussher (1581 – 1656), Archbishop of Armagh.« Nicht genant wird hier allerdings die Persönlichkeit, die in erster Linie für die Berufung Komenskýs nach England verantwortlich zeichnete – Samuel Hartlib. Dieser war jedoch unter der Restauration der Stuarts in Mißkredit geraten und wurde selbst von der ›Royal Society‹ verleugnet, für deren Entstehung er doch nicht bedeutungslos gewesen war. Zu der taktischen Motivation für Comenius, Hartlib an dieser Stelle zugunsten unverfänglicher englischer Kontaktpersonen zu verschweigen: vgl. U. Voigt (1996 b), S. 41 f.

11. [285.27 f.] Auch hier folgt Comenius offenbar der in der vorhergehenden Anmerkung erwähnten Verharmlosungsstrategie.

12. [285.29] Comenius scheint hier auf seinen – irrigen – Eindruck anzuspielen, »auf Geheiß des Parlamentes gerufen worden« zu sein, vgl. *Continuatio*, § 51 (AW 2/I, S. 7), Übersetzung nach: ders., *Leben*, S. 45 f.; siehe dazu U. Voigt (1996 b), S. 33–35.

13. [285.31] Wörtlich »halcyonia«, d. h. Tage des Eisvogels (»halcyon« bzw. »halcedon«, daher auch »halcedonia«). Bei Comenius fungiert dieser Ausdruck als eine öfters vorkommende Metapher für friedliche Zeiten, nutzt der Eisvogel doch eine kurze Periode ruhigen Wetters inmitten des stürmischen Winters, um sein Nest zu bauen, wie Comenius selbst in *Lex. pansoph.*, s. v. ›halcyon‹ (CC II, Sp. 1003) sowie in *Schola ludus* I, act. 5, sc. 3 (VSJAK IX, S. 179) erläutert.

14. [286.1] D. h. die *CC*. Deren Entstehungsprozeß war freilich auch 1668 noch nicht abgeschlossen, da sie Comenius bei seinem Tode 1670 in teilweise fragmentarischem Zustand hinterlassen mußte. Comenius bezieht sich hier offenbar auf die grundlegende Konzeption, die er 1668 für vollendet hielt.

15. [286.5] Vgl. *Panegersia* (CC I, S. 41–95).

16. [286.6] Vgl. ebd., IX, 25–29 (CC I, Sp. 91–93).

17. [286.8] Vgl. *Panaugia* (CC I, S. 97–162). Diese Schrift leitet sich (v. a. ab Kap. 8) von den zentralen Passagen der *Via lucis* her.

18. [286.11 f.] Diese Unterscheidung wird allerdings bereits im ersten Teil, d. h. in *Panegersia* getroffen: IX, 14 (CC I, Sp. 85).

19. [286.12–15] Vgl. ebd., IX, 15 (CC I, Sp. 86).

20. [286.16] Comenius bezieht sich hier insbesondere auf Edward Herbert v. Cherbury, *De veritate*, v. a. S. 10 f. (Propositio VI).

21. [286.18] Ganz ähnlich klagt noch Immanuel Kant, *KrV*, A 81 / B 10 (ed. R. Schmidt, S. 119): »Es war ein eines scharfsinnigen Mannes würdiger Anschlag des Aristoteles, diese Grundbegriffe aufzusuchen. Da er aber kein Prinzipium hatte, so raffte er sie auf, wie sie ihm aufstießen.« Demgegenüber strebt Kant eine systematische Aufstellung der »Stammbegriffe des reinen Verstandes« an. Das comenianische Vorhaben, diese durch entsprechende Betrachtungen der Prinzipien menschlichen Wollens und Handelns zu ergänzen und damit idealistische Verengungen des Menschenbildes zu vermeiden, kommt Kant jedoch nicht in den Sinn. Zu den sich hieraus ergebenden Aporien und zu möglichen ›Auswegen‹ im Geiste des Comenius vgl. E. Schadel (1994).

22. [286.28] Vgl. *Pansophia* (CC I, S. 163–776).

23. [286.32–35] Vgl. *Pampaedia* (CC II, S. 9–145).
24. [286.37–42] Vgl. *Panglottia* (CC II, S. 147–204).
25. [286.43–287.2] Vgl. *Panorthosia* (CC II, S. 205–378).
26. [287.3–6] Vgl. *Pannuthesia* (CC II, S. 379–436).
27. [287.7f.] Eine fast wörtliche Parallele zu Comenius, *Panegersia* I, 1 (CC I, Sp. 18). An beiden Stellen spielt der lateinische Text – *Via lucis*: »*hominibus ostendere omne suum Bonum*»; *Panegersia*: »*ostendere Humano Generi* OMNE SUUM BONUM« – auf eine biblische Aussage an, die Comenius andernorts, nämlich in *De Deo* XI, 4 (AW 4/I, S. 27) auch als solche kenntlich macht: Ex. 33, 19; 34, 6.7. Da das ursprüngliche Subjekt der Vulgata-Stelle Gott ist, Comenius in den pansophischen Kontexten jedoch von *seinem* Projekt spricht, hielt er es wohl für unangebracht, auf die Quelle hinzuweisen und damit den Vorwürfen Nahrung zu geben, er vermische Göttliches mit Menschlichem; vgl. G. H. Turnbull (1947), S. 452–455.
28. [287.30] Auch F. Bacon, *Valerius Terminus* I (ed. F. Träger, S. 43) zufolge ist »das wahre Ziel des Wissens [...], die Hoheit und die Macht des Menschen [...], die er im Urzustande der Schöpfung hatte, wiederherzustellen und ihm größtenteils wiederzugeben«. Zwar handelt es sich bei *Valerius Terminus* um ein englisches Manuskript, das erst 1734 gedruckt wurde. Doch scheint es gerade in den 40er Jahren des 17. Jahrhunderts puritanischen Kreisen zugänglich gewesen zu sein; u. a. berief sich W. Twisse, der auch mit Hartlib in Kontakt stand, in seinem Vorwort zur englischen Ausgabe von J. Medes *Clavis Apocalyptica* (Februar 1642) auf ›Valerius Terminus‹ als »certain manuscript« und zitierte dabei die auch für Comenius bedeutsame progressistische Interpretation von Dan. 12,4; siehe Ch. Webster (1975), S. 10, 21–23. Daß Comenius in Gesprächen mit englischen Gelehrten von Inhalt und Zielsetzung des ›Valerius Terminus‹ erfahren hat, ist demnach naheliegend.
29. [287.35–38] F. Bacon, *De augmentis* II, Praefatio (Works 2, S. 185). Comenius führt diese Stelle auch in *Diatyposis* III (DJAK 14, S. 234) und *ebd.*, Suppl. 1 (DJAK 14, S. 238) an.
30. [287.39–41] D. h. die ›Royal Society‹ betreibt ausschließlich eine deskriptive Erfassung der naturalen Gegebenheiten im Sinne der in Kap. XVI, 12–16 [342f.] dargelegten »Panhistoria«, vernachlässigt aber vor allem die qualitativen und teleologischen Aspekte der Wirklichkeit, wie die »Pansophia« sie aufdeckt; vgl. M. Hunter (1988), S. 391.

31. [287.43] »PLUS ULTRA«: Diese Wendung steht bei Comenius häufig für die wesensgemäße Tendenz menschlichen Denkens und Forschens, das jeweils Vorgegebene hin auf noch Ausstehendes, Besseres hin zu überschreiten; vgl. *Pansoph. christ.*, § 49 (DJAK 14, S. 75); *Diatyposis* I, 42 (DJAK 14, S. 148); *Dilucidatio*, § 44 (DJAK 15/II, S. 75).

Der Gegenbegriff »Non plus ultra« als Ausdruck der Begrenztheit der bekannten und erreichbaren Welt ist zum erstenmal im späten 16. Jahrhundert greifbar, und hier schon als Reminiszenz eines untergegangenen Zeitalters: Soll doch einer lokalen Legendenbildung zufolge Herkules diesen Spruch auf den nach ihm benannten Säulen an der Meerenge von Cádiz angebracht haben; vgl. G. Büchmann (1972), S. 498. Die Parole »Plus ultra«, die demgegenüber die neu erlebte Offenheit der Welt zum Ausdruck bringt, d.h. die Durchbrechung der alten Grenzen des Abendlandes betont, hat bereits Karl V. zu seinem Wappenspruch erhoben; vgl. Jacob Masen, *Speculum imaginum veritatis occultae*, S. 492 (XLIII, 11). Sie läßt sich übrigens auch als Rebus auf dem Titelbild des *Novum Organon* finden – dort sind Schiffe zu sehen, die, der überkommenen Warnung zum Trotz, die Säulen des Herkules durchfahren; vgl. F. Bacon, Works 1, S. I: Sinnenfälliger hätte das Anliegen Bacons nicht wiedergegeben werden können, die Borniertheit hinter sich zu lassen, in der Traditionsgläubigkeit und die Herrschaft von Vorurteilen den bisherigen Wissenschaftsbetrieb gefangenhielten. – Auch J.V. Andreae, *Mythologia christiana*, S. 76f. (II, 33) rezipiert dieses Motiv, deutet es aber auf eine für ihn charakteristische Weise um: Der wahre Christ als »cosmoxenus«, d.h. als augustinische Pilger-Gestalt, entgegnet auf alle innerweltlichen Gegebenheiten mit der Forderung nach einem ›Darüber hinaus‹ und wird schließlich als Verrückter – gleichsam als ›heiliger Narr‹ – aus der Gesellschaft ausgestoßen.

32. [287.46f.] Als Quelle dieses Weltverständnisses wird in der Literatur Nikolaus v. Kues, *Idiota de mente* XIV (Philos.-theol. Schrr., ed. L. Gabriel, Bd. III, S. 596–601); vgl. J. Patočka (1971), S. 15f.; G. Michel (1978), S. 116. Die Deutung der Welt als Schule der göttlichen Weisheit könnte Comenius jedoch (auch) von Paracelsus, *Philosophia sagax* VII (SW I 12, S. 169) sowie von J.H. Alsted, *Physica harmonica*, S. 5 (Ad Lectorem); ders., *Theologia naturalis*, fol. A1^r (Titelblatt), S. 3f. (Epistola dedicatoria) übernommen haben.

33. [287.48] Diese Metapher für die jenseitige Seligkeit kommt bei Comenius des öfteren vor; vgl. z. B. *Pansoph. sem.*, § 75 (DJAK 14, S. 40). Hierin könnte er von J. H. Alsted angeregt sein, der in *Physica harmonica*, S. 5 (Ad Lectorem) von einer postmortalen »schola gloriae« spricht.

34. [287.48] Eine den folgenden Ausführungen entsprechende Drei-Schulen-Konzeption findet sich schon bei Paracelsus, *Philosophia sagax*, Kap. 8 (SW I 12, S. 197f.): »es muß ein mensch in ihm selbs bedenken, das er an ime hat zu lernen in die elementen und wissen die elementa. er sol und muß auch lernen in den siderischen was die siderischen mysteria seind; er muß auch lernen das ewig und was das ewig sei und vermag«; daher soll der Mensch ›drei Schulen‹ besuchen: die ›elementarische‹, die ›siderische‹ und die ›ewige‹; »also brennen drei liechter im menschen, also seind drei doctrinae im menschen, also in den dreien ist der mensch perfekt«. Da es sich beim Seinsbereich des ›Siderischen‹ Paracelsus zufolge um die Präsenz der Prinzipienstruktur des Kosmos im Menschen handelt, ist seine ›siderische‹ Schule der comenianischen ›schola metaphysica‹ [288.17] durchaus gleichzusetzen. – Eine Passage in J. H. Alsteds *Physica harmonica*, S. 5 (Ad Lectorem): »Aus der Schule der Natur, die ich dir hier eröffne, bahne dir den Weg hinauf in die Schule der Gnade; von dort wird uns Gott sicherlich in jene Schule der Herrlichkeit aufrücken lassen, in der er selbst alles in allem sein wird« – steht dem Gedankengang Komenskýs dagegen nicht so nahe, da sie die dritte Schule aus dem Bereich diesseitiger Geschichtlichkeit entrückt.

35. [288.4 f.] Wie Comenius, so pendelt auch J. H. Alsted, *Theologia naturalis*, S. 3 (Epistola dedicatoria) zwischen den Gleichsetzungen Welt-Schule und Welt-Buch.

36. [288.20] Wie Comenius in *Physicae synopsis*, Praefatio, § 18 (DJAK 12, S. 80) erwähnt, bezeichnete bereits Cassiodor, *Expositio in Psalterium*, Ps. 15, Conclusio psalmi 116 die Hl. Schrift als »schola coelestis«.

37. [288.33] Diesen Satz Augustins, *In epistolam Johannis ad Parthos* III, 13 führt Comenius auch in *Judicium*, § 38 (DJAK 18, S. 53) an.

38. [289.18] S. o. Kap. 20, § 4 [357.23 f.]; dort nennt Comenius die direkt einschlägige Bibelstelle Jes. 54, 13.

39. [289.18] Der Vulgatatext von Joh. 6, 46 lautet: »Denn keiner hat den Vater je gesehen, außer dem, der von Gott ist, der sieht den Vater«. Zu Jes. 54, 13 (vgl. vorhergehende Anm.) steht diese Passage

nach Comment. (DJAK 14, S. 374b) in einem indirekten Zusammenhang; durch diese Verknüpfung will Comenius den inkarnierten Logos – Jesus Christus – als Vermittler der im AT verheißenen Gottesschau darstellen.

40. [289.19f.] Im Hintergrund dieser Aussage könnte Aristoteles, *De anima* III, 8 (431b.20–432a.14) stehen: Die Seele »ist auf noch näher zu bestimmende Art und Weise die Gesamtheit der Seienden« (ebd., 431b.21). Dies ist aber nicht so zu verstehen, daß die Seele die vollkommenen Urbilder aller Dinge in sich enthält (dies wäre die platonische Position); vielmehr fungiert die Seele dadurch als »Form der Formen« (ebd., 432a.2), daß sie die Fähigkeit besitzt, die Wesensform der jeweils wahrgenommenen und erkannten Seienden in sich aufzunehmen. Im Erkenntnisprozeß geht die Seele demnach von einer anfänglich unbestimmteren zu einer bestimmteren Seinsweise über. Daran schließt sich auch Thomas v. Aquin an, wenn er die Vollendung des Erkenntnisvorgangs in der »assimilatio cognoscentis ad rem cognitam« (*Quaestiones disputatae*, qu. 1 De veritate, art. 1) angesiedelt sieht. Comenius erinnert hier daran, daß der Mensch für das konkrete Wie dieser Selbstgestaltung via Erkenntnis eine hohe Verantwortung trägt.

41. [289.26] Vgl. Gen. 28, 12.

42. [289.33f.] Diese Triade wird von Comenius häufig herangezogen. Damit steht er in einem Traditionsstrang, der vom alttestamentarisch-weisheitlichen Ausgangspunkt Weish. 11,21 über Augustinus und Bonaventura bis hin zu Franz v. Baader reicht; vgl. *E. Schadel* in: Comenius, *Pforte*, S. 16, Anm. 52.

Unter der »Zahl« der Dinge versteht Comenius die ursprüngliche Einheit der Seienden, die aus ihrer Teilhabe an einem bestimmten ›genus‹, einer übergeordneten Idee herrührt, ihnen Unverwechselbarkeit und damit sichere Erkennbarkeit verleiht. Das »Maß« symbolisiert die Beziehungen der Seienden untereinander sowie zu sich selbst, welche durch jene ›genetische‹ Urprägung bestimmt werden und diese dadurch um so klarer hervortreten lassen. Das »Gewicht« schließlich symbolisiert das Wesen der Seienden in seinem aktiven, en-ergetischen Charakter, wie es sich im Hindurchgang durch primordiale Einheit und daraus resultierende Relationen erfassen läßt; vgl. dazu *Pansoph. christ.*, §§ 59–62 (DJAK 14, S. 79–81) – ontologischer Aspekt – im Zusammenhang mit *Prodromus*, § 40 (DJAK 15/II, S. 28f.) – erkenntnistheoretischer Aspekt – sowie *Pansophia*, gradus IV (Mundus materialis VII, II. Animae humanae fabrica,

Aphorismi de mente seu spiritu nominis vulgo dicta anima rationali, aph. IV, 7: CC I, Sp. 566) – Zusammenschau beider Aspekte: Der Mensch kann die Ordnung der äußeren Welt nach Zahlen, Maßen und Gewichten erkennen, weil er als Ebenbild Gottes eben diese ordnenden Prinzipien des Weltschöpfers in sich trägt.

Daß in der Abfolge Zahl – Maß – Gewicht ein sukzessiver Erkenntnisprozeß gemeint ist, der sich von der unbestimmten Größe der Einheit über die Entfaltung dieser Einheit in eine Beziehungswirklichkeit bis zur Rückkehr zum nun voller erfaßten einen Seienden erstreckt, verdeutlicht sich aus *Cartesius eversus*, § 2 (DJAK 12, S. 298): Comenius hält dort Descartes vor, dieser sei zwar in die Geheimnisse (»arcana«) der ›Zahlen‹ und ›Maße‹ eingedrungen, habe die »Mysterien der Gewichte« jedoch nicht mehr erreicht. Dies bedeutet: Da Descartes alles innerweltlich Vorkommende auf raumzeitliche Quantität reduziert, ist er nicht mehr dazu in der Lage, den ›erfüllenden‹ dritten Erkenntnisschritt hin zur vollen, lebendigen Wirklichkeit der Dinge zu tun, sondern muß es bei einem logistischen System belassen, das Einheiten ohne substantielles »Eigengewicht« in ihren abstrakten Verhältnissen betrachtet. Vgl. dazu auch U. Kunna (1990), S. 123ff.

43. [289.43] Salomon galt auch bei F. Bacon als die biblische Verkörperung der »Philosophia Naturalis« par excellence; daher wird die zentrale Forschungsstätte auf ›New Atlantis‹, ein klassisches Vorbild der ›Royal Society‹, auch als »Haus Salomons« bezeichnet. Vgl. *De augmentis* I (Works 2, S. 149); *New Atlantis* (Works 5, S. 382ff.).

44. [290.12] Vgl. die Erzählung vom Turmbau zu Babel, Gen. 11.

45. [290.14f.] Vgl. 2 Chron. 3f.

46. [290.16f.] Über die Spitzfindigkeit als »morbus Graecorum« schreibt Seneca in *Dial.* X (De brevitate vitae), XIII, 2; diese Stelle wird von Comenius des öfteren angeführt; vgl. z. B. *Schola ludus* I, act. 1, sc. 3 (VSJAK IX, S. 156). »Circa minutias sapere« (»sich nur noch auf Kleinigkeiten zu verstehen«) ist jedoch eine Beigabe des Comenius.

47. [290.19f.] Hieronymus, *Ep.* LIII, 9; diese Stelle zitiert Comenius auch in *Did. magn.* XVIII, 8 (DJAK 15/I, S. 118); *De utilitate* (ODO III, Sp. 749). Der Originaltext des Hieronymus betont den räumlichen Aspekt des Fortdauerns (»in coelo«, »im Himmel«), während Comenius aus der geschichtlichen Orientierung seines

Denkens heraus die Richtungs-Angabe »in coelos« (»in die Himmel hinein«) gelesen hat.

48. [290.26] »error in concoctione prima«: Vgl. dazu *Lex. pansoph.*, s. v. ›concoctio‹ (CC II, Sp. 893): Verdauung ist demnach zu verstehen als »Verwandlung der aufgenommenen Nahrung in die eigene Substanz [des Lebewesens, U. V.]«. Die gleiche Metapher verwendet er auch in *Did. magn.* XXI, 12 (DJAK 15/I, S. 149).

49. [290.29 f.] Wie die Bereicherung und Korrektur »metaphysischen« und vor allem »hyperphysischen« Wissens durch vertiefte Naturkenntnisse in concreto geschehen kann, demonstriert Comenius weiter oben in Kap. XIV, §§ 7–9 [331.35 – 332.45]. Mit der Einsicht, daß auch die erste, auf die raumzeitliche Wirklichkeit bezogene Erkenntnisebene berichtigend auf die höheren Sphären einwirken kann, hat sich eine wichtige Wendung bei Comenius vollzogen, die sich in *Prodromus*, §§ 81 f. (DJAK 15/II, S. 40 f.) schon ankündigte: Früher, etwa in *Physicae synopsis*, Praefatio, § 12 (DJAK 12, S. 77 f.), ging Comenius davon aus, daß die drei Erkenntnisquellen nur ›von oben nach unten‹ aufeinander einwirken: Die Hl. Schrift korrigiert die Fehlleistungen der Vernunft, diese wiederum die Defizite der sinnlichen Wahrnehmung. Indem Comenius in *Prodromus* und *Via lucis* nun den Ausgang von der sinnlichen Erfahrung nimmt, bewahrt er sich vor einer fideistischen bzw. rationalistischen Position und gewinnt eine breitere, da allgemein zugängliche Grundlage für die Vermittlung seiner Pansophie.

50. [290.31 f.] Die comenianische Kritik an der wahrheitsverdrängenden Tyrannis der Meinungen leitet sich auch von Bacons Theorie der ›Idole‹ ab; vgl. *Panegersia* IV, 8 (CC I, Sp. 49), Marginalie: »[homo] séque ipsum qvisqve idolis pro rebus ludificat« (»jeder Mensch hält sich selbst zum Narren, indem er Idole für wirklich hält«).

51. [290.34] Vgl. Ex. 32, 8.

52. [291.3–5] Comenius meint hier vor allem die aristotelische Philosophie, der er des öfteren den Vorwurf macht, aufgrund ihrer heidnischen Herkunft lückenhaft zu sein und nicht zum Erfassen höherer religiöser Wahrheiten zu taugen; von daher wendet er sich gleichfalls gegen die Scholastik, in welcher er eine unglückliche und nie geglückte Vermengung aus Aristotelismus und Christentum sieht – selbst so große Geister wie Origenes, Thomas von Aquin und Duns Scotus seien an dem Versuch gescheitert, jene pagane Denkströmung den Erfordernissen des Christentums anzupassen. Zu

beachten ist hierbei freilich, daß diese Parteinahme gegen Aristoteles und seine Nachfolger bei Comenius nicht prinzipieller Natur ist, sondern zeitbedingten Einflüssen entspringt:

Erstens kennt Comenius zwar Aristoteles selbst, kaum aber die genannten mittelalterlichen Autoren in vollem Umfang aus erster Hand, sondern sieht sie durch die Brille ihrer Kritiker Bacon, Campanella und vielleicht auch Fr. Patritius. Vgl. z. B. *Physicae synopsis*, Praefatio, §§ 20–24 (DJAK 12, S. 80f.). Zu Patritius' geradezu militanter Aristoteles-Gegnerschaft vgl. F. Walkhoff (1920), S. 27ff. – Zweitens wird Comenius von der traditionalistischen ›Physica mosaica‹ seiner Tage beeinflußt, welche die Naturkunde auf ausschließlich biblische Grundlagen stellen und die nicht-christlichen Überlieferungen gänzlich aus dem philosophischen Diskurs ausschließen möchte; vgl. *Physicae synopsis*, Praefatio, § 19 (DJAK 12, S. 80), sowie J. Červenka (1970), S. 105–127, v. a. S. 112ff. – Schließlich kritisiert Comenius einen Aristotelismus, der im 16. und 17. Jahrhundert auch im protestantischen Bildungswesen zum Teil innovationsfeindliche, starr dogmatische Züge angenommen hatte und damit der Offenheit und dem frischen Wirklichkeitsbezug der Pansophie diametral entgegenstand; vgl. F. A. Yates (1989), S. 17ff.

Trotz dieses polemischen Einschlages verdammt Comenius Aristoteles allerdings keineswegs in Bausch und Bogen (allein in *Pansophia christiana* [!] zitiert er ihn mehrfach zustimmend). Eine radikale Abkehr von Aristoteles käme denn auch einer Selbstverleugnung des Comenius gleich, ist doch sein Denken auch und gerade in der Physicae synopsis, die mit derart fulminanten Angriffen auf Aristoteles anhebt, stark von diesem Autoren geprägt; vgl. J. Červenka (1970), S. 63f.

53. [291.5] Dieser Wendung liegt ein griechisches Sprichwort zugrunde, das sich bei Cicero, *Ep. ad Atticum* IV, 6, 2 nachweisen läßt (»Σπάρταν ἔλαχες, ταύταν κόσμει«) und das im Ausgang von der lateinischen Fassung »Spartam nactus es, hanc orna« auch bei Erasmus von Rotterdam, *Adagia*, pars II, chilias V, ad. I (Opera omnia, T. II, Sp. 551 E ff.) aufgegriffen wird.

Den Sinn dieser Wendung deutet Erasmus so: »Das Sprichwort ermahnt uns dazu, uns jeglicher Provinz, die wir gerade eben errungen haben, anzupassen und uns so zu betragen, daß es ihrer Würde förderlich ist.« D. h. die jeweilige Ausgangssituation soll akzeptiert und zum Besseren hin verwandelt werden, auch wenn sie zunächst so schmucklos-nüchtern wie das antike Sparta sein sollte. Da Comenius die bereits erbrachten Leistungen der ›Royal Society‹ nicht herabwürdigen möchte, redet er freilich von einem bereits ›schmukken‹ Sparta.

54. [291.7f.] Dies sagte der Philosoph Joachim Jungius in einem Gespräch mit Comenius, das nach dessen Rückkehr aus Schweden stattfand; vgl. *Continuatio*, § 61 (AW 2/I, S. 12f.); ders., *Leben*, S. 62.

55. [291.8f.] An dieser Stelle denkt Comenius wohl insbesondere an die macchiavellistische Doktrin der Staatsraison; vgl. z. B. ders., *Letzte Posaun*, § 49 (DJAK 13, S. 128): »Ist der nicht da [d. h. der Götze des bloßen Profits, U. V.], so stößet der itzige Abgott der Welt, *Ratio Status*, alles um, es sei jemand, oder auch Gott im Himmel selbst, lieb oder leid«; *Angel. pac.*, § 59 (DJAK 13, S. 202); *Panorthosia* XII (CC II, Sp. 513).

56. [291.11f.] »ad URIM et THUMIM, h. e. *lucem et veritatem*«. In der Vulgata werden diese hebräischen Worte mit »doctrinam et veritatem« wiedergegeben.

57. [291.25f.] Nach Diogenes Laertius VI, 2, 27 sowie Erasmus v. Rotterdam, *Apophthegmatum libri VIII*, l. III, S. 179 (Diogenes, § 16). Siehe auch die dramatische Fassung dieses Motivs in Comenius, *Diogen. Cyn.*, act. 3, sc. 2 (DJAK 11, S. 466).

58. [291.35] Charles II. ist insofern nur »gleichsam« der Begründer der ›Royal Society‹, als diese um 1660 ohne sein Zutun entstand, im Oktober 1661 aber vom englischen Monarchen öffentlich anerkannt und mit Privilegien versehen wurde; vgl. R. Masthoff (1990), S. 246f.

59. [291.35f.] Im Originaltext Wortspiel: »legunt« – »intelligunt« (Anklang an Mt. 24, 15, Vulgata: »qui legit, intelligat«; vgl. auch Thomas v. Aquin, *De veritate*, qu. 1, a. 12 corp.: »est enim intelligere quasi intus legere«) – »laudant« – »plaudunt«.

60. [291.39–41] Dieses Bibelzitat findet sich auch bei F. Bacon, *De augmentis* I (Works 2, S. 149); *Novum Organon*, Praefatio (Works 1, S. 209), wird dort allerdings jeweils auf die königliche Herrschaft des Menschen über die Natur bezogen.

61. [291.44f.] Vgl. 1 Kg. 11, 1–8: Salomons Rückfall in den Götzendienst. S. dazu auch *Labyrinth der Welt* XXXIV–XXXV [DJAK 3, S. 363–365].

62. [292.3–5.] »etiamsi mille mundi extra nos sint, et nos intelligamus omnes *possideamusque cum suis thesauris omnes*« (Hervorh. U. V.): Von der bisherigen Literatur offenbar unbemerkt spielt hier

Comenius auf das Defizit des cartesianisch verengten Baconianismus an, der sich eben darauf beschränkt, den Menschen zum »Herren und Eigentümer der Natur« zu erheben, der sich selbst »zum Genuß der Früchte der Erde und aller Annehmlichkeiten auf ihr« verhelfen kann (R. Descartes, *Discours de la methode* VI, 2 [Übers. nach dass., ed. L. Gäbe, S. 101]); zur Auseinandersetung des Comenius mit Descartes siehe U. Kunna (1990), S. 173 ff.

63. [292.13 f.] Diese dunkle Vulgata-Stelle deutet Comenius selbst folgendermaßen: »ein jeglicher zu fressen das Fleisch seines Arms (das ist seines Nächsten, auf den er sich sonst zu verlassen hätte als auf seinen Arm, wenn sie in der Einigkeit stünden, Jes. 9, 21)«: *Letzte Posaun*, § 29 (DJAK 13, S. 115).

64. [292.23] In Dan. 9, 23; 10, 11.19 (Vulgata) wird Daniel vom Engel Gabriel dreimal als »vir desideriorum« bezeichnet, dem es gegeben sei, gottgesandte Visionen über die Zukunft der Welt zu deuten. Mit dieser Signatur unterstreicht Comenius demnach den Anspruch der Pansophie, Einsicht in den teleologischen Ablauf der Menschheitsgeschichte zu ermöglichen. Comment. (DJAK 14, S. 375 b) verweist ferner auf *Via lucis* XIII, 17: Die Vollendung der Geschichte durch Gott vollzieht sich nur so, »daß irgendeine Sehnsucht oder Mitwirkung von Menschen« hinzukommt [330.34 f.].

65. [293.1] Ein Anklang an die folgenden Ausführungen findet sich in *Pampaedia* V (Panscholia: CC II, Sp. 54–66), wobei Comenius dort die Bedeutung der Zeitstruktur von Kosmos und menschlicher Lebenswelt noch stärker hervorhebt.

66. [293.4] Comenius hat hier die originäre Wortbedeutung von »mundus« bzw. »κόσμος« im Blick: ›schöne, zweckmäßige Ordnung‹. Als eine solche stellt er die Welt in *Pansophia*, gradus IV (Mundus materialis I, 4: CC I, Sp. 431) dar. Als direkte Quelle könnte eine Passage bei J.H. Alsted dienen. Dieser bringt die Schönheit der Welt in Zusammenhang mit einem ›locus classicus‹ der Buchmetapher, welche in der Folge von Comenius in der Folge zu einem zentralen Motiv der *Via lucis* ausgebaut wird: *Encyclopaedia*, T. III, S. 783 a (Physica, pars VIII 8, cap. II). Vgl. auch den v. a. in den didaktischen Werken des Comenius häufig zitierten Isidor v. Sevilla, *Etymologiae* XIII, 1, 2. Das in *Via lucis* anklingende Motiv der kosmischen Schönheit als Maßgabe für die Ordnung zwischenmenschlichen Zusammenlebens findet sich bereits in der patristischen Literatur, vgl. z. B. Gregor v. Nazianz, *orat.* VI, 14; in der

Renaissancezeit wurde es erneut auf klassische Weise von Marsilio Ficino aufgegriffen; vgl. z.B. *De amore*, orat. I, 2 (Opera omnia, T. II, S. 1324); s. dazu W. Beierwaltes (1980), S. 28 ff.

67. [293.9] »*Docentium et discentium utilia coetus* definiunt«. In *Comment.* (DJAK 14, S. 375.b) wird darauf hingewiesen, daß die von Comenius in Orb. pict. XCVII (DJAK 17, S. 191) gebotene Definiton der Schule eher genuin comenianisch ist: »*Schola* est officina, in qua novelli animi ad virtutem formantur, et distingvitur in *classes.*« / »Die *Schul* ist eine Werkstatt, in welcher die jungen Gemüter zur Tugend angewöhnet werden, und wird abgeteilt in *Klassen*«. Ferner konstatiert *Comment.* (ebd.) die Verbindung zu *Via lucis* XIII, 5, wo gleichfalls von »coetus« die Rede ist, die um des Erlernens von Nützlichem willen gebildet werden [327.28]. – Daß vorliegende Stelle eine bei Comenius sonst ungebräuchliche Terminologie bietet, basiert auf dem Einfluß J.H. Alsteds, denn die eingangs genannte Definition von Schule findet sich schon in dessen *Encyclopaedia*, T. IV, S. 1506 a (Scholastica, cap. II, Regula I): »*Schola est coetus docentium & discentium ea, quae publicè privatimque sunt utilia*«.

68. [293.10 f.] Vgl. J.H. Alsted, ebd.: »schola suâ naturâ est coetus eorum, qui docent & discunt disciplinas necessarias & utiles.«

69. [293.24 f.] Unter »Disziplin« ist hier ein Doppeltes zu verstehen: ein bestimmtes Fachgebiet sowie die ›sachgerechte‹ Methode, sich dessen spezifische Gehalte anzueignen. Auch diese Sichtweise ist schon bei J.H. Alsted vorgegeben; vgl. *Enyclopaedia*, T. I, S. 64 b-72 b (Technologia, capp. III–IV).

70. [293.27] Koh. 1, 8.

71. [293.28] Vgl. Plutarch, *Solon* 2, 2; 31, 7.

72. [293.38] Vgl. 1 Kor. 13, 12.

73. [294.15] Die folgende Passage ist von Elementen natürlicher Theologie bei Paulus inspiriert, z.B. Röm. 1, 19 f. (so Comment., S. 375 b), mehr wohl noch von 1 Kor. 13, 12: »Jetzt schauen wir einen Spiegel«. Ein verwandter Ansatz philosophisch explizierter Gotteserkenntnis aus einer als ›Spiegel‹ begriffenen Natur findet sich auch bei Bonaventura, welcher ein Erkennen »per speculo« und »in speculo« unterscheidet; vgl. *Itinerarium mentis in Deum* I, 5 sowie dass. [etc.], ed. J. Kaup, S. 59, Anm. 11: »Das Erkennen Gottes *per speculum* ist eine gewisse Mitschau des Schöpfers aus den Geschöpfen; Gott schauen *in speculo* bedeutet eine Erkenntnis Gottes, sofern er durch seine Allgegenwart und Wirksamkeit in den Geschöpfen

gegenwärtig ist.« Bei Comenius fallen beide Perspektiven zusammen, da es ja gerade die aufmerksame Betrachtung naturaler Gesetzmäßigkeiten aus dem Blickwinkel ihrer gottgegebenen Teleologie ist, die aufgrund der Analogizität der Seinsebenen zur intuitiven Schau göttlicher Eigenschaften führt.

Indem Comenius so die »Gottes-Bücher« zugleich ›Spiegel‹ Gottes sein läßt, führt er laut E. Schadel nach *Pforte*, S. 149 (Anmerkung 41 zum Text) »wie bereits Augustinus in seiner Frühschrift *De magistro*, zwei zentrale Metaphern der Wahrheitsfindung, die der ›Einstrahlung‹ (der Illumination) und die der ›Einsprechung‹ (des inneren Dialoges) zusammen«.

74. [294.23] Zur Geschichte dieser Buch-Metaphorik vgl. E.R. Curtius (1984), S. 323–329; H. Blumenberg (1986), v.a. S. 68ff.; D. Tschižewskij, Das Buch als Symbol des Kosmos. In: ders. (1956), S. 85 – 114; zu ihrer im Zuge des neuzeitlichen Empirismus und Rationalismus allmählich überhandnehmenden quantitativen Verständnisweise siehe D. Böhler (1981). Tschižewskij geht, anders als Curtius und Blumenberg, näher auf Comenius ein (ebd., S. 90f.). Allerdings untersucht Tschižewskij fast ausschließlich die Vorgeschichte des erwähnten Motives im *slawischen* Raum und kann daher nur feststellen: »Es tritt bei ihm [Comenius, U.V.] in einer etwas erweiterten Form auf« (ebd., S. 90). Die für Comenius ausschlaggebenden Quellen erwähnt Tschižewskij nur am Rande (ebd., S. 97, Anm. 30, S. 98, Anm. 31). Comenius steht nämlich in einer mitteleuropäischen Traditionslinie, die von Paracelsus herrührt. Dieser plädierte dafür, den unzuverlässigen Autoritäten den Rücken zu kehren und Erkenntnisquellen heranzuziehen, die als gottgegeben vor menschlicher Verfälschung sicher seien. Die Buch-Metapher mit neuplatonischer Symbolik verschmelzend, sah Paracelsus in diesen Ressourcen – wie Comenius – zugleich eine Serie von Lichtquellen: vgl. Paracelsus, *Die Bücher von den unsichtbaren Krankheiten*, Vorrede (SW I 9, S. 251–258); *Philosophia sagax*, Vorrede (SW I 12, S. 3–13); dass., Kap. II (SW I 12, S. 32f.); *Sieben Defensiones*, Vierte Defension (SW I 11, S. 145f.). Paracelsus unterscheidet in *Labyrinthus medicorum errantium* (SW I 11, S. 171ff.) eine ganze Reihe solcher Bücher: die göttliche Weisheit selbst, das Firmament, die elementarische Welt, den Menschen als Mikrokosmos, die Alchemie, die ›Experientia‹, die ›natürliche Apotheke‹ usw., deren Lektüre aus der labyrinthischen Verstrickung in herkömmliche Theorien befreien soll.

Von Curtius, Blumenberg und Tschižewskij werden die daran anschließenden Versuche paracelsistischer Autoren nicht weiter verfolgt, welche die Bücher-Lehre ihres Vorbildes aufgreifen, ja sogar straffen und systematisieren. (Die folgenden repräsentativen, diese Bewegung keineswegs erschöpfend erfassenden Beispiele richten sich nicht nach der chronologischen Reihenfolge, sondern nach dem Grad ihrer Nähe zu Comenius.) Die ›rosenkreuzerischen‹ Manifeste – vgl. U. Voigt (1996), S. 156–186 – berufen sich auf einige solcher ›Bücher‹, unter denen das ›Liber M.‹ (wohl: ›Liber Mundi‹ = ›Buch der Welt‹) und das im Grab ihres Gründers aufgefundene ›Liber T.‹ eine herausragende Rolle spielen. *Confessio Fraternitatis*, cap. IV (ed. J.Fr. v. Meyer, S. 72) verheißt gar ein Buch, das die Gehalte aller Bücher der Vergangenheit, Gegenwart und Zukunft in sich birgt. J. Arndt, *Vier Bücher vom wahren Christenthum*, Buch I, fol. A3^{r} unterscheidet *vier* Bücher: das Buch der Hl. Schrift, das Buch des Lebens Christi, das Buch des Gewissens und das Buch der Natur. – Auch J.H. Alsted, *Theologia naturalis*, S. 241 (pars II, cap. I) kennt verschiedene ›Gottesbücher‹ und bemüht sich sogar, deren in der Tradition unterschiedlich angegebenen Zählungen (zwei Bücher: Natur und Gnade; drei Bücher: Natur, Gnade und Herrlichkeit; vier Bücher: Schrift, Leben Christi, Natur und Gewissen; fünf Bücher: Vorsehung, Schrift, Gericht, Leben und Natur) zu harmonisieren. Dabei gelangt er zu der Grundeinteilung: »Liber Dei Catholicus est triunus, videl. Sacra Scriptura, Natura & Mens nostra« (ebd.); aus diesen drei Büchern lassen sich nach Alsted alle anderen ableiten. Zugleich nennt Alsted, wie Comenius, die grundlegenden drei Bücher auch »Spiegel« (ebd., S. 243). – Noch enger mit der comenianischen Drei-Bücher-Position verwandt, ja fast wie eine direkte Vorlage derselben wirkt Benedictus Figulus (ed.), *Pandora magnalium naturalium*, Straßburg 1608, fol.**III^{v}-**III^{r} (Prolocutrix sermo dedicatorius): »Darumb begnüget mir billich an diesen Dreyen Büchern / darauß ich alle Weißheit schöpffen vnnd erlernen möge: Als an dem grossen mächtigen Circkelrunden Buch der Natur / so nit mit dinten / oder Stylo geschrieben / sondern mit dem Finger Gottes durch Sacrum Uni Trinitatis Signaculum, Himmel und Erden vnnd allen geschöpffen darinen eingegraben vnd verzeichnet vns vor augen steht: Welches Buch Macrocosmus genennet wird. Zum Andern An dem kleinen Buch / welches mit allen seinen Blettern vnd Stücken auß dem großen genommen / vnnd darnach formirt ist worden / Welches der Mensch ist«; beim dritten

Buch handelt es sich um »Sacra Biblia [...] darinnen vns die Göttliche Chronica vom H. Geist beschrieben / darthut / wie die Grosse Welt vmb der kleinen willen beschaffen / vnd Gott dem HErren Einigen vnnd Allein vmb den Menschen zuthun gewesen / der von Gott dem Vatter zeitlich auß der grossen Welt gespeiset / ernehret vnd erhalten / vnd nach dem fall durch seinen Sohn vom Ewigen verderben erlöset / durch Wasser und Geist wider Newgeboren / vnd mit dem Himmlischen Manna vnd der Ewigen Speiß / der Newen Creatur zugehörig / zum Ewigen Leben vorsehen vnd gespeiset / vnd durch den H. Geist in alle warheit geleitet und geführet würde« (ebd., fol. **V[r]). – Zu B. Figulus vgl. J. Telle (1987).

75. [294.23 f.] »sui ipsius ceu *archetypi apographa*«. Dies ist vor dem Hintergrund einer Comenius geläufigen Triade zu sehen: »archetypus« (die Gottheit, deren Geist Stätte der formgebenden Ideen ist) – »ectypus« (die geschaffene Wirklichkeit, in die hinein diese Ideen aus-geprägt worden sind) – »antitypus« (das Schaffen des Menschen, der in bewußtem Gestalten diese ideellen Gehalte aus der Natur wieder ›herausholt‹ und sie auf ihren Ursprung zurückbezieht). Vgl. *Pforte*, S. 147 f. (*E. Schadels* Anm. 38 zum Text).

76. [294.27 f.] Dieses in der stoischen und platonischen Tradition ausgestaltete »Buchstabengleichnis« impliziert eine organische, teleologische Weltsicht: Die einzelnen Buchstaben ergeben nur insofern einen Sinn, als dank der Kenntnis vorgängiger Sprachgesetze ihr Zusammenhang untereinander sowie mit höheren Verständnisebenen eingesehen wird. Vgl. H. Blumenberg (1986), S. 36–46.

77. [294.30] »*anima rationalis*, omnium rerum mensura facta est«: Der »homo mensura«-Satz des Protagoras – vgl. *Die Fragmente der Vorsokratiker*, Bd. II, Protagoras B1, S. 262 f. – findet sich hier nach Comment., S. 375 b in einer »christianisierten« Fassung vor, die Comenius von Nikolaus v. Kues übernommen haben könnte; vgl. *Idiota de mente* I (Philos.-theol. Schr., Bd. III, S. 486/487): »mentem esse, ex qua omnium rerum terminus et mensura. Mentem quidem a mensurando dici conicio.« / »Der Geist ist das, aus dem die Grenze und das Maß aller Dinge stammt. Und zwar nehme ich an, daß das Wort *mens* (Geist) von *mensurare* (messen) kommt.«

78. [294.33 f.] Zu diesem für die comenianische Pansophie sehr bedeutsamen Konzept der Rückwendung der begrenzten Seienden zu ihrem unbegrenzten Seinsgrund vgl. W. Beierwaltes (1985), S. 328 ff.

79. [294.41] Vgl. oben, § 4s sowie *Pansoph. sem.*, § 80 (DJAK 14, S. 42); *Diatyposis* II, 74 (DJAK 14, S. 225). Comenius bezieht sich hier auf Aristoteles, *Metaph.* I, 1 (980a.21).

80. [294.41–295.3] Demnach entspringen die zwischenmenschlichen Konflikte (der »Weltweisen«, der Machthaber und der um moralische Vollkommenheit Bemühten) noch aus einer positiven Grundgegebenheit, und die mit dem pansophischen Projekt verbundene Hoffnung besteht darin, daß sie nicht nur theoretisch, sondern auch praktisch darauf zurückgeführt werden können. In *Panegersia* VIII, 13 (CC I, Sp. 71f.) vertieft Comenius diesen Gedanken: Die Streitigkeiten unter den Menschen rühren jeweils von einer fehlgeleiteten Liebe, die sich auf ein höchstes Gut (nämlich Einheit, Wahrheit und Gutheit) beziehen sollte, sich stattdessen aber auf eine mindere Form dieses Gutes fixiert hat und daher kontraproduktiv wirkt. So wollen die untereinander streitenden Religionsgemeinschaften eine begrenzte Einheit universalisieren und vertiefen dadurch nur die Gräben; die Philosophen hängen an ihren jeweiligen Teilwahrheiten und blockieren dadurch die gemeinsame Suche nach der vollen Wahrheit; die Politiker setzen sich für partikuläre Güter ein und schädigen so das Gemeinwohl. Doch besteht die Aussicht, daß sich die hier destruktiv freiwerdenden Energien zum Vorteil aller wieder auf ihre ursprünglichen, allen zugute kommenden Zielsetzungen ausrichten lassen können.

81. [295.22] Zu diesem Kapitel weist *Panegersia* V (CC I, Sp. 35–47) starke Entsprechungen auf.

82. [295.41–296.1] 2 Tim. 3, 7.

83 Hier kritisiert Comenius eine bewußt bejahte und aufrechterhaltene Unwissenheit. Davon unterscheidet er das sokratische Eingeständnis anfänglicher Unkenntnis, das den Menschen erst für weitere Erkenntnisse öffnet; vgl. *Triert. cath.* V, 7–10 (DJAK 18, S. 272).

84. [296.2f.] Comenius meint hier radikale Skeptiker, denen er an anderer Stelle vorwirft, sie würden selbst noch ihre eigene Existenz bezweifeln, die ihnen ihr Zweifeln doch erst ermöglicht, und sich aus innerer Verhärtung heraus gegen die untrügliche Evidenz der sinnlichen Erfahrung zur Wehr setzen; vgl. *Pansoph. sem.*, § 54 (DJAK 14, S. 27); *Panaugia* V, 3 (CC I, Sp. 139); *Pforte*, S. 171f. (Anm. 149 zum Text).

85. [296.11] Auch F. Bacon, auf den sich Comenius in einem ähnlichen Kontext beruft – *Diatyposis* I, 54 (DJAK 14, S. 189f.) –

wendet sich in *Of Atheism* (Works 12, S. 131–137) gegen die Atheisten seiner Zeit, die er auf eine dem Comenius äußerst sympathische Weise mit den Argumenten philosophischer Naturerkenntnis von der Unhaltbarkeit ihrer Position überzeugen möchte, da ein Gespräch auf der Grundlage gemeinsamer Glaubensüberzeugungen ja nicht möglich ist. Ebenso verfährt J. H. Alsted in *Theologia naturalis*, S. 3ff. (Epistola dedicatoria), und dies sogar wie bei Comenius im Kontext der metaphorischen Gleichsetzung der Welt mit einer Gottes-Schule.

86. [296.13] »Epikureer«, d. h. mechanizistische Deisten, erwähnen auch F. Bacon, *Of Atheism* (Works 12, S. 132), und J. H. Alsted im Titel der *Theologia naturalis*. Bacon nennt zudem an selber Stelle die Anhänger weiterer atomistischer Schulen, die auf Leukipp und Demokrit zurückgehen. – Bereits 1639 hatte Comenius von dem Vorhaben Gassendis erfahren, daß dieser Verfechter des Atomismus an einer Revision der gesamten Philosophie arbeite; vgl. U. Kunna (1991), S. 60f.

87. [296.21] D.h. Immanuel Tremellius (1510–1580). Der nachmalige Kenner orientalischer Sprachen (Hebräisch, Chaldäisch, Syrisch) wurde im Ghetto von Ferrara geboren. Später bekannte er sich zum Christentum; als Anhänger der Reformation gab er 1575–1579 gemeinsam mit seinem Schwiegersohn Franciscus Junius eine neue lateinische Version des Alten Testamentes heraus, die sich gegenüber der Vulgata enger an den hebräischen Originaltext anlehnt. Comenius erwähnt ihn namentlich weiter oben, in Kap. 19, § 19 [355.27f.]. – Vgl. G. Biundo, Art. »Tremellius, Immanuel«. In: Die Religion in Geschichte und Gegenwart. Handwörterbuch für Theologie und Religionswissenschaft. 3. völl. neu bearb. Aufl. Bd. 6: Sh-Z, Tübingen 1962, Sp. 1010f.

88. [296.22f.] Vgl. I. Tremellius, *Bibliorum pars quarta*, [II.] Jirmeja [= Jeremia], S. 139–262, dort S. 250.

89. [297.1] Eine weit umfangreichere, jedoch auch Material dieses Kapitels integrierende Aufzählung bisheriger Erneuerungsversuche bietet *Panegersia* VII (CC I, Sp. 56–67).

90. [297.2] Daß der Ausweg aus der Misere der Menschheitsgeschichte in der Folge im Kontext einer medizinischen Diktion als »remedium« (Heilmittel) bezeichnet wird, mag eine Reminiszenz an den Einfluß der ›Rosenkreuzer‹-Manifeste auf Comenius sein. Diese Strömung verstand sich, von der paracelsischen Medizin ihrer Zeit inspiriert, als Heilkunst, die die althergebrachten Gebrechen in

Wissenschaft, Religion und Gesellschaft kurieren würde: Bezeichnenderweise bestand der einzig erlaubte Beruf für die ›Rosenkreuzer‹ der ›Fama‹ in der Krankenbetreuung; ihrer Entstehungsgeschichte zufolge fanden sich in der wunderbar wiederentdeckten Gruft des ›Bruder Rosencreutz‹ auch einige Schriften, die sich auf Paracelsus beziehen Vgl. *Fama Fraternitatis* (ed. R. van Dülmen, S. 15–30).

91. [297.16] Vgl. Gen. 11, 1–9.

92. [297.33–40] Ein leicht modifiziertes Zitat aus Cicero, *Tusculanae disputationes* III, 1, 1. Der letzte Teilsatz – »und über sich zu einer weniger zutreffenden Ansicht gelangt« – wurde von Comenius hinzugefügt.

93. [298.5] D.h. Jesus Christus als Inkarnation der göttlichen Weisheit; s.u. § 8.

94. [298.7] Jer. 51, 9.

95. [298.8f.] Jes. 53,1.

96. [298.9f.] Koh. 1, 15.

97. [298.11f.] Mt. 23, 34.

98. [298.12f.] 1 Joh. 5, 19.

99. [298.15] Jes. 60, 2.

100. [298.20] Die in der Folge genannten Philosophen Heraklit und Diogenes erwähnt Comenius auch in *Labyrinth der Welt* XI, 1 (DJAK 3, S. 305) sowie in *Pansophia*, gradus VII (Mundus spiritualis III: CC I, Sp. 1059), dort noch zusammen mit Timon, den die menschliche Verderbtheit beinahe bis zur Verzweiflung geängstigt habe.

101. [298.20–22] Vgl. Diogenes Laertius VI, 2, 41; Erasmus v. Rotterdam, *Apophthegmatum libri VIII*, l. III, S. 190 (Diogenes, § 63); siehe auch J. A. Comenius, *Diogen. Cyn.*, act. 3, sc. 1 (DJAK 11, S. 463).

102. [298.22f.] Comenius bezieht sich hier offenbar auf Seneca, *Dialogi* IV (De ira) II, 10, 5; ders., *Dialogi* IX (De tranquillitate animi) 15, 2; siehe auch Lucianus, *Vitarum auctio*, § 14.

103. [298.23f.] Das Lachen des Demokrit wird auch in einem Werk des Johannes Huartus erwähnt, welches Comenius weiter oben (Kap. 14, § 12) zitiert: *Scrutinium ingeniorum*, Jena 1668 [Landesbibliothek Coburg⁺], S. 24f. Siehe auch die in der vorhergehenden Anmerkung angegebenen Seneca-Stellen; Lucianus, *Vitarum auctio*, § 13; sowie Horaz, *Ep.* II 1,194; Juvenal, *Satirae* IV, 10, 33f.

104. [298.40f.] Die Freiheit ist Comenius zufolge das grundlegende Wesensmerkmal des Menschen, da in ihr dessen Gottesebenbildlichkeit besteht. Diese Freiheit verwirklicht sich jedoch nur dann zu einer ›absoluten‹, wenn sie nicht nach Beherrschung des anderen strebt, sondern wenn sie sich frei in den Dienst des anderen (des Mitmenschen, der Naturordnung, der Gottheit) stellt. Dann ist der Mensch nicht nur der Herrschaft fremder Mächte enthoben, sondern auch ›von sich selbst‹ emanzipiert. Als endliches, geschaffenes Wesen besitzt der Mensch diese vollendete Form der Freiheit nicht von Anfang an, sondern muß sich im Verlauf der Geschichte zu ihr emporarbeiten; vgl. *Panaugia* III, 20f. (CC I, Sp. 131f.); *Pansophia*, gradus IV (Mundus materialis VII: CC I, Sp. 551–553). – Gegen Gesetze revoltiert eine solche Freiheit nur solange, wie diese als bloß äußerliche Auflagen erscheinen. Den Gesetzen, die eine pansophische Reform aufstellen würde, droht dieses Schicksal nicht, da die Menschen in ihnen eher Anleitungen zu einer vertieften Selbstentfaltung in obigem Sinne sähen; vgl. oben, Kap. 5 [302f.]; 13, § 10 [329.8–21] u. ö.

105. [298.43f.] Ovid, *Amores* III, 4, 17.

106. [299.14] Wie aus dem Folgenden deutlich wird, versteht Comenius unter ›Sekten‹ begrenzte Gemeinschaften verschiedenster (weltanschaulicher, religiöser, politischer ...) Grundprägung, die sich gegeneinander abgrenzen.

107. [299.31] Eine entsprechende, der *Via lucis* gegenüber jedoch stark gestraffte Hinführung in die Licht-Thematik gibt *Panaugia* I (CC I, Sp. 122–124), gewissermaßen ein Konzentrat der beiden folgenden Kapitel.

108. [299.38f.] Ein leicht abgewandeltes Zitat aus Ovid, *Remedia amoris* 525f.: Ovid spricht nicht von Krankheiten, sondern von Geisteshaltungen (»animi«).

109. [299.34–300.4] Vom letzten Satz abgesehen, finden sich §§ 1f. dieses Kapitels in *Panegersia* VIII, 1 (CC I, Sp. 67f.) wieder.

110. [300.13–15] Hier denkt Comenius möglicherweise auch an die Sozietätsprojekte J. V. Andreaes, die zunächst nur lutheranischen Christen deutscher Nation offenstanden; vgl. *Nov. lingg. meth.*, XXI, 10 [DJAK 15,2, S. 334] sowie C. Gilly (1992), S. 22.

111. [300.18] D. h. beim Erlassen von Gesetzen, Festlegen von Strafen und bei kriegerischen Vereinigungsversuchen; siehe oben, §§ 11–13.

112. [300.19] D. h. durch öffentliche Zurechtweisung, gute Ratschläge, Sektenbildung und Absonderung von der menschlichen Gemeinschaft; siehe oben, §§ 9f.14f.

113. [300.42–44] Im lateinischen Text steht das Verbum »explicat«, das auf im Deutschen kaum wiederzugebende Weise sowohl (konkret) »aufschlagen« als auch (im übertragenen Sinne) »auslegen, erklären« bedeutet.

114. [301.1] »boni et mali«: Eine vom ›kosmologischen‹ Sprachmaterial her naheliegende, aber für den Gedankengang kaum erforderliche Assoziation an das Gebot der Feindesliebe in der neutestamentlichen Bergpredigt, Mt. 5, 44f.: »Ich aber sage euch: Liebt eure Feinde und betet für die, die euch verfolgen, damit ihr Söhne eures Vaters im *Himmel* werdet; denn er läßt seine *Sonne* aufgehen über *Bösen und Guten*, und er läßt regnen über Gerechte und Ungerechte« (Hervorhebungen U. V.).

115. [301.15] Eine klare Absage des Comenius an die herkömmliche Prädestinationslehre; s. U. Voigt (1996b), S. 122ff.

116. [301.20] Hier ist unter Adam nicht der integre, alle Möglichkeiten des Menschseins besitzende Stammvater zu verstehen, wie er weiter oben – Kap. 19, § 18 [355.7–17] – thematisiert wird, sondern die Symbolfigur des Sündenfalls.

117. [301.22] Zu dieser Triade (»principium« – »medium« – »finis«) vgl. die Erläuterungen E. Schadels in *Pforte*: S. LXXXIIf.; ebd., S. 170f. (Anm. 143 zum Text); ebd., S. 204 (Anm. 304 zum Text).

118. [301.37] Die nun folgende ›Verfallsgeschichte‹ des Christentums entspricht der wiclyfitisch-hussitischen Tradition, in welcher auch Comenius steht. Vgl. E. Peschke (1981), S. 15ff., 68ff.

119. [302.15f.] »Cùm ergò Deus ipse hominem non ut lapidem aut truncum tractet, i. e. ex homine non-hominem faciat«: Im Hintergrund dieses Textes steht offenbar ein Theologumenon Philipp Melanchthons, das sich wiederum an eine von altgläubiger Seite her eingebrachte Wendung aus dem Augsburger Interim anschließt; vgl. *Acta reformationis catholicae ecclesiam Germaniae concernentia saeculi XVI*, Bd. VI, Dritter Teil, zweite Hälfte, Kap. 8, Nr. 15, S. 189: »existimare debemus voluntatem nostram a gratia non impelli ut truncum aut stipitem, nihil ut ipsa agat, sed hanc ex se nihil boni agere sine gratia renovante«; Ph. Melanchthon, *Ep. lib. XI*, Nr. 4290 (Opera quae supersunt omnia, T. VII, Sp. 51): »gleichwohl wirket der barmherzige Gott nicht also mit dem Menschen, wie mit einem Block,

sondern zeucht ihn also, daß sein Wille auch mitwirket, so er in verständigen Jahren ist«; E. Iserloh (1982), S. 184–187.

Melanchthons Position zielt auf eine Kooperation zwischen menschlichem Willen und göttlicher Gnade hin, was sie für Comenius sehr attraktiv gemacht haben dürfte. Eine derartige Sichtweise stieß allerdings schon im 16. Jh. auf heftigen Widerstand orthodoxer Lutheraner, da diese die Gnade zugunsten menschlicher Aktivität abgewertet sahen. Von daher ist es verständlich, daß Comenius seine Quelle dem calvinistisch-puritanischen Freundeskreis gegenüber nicht explizit nennt, für den die *Via lucis* ursprünglich verfaßt wurde.

120. [302.37] »[à cujus splendore] nec [...] quicquam abscondere se cupit«. Vgl. J. H. Alsted, *Theologia naturalis*, S. 270 (pars II, cap. V, VII.: Vox hominis ad proximum, § 6): »Lux omnia convertit ad se per splendorem suum«; J. Arndt, *Vier Bücher vom wahren Christenthum*, Viertes Buch, S. 4 (Kap. 1): »Das Liecht wendet alle Dinge zu sich / durch seinen Glantz und Schönheit«.

121. [302.41] Zur Sonne als Symbol der Idee des Guten im Ausgang von Platon vgl. W. Beierwaltes (1957), S. 43 ff.

122. [302.39–41] Vergleichbare Aufzählungen positiver, geradezu göttlicher Eigenschaften der Sonne, die z. Tl. aus antiken und patristischen Autoren kompiliert zu sein scheinen – vgl. z. B. Julian, *orat. de Rege Sole* (uvres complètes, ed. Chr. Lacombrade, T. 2/II, S. 99–138); Dionysios Areopagita, *De divinis nominibus* IV, 4 – bieten auch Franciscus Patritius, *Nova de universis philosophia*, fol. II 3^{v} ff. (Pancosmia XIX), sowie J. H. Alsted, *Theologia naturalis*, S. 278–297 (pars II, cap. VII: De Sole). Über die der Sonne entgegengebrachte Verehrung schreibt ganz ähnlich J. Masen, *Speculum imaginum veritatis occultae*, S. 1101 (LXXXII.). Comenius selbst greift derartige Motive auf in *De Deo* VI (AW 4/I, S. 22).

123. [303.4] Vgl. F. Patritius, *Nova de universis philosophia*, fol. A^{v} (Panaugia I): Licht als »imago« Gottes und seiner Güte; J. Arndt, *Vier Bücher vom Wahren Christenthum*, Viertes Buch, S. 9 f.: »Das Licht theilet sich allen Creaturen mit / und ergeusst sich über die gantze Welt: Also theilet sich GOtt allen Creaturen mit / sonderlich aber dem Menschen / und ist seine Frewde und Lust den Menschen guts thun«, d. h. den Menschen zu erleuchten und ihn im Eschaton – nicht aber, wie bei Comenius, bereits im Diesseits auf vorläufig-vollendete Weise – zu verklären; auch J. H. Alsted, *Theologia naturalis*, S. 272 (pars II, cap. V, VII.: Vox hominis ad proxi-

mum) bezeichnet das Licht als Symbol der vollendenden Güte und der lebensspendenden Wahrheit Gottes.

124. [303.35] Dies könnte ein Anklang an eine Passage aus Christopher Plattes, *A Description of the Famous Kingdome of Macaria* sein (vgl. ed. Ch. Webster, S. 86). In dieser von Samuel Hartlib lancierten utopischen Reiseerzählung sagt der vom »Traveller« mittlerweile überzeugte »Scholar«: »Well, in my next Sermon I will make it manifest, that those that are against this honourable designe, are first, enimies to God and goodnesse; secondly, enimies to the Common-wealth; thirdly, enimies to themselves, and their posterity.«

125. [303.39] Dieses Kapitel diente als Vorlage für *Panorthosia* II (CC II, Sp. 368–399).

126. [304.1 f.] Was Comenius unter »comoedia« versteht, legt er dar in *Lex. pansoph.*, s. v. ›comoedia‹ (CC II, Sp. 888): »die lebensgetreue Darstellung einer tatsächlichen oder fiktiven Begebenheit. [...] Insbesondere ist dies die Bezeichnung für ein volkstümliches Schauspiel, das turbulenten Ereignissen einen glücklichen Ausgang anfügt.«

127 V. 31. – Vgl. dazu auch *Pansophia*, gradus VI (Mundus moralis X, 11: CC I, Sp. 1009): »Pulchre dictum est: *Sapientia divina et Stultitia humana regunt Mundum*» (»Trefflich ist der Ausspruch: Die göttliche Weisheit und die menschliche Torheit leiten die Welt«).

128. [304.5] »omnibus ad catastrophen sese disponentibus«: J. H. Alsted, *Diatribe de mille annis apocalypticis*, S. 63 bezeichnet den Anbruch des Millenniums gleichfalls als »laeta catastrophe« der Weltgeschichte.

129. [304.8] Vgl. J. H. Alsted, *Theologia naturalis*, S. 14 (Praefatio): Wie ein »author et actor comoediae« zürnt Gott, wenn dem Ablauf seiner Werke (hier allerdings: die kosmischen Geschehnisse und nicht die Menschheitsgeschichte) die gebührende Achtung versagt bleibt.

130. [304.10 f.] Diese positive Deutung der geläufigen Parallelisierung von individuellen Altersstufen und weltgeschichtlichen Epochen findet sich auch schon bei Augustinus: Gerade in ihrem Greisenalter ist die Menschheit in höchstem Grade dazu befähigt, spirituelle Werte zu erkennen und anzuerkennen – freilich unter dem typisch augustinischen Vorbehalt, daß dieser Prozeß seine volle Entfaltung erst nach dem Ende der Weltzeit erreichen wird. Vgl. R. A. Markus (1970), S. 23 ff.

131. [304.18–20] Comenius ist der verbreiteten Auffassung, der Sündenfall des Menschen habe die gesamte Natur mitbetroffen und unwirtlich gemacht; vgl. *Pansophia*, gradus VII (Mundus Spiritualis III: CC I, Sp. 1060f.).

132. [304.21] »*oeconomicae prudentiae* [...] cura«: Das griechische Pendant zu diesem Begriff findet sich schon bei Platon, *Politikos* 259c: »τέχνη οἰκονομική«; er umfaßt die in der Frühzeit der Geschichte erforderliche Fähigkeit, ein kleines, autarkes Gemeinwesen sowohl politisch als auch wirtschaftlich zu leiten. Vgl. auch *Schola infantiae* VI, 9 (DJAK 15/I, S. 234).

133. [304.22] Diese biblische Gestalt (vgl. Gen. 10, 8–10; 1 Chron. 1, 10) gilt Comenius als Inbegriff eines tyrannischen, von Gott ebenso wie von den Erfordernissen abgekehrten Herrschers; vgl. *Panorthosia* XII [CC II, Sp. 513].

134. [304.22] Vgl. Gen. 14 sowie *Abr. Pat.*, act. 4, sc. 1 (DJAK 11, S. 518). Im Gegensatz zu Nimrod (siehe vorhergehende Anmerkung) wird Abraham positiv dargestellt, da er sich nicht auf die Kraft seiner Waffen, sondern auf die Unterstützung Gottes verläßt.

135. [304.23] Vgl. oben, Kap. 12, § 15.17 [330.21–31.34–44]: Moses ist für Comenius demnach Erfinder der Schriftkunst oder hat diese zumindest der Menschheit als göttliches Geschenk übermittelt.

136. [304.27f.] Auch schon J.H. Alsted, *Encyclopaedia*, T. I, S. 120b (Didactica XIV) sah diese praktischen Disziplinen im römischen Reich »restauriert«.

137. [304.32–36] Der geistige Aufbruch von Humanismus (»Bemühen um reinere Sprachen«), Renaissance (»Bemühen um eine reinere Philosophie«) und Reformation (»Bemühen um eine reinere Religion«), den Comenius in der Folge skizziert, beruht auch auf den Einflüssen byzantinischer Gelehrter, die vor der allmählichen osmanischen Okkupation ihrer Heimat nach Italien geflohen waren. Dadurch erstarkte im westlichen Europa vor allem das Interesse an neuplatonischer Philosophie, wie sie sich nicht zuletzt in der *Via lucis* äußert; vgl. P.O. Kristeller (1972).

138. [304.39] Zum Stellenwert des Buchdruckes in der comenianischen Geschichtsbetrachtung siehe oben Kap. 13, § 7 [328.4–19]: Buchdruck als sechster, von Gott eröffneter ›Weg des Lichtes‹, der die geistige Entwicklung der Menschheit angesichts einer herannahenden Endzeit beschleunigen sollte.

139. [304.42 f.] Vgl. die Vehemenz, mit welcher der ›Defensor‹ im Dialog mit einem Nörgler bei J. V. Andreae, *Turris Babel*, S. 17–19 (dial. VI) die Errungenschaften der Gegenwart in Schutz nimmt und mit dem unglücklichen Zustand früherer Jahrhunderte vergleicht.

140. [304.44–46] In *Prodromus*, § 5 (DJAK 15/II, S. 14) hatte Comenius eingangs noch ein positiveres Bild seiner Gegenwart gezeichnet: Ohne auf die dramatischen Einbrüche und Komplikationen in der Entwicklung des Wissens hinzuweisen, hatte er den hohen Bildungsstand des Jahrhunderts angesprochen, der unter anderem auch der Buchdruckerei zu verdanken wäre, »einer Kunst, die Gott nicht ohne geheimen Ratschluß diesen letzten Zeiten vorbehalten hat.« Dank der Nutzbarmachung ihrer gesamten bislang gesammelten Erfahrungen könne die Menschheit nun zuversichtlich »jenes vorhergesagte und schon von altersher erwartete erleuchtete *Goldene Zeitalter*« erwarten. – Darauf entgegneten Kritiker, daß sich Comenius bei einer derart optimistischen Einschätzung der Gegebenheiten in Widersprüche verwickle, wenn er unmittelbar darauf – nämlich in *Prodromus*, § 11 (DJAK 15/II, S. 17), von den immer noch herrschenden Finsternissen spreche; vgl. G. H. Turbull (1947), S. 452–457. Solche Einwände bewegten Comenius wohl dazu, die Differenz des schon erreichten status quo zu dem angestrebten Idealzustand herauszuarbeiten: Die nötige *Quantität* an Wissen mag schon erworben sein, es fehlt noch an der richtigen *Ordnung*, aus der heraus dieses Wissen erst seine fruchtbare Wirkung zu entfalten vermag.

141. [305.3 f.] Dies stimmt mit der von J. H. Alsted, *Physica harmonica*, S. 20 referierten »Physica mosaica« überein. Vgl. auch *Physicae synopsis* I (DJAK 12, S. 93–96).

142. [305.5 f.] Einen ähnlichen Zusammenhang zwischen der Erschaffung des inneren und des äußeren Lichtes stellt J. H. Alsted in *Theologia naturalis*, S. 271 (pars II, cap. V, VII.: Vox hominis ad proximum, § 9) dar.

143. [305.14 f.] Eine Anspielung auf Joh. 2, 10.

144. [305.18 f.] Dan. 2, 31–45.

145. [305.20 f.] Eben diese chiliastische Lektüre des Daniel-Textes sollte im England der Bürgerkriegszeit zum ›locus classicus‹ für die Bewegung der Quintomonarchisten werden, deren Militanz sie jedoch in einen krassen Gegensatz zu Comenius brachte; vgl. I. Escribano-Alberca (1989), S. 559–570.

146. [305.25] Richtig: Ps. 110, 1. Diesen Fehler begeht Comenius auch in *Panorthosia* II (CC II, Sp. 373) – ein Indiz dafür, daß er den Stoff für *CC* zum Teil unmittelbar aus *Via lucis* entnommen hat.

147. [305.33f.] Bis hierher scheint Comenius den ›induktiven‹ Erkenntnisgang nach Bacon zu referieren – vgl. F. Bacon, *Novum Organon* I, aph. CIV (Works 1, S. 311f.) –, den er in *Prodromus* an einer entsprechenden Stelle beim Namen nennt: § 80 (DJAK 15/II, S. 40). Mit den sich anschließenden Aussagen wäre der Verulamier jedoch kaum einverstanden, geht es ihm doch nicht um einen material gefüllten Gesamtkomplex aller Wissenschaften (schon gar nicht unter Einbeziehung qualitativ-teleologischer Aspekte), sondern eher um ein formales System zur Ermöglichung neuer Erfindungen; vgl. *Novum Organon* I, aph. CX (Works 1, S. 317f.).

148. [306.14] Vgl. Aristoteles, De coelo I, 4 (271a.33).

149. [306.19] Zu diesem Motiv des ›das Ganze gegenwärtig Habens‹ als Charakteristikum der Ewigkeit vgl. Plotin, *Enneade* III 7, 3, 18; ders., Über Ewigkeit und Zeit (Enneade III, 7), ed. W. Beierwaltes, S. 166f.: Kommentarnotiz zur Rezeption dieses Gedankens bei Augustinus (etwa *Confessiones* XI, 13/16).

150. [306.25] »vacui impossibilitas«: Comenius lehnt das seinerzeit umstrittene Konzept eines absoluten Vakuums ab; vgl. *Physicae synopsis* II (Abschnitt: »De materiae natura«, DJAK 12, S. 101). Neben den geläufigen Lehren der Schulphilosophie – vgl. schon Aristoteles, *Physica* IV, 7–8 (213b.30–216b.21) – kann er sich dabei auf die Tradition der Hermetik stützen, die das Universum als einen von keinerlei Hiatus durchbrochenen Wirk- und Lebenszusammenhang darstellt und deren legendären Urheber, Hermes Trismegistus, Comenius neben Ijob, Sokrates u.a. als ein Beispiel dafür anführt, daß der Geist Gottes auch außerhalb der Kirche wirken kann; vgl. *Prodromus*, § 55 (DJAK 15/II, S. 33); zur hermetischen Verwerfung des Leerraums siehe v.a. *Corpus Hermeticum* II, 10–12 (ed. A.-J. Festugière, T. I, S. 35–37); lat. Übersetzung bei M. Ficino, Opera omnia, T. II, S. 1840: »nihil est in rerum ordine vacuum«, und den Nachhall in den ›Rosenkreuzer‹-Manifesten, insbes. *Fama Fraternitatis* (ed. R. van Dülmen, S. 25): »NEQUAQUAM VACUUM«; vgl. A. Festugière (1950–1954), T. II, S. 55ff.; J. Červenka (1970), S. 128–157; J. Nováková (1972) 165f. – Die Aussage, *Via lucis* VI, 12 begründe die Notwendigkeit des Fortschrittes mit dem oben zitierten Motto auf dem Grab des Christian Rosencreutz ›nequaquam vacuum‹ – C. Gilly in: J. A. Comenius, *Weg van het liecht*, S. 20 – ist

freilich zu relativieren, da sich die konkrete Wortwahl Komenskýs an keine der gerade aufgeführten Quellen direkt anschließt. Zudem dient der oben zitierte Satz aus *Fama Fraternitatis* dort, im Gegensatz zur *Via lucis*, nicht direkt zur Begründung der Fortschrittshoffnung.

151. [306.31] Vgl. Gen. 3.

152. [306.46] D.h. im inkarnierten Logos Jesus von Nazareth, der in sich göttliche und menschliche Natur vereinigt; vgl. *Pansophia*, gradus VII (Mundus spiritualis IV: CC I, S. 632–639). Dieses Theologumenon bekräftigt sich für Comenius dadurch, daß die im ›Vater Unser‹ vertretene Ethik den Erfordernissen einer pansophischen Reform entspricht; s.o., Kap. 7, § 3 [308.16–41].

153. [307.5] Damit schließt sich Comenius an die Methode an, die J.H. Alsted in *Diatribe de mille annis apocalypticis* verfolgte: Er weist auf, »daß viele Dinge, die in der Bibel prophezeit sind, noch nicht eingetroffen sind, weswegen davon auszugehen ist, daß das Millennium noch nicht begonnen hat«, so in bezug auf Alsted J. Kramer (1988), S. 17. Weitere exemplarische Belegstellen für diese chiliastische Haltung bei Comenius sind: *Delineatio*, De I^{mo} (DJAK 14, S. 119f.); *Panorthosia* II, 25–28 (CC II, Sp. 373–386).

154. [307.30f.] Auf diese Verheißung spielt unter Umständen auch die Schiffahrtszene auf dem Titelblatt des *Novum Organon* F. Bacons an; vgl. Ch. Webster (1975), S. 25, Anm. 25.

155. [308.1] Auf andere biblische Texte gestützt und z.Tl. um ein neu eingeführtes Motiv aus der klassischen Mythologie (Reinigung des Augias-Stalles) zentriert, erörtert Comenius die Erforderlichkeit menschlicher Kooperation bei der Heraufführung des Millenniums auch in *Panorthosia* III (CC II, Sp. 399–419); ebd., IV (CC II, Sp. 419–432).

156. [308.16f.] Diese Bibelstelle dient auch bei Paracelsus dazu, den menschlichen Forscherdrang gerade auf den Gebieten zu legitimieren, die von einer engstirnigen Orthodoxie beargwöhnt werden; vgl. *Philosophia sagax*, Kap. 7 (SW I 12, S. 185).

157. [308.22] Vgl. Mt. 6, 9–13.

158. [308.30–33] Vgl. Gen. 3, 19. Der den Menschen zu harter Arbeit verurteilende ›Fluch‹ der Genesiserzählung, hier von Comenius als positive Aufforderung zu fruchtbarer Tätigkeit verstanden, wird auch von F. Bacon als Ermunterung zur Weltgestaltung aufgefaßt; vgl. *Novum Organon* II, aph. LII (Works 1, S. 537f.).

159. [309.18 f.] Mit diesem Argument verteidigt sich auch schon J.H. Alsted in *Diatribe de mille annis apocalypticis*, S. 145 gegen die Auffassung, es sei Menschen nicht vergönnt, die Geheimnisse der biblischen Vorhersagen zu enthüllen: In dem Maße, in dem diese Vorhersagen auf konkrete geschichtliche Ereignisse bezogen werden können, erweist sich die eigene Gegenwart schon als Vorspiel des ›erleuchteten Zeitalters‹, in dem die Schranken menschlicher Unwissenheit zu fallen beginnen.

160. [309.21] Vgl. Jak. 1,17.

161. [309.21–23] Vgl. Mt. 5, 15; Mk. 4, 21; Lk. 11, 33.

162. [309.36–38] Die Auffassung, daß Gott in der Regel durch Sekundärursachen handelt, deren Auftreten seine Macht und Weisheit arrangiert haben, findet sich gleichfalls bei J.H. Alsted; vgl. z.B. *Encyclopaedia*, T. III, S. 669 b (Physica, pars I, cap. II, Regula I).

163. [310.1] Die §§ 1–16 dieses Kapitels finden sich nahezu unverändert in *Panaugia* II, 1–16 (CC I, Sp. 124–126) wieder.

164. [310.2 f.] Als eine Anregung zu dieser Fragestellung läßt sich verstehen: J. Arndt, *Vier Bücher vom wahren Christenthum*, Erstes Buch, S. 251 (cap 37): Gott ist Licht; »Licht und Finsterniß recht zu verstehen, müssen wir Achtung haben auf die Definition und Beschreibung des Lichts«. In der Folge wird jedoch das Wesen des Lichtes gerade nicht rational erhellt; Arndt schreibt vielmehr dem Licht zirkulär Eigenschaften Gottes zu, der Finsternis dagegen Charakteristika des Teufels, wie sie jeweils in der theologischen Tradition vorgegeben sind. Von daher ist es zu verstehen, daß Comenius Arndt für einen Denker hält, der zwar wertvolle Ansätze bietet, aber nicht systematisch genug vorgeht; vgl. *Panorthosia* XXV (CCII, Sp. 670).

165. [310.4–6] Von der ›manifestierenden‹, im Akt des Sichtbarmachens Schönheit und Glanz verleihenden Wirkung des Lichtes spricht auch die hochmittelalterliche Lichtspekulation; vgl. J. Kieninger (1992), S. 114–117. Im unmittelbaren Umfeld des Comenius findet sich dieses Motiv auch bei J. Arndt, *Vier Bücher vom wahren Christenthum*, Viertes Buch, S. 9 (cap. I).

166. [310.18 f.] Im Anschluß an Traditionen, die von Dionysios Aeropagita ausgehen – vgl. *De divinis nominibus* IV –, spricht auch J. Arndt von einem dreifachen Licht; vgl. *Vier Bücher vom wahren Christenthum*, Viertes Buch, S. 2 (cap. I): »lux superintelligibilis« in Gott, d.h. das ›ewige Licht‹ bei Comenius – »lux intelligibilis« in

den Engeln und Menschen, d. h. das ›innere‹ Licht‹ der *Via lucis* – »lux visibilis« – für Comenius das ›äußere Licht‹.

167. [310.16–19] Vgl. *Pansoph. christ.*, § 25 (DJAK 14, S. 59.16–29): »Im göttlichen Kunstwerk sind die Dinge zusammengewirkt [...], so daß ein jedes weniger um seiner selbst willen als vielmehr um anderer willen besteht: daher hängen sie auch zusammen, unterstützen sich wechselseitig und erhellen einander (dies trifft nicht nur auf Ähnliches oder nur Unterschiedliches zu, sondern auch auf Gegebenheiten, die sich konträr zueinander verhalten).« F. Patritius faßt in *Nova de universis philosophia*, fol. B5 (Panaugia IV) sogar den tiefdringenden Gedanken, daß es eine absolute Beraubung des positiven Prinzips, des Lichtes gar nicht geben kann und selbst die Finsternisse daher noch eine »lux minima« darstellen, d. h. daß ihre Negativität von einer wenn auch sehr herabgeminderten Positivität getragen werden muß. Da auch Comenius um den privativen Charakter der Finsternis weiß (Kap. 9, § 1 [311.41–43]), müßte er korrekter sagen, daß das Licht vor dem nichtigen Hintergrund der Finsternis in seinem Leucht-Charakter deutlicher zum Vorschein kommt. Doch hier wie auch in der Folge neigt Comenius dazu, die Finsternis zu verdinglichen. Damit verfolgt er offenbar den Zweck, dem Licht einen (scheinbar) gleichwertigen Gegenspieler gegenüberzustellen und so das ›Drama‹ der Entwicklung der geschichtlichen Aufhellung um so wirkungsvoller nachzuzeichnen.

168. [310.24] Vgl. Augustinus, *De videndo Deo ad Paulinam*.

169. [310.33f.] Vgl. *Physicae synopsis* I–II (DJAK 12, S. 93–102).

170. [311.8] Dieser Ausdruck scheint sich in den Comenius geläufigen Ausgaben der Bibel nicht zu finden. *Comment.* (DJAK 14, S. 377a.b) zufolge könnte er sich von Augustinus herleiten, der in *De agone Christiano*, § 4 die manichäische Vorstellung der »gens tenebrarum contra Deum rebellans« referiert. Dies ist aber unwahrscheinlich, da Augustinus in jener Schrift, wie auch sonst, den manichäischen Dualismus klar ablehnt. Das gleiche Manko trifft auch auf Hugo Grotius' einschlägige Darstellung manichäischer Positionen in *De veritate religionis christianae*, S. 27–29 (cap. I) zu. Vielleicht besinnt sich Comenius an der fraglichen Stelle eher auf geschichtstheologische Dichotomien (Prädestinierte – Verdammte; Christus – Antichrist), die im geistigen Umfeld und im Glaubensleben der Böhmischen Brüder immer wieder virulent wurden; vgl. E. Peschke (1981), S. 36ff., 152ff.

171. [311.20f.] Die hier angedeutete Analogie zwischen innerem und äußerem Licht erwähnt auch F. Patritius in *Nova de universis philosophia*, fol. C4[r] (Panaugia IX). Diese Passage könnte geradezu als Programm der in *Via lucis* ab Kap. 10 folgenden Lehrsätze gelten: »[lumina] vt sicuti a corporibus, corporeas habent passiones, ita ab incorporeis habeant incorporea actiones« (»Wie der Lichtschein, der von Körpern ausgeht, nach Art der Körper Einwirkungen empfängt, so geht von unkörperlichem Lichtschein eine Auswirkung nach Art der unkörperlichen Seienden aus«). Am Wirken des äußeren Lichtes läßt sich also das Wesen einer immaterielle Prinzipienwirklichkeit beobachten; anders als diese wird das raumzeitliche Licht jedoch von ›passiones‹ betroffen, die sein meta-physisches Analogon nicht kennt, vor allem von der Privation durch opake Körper, die Finsternis entstehen läßt. Comenius selbst hat den »Parallelismus« der Seinsebenen an einer entsprechenden Stelle seiner eigenen *Panaugia* (X, 12–15 [CC I, Sp. 180f.]) anhand von Beispielen aus dem Bereich der Geometrie zu verdeutlichen versucht.

172. [311.24f.] Der Nexus zwischen Makrokosmos (Universum) und Mikrokosmos (Mensch) wurde erstmals bei Demokrit artikuliert (vgl. *Die Fragmente der Vorsokratiker*, Bd. II, Demokrit B 34, S. 153); er war ausschlaggebend für die ›rosenkreuzerische‹ Tradition, vgl. U. Voigt (1996b), S. 156–186.

173. [311.30–32] Vgl. *Addenda* V (DJAK 11, S. 201–209).

174. [312.6–9] Comenius orientiert sich hier an der Abfolge der biblischen Schöpfungserzählung, derzufolge zuerst »der Geist Gottes über den Wassern schwebte« und dann erst »das Licht geschaffen« wurde (vgl. Gen. 1, 2f.). Siehe dazu *Addenda* IV–V (DJAK 12, S. 194–209) sowie J. Červenka (1970), S. 175ff. Zugleich erinnert Komenskýs Kosmogonie an die hermetische Tradition, welche die Formung des Universums gleichfalls der zyklischen Bewegung einer organisierten Lichtwelt zuschreibt; vgl. *Corpus Hermeticum* I (Poimandros), 10–12 (ed. A.-J. Festugière, T. I, S. 14); dass., III, 1–2 (ebd., S. 44f.).

175. [312.11] Vgl. Gen. 1, 16 (Vulgata).

176. [312.12–17] Vgl. J.H. Alsted, *Encyclopaedia*, T. III, S. 1173b (Optica, pars I, cap. III, Regula III): »*Tenebrae sunt umbra terrae*«.

177. [312.18f.] »A visceribus enim omnis crassae materiae lux excluditur penitus, opacum penetrare non permissus«: vgl. dazu

F. Patritius, *Nova de universis philosophia*, fol. B4r (Panaugia V): »Opaca omnia & in se sunt tenebricosa, & aliis umbras, obscuritates, ac tenebras offundunt.«

178. [312.36f.] Zu diesem in der stoischen Philosophie entwikkelten Konzept der ›Logoi spermatikoi‹ vgl. W. Kelber (1976), S. 49ff.

179 Wenn Comenius dieses einzige Mal in *Via lucis* ein Motiv aus der Prädestinationstheologie anklingen läßt, die ansonsten seinem Gottes- und Menschenbild fernsteht, so liegt dies an der Quelle, aus der er hier offenbar schöpft: Johannes Scotus Eriugena, *De divisione naturae*. Darin wird die endzeitliche Selbstmitteilung Gottes (»theophania«) als vollkommenes Durchsichtigwerden der endlichen Seienden auf ihren göttlichen Urgrund verstanden (z.B. ebd., I, 8ff.; V, 37ff.); die Gottheit, die für den Neuplatoniker Eriugena über allem Sein und Erkennen steht, kann durch ihre eschatologische Einstrahlung in die Schöpfung von ihren »electi« (!) dann doch auf gewisse Weise erschaut werden (ebd., I, 8). Vgl. dazu K. Hedwig (1980), S. 58–60.

180 Zur Analogie zwischen Licht und Sein einerseits und Finsternis und Nicht-Sein andererseits vgl. exemplarisch Thomas v. Aquin, *In librum de causis*, prop. 6, n. 168: »ipsa actualitas rei est quoddam lumen ipsius«; vgl. dazu K. Hedwig (1980), S. 199–236; J. Kieninger (1992), v. a. S. 129ff.; U. Voigt (1996b), S. 54–86.

181. [313.26] Auch dieses Kapitel der *Via lucis* wurde nahezu unverändert in *Panaugia* übernommen; s. dort Kap. 11: §§ 1–22 (CC I, Sp. 185–190), §§ 24–28 (CC I, Sp. 190f.), §§ 30–66 (CC I, Sp. 191–199).

182. [313.28] Ijob 38, 24. – Zu diesem Motto siehe Anmerkung 2 zum Text.

183. [313.28f.] Die hier und in der Folge zitierten Bibeltexte sollen den Menschen eigentlich seiner Unwissenheit und damit seiner Nichtigkeit dem allwissenden Gott gegenüber überführen. Indem Comenius diese Passagen nicht als Entmutigung, sondern Ermutigung des menschlichen Forschungsdrangs deutet, scheint er in den Spuren von F. Bacon zu wandeln, der bereits in *De augmentis* I (Works 2, S. 148) das Buch Ijob als Kompendium der (wissenschaftlich entschlüsselbaren!) naturphilosophischen Mysterien bezeichnete. – J. Arndt, der Comenius offenbar zur Anwendung der Ijob-Passage anregte (siehe Anmerkung 2), verstand sie im entgegengesetzten Sinne als Verwarnung gegen menschliche Anmaßung;

vgl. *Vier Bücher vom wahren Christenthum*, Viertes Buch, S. 1 (Kap. 1).

184. [313.30] »de balaenas capiendi impossibilitate«: Comment., S. 377b weist darauf hin, daß der in Ijob 40,20 erwähnte »Leviathan« von einigen jüdischen Interpreten des 17. Jahrhunderts als Walfisch (»balaena«) angesehen wird. Als direkte Quelle des Comenius kommt auch Immanuel Tremellius in Betracht: *Bibliorum pars tertia*, [I.] Ijob, S. 70 (nach der Verseinteilung des Tremellius Ijob 41,1): »An extrahas balaenam hamo«.

185. [313.30f.] Vgl. Jes. Sirach 1, 3.

186. [313.31] Vgl. Gen. 15, 5.

187. [313.35] Dies zielt auf die Entdeckung neuer Himmelskörper mittels der damals gerade aufkommenden, erst in Holland hergestellten, dann auch in Italien (u.a. von Galilei) und andernorts verwendeten Fernrohre (»Optici Tubi«) ab. Vgl. *Panaugia* XIII, 25 (CC I, Sp. 220).

188. [313.35f.] Vgl. Gen 15, 5. »Unsichtbare Sterne« wären nach dem Verständnis des Comenius die in der Bibel (Ijob 38,4.7) als »Morgensterne« bezeichneten Engel gewesen, die empirischer Erforschung unzugänglich sind; vgl. *Physicae synopsis* I, Appendix (DJAK 12, S. 96).

189. [313.37] In *Panaugia* XIII, 25 (CC I, Sp. 220) fügt Comenius den sechs bereits eröffneten Wegen für das Licht, die in der *Via lucis* weiter oben (XIII, 3–8 [327.12–328.40]) aufgezählt werden, als siebten die »optischen Künste« hinzu, der dann die Pansophie als *innerzeitliche* ›Oktave‹ folgt (vgl. oben, Kap. XIII, § 11 [329.24f.]). Aufgrund beeindruckender theoretischer wie praktischer Fortschritte galt die Optik als eine der ›Leitwissenschaften‹ des 17. Jahrhunderts, wobei auf dem Gebiet der optischen Theorie auch ein Freund des Comenius, Joachim Jungius, Bedeutendes geleistet hatte; vgl. S. Wollgast (1988), S. 69ff. Der von Comenius in der Folge unternommene Versuch, aus optischen Gesetzmäßigkeiten ontologische und gnoseologische Rückschlüsse zu ziehen, kann sich im 17. Jahrhundert allerdings schon auf eine alte Tradition stützen, die aus dem arabisch-jüdischen Raum stammt und im mittelalterlichen Europa v.a. von Robert Grosseteste entfaltet wurde; vgl. K. Hedwig (1980), S. 93–143.

190. [314.5] Zum ontologischen Gehalt der folgenden Aussagen vgl. U. Voigt (1996b), S. 65–86.

191. [314.10f.] Comenius formuliert diesen Zusammenhang öfters auch auf klassische Weise: »Nihil [...] est in intellectu, quod non prius fuerit in sensu«; vgl. z.B. *Pansoph. christ.*, § 35 (DJAK 14, S. 68.17) – ein Satz aus peripatetischer Überlieferung, der gewöhnlich Aristoteles selbst zugeschrieben wird und auch gewissen Rückhalt in dessen Werken besitzt; vgl. *De anima* III, 7 (431 a.16f.) und 8 (432 a.7f.); *Analytica post.* I, 18 (80f.); *De memoria* 1 (450a.11f.). – Die konkrete Ausprägung dieser erkenntnistheoretischen Position als Analogie zwischen dem Akt visuellen Erkennens einerseits und dem Lichteinfall durch ein durchsichtiges Medium auf einen Spiegel andererseits findet sich zudem schon bei Avicenna, *Liber canonis* III, 3, 1; vgl. dazu K. Hedwig (1980), S. 105.

192. [314.17f.] »In luce [...] corporea tria sunt et considerantur corpora, *lucidum*, *pellucidum*, *opacum*.« Eine entsprechende Unterteilung, die Comenius beeinflußt haben könnte, findet sich bei F. Patritius in dessen *Panaugia* II (*Nova de universis philosophia*, fol. A3v): »Trium generum corpora, in vniverso esse diximus, Lucida, Diaphana, & Opaca.« Den Begriff »diaphana« als Synonym für »pellucida« kennt auch Comenius; s.o., Theorema II, Def. 6 [315.7].

193. [314.28–30] In *Via lucis* bietet Comenius eine ›sachgemäßere‹ Erkenntniskonzeption als in der späteren *Janua RR.*, derzufolge das Erkennen zwar auch schrittweise zur Allseitigkeit strebt, dabei aber nicht von den Dingen ausgeht, sondern ›vom Nichts‹. Vgl. dazu E. Schadel in *Pforte*, S. 171f. (Anmerkung 149 zum Text).

194. [314.32] Comenius unterscheidet, dem Sprachgebrauch seiner Zeit folgend, zwischen *Licht*, das ungebrochen unmittelbar aus seiner Quelle strömt (»lux«), sowie dem *Lichtschein*, der durch die Zerstreuung des Lichtes auf einer undurchsichtigen Oberfläche entsteht (»lumen«). Vgl. oben, »Axiome über das Undurchsichtige, das das Licht zerstreut«. Zur Differenz zwischen ›lux‹ und ›lumen‹ vgl. auch *Lex. pansoph.* (C II, Sp. 1059 sowie ebd., Sp. 1060), unter den entsprechenden Stichwörtern sowie G. Siewerth (1959), S. 51–54.

195. [315.30] Hier scheint versehentlich die Kapitelüberschrift eines vorausgehenden, später weiter ausgebauten Entwurfes beibehalten worden zu sein, werden doch in der Folge nicht sieben, sondern zwölf Axiome aufgeführt. Deren Durchzählung verläuft bis zum Ende des Kapitels gleichsam als verspätet angefangene Abschnittsnumerierung weiter. Diese Konfusion zwischen Axiomen und Abschnitten macht sich insbesondere in Kap. 12 bemerkbar, da

sie dort auch noch auf die Zitierweise anderer Kap. ausgedehnt wird. Siehe dazu die entsprechenden Anmerkungen zu Kap. 12.

196. [315.37] Im Lateinischen ein Wortspiel: »*Lex est lux*«.

197. [316.5] Mit »Gestaltung« wird im Kontext dieser Lichtspekulationen der Begriff »idea« übersetzt, um seinen Nuancen (konstitutive Wesensform *und* die daraus entspringende Maßgabe für den Prozeß, durch welchen diese Wesensform einem Seienden eingeprägt wird) annähernd gerecht zu werden. Vgl. *Lex. pansoph.*, s. v. ›idea‹ (CC II, Sp. 1012f.).

198. [316.5] Mit »wesensgemäße Ausdrucksweise« wurde hier und im Folgenden der Terminus »species« wiedergegeben, der das lateinische Äquivalent zu εἶδος (= »idea«) darstellt und für den daher die in der vorhergehenden Anmerkung dargebotene Erläuterung gleichfalls gilt. (Demnach ist das vorstehende »oder« explikativ zu verstehen.) Darüber hinaus schwingt in »species« der Begriff des konkretesten Allgemeinen mit, dem ein jeweils gegebenes Individuum zugehört, d. h. der »Art«. Dieses Allgemeine wird Comenius zufolge dem Menschen durch die sinnliche Erfahrung zugänglich, da es sich durch die vermittelnde Tätigkeit des Lichtes von seinem konkreten Ausgangspunkt aus dem Medium einprägt und durch dieses hindurch in das Subjekt einströmt, welches die intelligible Form jener »species« in sich aufnimmt. Vgl. hierzu die Explikation dieses Gedankens bei Bonaventura, *Itinerarium mentis in Deum* II, 4; zu dieser »Licht-Epistemologie« bei Bonaventura insgesamt, die Comenius offenbar direkt oder indirekt vorlag, vgl. K. Hedwig (1980), S. 168–170.

199. [316.25] Diese Aussage basiert offensichtlich sowohl auf dem teleologischen Lichtkonzept des Comenius (s. o., Theorem I, Folgesatz III [314.19]) als auch seiner Überzeugung von einer durchgängigen Sinnhaftigkeit der Naturerscheinungen überhaupt (»Gott und die Natur tun nichts vergeblich«, siehe oben, Kap. 6, § 11 [306.14]): Wenn Licht so schwach geworden ist, daß es seine Aufgabe nicht mehr erfüllen, d. h. einem Sinnenwesen den Eindruck von der Wahrheit eines Sachverhaltes nicht mehr übermitteln kann, so hat es seinen Seinssinn verloren und erlischt.

200. [316.36–38] Die genannten Zahlen sind nicht korrekt, da die Beleuchtungsstärke im *Quadrat* zur Entfernung abnimmt. Der Aussageabsicht des Comenius tut dies jedoch keinen Abbruch.

201. [316.40] »Omne lucidum sphaerice radiat«. Zum Symbolgehalt der »endlichen (kreatürlichen) Sphäre« als begrenztem Aus-

druck der »unendlichen (göttlichen) Sphäre« vgl. D. Mahnke (1966).

202 Auf weniger bildhafte Weise konzipierte bereits Aristoteles die ›reine Medialität‹ der menschlichen Sinne: Sie stellen den wahrnehmbaren, einander entgegengesetzten Eigenschaften der Dinge gegenüber ein Mittleres dar, das deren Bestimmungen von sich aus nur der Möglichkeit nach besitzt und daher im Wahrnehmungsprozeß je und je anders affiziert werden kann; vgl. *De anima* II, 11 (423 a.10–424 a.16).

203. [319.2] Dieser Ausdruck findet sich bei Klemens v. Alexandrien, *Fragmenta* XVII.

204. [320.28] »visio fit per pyramidem«: Dieses Motiv begegnet bei Nikolaus von Kues, *De conjecturis* XI (Philos.-theol. Schr., Bd. II, S. 44) als »Figur P«; es fand auch Eingang in das dem Comenius mit Sicherheit bekannte Werk von Ulrich Pinder, *Speculum intellectuale felicitatis humanae*, fol. LXIX^{r}: Die Pyramide der Einheit, zugleich die Pyramide des Lichtes, und die Pyramide der Andersheit, zugleich die Pyramide der Finsternis, liegen einander so entgegengesetzt, daß die auslaufende Spitze der einen jeweils gerade noch die zentrale Basis der anderen berührt, d. h.: In der absoluten Einheit, dem göttlichen Urgrund, gibt es keine Finsternis, und in der totalen Abkehr von dieser Einheit ist kein wesensstiftendes Licht zu finden. Der Mensch lebt in den ›Zwischenräumen‹, in denen Licht und Finsternis einander durchmischen. Zur Rezeption und zur geschichtsphilosophischen Bedeutung dieses Motivs bei Comenius vgl. K. Schaller (1958), S. 46, Anm. 63: »Es kennzeichnet [...] die eigene Stellung des Comenius, daß er mit Hilfe der *Pansophia* [...] dem Licht zu einem radikalen Sieg verhelfen und das Dreieck der Finsternis vernichten möchte.«

205. [321.1] Dieses Kapitel findet sich fast unverändert in *Panaugia* X, 9 (CC I, Sp. 202–205) wieder.

206 Zu dem sich hier abzeichnenden Problem der ›nur scheinbar seienden‹ – und dabei doch höchst aktiven – »entia tertii generis« vgl. E. Schadels Exkurs Nr. 4 in *Pforte*, S. 241–246.

207. [322.17] Dieses Kapitel wurde beinahe unverändert in *Panaugia* XII (CC I, Sp. 205–212) integriert; neu kam nur ein Abschnitt hinzu, in welchem die Unterstützung sehschwacher Augen durch Brillen und medizinische Mittel mit der Kräftigung der theoretischen Vernunft durch gehörige Praxis in Verbindung gebracht wird: § 4 (CC I, Sp. 206 f.).

208. [322.23] »*Lucidum ut clarè luceat efficere*»: Hier und in der Folge verwendet Comenius Begriffe, die aus dem Sprachgebrauch des R. Descartes vertraut sind: ›clarè‹ und ›distinctè‹ (dem lichttheoretischen Kontext entsprechend wiedergegeben als ›hell‹ bzw. ›klar‹ und ›deutlich‹); vgl. *Discours de la méthode* II, 7 (ed. L. Gäbe, S. 30f.); dass., IV, 3 (ebd., S. 54f.); dass., IV, 7 (ebd., S. 62f.). Dieses Vorgehen ist typisch für die frühe Phase der Descartes-Rezeption bei Comenius, wie sie U. Kunna (1991), S. 173, Anm. 74 anhand des *Prodromus* darstellt: »Manche Sätze [...] verraten eine erstaunliche Nähe zu Formulierungen Descartes' [...]. Diese scheinbaren Übereinstimmungen werden auf den regen Gedankenaustausch zwischen Comenius und Descartes, den der Hartlib-Kreis seinerzeit vermittelte, zurückzuführen sein. Doch darf man nicht übersehen, daß trotz der fast schon ›cartesianisch‹ zu nennenden Terminologie allen Argumenten eine prinzipiell acartesianische Auffassung zugrunde liegt«, die im pansophischen, d. h. qualitativ-teleologisch und auch von theologischen Motiven inspirierten Ansatz des Comenius besteht.

209. [322.24] D.h. »7 Axiome über die Lichtquelle und den Strahl«, § 2.

210. [322.26] Dies sind die ersten »Axiome über das Durchsichtige oder Transparente« in Kap. 10.

211. [322.28] D.h. Kap. 10, »Axiome über das Undurchsichtige, das das Licht zerstreut«, § 29.

212. [322.34] Siehe Kap. 10, »7 Axiome über die Lichtquelle und den Strahl«.

213. [322.35] Siehe Kap. 10, »7 Axiome über die Lichtquelle und den Strahl«.

214. [322.36] D.h. Kap. 10, »Aiome über das Undurchsichtige, das das Licht zerstreut«, § 29 s sowie »Axiome über die Beleuchtung der Dinge«, § 34.

215. [323.6f.] Siehe Kap. 10, »Axiome über die Anschauung der Dinge«, §§ 41f.43.45.

216. [323.7] D.h. Kap. 10, »6 Definitionen«, § 2 inkl. »NB.«.

217. [323.10] D.h. Kap. 10, »Axiome über den spiegelnden Gegenstand, der den Lichtschein reflektiert, d.h. über den Spiegel der Dinge«, § 22.

218. [323.15f.] D.h. Kap. 10, »Axiome über den spiegelnden Gegenstand, der den Lichtschein reflektiert, d.h. über den Spiegel der Dinge«, §§ 23–25.

219. [323.16f.] D.h. Kap. 10, »Axiome über das Durchsichtige oder Transparente«, §§ 17–19.

220. [324.9f.] Dieser Ausschluß hat natürlich nicht blindlings zu geschehen, sondern setzt eine an sich gute Einsicht in die Wesenszüge der schädlichen Gegenstände voraus; siehe oben, Kap. 14, § 14 [334.10–40].

221. [324.24] D.h. Kap. 10, »7 Axiome über die Lichtquelle und den Strahl«, §§ 1.6 sowie den achten Abschnitt (!) von Kap. 9.

222. [324.28] D.h. Kap. 10, »Axiome über den spiegelnden Gegenstand, der den Lichtschein reflektiert, d.h. über den Spiegel der Dinge«, § 20.

223 Die Verwendung von Spiegeln als Lichtquellen für an sich dunkle Grotten war in der Barockzeit offenbar ein geläufiges Motiv; vgl. den Titelkupfer von Athanasius Kircher, *Ars magna lucis et umbrae*.

224. [325.6] D.h. Kap. 10, »Axiome über die Beleuchtung der Dinge«, § 31.

225. [325.6–8] Mit derselben Begründung wendet sich auch Platon gegen die unvermittelte Hinkehr vom schattenhaften Scheinwissen zur Schau des Guten; vgl. *Politeia* 515e.

226. [325.8–10] Über das Wahrnehmen von Schattenrissen, Spiegelungen und sichtbaren Dingen allmählich zur direkten Schau des sonnenhellen Glanzes der Wahrheit selbst emporgehoben zu werden, dieser Erkenntnisgang findet sich auch in Platons Höhlengleichnis: *Politeia* 516a-b. Auf die Präsenz dieses platonischen Motives bei Comenius hat bereits K. Schaller (1955), S. 122 hingewiesen. Bei Platon handelt es sich jedoch um den Weg eines einzelnen Menschen. Kehrt dieser in das unterirdische Gelaß zurück, so ist er dem Unverständnis, ja der Gewalttätigkeit seiner nach wie vor umnachteten Genossen ausgeliefert (a.a.O., 517a). Die Sonne (die Idee des Guten) waltet majestätisch erhaben über diesem tragischen, für sie aber offenbar bedeutungslosen Geschehen. Sie hat kein Interesse daran, ihren Strahlungsbereich auch in die Höhle hinein auszudehnen, d.h. die Differenz zwischen noumenaler und phänomenaler Welt wird als unhintergehbares Faktum hingenommen. Comenius zufolge ist der ›Sonne der Wahrheit‹ jedoch sehr wohl daran gelegen, mit ihren Strahlen die Gesamtheit der Menschen zu erreichen. Dies leitet Comenius, wie er andernorts expliziert, von der prinzipiellen Kommunikativität der obersten Lichtquelle ab, insofern die platonische Tradition konsequent weiterverfolgend. Dabei wird er auch

vom christlichen Trinitätsgedanken inspiriert: Ein Gott, der in sich selbst schon ein interpersonales Begegnungsgeschehen ist, kann und will auch seinen Geschöpfen in deren Geschichte auf immer vertieftere Weise begegnen; vgl. *De Deo* X (AW 4/I, S. 26) im Zusammenhang mit dass., XXIX (ebd., S. 66–72). Daß diese Begegnung auch tatsächlich geschehen ist und noch geschieht, sieht Comenius in der jüdisch-christlichen Überlieferung und in der Botschaft Jesu Christi als des inkarnierten Logos bekräftigt. Der Kerngehalt dieser Botschaft besteht Comenius zufolge in der Aufforderung, an der Intensivierung der Kommunikation zwischen Trinität und Menschheit mitzuarbeiten. Seine Reaktion auf die ›Höhlen‹-Situation, in der das Gros der Menschen nach wie vor befangen bleibt, ist daher nicht resignierter Rückzug, sondern der Versuch, mit adäquaten Mitteln die Höhle selbst zu einem beleuchteten Ort werden zu lassen und ihren Insassen so den Ausgang ins Freie nahezulegen. – Eine augustinische Inspiration dieses personalen Gottesverständnisses gibt Comenius in *Diatyposis* II, 35 (DJAK 14, S. 209f.) durch ein Zitat aus *Soliloquia* I, 13, 23 zu erkennen; dort schildert Augustinus den Aufstieg des erkrankten ›geistigen Auges‹ von der gewohnten Finsternis über sekundäre Lichtquellen zur strahlenden Wahrheit selbst und warnt gleichfalls vor abrupter, blendender Einstrahlung.

227. [325.20] D.h. Kap. 10, »7 Axiome über die Lichtquelle und den Strahl«, § 1.

228. [325.29–31] Eine Anspielung auf Mt. 5, 15.

229. [326.13] D.h. Kap. 11, § 5.

230. [326.14] D.h. Kap. 8, § 5.

231. [326.17] Diese Stellenangabe ist irrig. Comenius könnte sich hier auf Kap. 9, § 3 berufen: Die vor dem Licht fliehende Finsternis verweilt »in den dichteren Teilen der Weltmaterie und in den Räumen, die hinter diesen liegen« [312.18–20], sowie auf Kap. 11, § 5 [321.24–28].

232. [326.22] D.h. Kap. 10, »Axiome über das Undurchsichtige, das das Licht zerstreut«, § 30.

233. [326.23] Die §§ 3–8.10 dieses Kapitels [327.12 – 328.40; 329.8–21] fanden in verkürzter und auch leicht abgewandelter Form Eingang in *Panaugia* XIII, 19–24.26 (CC I, Sp. 219–221). Dort stehen sie in einem etwas anderen Kontext: Sie sollen die wesentlichen Fortschritte markieren, welche die Gegenwart Komenskýs vom Altertum trennt und so das pansophische Projekt dem Einwand gegenüber verteidigen, da die drei Wissensquellen Natur, mensch-

licher Geist und Hl. Schrift schon lange gegeben gewesen wären, hätte es das Streben nach Pansophie und dessen Vollendung gleichfalls schon seit geraumer Zeit geben müssen.

234. [326.25] Comenius erachtet triadische Strukturen zwar für ›konstitutiv‹, septenarische dagegen für ›explikativ‹; vgl. E. Schadels Erläuterung in *Pforte*, S. LXIII. Was dies für das comenianische Geschichtsverständnis bedeutet, legt *Pansophia*, gradus IV (Mundus materialis XI: CC I, Sp. 620) dar: Die Gottheit ist in sich ein zeitfreies triadisches interpersonales Begegnungsgeschehen (»DEUS intra seipsum Triunus«); wendet sie sich jedoch nach außen, so manifestiert sie sich als Abfolge sieben geistiger Ebenen (»Septem Spiritus Jehovae«). Da die Zeit als heilsgeschichtlich erfülltes Geschehen nun aber eben von dieser Ent-Äußerung Gottes geprägt ist, stellt sie sich auch als siebenteilige Viel-Einheit dar: »*Septenaria* temporum gradatio regnat.« (Entsprechend zeichnen auch die ersten sieben Bücher der ›Pansophia‹ den Ausgang der Gesamtwirklichkeit aus ihren obersten Prinzipien durch die konkrete raum-zeitliche Realität hindurch bis hin zu ihrer erneuten ›Spiritualisierung‹.) Das siebte Zeitalter stellt dann die Vollendung der Hinkehr Gottes zum Kreatürlichen wie auch umgekehrt die äußerste Angleichung der Geschöpfe an ihre göttlichen ›Ideen‹ dar, so daß als sinnvolle Fortsetzung der Geschichte nur ihre Überhöhung ins Ewige hinein bleibt. – Daß auch diese siebenstufige Einteilung so wie viele andere Septenare bei Comenius allerdings »kein schlechthin ›verbindliches‹ Prinzip darstellt, sondern eher als eine Art ›Arbeitshypothese‹ aufzufassen ist« – E. Schadel in *Pforte*, S. XLIV –, zeigt sich darin, wie dieses Geschichtsschema in der ›Panaugia‹ weiterentwickelt wird: Abgesehen davon, daß Comenius die einzelnen Epochen dort anders gliedert und z.Tl. auch anders benennt, schaltet er zwischen den sechsten partikulären ›Weg des Lichtes‹ und die vollendende Panharmonie noch die Entfaltung einer achten Errungenschaft, nämlich der »artes opticae« ein; vgl. *Panaugia* XIII, 25 (CC I, Sp. 220).

235. [326.27] D.h. »Axiome über die Lichtquelle und den Strahl«, § 31.

236. [326.31–34] Nach Ch. Webster (1975), S. 26 ist diese Passage dazu angetan, verfolgten Minderheiten Trost zu spenden, die sich endzeitlichen Wirren ausgesetzt fühlen, also auch und vor allem den englischen Puritanern zu Beginn der 40er Jahre des 17. Jahrhunderts. Die Vorstellung »Post Nubila Phoebus« gehört freilich zu den

emblematischen Archetypen jener Epoche; vgl. J. Masen, *Speculum imaginum veritatis occultae*, S. 42.

237. [326.34 – 327.1] Ein ähnlicher Vergleich findet sich auch bei G. W. F. Hegel, *Philosophie der Geschichte*, Eintheilung (Sämtl. Werke, Bd. 11, S. 149f.).

238. [327.2] D. h. zum Sündenfall; vgl. Gen. 3, 1–6. Zum Stellenwert dieser Überlieferung bei Comenius siehe K. Schaller (1962), S. 143ff.: Der Mensch, der als vermittelnde Mitte des Universums ganz kommunikatives Wesen sein sollte, hat sich in der Abkehr von dieser Bestimmung seinem auf sekundäre Ziele beschränkten Eigenwillen ausgeliefert, was aber dem tiefsten Antrieb der menschlichen Natur selbst zuwiderläuft. ›Berufung‹ und Befähigung des Menschen, seine rechte Position im Seinsganzen einzunehmen, wurden dadurch beeinträchtigt, nicht aber ausgelöscht, und der daraus resultierende geschichtliche Prozeß wird bei Comenius als von Gott unterstützter Versuch einer ›restitutio ad integrum‹ gedeutet.

239. [327.11] Zum Folgenden vgl. U. Voigt (1996b), S. 137–146.

240. [327.12] Die Bedeutung der αὐτοψία als ›Fundament seiner didaktischen Methode‹ – nach Comment., S. 378b – betont Comenius u. a. auch schon in *Prodromus*, § 23 (DJAK 15/II, S. 21); dort wird die Ineffizienz des gegebenen Schulsystems darauf zurückgeführt, daß die Schüler nicht zum eigenständigen Hinschauen geführt, sondern nur mit wenig wirkkräftigen ›imagines rerum‹ konfrontiert werden. Vgl. auch *Exitus*, § 17 (ODO IV, Sp. 67): »Quos pertractandi MODOS praescripsimus, & urgemus, sunt illi ipsi qvos Natura ipsa praescribit. Ut omnia fiant per *Theoriam, Praxin, Chresin*, seu usum: & qvidem ita, ut qvisqve per se, propriis sensibus, omnia verset; omnia eloqui & agere tentet, omnibusqve uti frui incipiat. *Autopsiam* enim, & *Autolexian*, & *Autopraxian*, & *Autochresiam*, tanqvam ad solidam scientiam, & virtutem, & dehinc felicitatem, bases unicas, urgemus in nostris ubiqve« (»Die Verfahrensweisen, die wir vorschreiben und auf die wir drängen, sind eben diejenigen, welche die Natur selbst vorschreibt: alles möge durch *Theorie, Praxis und Chresis* bzw. Nutzen geschehen, und zwar so, daß jeder durch sich selbst, dank eigener Sinneswahrnehmungen, in allem beschlagen ist, alles auszusprechen und zu tun versucht und den nutzbringenden Gebrauch von allem zu betreiben beginnt. Auf *eigenständiges Hinschauen, eigenständiges Lesen, eigenständiges Handeln und eigenständiges Nutzen* als einzige Grundlagen gedie-

genen Wissens, Vermögens und daher auch Glückes drängen wir nämlich in allen Punkten unserer Bemühungen«).

241. [327.17] »combinationem rerum«: Vgl. Paracelsus, *Philosophia sagax*, Kap. 3 (SW I 12, S. 64): »Also wissent fürhin, das got nichts beschaffen hat, es sei dan selbander, und kein ding ist das on ein anders volkomen sei, sonder alle ding seind gestelt in ein par, als dan so wirts volkomen.«

242. [327.28] »*coetus publicos celebrandos*«: Daß Comenius hier auf die in Kap. 1, § 2 [293.9] vorgetragene Definition von Schule als »*Versammlung derer, die Nützliches lehren und lernen*» anspielt, belegt *Panaugia* XIII, 21 (CC I, Sp. 219): »*Scholas, seu Coetus publicos*«.

243. [327.30f.] Einer esoterischen Überlieferung des mittelalterlichen Judentums zufolge faßte Seth zum Wohle seiner Nachkommen das umfassende Wissen Adams zusammen. Dies läßt sich durchaus als ein Akt der Schulgründung verstehen; vgl. J. Červenka (1970), S. 136. Zur Zeit des Comenius war die Erinnerung an dieses Motiv vor allem in ›rosenkreuzerischen‹ Kreisen präsent; vgl. Julius Sperber, *Echo der von Gott hocherleuchteten Fraternitet*, fol. Dv^{r}.

244. [327.31f.] Comenius denkt hier wohl an den Brauch, wichtige Fragen auf allgemeinen Versammlungen (Synoden) zu klären, der insbesondere in der Bruderunität lebendig geblieben war; vgl. M. Blekastad (1969), S. 56ff.

245. [327.36] Als Erfinder oder wenigstens Vermittler der Schrift betrachtet Comenius Moses. Vgl. oben, Kap. 6, § 4 [304.23], sowie unten, Kap. 13, § 17 [330.37f.]. Diese Ansicht stützt sich auf Ex. 17,14; 24,12; 31,18 u.a.

246. [328.8] Bereits in *Prodromus*, § 5 (DJAK 15/II, S. 14) schreibt Comenius unter Berufung auf Dan.12, 4, Gott habe die Kunstfertigkeit des Buchdrucks (»typographia«) ›nicht ohne geheimen Ratschluß‹ den jüngsten Zeiten vorbehalten. Daneben nennt er dort noch den Eifer, mit dem allenthalben Schulen gegründet werden. Eine umfassende geschichtliche Perspektive, wie die *Via lucis* sie nun bietet, fehlt dort allerdings noch.

Da der geschichtstheoretisches Rahmen, in welchen Comenius die neueren Erfindungen (v.a. Buchdruck und Schiffahrt) stellt, anfänglich noch etwas unscharf ist, legt dies nahe, daß das gesamte Motiv von zwei Aphorismen aus F. Bacon, *Novum Organon* I inspiriert sein könnte, der sich zudem auf dasselbe biblische Motto stützt: In aph. XCIII (Works 1, S. 304f.) bezeichnet Bacon es als Werk der

Vorsehung, daß es nunmehr möglich sei, mit Hilfe von »navigationes« die ganze Welt bereisen zu können, und setzt dies mit Dan. 12, 4 in Verbindung; s. dazu *Via lucis* XIII, 9 [329.7]. In aph. CXXIX (Works 1, S. 335–338), schreibt Bacon: Drei Erfindungen, nämlich »die Buchdruckerkunst, das Schießpulver und der Kompaß [...] haben [...] die Gestalt und das Antlitz der Dinge auf dieser Erde verändert, die erste im Schrifttum, die zweite im Kriegswesen, die dritte in der Schiffahrt. Zahllose Veränderungen der Dinge sind ihnen gefolgt, und es scheint, daß kein Weltreich, keine Sekte, kein Gestirn eine größere Wirkung und größeren Einfluß auf die menschlichen Belange ausgeübt haben als diese mechanischen Dinge«, Übersetzung nach *Neues Organon*, ed. W. Krohn, Bd. 1, S. 271; vgl. dazu Ch. Webster (1975), S. 24f. Bei Bacon bleibt die im ersten Aphorismus tangierte eschatologische Perspektive sehr unbestimmt – notwendigerweise, da sich seriöse Wissenschaft Bacon zufolge Einblicke in die teleologische Struktur von Natur und Geschichte zu versagen hat. Von daher bedeutet bei Bacon die Anspielung auf eine biblische Prophezeiung kaum mehr als die zusätzliche Fundierung seines Fortschrittsoptimismus durch eine fremde, aber respektierte Instanz. Auch bezeichnet Bacon die genannten Erfindungen nicht direkt als göttliche Offenbarungen. Einmal in den pansophischen Kontext eines Comenius integriert, konnten sich solche Impulse allerdings zu einer Gesamtschau der Geschichte als Zusammenspiel transzendenter Sinnstiftung und menschlicher Sinnfindung in der Entwicklung des Wissens entfalten. Daß Comenius sich außerstande sah, das zweite Exempel Bacons (das Schießpulver) zu übernehmen, spricht dafür, daß der Autor der *Via lucis* im Gegensatz zum Verulamier ein Kriterium für die Zuträglichkeit von Erfindungen im Rahmen des Geschichtsprozesses besaß: deren Wert für die menschliche Fähigkeit zu Kommunikation und Kooperation. – Zur comenianischen Perspektive vgl. auch *Contextus* LVII (ODO III, Sp. 539): »Seqvuta est (A. Ch. 1442) inventio *Typographiae*, cujus beneficio *Mundus impletur Libris*, & qvicqvid sciri potest in lucem protrahitur« (»Es folgte 1442 n. Chr. die Erfindung des *Buchdruckes*, dem es zu verdanken ist, daß sich die Welt mit Büchern anfüllt und daß alles, was nur gewußt werden kann, ans Licht gezogen wird«). An dieser Stelle setzt Comenius allerdings das Aufkommen neuer Navigationsmöglichkeiten dank der Verwendung der Magnetnadel *vor* die Erfindung des Buchdruckes, nämlich in das Jahr 1300. Diese Diskrepanz rührt daher, daß Comenius in

Contextus die technischen Grundlagen der Überseefahrten anspricht, in der *Via lucis* dagegen deren weltgeschichtliche Auswirkungen, d.h. die großen Entdeckungsfahrten ab 1492.

247. [328.18]: »in lucem mitti«.

248. [328.23–25] Vgl. das Lob, das Comenius der englischen Mission auf dem nordamerikanischen Kontinent spendet, in *Angel. pac.*, § 44 (DJAK 13, S. 196f.).

249. [328.41] Vgl. Mt. 19, 28. Dort wird als Folge der (gesamtmenschheitlich-endzeitlich verstandenen) »Wiedergeburt« die Erhöhung der Apostel Christi auf zwölf Throne genannt. Dies ist eine ermutigende Aussage für den reformorientierten Kreis, für den die *Via lucis* zunächst gedacht war, schien dieser sich doch mit den Aposteln zu identifizieren, hatten doch beide Gruppen eine göttliche Sendung; vgl. Kap. 14, § 12 [333.22–334.2].

250. [328.41] Comenius leitet dies mit Sicherheit von den Entwicklungen, welche er in Kap. 6, § 5f. [304.29–46] aufgeführt hat, sowie von den im Kontext verzeichneten ›Wegen des Lichtes‹. D.h. »Welt« als gemeinsame Lebens-Welt aller Menschen (›Ökumene‹ im ursprünglichen Wortsinn) steht hier, wie bei seinen Geschichtsbetrachtungen überhaupt, im Mittelpunkt. Vielleicht bezieht Comenius sich aber auch auf verbreitete kosmologisch-astrologische Spekulationen seiner Zeit, denen zufolge das Weltall sich anschickt, zu den Konfigurationen seiner Entstehungsphase zurückzukehren. Diese Rückkehr an den integren Ausgangspunkt sollte auch die Menschheit von den Verirrungen befreien, die in der Zwischenzeit eingerissen waren. Siehe Johannes Kepler, *De stella nova*, S. 1 (cap. I); S. 29 (cap. VII) – Kepler referiert diese Auffassung allerdings mit merklich skeptischem Unterton –; *Confessio Fraternitatis* VIII (ed. J. Fr. v. Meyer, S. 78f.); John Stoughton, *Felicitas ultimi saeculi* etc.; vgl. dazu U. Voigt (1996b), S. 100f. Geläufig dürfte Comenius auf jeden Fall das Zeugnis J.H. Alsteds gewesen sein; siehe dessen Werke *Cursus philosophici encyclopaedia*, Sp. 1215f. (Uranoscopia III, 15) und ebd., S. 30b = *Encyclopaedia*, T. I, S. 46a (jew. Compendium encyclopaediae universae): »Deinde quia septima revolutio planetarum incidit in sextum millenarium, universalis, & ea quidem longè maxima, mundi hujus mutatio portenditur, *ab anno Christi 1604 usque ad 1642*. Nam absolutâ septimâ hac revolutione planetae redeunt ad sua initia: unde finis regnorum mundi a peritis rei astronomicae colligitur« [Hervorhebung U.V.] (»Dadurch, daß sich der siebte Umschwung der Planeten im sechsten Jahrtausend [der Welt]

ereignet, wird für den Zeitraum *zwischen 1604 und 1642* eine allgemeine, und zwar die größtmögliche Wandlung angekündigt. Denn nachdem jener siebte Umschwung vollendet ist, kehren die Planeten an ihre ursprünglichen Positionen zurück: von daher schließen erfahrene Kenner der Astronomie auf das Ende der Weltreiche« und damit, nach chiliastischer Überzeugung, auf den Anbruch des Millenniums). Hier wird interessanterweise ein Schlußtermin der anstehenden allgemeinen Erneuerung genannt, der mit der Entstehungszeit der *Via lucis* (1641/42) so gut wie zusammenfällt. Dies könnte einer der Gründe (wenn auch gewiß nicht der einzige) für die hochgespannte Stimmung des Hartlib-Zirkels Anfang der 40er Jahre des 17. Jahrhunderts gewesen sein; vgl. U. Voigt (1996b), S. 33–35. – Die Zukunftsperspektive des Comenius war zwar, wie *Via lucis* demonstrieren dürfte, von solchen Erwägungen nicht unbedingt abhängig, als zusätzliche Motivationen für die Reformhoffnungen gerade während des Englandaufenthaltes sind sie jedoch nicht auszuschließen.

251. [331.1] Der Inhalt dieses Kapitels ist in *Pampaedia* (CC II, S. 9–145) eingegangen, hat dabei jedoch eine starke Bearbeitung, Erweiterung und auch sachliche Vertiefung erfahren. Daher kann hier keine Übersicht über die Parallelstellen gegeben werden.

252. [331.4f.] Diese in der Folge entfalteten Stichworte »omnia – omnes – omnino« bzw. »πάντα – πάντες – πάντως« – vgl. *Pampaedia* I, 1 (C II, S. 15) – manifestieren den pan-sophischen Grundzug der *Via lucis*. Als »Allheiten« dürfen sie indes nicht in einem quantitativen Sinne mißverstanden werden. Vgl. K. Schaller (1962), S. 205: »Der Wortteil Pan- soll darauf hinweisen, daß selbst in den einzelnen Folgerungen dieser Pädagogik niemals der Bezug zum Ganzen der auf Gott gegründeten Sachenwelt wie auch zum Ganzen der Pansophia verloren gehen darf«, es geht ihr darum, »die Menschheit auf den Wesensort des Menschen inmitten des Ganzen, [...] die ganze Menschheit zur Vollkommenheit« zu führen«; vgl. ders. (1958), S. 46ff.; ders. (1957), S. 9ff.

253. [331.7–11] Vgl. *Pampaedia* I, 12 (CC II, Sp. 6): »ALLES: d.h. was den Menschen weise und glücklich machen kann.«

254. [331.20] Comenius selbst führt in *Abr. pat.*, Epilogus (DJAK 11, S. 531) einige ›klassische‹ Weiterführungen dieses von Heb. 13, 14 ausgehenden Motivs an: Gregor v. Nazianz, *Orat.* XIII; Hugo v. Sankt Viktor, *Didascalion* III, 19; Augustinus, *Sermo* CXI, 2.

255. [331.20f.] Vgl. Joh. 14, 2f.

256 Mit ihrem möglichen Beitrag zu vertieftem Verständnis der Heiligen Schrift begründet auch J. H. Alsted, *Theologia naturalis*, S. 13 (Praefatio) den Wert einer derartigen ›natürlichen Theologie‹.

257. [331.36–39] Diese Worte finden sich weder in Augustins *De anima et ejus origine* noch in seiner Schrift *De origine animae*. Der weiter unten genannte Gewährsmann des Comenius, Hieronymus Zanchius (siehe folgende Anm.), scheint hier eine freie Version von Augustinus, *De libero arbitrio* III, 21, 59 dargeboten zu haben. An dieser Stelle plädiert Augustinus freilich nicht für eine weitere Entfaltung der analogisierenden Kosmotheologie; vielmehr betont er, daß irrige Ansichten über das Wesen des Geschaffenen solange nicht schadeten, wie sie nicht für unumstößliche Wahrheiten gehalten würden; denn nicht das Kreatürliche, sondern dessen Schöpfer sei die Quelle menschlicher Glückseligkeit.

258. [331.42] D.h. Hieronymus Zanchius, *De operibus Dei intra sex dies creatis*, Sp. 4 (I, 1). – Zu diesem reformierten Theologen siehe G. Biundo, Art. »Zanchi, Hieronymus«. In: Die Religion in Geschichte und Gegenwart. Handwörterbuch für Theologie und Religionswissenschaft, völl. neu bearb. Aufl., Bd. 6: Sh-Z Tübingen 1962, Sp. 1865.

259. [332.15f.] Vgl. Lev. 6, 23.

260. [332.21f.] Vgl. 2 Kor. 3, 6: »der Buchstabe tötet, der Geist aber macht lebendig.«

261. [332.22] Lev. 2, 13.

262. [332.37] Z.B. Aristoteles, *Physica* II, 1 (194a.21f.); Seneca, *Ep.*VII, 65, 3. Auch bei Comenius ist diese Sentenz des öfteren zu finden, z.B. *Lex. pansoph.*, s.v. ›ars‹ (CC II, Sp. 847); *Did. magn.* XIV, 7 (DJAK 15/I, S. 94).

263. [332.38] Vgl. etwa Cato bei Cicero, *Cato maior* II ,5; ders., *De legibus* I, 6, 20; Seneca, *Dialogi* VII (De vita beata) VIII, 1 usw.

264. [333.1–3] Vgl. F. Bacon, *Novum Organon I*, Distributio operis [Works 1, S. 223]: »quandoquidem natura rerum magis se prodit per vexationes artis quam in libertate propria« – »die Natur der Dinge offenbart sich mehr, wenn sie von der Kunst bedrängt wird, als wenn sie sich selbst frei überlassen wird« (Übersetzung nach ders., Neues Organon, ed. W. Kohn, Teilbd. 1, S. 57). Dieser gesamte vorliegende Abschnitt ist von baconianischem Geist gekennzeichnet.

265. [333.7f.] Hab. 2, 4; Röm. 1, 17; Gal. 3, 11; Heb. 10, 38: ein zentraler Satz der paulinischen Rechtfertigungslehre.

266. [333.32] Vgl. Dan. 1, 4.

267. [333.32] Vgl. Koh. 1, 16f.

268. [333.33] Vgl. Apg. 22, 3.

269. [333.33] Vgl. Mt. 2, 1ff.

270. [333.40–42] Vgl. Augustinus, *De doctrina Christiana* II, 15, 25.

271. [333.43f.] An der angegebenen Stelle findet sich das Zitat nicht. Zwar gesteht Kyrill v. Alexandrien (Contra Julianum I) zu, in der griechischen Geisteswelt von Homer und Orpheus bis hin zu Porphyrios fänden sich Spuren des wahren Glaubens an den einen, ja sogar an den drei-einen Gott, doch seien dies aus der jüdisch-christlichen Tradition entlehnte und verzerrte Elemente. Eine »Heilspädagogik« kann sich für Kyrill auf diesen Grundlagen nur so gestalten, daß die ›Griechen‹ die Authentizität des Christentums sowie die Unhaltbarkeit ihrer eigenen Positionen anerkennen.

272. [333.44] D. h. nach heutiger Zählung *Stromata* I, 5.

273. [333.45–334.2] J. Huartus, *Scrutinium ingeniorum*, S. 10. – Zu Huartus siehe den entsprechenden Eintrag bei Gottlieb Jöcher (Hg.), *Allgemeines Gelehrten Lexikon*, zweyter Theil D–L Leipzig 1750, Sp. 1741f.: »ein Medicus, den man gemeiniglich vor einen Spanier ausgiebt, wiewol St. Jean de Pied de Port im französischen Navarra seine Geburtstadt gewest, hat um 1580 gelebet, und ein nettes Werck de scrutinio ingeniorum geschrieben«. Dieses Werk wurde, da international allgemein geschätzt, u. a. ins Französische und ins Latein übersetzt.

274. [334.14] Vgl. Ovid, *Ars amatoria* III, 397: »quod latet, ignotum est; ignoti nulla cupido«. – Dieses Zitat, das Comenius auch in einigen anderen Werken anwendet, könnte er unmittelbar von Campanella rezipiert haben; vgl. dazu die Erläuterungen E. Schadels in *Pforte*, S. 162f. (Anm. 93 zum Text).

275. [334.39] Diese Haltung benennt Comenius in *Pansoph. christ.*, § 43, Canon 32 (DJAK 14, S. 73.19–28) mit »docta ignorantia« und verweist dadurch auf Nikolaus von Kues, *De docta ignorantia* (Philos.-theol. Schrr., Bd. I, S. 191–297), der wiederum auf Augustinus, *Ep.* CXXX, 15, 28 basiert. Demzufolge ist die auch und gerade von Comenius erstrebte ›Ganzheit‹ menschlichen Wissens nicht durch ein unkritisches Aufnehmen von Beliebigem zu erreichen; die Fülle des Wissens basiert vielmehr auf dem Wissen um die

Kriterien, die es erlauben zu urteilen, wann bestimmte konkrete Formen des Wissens notwendig, überflüssig bzw. schädlich sind. Wie Comenius weiter oben in diesem Abschnitt dargelegt hat, wird das zu vermeidende gefährliche Wissen hierbei jedoch nicht schlichtweg ›verdrängt‹, sondern ist im höheren Wissen um die Kriterien von Nutzen und Schädlichkeit nicht als schädliches Wissen, sondern als an sich gutes Wissen um Schädliches ›aufgehoben‹.

276. [335.16–18] In dem genannten Werk, *Contra Celsum* VI, 1, tadelt Origenes solche Lehrer der Wahrheit, deren hochtrabender Stil für ungebildete Leser unverständlich ist; der Vergleich mit hochmütigen Ärzten liegt zwar nahe, ist dort aber nicht zu finden.

277. [335.24–26] Vgl. Mt. 5, 15.

278. [335.27f.] Vgl. G. H. Turnbull (1947), S. 452–455. Ähnlich wie in der Folge argumentiert Comenius auch in *Did. magn.* IX, 8 (DJAK 15,1, S. 76f.).

279. [335.41] Vgl. Joel 2, 28.

280. [336.15f.] Vgl. Jes. 30, 26.

281. [336.20f.] Vgl. Joh. 4, 42.

282. [336.23–25] Dies ist eine verkürzte Wiedergabe von *De vera religione* LIII, 102. Da Comenius seinem pansophischen System ja die Offenheit neuen Erkenntnissen gegenüber bewahren will, unterschlägt er den Anfang des Originaltextes: »Aber elend sind diejenigen Menschen, die das bereits Erkannte geringschätzen und sich über Neuerungen freuen«.

283. [337.19f.] Comenius greift hier ein Motiv der paulinischen Theologie auf, derzufolge über den Anhängern des ›Alten Bundes‹ eine ›Hülle‹ liegt, die sie nach wie vor daran hindert, die Wahrheit des Christentums zu erkennen und anzuerkennen; vgl. 2 Kor. 3, 12–18. (Bekanntlich wurde daher die Synagoge in der christlichen Kunst des Mittelalters als Frau mit verhülltem Antlitz dargestellt.) Die Notwendigkeit, sich von dieser Hülle zu befreien, bezieht Comenius in der *Via lucis* freilich auf die Menschheit als ganze und nimmt diesem Theologumenon dadurch seinen polemischen Charakter.

284. [337.37] Als ›Panaugia‹ bezeichnete F. Patritius den ersten Teil seiner *Nova de universis philosophia* (fol. $A1^r$ – $C7^v$); auch der Abschnitt der *CC*, in den die Lichtspekulation der *Via lucis* eingeflossen ist, trägt diesen Titel.

285. [338.3f.] Diese Definition des ›universalen Kollegiums‹ lehnt sich an den augustinischen Begriff der ›civitas Dei‹ an, die

gleichfalls irdische und jenseitige ›Bürger‹ in sich vereint, vgl. Augustinus, *De civitate Dei* XV, 1, 1 f.

286. [338.39 f.] Vgl. Seneca, *Dialogi* VII (De vita beata) I, 3.

287. [338.43–45] Vgl. die Aufzählung in *Panorthosia* XV, 16 (CC II, Sp. 537).

288. [338.45 f.] Vgl. Kap. 6, § 9 [305.27–38].

289. [339.7–9] Comenius übernimmt einen Gedankengang aus *De civitate Dei* XIX, 7 offenbar in der Fassung, welche Ludovicus Vives, *De tradendis disciplinis* III, 1 (Opera omnia, T. VI, S. 299) bietet, dort allerdings in bezug auf *Latein* als mögliche Universalsprache.

290. [339.37] Zu diesem Kap. insgesamt, das die Grundlage für *Pampaedia* VI (Pambiblia: CC II, Sp. 66–83) darstellt, vgl. K. Schaller (1962), S. 292–303.

291. [340.6–8] »prout rerum universalitas secundum generales ideas, in abstracto complexu suo sibi intra se cohaerens, aeternis quibusdam ordinis et veritatis vinculis colligata est«. Comenius referiert hier in äußerster Verdichtung ein Wirklichkeitsverständnis, das die Mitte zwischen einem radikalen Monismus (totale Einheit der Prinzipien ohne jegliche Binnendifferenzierung) und einem radikalen Pluralismus (totale Verschiedenheit der Prinzipien ohne jede grund-legende Einheit). Unter dem Stichwort ›συμπλοκή‹ (›Verflechtung‹) erfuhr es seine klassische Ausprägung durch Platon; vgl. v. a. *Sophistes* 258 d ff. und die lateinische Wiedergabe dieser Stelle durch M. Ficino (Opera omnia, T. II, S. 1139 f., S. 1289): Gegen zeitgenössischen Monismus (v. a. Parmenides) und Pluralismus (die von Platon angegriffenen Sophisten, welche paradoxerweise ›Seiendes‹ und ›Nicht-Seiendes‹ als koexistent annehmen) wird hier die Auffassung entwickelt, die ideellen Gehalte seien durch die Teilhabe an den höchsten ›Gattungen des Seins‹ (bei Ficino, wie später in *Via lucis*, »generales ideae«) Sein – Verschiedenheit – Selbigkeit derart miteinander verbunden, daß ihre je eigene Identität dadurch noch bekräftigt und zugleich in eine höhere Einheit eingeborgen werde. Dank ihrer (bei Platon noch impliziten, von den Neuplatonikern explizierten) triadischen Grundstruktur ist die Wirklichkeit weder bloße Einheit noch bloße Vielheit, sondern eben eine sinnvoll gegliederte Viel-Einheit (Ganzheit). Die neuplatonische Weiterentwicklung dieses Gedankens zur Verflochtenheit der Ideen in der Hypostase des Geistes findet sich bei Plotin, *Enneade* V 8, 4, 1 ff.; VI 7, 2, 30 ff. u. ö. Als Erbe der neuplatonischen Tradition, der auf Come-

nius bedeutsamen Einfluß ausübte, sieht Tommaso Campanella, *Metaphysica*, fol. Oij[r]-Oiij[r] (III, 13, 1, art. 1) den ›Mundus archetypus‹ der Ideen als Gehalt des Logos in das innere Geschehen der Trinität eingebunden und versteht die Ideen – wie Comenius – vor allem als Vorgaben göttlicher und davon abgeleiteter menschlicher Produktivität; vgl. ebd., fol. Oiij[r] (art. 2). Vgl. zu diesem Motiv: W. Beierwaltes (1985), S. 327ff.; E. Schadel (1996), S. 20ff. (mit vielen einschlägigen Quellenangaben).

292. [341.21] Bereits 1639 hatte der sonst eher kritische J. Hübner seinem Korrespondenzpartner Comenius vorgeschlagen, dieser möge sein Reformwerk in aller Stille ausarbeiten, ohne sich weiterhin durch Kritik zu immer neuen Vorentwürfen provozieren zu lassen, und das Opus dereinst in drei Teilen erscheinen zu lassen: ›Pansophia‹ – ›Panhistoria‹ – ›Panbibliographia‹ bzw. ›Philologia universalis‹ (vgl. *Korr. ed. J. Kvačala* I, LVI., S. 59–61). Diese Konzeption wurde vom Freundeskreis um Hartlib während des Englandaufenthaltes Komenskýs aufgegriffen und weiterentwickelt. In dem mit »8./18. Oktober 1641« datiertem ›Catalogus‹ wird allerdings eine von *Via lucis* abweichende Reihenfolge vorgeschlagen: Zuerst ist demnach die ›Panhistoria‹ als Kompendium grundlegender Sachkenntnisse zu verfassen. Darauf soll die ›Pandogmatia‹ als unparteiische Übersicht über herkömmliche Lehrmeinungen folgen. Beide Werke sollen ihre Rezipienten sodann durch das Verlangen nach der reinen Wahrheit der Dinge wie durch das Offenbarwerden der Nichtigkeit menschlicher Meinungen auf die Lektüre der ›Pansophia‹ vorbereiten. Im gleichen Sinn äußert sich John Dury in einem Brief an einen Gönner der pansophischen Projekte, Sir Cheney Culpeper; siehe R. F. Young (1932), S. 74: »Of sciences there are three degrees, whereof everyone is to be handled in a severall treaty (i. e. treatise). The first containing the history of all things, which are the subjects of humane learning. The second, the dogmaticall substance of sciences, which are the principles and fundamentall truths of humane learning. And the third, the body of sciences, containing all the precepts and branches of humane learning and the deductions which are infallibly evident, and truly drawn already, by other men's labours from universall principles.« Dieses die ›Pansophia‹ hintanstellende und den pädagogischen Nutzen der anderen beiden Bücher betonende Konzept orientiert sich allem Anschein nach an den Erfordernissen einer Erneuerung des Bildungswesens, als deren Initiatoren Hartlib und seine Freunde sich damals betätigen

wollten. Die Sequenz der *Via lucis* entspricht dagegen eher der Intention des Comenius selbst, betont sie doch den Primat des pansophischen Hauptwerkes.

293. [340.26] Der zweite Wortbestandteil von »Panhistoria« leitet sich von griech. »ἱστορία« im Sinne von »Wiedergabe (der Ergebnisse konkreten Nachforschens)« ab; die naheliegende Assoziation zum Gebiet der Geschichtskunde ist daher irrig, wie Comment. [380 b] richtig feststellt, wofern ›historia‹ sich nicht auf den Bereich der menschlichen ›gestae‹ bezieht; vgl. *Lex. pansoph.*, s. v. ›historia‹ (CC II, Sp. 1007). Nur für »historia naturalis« wird in vorliegender Übersetzung der eingebürgerte Begriff »Naturgeschichte« verwendet.

294. [340.35–39] Damit wird das Wissen desjenigen Typus, wie ihn die ›Royal Society‹ vertreten hat, zugleich gewürdigt und relativiert; vgl. U. Voigt (1996 b), S. 40–44.

295. [342.1–4] *De finibus* V, 28, 83.

296. [342.31–33] In *Schola pansoph.* II, V, 6 (ODO III, Sp. 43 f.) sieht Comenius die besondere Aufgabe einer derartigen »historia inductiva« darin, die Entwicklung der mechanischen Künste und der wichtigen Erfindungen zu erfassen und dadurch dem menschlichen Geist ›Nahrung‹ für weitere Innovationen zu geben.

297. [342.28–40] Der Gedanke, daß die Vorherrschaft der überkommenen Lehrmeinungen (der ›Idole des Theaters‹) nur mit Hilfe einer neuen, sich auf Induktionen stützenden Naturgeschichte gebrochen werden kann, findet sich auch schon bei F. Bacon; vgl. z. B. *Novum Organon*, Distributio operis (Works 1, S. 220 ff.).

298. [343.5] Vgl. Eph. 5, 3.

299. [343.6] Jes. Sirach 1, 16.

300. [343.22] Vgl. *Prodromus*, §§ 53–55 (DJAK 15/II, S. 32 f.).

301. [343.21] Plinius minor überliefert diesen Ausspruch des Plinius major in *Ep.* III, 5, 10.

302. [343.42–44] Vgl. Quintilian I, 8, 18.

303. [344.3] Der reformierte Theologe Abraham Scultetus bzw. Schultetus (1566–1624) erwarb sich im 17. Jahrhundert nachhaltigen Ruhm durch sein patristisches Florilegium (s. folgende Anm.). Während der kurzen Regierungszeit des ›Winterkönigs‹ Friedrich V. von der Pfalz in Böhmen fungierte Scultetus als Hofprediger zu Prag; von daher dürfte er Comenius auch persönlich bekannt gewesen sein. Wie Comenius, so wurde auch Scultetus von den Unbilden des Dreißigjährigen Krieges mehrfach zu jähem Wechsel seines Tätig-

keitsbereiches gezwungen. Vgl. Allgemeine deutsche Biographie. Bd. 33. München 1891. Repr. Berlin 1971, S. 492–496.

304. [344.3] Vgl. Abrahamus Scultetus, *Medulla theologiae Patrum*. Darin stellt Scultetus in chronologischer Ordnung einige patristische Autoren vor, wobei er jeweils eine systematische Reihenfolge einhält: Darstellung von Leben und Werk – »analytische« Präsentation wichtiger Schriften – »synthetische« Wiedergabe der Lehrmeinung. Scultetus beschließt seine Publikation mit einem unpaginierten Inhaltsverzeichnis.

305. [344.11 f.] Vgl. F. Bacon, *De augmentis* III, 4 (Works 2, S. 286 f.): »Ich wünschte mir also, daß aus den Vitae der Philosophen des Altertums, aus dem Bändchen des Plutarch über ihre Lehrbeschlüsse, aus den Zitaten bei Platon, aus den Widerlegungen bei Aristoteles, aus den spärlichen Erwähnungen in anderen Büchern sowohl kirchlicher als auch heidnischer Schriftsteller (Laktanz, Philo, Philostrat und die übrigen), mit umsichtigem Urteil ein Werk ›Über die Philosophen des Altertums‹ verfertigt würde. Ich sehe nämlich, daß ein derartiges Werk noch nicht existiert. Ich mahne jedoch an, daß die einzelnen philosophischen Richtungen jeweils gesondert zusammengestellt und aufgeführt werden sollten« usw. Etwas weiter oben (ebd., S. 265) warnt Bacon vor der dem Aristoteles zugeschriebenen Haltung, Autoren der Vergangenheit nicht oder nur aus Zwecken polemischer Zurückweisung zu erwähnen.

306. [344.29 f.] Vgl. das Fragment des Empedokles A 57 in: *Die Fragmente der Vorsokratiker*, S. 294, überliefert durch Aristoteles, *De anima* II, 7 (418 b.20–23); *De sensu* 6 (446 a.26–28).

307. [344.41] Diese Auffassung vertrat bereits, Diogenes Laertius II, 8 zufolge, Anaxagoras; sie wurde von Aristoteles rezipiert, vgl. *De coelo* IV, 2 (310 b.12).

308. [344.42] Vgl. J. Huartus, *Scrutinium ingeniorum*, S. 637 f.

309. [344.42–44] Vgl. *Pansophia*, gradus IV (Mundus materialis V: CC I, Sp. 479): »*Ignis nec gravis nec levis*, sed prout in materiam incidit, ita sursum vel deorsum fertur« (»Feuer ist weder schwer noch leicht, sondern wird nach unten oder oben gezogen, je nachdem, in welche Materie es hineingerät«). In der Folge nennt Comenius hier gleichfalls die Peripatetiker und Huartus.

310. [345.21] Dieses Kapitel ging später in *Pampaedia* VI auf (Panscholia: CC II, Sp. 66–83).

311. [346.9] Ein aus der Antike geläufiges Motiv, das u. a. bei Terenz, *Heautontimoroumenos*, § 222 vorkommt.

312. [346.28] D.h. in den ersten zwölf Lebensjahren. Vgl. *Informat. mat.*, Vorrede (DJAK 11, S. 284): »Das ist daß das Kind die erste sechs Jahr in der Mutter Schoß; die ander sechs Jahr in gemeiner Stadt- oder Dorfschul; die dritte sechs Jahr in lateinischer Stadtschul; die vierte sechs Jahr in hoher Landschul oder auch in Besuchung anderer Universitäten und hin und wieder berühmter Leute zubringe.«

313. [346.29] Vgl. *Pampaedia* VII (Pandidascalia: CC II, Sp. 84–114).

314. [347.1] Auf diesem Kapitel beruht *Panorthosia* XVI (CC II, Sp. 539–545).

315. [347.2] Zu den rosenkreuzerischen Manifesten und den Entwürfen F. Bacons als Vorbilder des folgenden Programms vgl. Voigt (1996b), S. 147–212. Als weitere Quellen dieser Idee kommen nach *Pampaedia*, ed. K. Schaller, S. 106, Anm. 16 in Betracht: Platons *Politeia*, Campanellas *Civitas Solis* sowie die Sozietätsprojekte J.V. Andreaes. Zu dem Verhältnis zwischen Comenius und Andreae vgl. U. Voigt (1996b), S. 124–126, 190–202. Eine der wichtigsten Anregungen, die Comenius für die Konzeption des ›collegium lucis‹ von Andreae übernahm, besteht wohl darin, daß diese Einrichtung von politischen und religiösen Institutionen bei aller wechselseitigen Kooperation doch klar getrennt ist. Dadurch grenzt sich Comenius deutlich von der Position Campanellas ab, der wissenschaftliche Einrichtungen als integralen Bestandteil des politischen Machtgefüges betrachtet; vgl. *Opera latina Francofurti impressa*, T. II, v.a. S. 420 (Civitas solis); *Monarchia Messiae*, S. 14–16 (cap. III). Konsequenterweise fungiert das ›collegium lucis‹ in *Panorthosia* als eine neben zwei weiteren universalen Körperschaften: Der Dreiheit Bildung – Politik – Religion (vgl. *Via lucis*, Widmungsschreiben, § 10 [286.46f.]) entsprechend wird die für Bildungsangelegenheiten zuständige Körperschaft dort von einem »consistorium sanctitatis« und einem »dicasterium pacis« flankiert. Mit dieser triadischen Struktur hält Comenius die Mitte zwischen monistischer Vermengung aller Sphären und bloßem pluralistischem Nebeneinander.

316. [347.28] Wie aus den nächsten Anmerkungen zu ersehen ist, waren die von Comenius in der Folge genannten Persönlichkeiten an den Universitäten von Leyden bzw. Löwen tätig. Zu dem liberalen geistigen Klima in den Niederlanden, das wenigstens zeitweise ein freieres Philosophieren ermöglichte, vgl. P. Dibon (1993), S. 44–49.

317. [347.29] Justus Lipsius (1547–1606), holländischer Philosoph, Historiker und Philologe, von dessen Wiederbelebung des Stoizismus auch Comenius beeinflußt worden ist; er wird von Comenius u. a. in *Ep. ad Mont.*, § 9 (DJAK 1, S. 20) erwähnt. Ein Zitat in *Did. magn.* XXX, 6 (DJAK 15/I, S. 194) beweist die Bekanntschaft des Comenius mit dem bedeutenden Werk des Lipsius *Physiologiae Stoicorum libros III*, das ihn in seiner Verfahrensweise bekräftigt, die Regeln menschlichen Handelns mit Naturerkenntnissen zu fundieren. Zum Wirken des Lipsius in Holland vgl. G. Vanpaemel (1993), S. 35 (Löwen); P. Dibon (1993), S. 45 (Leyden); siehe auch: Biographisch Woordenboek der Nederlanden. Deel IV: I–L, Harlem 1852. Repr. Amsterdam 1969, S. 156–160.

318. [347.29] Joseph-Juste Scaliger (1540–1609) gilt als bedeutendster Philologe unter den französischen Humanisten. 1593 wurde er als Nachfolger von Justus Lipsius nach Leyden berufen. Vgl. Nouvelle biographie générale. T. 43: Sai-Sim. Paris 1864, Sp. 450–455.

319. [347.29] Salamasius bzw. Claude de Saumaise (1588–1653), ein produktiver Philologe aus Frankreich, wirkte ab 1631 in Leyden. Vgl. Nouvelle biographie générale. T. 43: Sai-Sim. Paris 1864, Sp. 360–364. Um den Gebrauch von Neologismen zu verteidigen, beruft sich Comenius u. a. auf den »illustris Salmasius«; vgl. *Apologia*, § 35 (ODO IV, Sp. 33).

320. [347.29] Zur Wertschätzung dieser Autoren bei Comenius vgl. auch *Janua lingg.*, Praefatio, § 2 (DJAK 15/I, S. 263).

321. [347.32 – 348.3] Vgl. F. Bacon, *De augmentis* II, Praefatio (Works 2, S. 177–179).

322. [349.4–8] *Panorthosia* XV (CC II, Sp. 538) verneint demgegenüber die Notwendigkeit, daß ein universales Kollegium um einen einzelnen Ort zentriert sein müsse, wofern seine Angehörigen nur durch gleiche Ziele und gleiches Handeln »im Geiste« vereint seien. Die Auflockerung einer zentralistischen hin zu einer pluralistischeren Struktur, die *Panorthosia* der *Via lucis* gegenüber vollzieht, äußert sich auch darin, daß jene nicht einen Präsidenten vorsieht, sondern mehrere, die jeweils einzelnen Kontinenten vorstehen und zusammen ein oberstes Gremium bilden.

323 Zu Francis Drake (ca. 1540–1596) vgl. *Dictionary of national biography*. Vol. 15: Diamond-Drake. London 1888, S. 426–442.

324. [349.8–10] Die Weltumsegelung Drakes im Jahre 1580 wurde als ein derart bedeutsames Ereignis empfunden, daß J. H. Al-

sted sie in seine auf die wichtigsten Daten beschränkte chronologische Tabelle aufnahm; vgl. *Encyclopaedia*, T. VII, S. 2189 (Chronologia VIII).

325. [349.11 f.] Comenius spricht hier vom Programm der *Via lucis*, und zwar in einer Situation, in der das Scheitern der Vorhaben in England noch nicht definitiv geworden war, auch wenn sich offenbar schon Bedenken hinsichtlich der Realisierbarkeit des Projektes eingeschlichen hatten – siehe den eingeklammerten Vorbehalt in der Folge. Dies deutet darauf hin, daß die vorliegende Textstelle vor dem 1. November 1641 verfaßt wurde; vgl. U. Voigt (1996 b), S. 50 f.

326. [349.13] Dank der Unterstützung einflußreicher Parlamentarier hielten Comenius und seine Freunde im Herbst 1641 die Gründung eines eigenen, mit reichlichen Mitteln ausgestatteten Kollegiums auf englischem Boden für durchaus möglich; vgl. U. Voigt (1996 b), S. 33 f.

327. [349.19 f.] Lateinisches Wortspiel: »collegium« – »colliganda«.

328. [349.21 f.] Vgl. Seneca, *Ep*. XIV, 89, 13.

329. [350.8 f.] Zu denken ist hier beispielsweise an das ›Mobile Perpetuum‹, das der Kreis um Hartlib gleichsam als sein Geheimprojekt betrachtete; vgl. z.B. *Korr. ed. J. Kvačala* I, LXVI., S. 84; *Unbek. Brr.*, I., S. 18.

330. [351.16] Zur Bedeutung dieses aus der prophetischen Tradition stammenden Motives für Comenius vgl. J. Friedrichsdorf (1995), S. 24–92.

331. [351.19] Dieses Kapitel hat *Panorthosia* XIV (CC II, Sp. 526–533) sowie die gesamte *Panglottia* (CC II, S. 147–204) stark beeinflußt.

332. [351.28] Vgl. Joh. 19, 19 f.

333. [351.26–30] Zur Geschichte der Tradition der ›heiligen Sprachen‹ vgl. J. Schwering (1925). Weiter oben (§ 22 [356.17]) nennt Comenius neben Griechisch und Latein auch das an dieser Stelle unterschlagene, wiewohl in Antike und Renaissance als ursprüngliche Sprache hochgeschätzte Hebräisch.

334. [352.11–16] Mit der Suche nach einer derartigen Universalsprache stand Comenius in seiner Zeit keineswegs allein, sondern suchte, wie etliche andere Gelehrte auch, nach einem Ausweg aus einer problematischen Situation: Die Weltgeltung des Latein begann allmählich zugunsten der Nationalsprachen zu schwinden; auch hatte das Ausgreifen der Europäer auf andere Kontinente den

Wunsch nach einer gesamtmenschheitlichen Umgangssprache wachgerufen, die auch außerhalb der Grenzen des Abendlandes anwendbar zu sein hätte und sich zu Zwecken des Handels und der Missionierung gebrauchen ließe. Auch in der binneneuropäischen Kommunikation wurden Sprachbarrieren zunehmend als lästig empfunden, da sie die Schlichtung philosophischer und theologischer Kontroversen erschwerten. Die davon ausgelösten Bemühungen um eine Universalsprache waren in der Regel, von der auch Comenius keine Ausnahme darstellt, mit eschatologischen Erwartungen verknüpft: Die von Adam gesprochene Ursprache sollte wieder erstehen (bzw., so Comenius, erst zu ihrer Vollendung gebracht werden) und die Uneinigkeit der Menschen und Völker, die im Gefolge der ›babylonischen Sprachverwirrung‹ eingerissen war, ein Ende haben. Vgl. dazu B. Asbach-Schnitker / H. J. Höller (1988); W. P. Klein (1992).

335. [352.20–25] Claudius Claudianus, *De consulatu Stilichonis* III, 154–159.

336. [352.29] Im Originaltext: »Mercurius«.

337. [352.32f.] Die folgenden Ausführungen stellen eine leicht verkürzte Wiedergabe von L. Vives, *De tradendis disciplinis* III (Opera omnia, T. VI, S. 298f.) dar. Der strikt gesamtmenschheitlich orientierte Comenius läßt dabei vor allem die Klausel Vives' aus, daß eine ›universale‹ Sprache gegebenenfalls auf den Bereich der Christenheit beschränkt bleiben könnte (vgl. ebd., S. 299).

338. [353.10f.] Comenius spricht hier aus eigener leidvoller Erfahrung; vgl. *Did. magn.* XI, 8–9.13 (DJAK 15/I, S. 81–83).

339. [353.27–31] Diese Sprachkonzeption entfaltet Comenius in nachfolgenden Schriften, z.B. *Lingg. nov. meth.*, v.a. II, 15–18 (DJAK 15/II, S. 113f.) und *Panglottia*. Der zugrundeliegende Ansatz läßt sich mit W.P. Klein (1992), S. 330f. so darstellen: Die gesuchte Universalsprache »müßte über eine vollständige, unzweideutige Nomenklatur der Sachwelt vefügen; über die Bedeutung aller Wörter sollte völliger Konsens herrschen; die Konstruktionsregeln zur Anwendung der Sprache in allen möglichen Situationen müßten verbindlich festgelegt sein. Diese Bedingungen sollten sich konkret realisieren lassen in einem umfassenden Verzeichnis, das die gesamte Welt in Worte überführte, in einem Lexikon, das die Bedeutung aller Wörter intersubjektiv verpflichtend festschriebe, und in einer erschöpfenden Grammatik, die Sprachmechanismen zum Ausdruck sämtlicher Mitteilungen parat hielte. [...] Daß sich derartig

in der Perfektionierung körperlich-sinnhafter Sprachformen eine letztlich göttlich-geistige Identität aktualisieren kann, garantiert eine schöpfungstheologische Voraussetzung. Gott drückte den Dingen ihre geistigen Formen ein, nach denen er das Universum formiert hatte. Im menschlichen Sprechen macht man sich dieses Verweisungsverhältnis von Materialität und Idealität zunutze, insofern die ursprünglichen Elemente als *simulachra* der Dinge im sinnlichen Wahrnehmen, geistigen Erfassen und sprachlichen Äußern aufgehoben und transportiert werden.«

H. Hornstein kritisiert in *Vorspiele*, S. 204f., durch diese Sichtweise werde die menschliche Sprache gänzlich auf das getreue Symbolisieren einer statisch vorgegebenen Substanzenwelt beschränkt, was »die Prädikationsstruktur der Sprache und die Mittelbarkeit ihres Seinsbezuges« verkenne. Dieser Einwand scheint jedoch nicht zu beachten, daß Comenius zufolge Substanzen bzw. ›Dinge‹ (»res«) nichts Statisch-Starres sind, sondern ihr dauerhaftes, auch der Sprache Dauer verleihendes Sein als einen rhythmisch gegliederten harmonischen *Akt* vollziehen, der an der personalen trinitarischen Binnenkommunikativität des Seins selbst partizipiert und den Menschen als sprachbegabtes Wesen zur Weiterführung und Vollendung dieser Kommunikation anleitet. Vgl. *Pforte*, S. 23 (I, 6): »Den *Namen* DING *verwenden wir an dieser Stelle in allgemeiner Weise von allem, was ist oder gesagt werden kann oder gedacht wird*. – [Ding res kommt nämlich von ῥῆσις, Sagen, in welchem Sinne die Hebräer *dabar* haben. Es bezeichnet das Ding und das Sagen, wie sich bei den Griechen auch das ῥῆμα findet. Die Deutschen haben *ein Ding* oder *Dink*, *von Denken* (d.h. was gedacht wird) und *Sach vom Sagen* (d.h. was gesagt wird). Und die Böhmen haben *věc* vom alten *vece*, er spricht, er sagt.« Siehe dazu auch ebd. den »Exkurs 2« von E. Schadel, S. 219–230, dort v.a. S. 228f.

Von daher greift Hornstein etwas zu kurz, wenn er die pragmatisch-kommunikative Dimension von Sprache bei Comenius zugunsten der Benennungsfunktion marginalisiert sieht, denn schon diese Trennung von Nomenklatur und Verständigung geht am genuin comenianischen Ansatz vorbei. Diesem zufolge geschieht gerade das Benennen *aus* einem Akt der Kommunikation (mit den in der Welt vorfindlichen Dingen; mit den im eigenen Geist anzutreffenden Gehalten; mit der religiösen Überlieferung) heraus *für* einen Akt der Kommunikation: Erfüllt sich doch das Wesen von Sprache, getreu dem teleologischen Wirklichkeitsverständnis des Comenius, in einer

»triplex conversatio«, in einem ›dreifachen Umgang‹ des Menschen mit der Natur, den Mitmenschen und der Gottheit. Vgl. *Panegersia* IV, 15 (CC I, Sp. 31f.); *Pampaedia* III, 10 (CC II, Sp. 23); siehe dazu dass., ed. K. Schaller, S. 42; G. B. Kraemer (1973), S. 11.

Das Ziel dieses Kommunikationsprozesses ist es insbesondere, durch Hinblick auf die Ordnung der Dinge den Menschen wieder zu dem ens communicativum werden zu lassen, der er seiner (»adamischen«, siehe *Via lucis* XIX, 18 [355.7–17]) Anlage nach sein sollte, und ihn so wieder in ein rechtes Verhältnis zur Natur, zu sich selbst und zur Gottheit zu bringen. Der dafür erforderliche Hinblick auf die konkreten Seienden bedeutet dabei keine Anbindung an eine vorgegebene Faktizität, wie Hornstein meint. Stattdessen weckt der auf die Dinge sehende und ihre Wesensvollzüge zu sprachlichem Ausdruck bringende Mensch gleichsam, mit Eichendorff gesprochen, das ›in den Dingen schlummernde Lied‹ einer dynamisch-harmonikalen Binnenartikulation des Seins. (So ist offenbar auch das ›Aussprechen von *Dingen*‹ zu verstehen, das *Via lucis* XIX, 13 [354.9] fordert.)

Aufgrund dieses Aufgabe-Charakters der Universalsprache, die die Wirklichkeit immer tiefer zu erschließen hat, teilt Comenius nicht die traditionalistische Position zahlreicher ähnlicher Ansätze, denen zufolge die Menschheitssprache im Paradies bereits existierte und nur aus ihren über alle konkreten Einzelsprachen verstreuten Fragmenten nach der Stückwerkmethode des Zeuxes wieder zusammengesetzt werden muß (vgl. *Via lucis* XIX, 20f. [355.35–356.15]). Dieser protologische Akzent tritt bei Comenius zugunsten einer eschatologischen Perspektive zurück. Bei der von Comenius angestrebten Universalsprache handelt es sich weniger um ein distanziertes Sprechen über Sachverhalte, als vielmehr um ein ›begeistertes‹ Freisetzen der in diesen Sachverhalten verborgenen kommunikativen Potentiale. Sie käme einem *Gesang* nahe, der ›mit seinem *Klang* die Natur der Dinge und deren Unterschiede ausdrücken‹ kann (vgl. *Via lucis* XIX, 15 [354.20f.]), d. h.: der die im Buch der Natur anzutreffenden Spuren der positiven göttlichen Attribute in ihrer ursprünglichen Evidenz und Einprägsamkeit vermittelt und so wesentlich zur ›emendatio rerum humanarum‹ beiträgt. In dieser Funktion bedeutet die Universalsprache für Comenius zugleich den endzeitlichen Hymnus, den eine ins Vollendungsstadium ihrer Geschichte eintretende Menschheit anstimmt; vgl. *Via lucis* XIX, 19 [355.18–34]; ebd., XX, 7 [358.11–20]; *Panglottia* (CC II, S. 169ff.) u. ö. Siehe auch W. P. Klein (1992), S. 329, 347, Anm. 31.

340. [354.27–30] Im späten 16. und im 17. Jh. stieg mit der Menge an verfügbaren Informationen über die chinesische Schrift in Europa auch das Interesse an diesem Zeichensystem, das als universale Verständigungsmöglichkeit gedeutet wurde; vgl. U. Eco (1994), S. 102, 167–171, 220f. Comenius könnte sich hier direkt auf F. Bacon, *De augmentis* VI, 1 (Works 2, S. 411) beziehen: »Es ist schon allgemein bekannt geworden, daß sich in China und in den Provinzen des äußersten Ostens heute gewisse gegenstandsbezogene, nicht nominale Schriftzeichen im Gebrauch befinden, die nämlich weder Buchstaben noch Wörter, sondern Gegenstände und Begriffe ausdrücken. Zahlreichen Völkerschaften, deren Sprachen voneinander völlig verschieden sind, die sich aber auf derartige Schriftzeichen geeinigt haben (die bei ihnen weithin verbreitet sind), ist es dadurch möglich, sich auf schriftlichem Wege miteinander zu verständigen. Dies geht so weit, daß jeder Stamm ein beliebiges, mit derartigen Schriftzeichen geschriebenes Buch in seiner Muttersprache lesen und auch in diese übersetzen kann.«

341. [354.20f.] Mit dieser Stellungnahme zur chinesischen Schrift bezieht Comenius zugleich (und vor allem) in einer aktuellen Debatte seines eigenen Kulturkreises Stellung. Hinsichtlich der vielerorten projektierten Universalsprache konkurrierten zwei Paradigmen miteinander: ›characteristica universalis‹ und ›lingua universalis‹. Vgl. B. Asbach-Schnitker / H. J. Höller (1988), S. 319: Erstere ist »die Konstruktion einer aus einfachen Charakteren bestehenden Universalschrift als Ersatz für die natürliche Sprache, wobei den Elementen des Grundwortschatzes existierender Sprachen konventionelle Symbole zugeordnet werden. [...] Eine ›lingua universalis‹ beruht demgegenüber auf konzeptuellen Klassifikationssystemen; sie ist charakterisierbar als eine für den wissenschaftlichen Diskurs oder die alltägliche Kommunikation verwendbare philosophische Sprache, in der eine Analogie zwischen dem Symbol der Universalschrift und dem bezeichneten Gegenstand besteht, und in der durch die besondere Art der Symbole der klassifikatorische Zusammenhang zwischen den Gegenständen zum Ausdruck kommt. Die auf einer philosophischen Klassifikation beruhenden universalsprachlichen Entwürfe gehen davon aus, dass alle komplexen Begriffe (oder Ideen) auf eine Liste von einfachen Begriffen zurückgeführt werden können. Daher ist für sie der Versuch charakteristisch, eine auf kombinatorischen Prinzipien beruhende Sprache zu konstruieren, die den Aufbau des Universums in der Weise widerspiegelt, dass an einer

Zeichenkonfiguration nicht nur ihr Denotat, sondern auch ihre Einordnung innerhalb der vorausgesetzten Ontologie eindeutig erkennbar ist.«

Aufgrund seines dynamischen Sprachverständnisses steht Comenius eindeutig auf der Seite der ›lingua universalis‹, während seine Kritik am chinesischen Ideogrammsystem auch auf das Projekt der ›characteristica universalis‹ gemünzt ist, dessen konstruktivistisch-technologischer Zug sich in einen pansophischen Kontext nur schwer integrieren ließe. Seine englischen Korrespondenzpartner, die sich eher um eine ›characteristica universalis‹ bemühen, verweist Comenius wiederholt auf die in Via lucis niedergelegten Anschauungen: *Unbek. Brr.*, XXII., S. 81; *Korr. ed. A. Patera*, CXI., S. 135.

342. [354.33f.] Die Kritik Komenskýs am chinesischen Schriftwesen ist weniger als Auseinandersetzung mit einem fremden Kulturkreis zu verstehen, sondern richtet sich in erster Linie an europäischen Strömungen des 17. Jahrhunderts aus, die sich um eine ›characteristica universalis‹ bemühten; vgl. die vorhergehende Anmerkung.

343. [355.5] Vgl. Zef. 3, 9.

344. [355.27f.] Vgl. I. Tremellius, *Libri prophetici*, [XIII.] Tzephanja [= Zefanja], S. 513–518, dort S. 516.

345. [355.35] Die folgende Gegenüberstellung wird in *Panglottia* VII (CC II, Sp. 285–302) breiter ausgeführt.

346. [355.36–41] Zu dieser Verfahrensweise des Zeuxis (aus Herakleia stammender Maler des 5./4. Jh. v.Chr.) siehe als wichtigste antike Quellen Cicero, *De inventione* II, 1, 1–2 sowie Plinius maior, *Naturalis historia* XXXV, 64; vgl. auch K. Gschwantler (1978), v. a. Sp. 1485f. Das von Comenius erwähnte Helena-Bildnis befand sich zunächst im Tempel der Helena Lakinia zu Kroton, später dann im Porticus des Philippus in Rom; vgl. K. Gschwantler (1978), Sp. 1848.

347. [356.6] Marin Mersenne (1588–1648), französischer Theologe, Mathematiker und Philosoph, war während seiner Ausbildung in einem Jesuitenkolleg Freund und auch später enger Vertrauter von Descartes. Auch nach seinem Eintritt in den Orden der Minimes blieb er als Briefpartner wie auch als Schriftsteller mit der gelehrten Welt in Kontakt. Seine besondere Sympathie galt den mechanizistischen Tendenzen der Naturphilosophie seiner Zeit bei Gassendi und auch bei Descartes. In Frankreich und darüber hinaus spielte er eine ähnliche Rolle bei der Vernetzung von Gelehrten und bei der Publikation bedeutsamer Schriften wie Hartlib und seine Freunde in

England, nur offenbar mit weitaus größerem Erfolg. Ab 1626 kannte und bewunderte er auch Comenius. In einem Brief vom 22. November 1640 an diesen lobte er zwar dessen *Jan. lingg.*, merkte aber an, noch besser als ein Lateinlehrbuch wäre eine neue Sprache, die alle Menschen sprechen oder zumindest doch verstehen könnten. Die Grundlagen dafür habe er, Mersenne, schon in seinen *Harmonicorum Libri* gelegt habe; Comenius könne eine Abschrift dieser Werke aus England erhalten. Vgl. Nouvelle biographie générale. T. 35. Paris 1861, Sp. 118–124; P. Costabel (1993); U. Kunna (1991), S. 51 f. Zu den Beziehungen zwischen Mersenne und Comenius siehe direkt auch *Korr. ed. A. Patera*, XIX., S. 32; *An. Com.*, IV., S. 16 f.. In diesem Brief machte Mersenne Comenius auch mit den Bestrebungen Le Maires bekannt (siehe nächste Anmerkung). Mersenne darf von daher als hauptsächlicher Inspirator der comenianischen Suche nach einer Universalsprache gelten, wiewohl er mit dessen (neuplatonischen und aristotelischen) Ausgangspunkten kaum einverstanden gewesen wäre. Zu Mersennes eigenem, rein quantitativ-kombinatorischen Ansatz einer Universalsprache vgl. U. Eco (1994), S. 150–152. Mersennes *Harmonicorum libri* konnten Comenius keine materiale Anregung für dessen pansophische Universalsprache bieten, enthält sich Mersenne darin doch jeglicher metaphysischer Spekulation, um das Tonmaterial mit rein mathematischen Methoden besser zu Zwecken technisch-instrumenteller Nutzanwendung in den Griff zu nehmen.

348. [356.6] Nouvelle biographie générale. T. 30. Paris 1859, Sp. 559 f. charakterisiert Le Maire, von dem nicht einmal der Vorname bekannt ist, folgendermaßen: »inventeur français, né vers la fin du seizième siecle. On n'a point de renseignements sur ce personnage« (ebd., Sp. 559). Seine Obskurität würde nur von »lettres patentes« vom 27. 8. 1644 durchbrochen, in denen es ihm gestattet werde, seine »secrets et inventions« zu veröffentlichen und mit Privileg einige Maschinen und Instrumente zu verfertigen (ebd.). Über Le Maire schreibt Mersenne in dem in der vorhergehenden Anmerkung zitierten Brief an Comenius, jener habe eine Methode entwikkelt, mit welcher selbst ein Sechsjähriger nach neunmonatiger Lernzeit schon imstande sein würde, jedes beliebige in Hebräisch, Griechisch oder Latein verfaßte Buch in seine Muttersprache zu übersetzen. Und schon seit zwanzig Jahren verfüge Le Maire über ein selbstentwickeltes Alphabet, welches ohne jegliche Vorkenntnisse nicht nur von Menschen aller Sprachgemeinschaften, sondern

auch von außerirdischen Intelligenzen verstanden werden könne, denen jegliche menschliche Sprache fremd sei (vgl. *Korr. ed. A. Patera*, XXIX., S. 32). Wie zahlreiche andere Entwürfe einer Universalsprache scheint auch das Projekt Le Maires niemals publikationsreif geworden zu sein.

349. [356.7f.] Vgl. die vorhergehende Anmerkung.

350. [356.21f.] Vgl. Ps. 150, 6.

351. [356.19–26] Aussagen wie diese sollten Comenius eigentlich von dem Verdacht freisprechen, sein Universalsprachenkonzept sei ›dialogfeindlich‹, da es dazu neige, alles voneinander Verschiedene im einer absorbierenden Einheit aufgehen zu lassen; vgl. W. P. Klein (1992), S. 344–347.

352. [356.27] In stark erweitertem und verändertem Zustand ist dieses Kapitel in *Panorthosia* XXVI (CC II, Sp. 681–691) übernommen worden.

353. [357.36f.] Vgl. Joh. 4, 42.

354. [357.41] Und zwar V. 9.

355. [358.13f.] Auch nach T. Campanella, *Monarchia Messiae*, S. 14–18 (cap. III) besteht die Glückseligkeit des letzten Zeitalters in einer menschheitsumspannenden Kommunikationsgemeinschaft. Diesen Zustand möchte Campanella allerdings durch eine globale Theokratie verwirklicht sehen; der Gedanke einer eschatologisch relevanten, spontan verbindenden Universalsprache findet sich bei ihm nicht. Diese Konzeption wurde allerdings schon im 16. Jh. vor allem durch Guillaume Postel erarbeitet; vgl. dazu W. P. Klein (1992), S. 263–280.

356. [358.16f.] Vgl. I. Tremellius, *Libri prophetici*, [I.] Ieschahhja [= Jesaja], S. 73.

357. [358.30f.] »restaurabunturque et ipsi instauratione magnâ«: Da das geplante Gesamtwerk F. Bacons gleichfalls ›Instauratio magna‹ heißen sollte (vgl. unpaginiertes Titelblatt in Works I sowie ebd., S. 199), spielt Comenius mit obiger Wendung wohl auf die von ihm angestrebte Koinzidenz von Heilsgeschichte und Wissenschaftsentwicklung an.

358. [358.28–32] Zu diesem ›locus classicus‹ des christlichen Chiliasmus vgl. H. Desroche (1969), S. 26f. Die wichtigste einschlägige Schriftstelle ist demnach Röm. 11, 7–28.

359. [359.11] V. 15.

360. [359.14] Als Quelle dieser Triade gibt Comment. [383b] an: Augustinus, *Enchiridion sive De fide, spe et charitate* XXXI, 118.

Die dort genannten vier (!) Epochen »ante Legem – sub Lege – sub gratia – in pace« entsprächen der comenianischen Einteilung. Abgesehen von der variierenden Anzahl der Weltzeitalter ist jedoch die augustinische Stelle klar antichiliastisch konzipiert, insofern sie die Zeiten ›sub gratia‹ (weiterlaufende Weltzeit nach der Inkarnation des Logos, welche in ›perseverantia‹ zu durchstehen ist) und ›in pace‹ (Frieden im Eschaton: »pax [...], quae post hanc vitam in requie spiritus, deinde in resurrectione etiam carnis implebitur«) voneinander absetzt.

Dies legt es nahe, daß Comenius sich auf eine andere Überlieferung stützt, die sich auch eindeutig festmachen läßt. Es ist dies eine jüdische Anschauung, die sich im Babylonischen Talmud (*Synhedrin* XI 90, fol. 97b; ed. L. Goldschmidt, S. 422) niedergeschlagen hat und der Welt eine Lebensdauer von insgesamt sechs Jahrtausenden zubilligt: »In der Schule des Elijahu wurde gelehrt: Sechstausend Jahre wird die Welt bestehen; zweitausend Jahre der Nichtigkeit, zweitausend Jahre der Gesetzeslehre und zweitausend Jahre der messianischen Zeit; wegen unserer zahlreichen Sünden aber sind schon manche von diesen vorüber.« Aus der Trichotomie Zeit vor dem Gesetz – Zeit Israels unter dem Gesetz – Zeit des Messias ergibt sich dann eine Dauer der drei Epochen von jeweils zweitausend Jahren. Diese in ihren Ursprüngen unmittelbar messianische Erwartung – vgl. Moritz Zobel (1938), S. 69f. – wurde in der Reformationszeit u.a. von Ph. Melanchthon rezipiert: *In Danielem Prophetam commentarius* XII (Opera quae supersunt omnia, T. XIII, Sp. 977f.).

Melanchthon benutzte das Traditionsstück freilich noch nach reformatorischem Usus als Zeugnis für den herannahenden Weltuntergang. Auch J.H. Alsted bezieht sich darauf in *Encyclopaedia*, T. VII, S. 2023b (Historica XI), wobei er dieselbe Wendung gebraucht wie Comenius in *Via lucis*: »Traditionem domus Eliae multi sequuntur, & temporum mundi seriem in tres principes dividunt aetates juxta dictum Rabbi Eliae Talmudicum, quod extat tractatu Sanhedrin. cap. 11. titulo, *Tanah debeth Elijahu*, id est, Traditio domus Eliae. *Sex millia annorum durabit mundus, & deinde conflagratio: Duo millia inane: Duo millia lex: Duo millia dies Messia*»; vgl. auch schon ders., *Cursus philosophici encyclopaedia*, Sp. 2902 (Historica XI). In *Diatribe de mille annis apocalypticis*, S. 150, gibt Alsted diesem Geschichtsverständnis schließlich die chiliastische Fassung, die auch Comenius vertritt: Das sechste und letzte Jahrtausend der Welt, also die zweite Hälfte der »Tage des Messias«, wird mit dem bald schon hereinbrechenden Millennium gleichgesetzt. Infolge einer von Melanchthon divergierenden Zeitrechnung sieht Alsted dieses Millennium erst noch bevorstehen.

361. [259.21–23] Diese comenianische Geschichtsvorstellung ist schon bei J. H. Alsted grundgelegt: vgl. *Theologia polemica*, S. 75–77 (Pars I, Controversia III): Auf den jüdischen Einwand, Jesus könne nicht der Messias sein, da mit ihm noch nicht das Friedensreich Gottes auf Erden angebrochen sei (ebd., S. 75), läßt Alsted den ›Christianus‹ antworten: »das Gnaden-Reich des Messias hat zwei Abschnitte: der eine steht unter dem Kreuz und dauert von der Geburt Christi bis zum Anbruch der tausend Jahre, von denen in Offb. Joh. 20 die Rede ist; der andere steht im Zeichen des Lichtes, jene tausend Jahre hindurch hier auf Erden«; in diesem Zeitraum werden zahlreiche biblische Verheißungen in Erfüllung gehen; »wer sagt, all das sei schon erfüllt, der ist im Mittagslicht der Sonne schwachsichtig« (*ebd.*, S. 77).

362. [359.27] V. 3.

363. [360.5] Vgl. Joh. 10, 16.

364. [360.6] D. h. Jes. 11, 6f.

365. [360.10f.] Die Sage vom Vogel Phönix, der seinen Alterungsprozeß durch Selbstverbrennung revidiert, findet sich bei vielen antiken Autoren, z. B. Ovid, *Metamorph.* XV, 391 ff.; Plinius major, Naturalis hist. X, 2,3; Laktanz, *De ave Phoenice*. Über die bevorstehende phönix-gleiche Wiedergeburt der Welt schreibt Comenius in *Atrium* XCIX, 991 (ODO III, Sp. 716).

366. [360.17] Vgl. dazu oben, Kap. 13, § 11 [329.22–27].

367. [360.19–22] Diese Analogie zwischen den sieben Tagen der biblischen Schöpfungserzählung (Gen. 1, 1 – 2,4) und der in sieben Millennien unterteilten Weltgeschichte entfaltet Comenius in *Pansophia*, gradus IV, cap. X (Mundus materialis X: CC I, Sp. 667f.): Neben dem Rückgriff auf Überlieferungen ist auch »aus dem Rückschluß von der Schöpfungsgeschichte auf den Verlauf des Weltgeschehens« die Periodisierung nach sieben Zeitaltern zu erschließen: »1. Wie am ersten Tag die Erde, der Geist und das Feuer erschaffen worden sind, so wurde die Erde im ersten Jahrtausend allmählich aufgeteilt, und selbst als die Dunkelheit (der Kainskinder usw.) sie noch bedeckte, da lenkte der Geist Gottes doch schon alles, und zur Zeit Henochs kam das Licht auf die Welt« (siehe dazu oben, *Via lucis* XIII, 5 [327.31]; dort wird allerdings im gleichen Zusammenhang

Seth und nicht Henoch genannt, U.V.). – »2. Am zweiten Tag strömten die Wasser aus und wurden unterteilt; im zweiten Jahrtausend kam die Sintflut und daran schloß sich die Aufspaltung in einzelne Völker an. – 3. Am dritten Tag kam das feste Land hervor und es wurden die Pflanzen hervorgebracht. Im dritten Jahrtausend wurde die Kirche begründet, Monarchie und Kirche standen in Blüte. – 4. Am vierten Tag entstanden Sonne und Sterne; im vierten Jahrtausend ging die Sonne der Gerechtigkeit mit dem Licht des Evangeliums auf. – 5. Am fünften Tag wurden Vögel und Wassertiere hervorgebracht; im fünften Jahrtausend wurde der Erdkreis durch Mohammed und das Papstwesen verführt. – 6. Am sechsten Tag wurden die lebendigen Wesen [animantia] und der Mensch geschaffen. Im sechsten Jahrtausend kam es zu einer Erneuerung der Monarchien und der Kirche auf dem ganzen Erdkreis. – 7. Am siebten Tag wurde der Sabbat eingesetzt. Im siebten Jahrtausend steht uns das Zeitalter des Heiligen Geistes und das Neue Zeitalter bevor, nämlich die Ewigkeit, in der die Entschlafenen auferstehen.« Der letzte Teil dieser Passage scheint, wie es in der erst in diesem Jahrhundert herausgegebenen ›CC‹ keine Seltenheit ist, im Stadium einer Skizze verblieben zu sein. So ist erklärlich, weshalb das siebte *Zeitalter* zugleich als *Ewigkeit* bezeichnet wird – vielleicht wollte Comenius hier zum Ausdruck bringen, daß das siebte Millennium eine verstärkte Partizipation an den Gehalten ewiger Wesentlichkeit mit sich bringt.

368. [360.31] D.h. Hld. 4, 16; 5, 1.

369. [361.18f.] Comenius zitiert hier Plutarch, *Alexander* 58 ,2, in einer seinerzeit geläufigen Version bei J. Langius, *Polyanthea*, s.v. ›audacia‹, Sp. 307.

370. [361.19f.] Diese Stelle läßt sich nicht wörtlich bei Seneca finden, wird aber von einigen Aussagen dieses Stoikers unterstützt, z.B. *Ep.* IV, 33, 10; ebd., VII, 64, 7f.; ebd., IX, 79, 6; *Naturales quaestiones* VII, 32, 4.

371. [361.23] Vgl. Ex. 3, 1ff.

372. [361.23f.] Vgl. Ri. 6, 11ff.

373. [361.24] Vgl. Jer. 1, 4ff.

374. [361.24] Vgl. Mt. 4, 18ff.; Mt. 9, 9; Joh. 1, 43f.; Mk. 9, 22.

375. [361.25f.] Mk. 9, 22.

376. [361.39f.] Vgl. 2 Kg. 7, 13; 2 Chron. 3, 1.

377. [361.45f.] Vgl. (Pseudo-)Augustinus, *Sermo* XXII, 2.

378. [362.3–5] Vgl. 2 Kg. 2, 9ff.
379. [362.7–9] Vgl. Lk. 11, 9ff.
380. [362.15f.] Mt. 28, 19f.
381. [362.44] Siehe oben Kap. 13, § 9 [328.41].
382. [363.5f.] V. 1.
383. [363.15] Diese von Gott zur Arbeit an den Kultgegenständen berufenen Künstler (vgl. Ex. 31,2.6) nennt Comenius als Vorbilder für die Initiatoren der Pansophie in *Korr. ed. A. Patera*, XXVI., S. 25.
384. [363.32–35] Vgl. Ex. 26, 1ff.
385. [363.35f.]Vgl. 2 Kg. 7, 13; 2 Chron. 3, 1.
386. [363.37] Vgl. Esra 3, 8.
387. [363.37] Vgl. 2 Chron. 36, 23; Esra 1, 2.
388. [363.37] Vgl. Esr. 6, 3.
389. [363.38] Vgl. 2 Chron. 17, 7ff.
390. [363.38] Vgl. 2 Chron. 34, 33ff.
391. [363.38] Vgl. 1 Makk. 2, 1ff. u. ö.
392. [363.40] Der Überlieferung zufolge wurde unter Ptolemaios II. Philadelphos (285 – 247 v.Chr.) die hebräische Bibel von siebzig Gelehrten ins Griechische übersetzt (von daher die Bezeichnung »Septuaginta«); vgl. Klemens v. Alexandrien, *Stromata* I, 22; Kyrill v. Alexandrien, *Contra Julianum* I, 13f. Comenius könnte dies aus J. Gruterus, *Polyanthea*, T. 2, s. v. ›Scripturae sacrae‹, S. 680b geschöpft haben. Vgl. auch *Schola ludus*, pars I, act. I, sc. 1 (VSJAK XI, S. 152).
393. [363.42] V. 23.
394. [364.43] Diese Wendung ist möglicherweise im Anschluß an Horaz, *Ep.* I, 7, 44 gebildet. Die von Comment., S. 384a.b angegebene weitere Fundstelle »apud Augustinum, Soliloquia 36« konnte nicht verifiziert werden.
395. [364.5f.] Diese Wendung lehnt sich an den Wappenspruch der Herzöge von Burgund an (»Ante ferit quàm flamma micet«); vgl. J. Masen, *Speculum imaginum veritatis occultae*, S. 516 (XLII, 19.21).
396. [364.6] Lk. 17, 20.
397. [364.8–10]Vgl. Ijob 23, 6; Spr. 1, 20.
398. [364.27] Dieses Motiv begegnet bei Comenius des öfteren; vgl. *Prodromus*, § 34 (DJAK 15/II, S. 27); *Pansoph. pars ultima* (CC I, Sp. 1324).

399. [365.13–16] Comenius sieht hier eines der gravierendsten Probleme, das bei der Suche nach einer neuen universalen Sprache aufkommen kann: den von U. Eco (1994), S. 327 so genannten »Babel-Effekt«.

400. [365.28f.] Vgl. Lk. 12, 49.

401. [366.2] »ordinata charitas«: vgl. hierzu *Lex. pansoph.*, s.v. ›charitas‹ (CC II, Sp. 875f.). Dieses sich aus aristotelischen und augustinischen Quellen speisende Konzept – vgl. Aristoteles, *Politica* II, 4 (1262); (Pseudo-?)Augustinus: *Sermo* CCCLXVIII, 4 – findet sich expliziert bei Thomas von Aquin, *Summa Theologica* I, q. 55, art. 1, 4ff.

402. [366.15] Vgl. hierzu *Pansoph. sem.*, § 55 (DJAK 14, 27.19–21): »Dari aliquod revelatum Verbum Dei tam necesse est, quam esse Deum aliquem. Si enim Deus est, necesse est esse bonum; si bonum, etiam communicativum« (»Daß es irgendein offenbartes Wort Gottes gibt, ist ebenso notwendig wie die Existenz irgendeines Gottes überhaupt. Wenn es nämlich einen Gott gibt, ist er notwendigerweise gut; wenn er gut ist, so ist er auch mitteilsam«). Im Kommentar zu dieser Stelle (ebd., S. 96a) werden die Bezugsstellen dieser Anschauung genannt, v.a. Thomas v. Aquin: *Summa theologica* I, 5, 4 ad 2 (»Bonum est diffusivum sui ipsius«); *Summa contra gentiles* I, 37 (»dicitur bonum esse diffusivum sui esse«). Ein Bezugspunkt für diese Konzeption findet sich bei Dionysios Areopagita, *De divinis nominibus* IV, 10; hier wird der ›Überfluß der Güte‹ als Grund nicht nur der Offenbarung, sondern der Schöpfung insgesamt bezeichnet; zu diesem Traditionsstrang vgl. ferner Bonaventura, *Itinerarium mentis in Deum* IV, 10 sowie den von Comenius herausgegebenen Raimund de Sabunde, *Oculus fidei* L (AW IV/1, S. 461–463); siehe auch K. Kremer (1965).

403. [366.18] Vgl. Joh. 4, 4–42.

404. [366.19] Vgl. Mk. 16, 15.

405. [366.20f.] Vgl. Röm. 1, 14.

406. [366.22–24] Vgl. Seneca, *Ep.* 6, 4.

407. [366.27–30] Vgl. Mt. 14, 15ff.; Mk. 6, 35ff.; Lk. 9, 12ff.; Joh. 6, 5ff.

408. [366.33] Lk. 5, 7.

409. [366.42] »circulus misericordiae Dei«: Comenius greift hier ein Motiv der zeitgenössischen geschichtstheologischen Spekulation auf. Ihr zufolge vollzieht sich die Heilsgeschichte als eine kreisförmige Bewegung, die gemäß dem Lauf der Sonne von Ost nach West

fortschreitet und dadurch von einem Gebiet der Erde auf das andere übergeht, zuletzt aber, aufgrund der Kugelgestalt unseres Planeten, wieder an ihren Ausgangspunkt zurückfindet. Bei Stephanus Pannonius, *De circulo operum et judiciorum Dei*, S. 14 handelt es sich bei dem geographischen Zielpunkt dieses Geschichtsverlaufes übrigens um England, von dem die Versöhnung zwischen ›Heidenchristen‹ und Juden ausgehen soll. Diese Sichtweise könnte auch zum Sendungsbewußtsein des Kreises um Hartlib beigetragen haben. Pannonius bleibt allerdings einer apokalyptischen Sichtweise verbunden, derzufolge die bevorstehende Friedenszeit nur von kurzer Dauer ist und aufgrund des drohenden moralischen Verfalls, zu dem sie die Christenheit bewegt, durch das Jüngste Gericht beendet wird. J. H. Alsted modifizierte dieses Schema in *Praecognitorum theologicorum libri II*, l. II, S. 524 f. (Aphorismi ex Apocalypsi, aph. XV), und zwar dergestalt, daß es sich bei dem Dreh- und Angelpunkt jener nunmehr in chiliastischem Geist verstandenen Geschichtsbewegung um den neuentdeckten amerikanischen Doppelkontinent handelt: »Iam vero verbum Dei hoc tempore dilucide proponitur, & veluti Phosphorus discutit errorum tenebras. Quare Ecclesia praevalebit adversus Gog & Magog [d. h. für Alsted: Papsttum und Islam], quibus abolitis & gentibus conversis ipse quoque Israel servabitur. [...] Novum orbem, quem dicunt Americam, etiam convertet summus ille omnium Pastor, & iam huius rei initium fecit per Belgas & Britannos. [...] Haec omnia brevi fient« (ebd., S. 524 f.). Aus derartigen Erwägungen leitet sich auch das Interesse des Hartlib-Zirkels an einer weltweiten Mission her, welches sich gleichfalls in *Via lucis* niedergeschlagen hat. – Für die optimistisch-philanthropische Geisteshaltung des Comenius ist es charakteristisch, daß er lieber von einem ›Kreis des göttlichen Erbarmens‹ spricht als von einem ›Kreis des richterlichen Wirkens Gottes‹.

410. [367.2] Vgl. Mk. 16, 20.

411. [367.23 f.] Zur langwierigen Entstehungsgeschichte dieses Werkes vgl. E. Schadel in *Pforte*, S. XLVIII–LIX.

412. [367.26] Vgl. *Pampaedia* IV, 15 [CC II, Sp. 71]; dass., ed. K. Schaller, S. 105, Anm. 13: »Das Bild des Trichters, bes. des Nürnberger Trichters, wurde durch Georg Philipp Harsdörffer (1607 – 1658), einem Bekannten des Com[enius] und einem führenden Mitglied des Pegnitz-Blumenordens, bekannt. 1650–53 [also lange nach Abfassung der *Via lucis*, U. V.] veröffentlichte er

die Schrift: Poetischer Trichter, die Teutsche Dicht- und Reimkunst ohne Behuf der Lateinischen Sprachen, in 6 Stunden einzugießen«.

413. [367.34] Vgl. Mt. 9, 37.

414. [367.46] Vgl. Jes. 51, 3.

415. [368.1] Der Stoff dieses Kapitels ist größtenteils in den Abschluß der *Panaugia* eingeflossen (cap. XVI: CC I, Sp. 241–245).

416. [368.2] Vgl. Jak. 1, 17, dort in bezug auf die unwandelbare Güte Gottes. Diese Bezeichnung findet sich auch bei Nikolaus von Kues, *De dato patris luminum* (Philos.-theol. Schrr., Bd. II, S. 647f. u.ö.) sowie bei F. Bacon, *De augmentis* II (Works 2, S. 183).

417. [368.9] Gen. 1, 3.

418. [368.17] Vgl. Röm. 11, 36.

419. [368.29] Vgl. Ps. 71, 17.

420. [368.30] Vgl. Ps. 51, 10.

421. [368.30f.] Vgl. Ps. 103, 5.

422. [368.32–34] Vgl. Mt. 6, 9f.

423. [368.36] D.h. Australien; vgl. *Cosmogr. comp.* (DJAK 12, S. 60); *Orbis pict.*, CVII. (DJAK 17, S. 204f.).

424. [368.37f.] Vgl. Jes. 11, 9.

425. [368.43f.] Vgl. Zef. 3, 9.

426. [369.3f.] Vgl. Mk. 10, 46–51; Lk. 18, 35–43.

427. [369.8f.] Vgl. Apg. 9, 3ff.; ebd., 26, 13ff.

428. [369.11] V. 17.

429. [369.16] Mk. 10, 14.

430. [369.26] V. 1–3.

431. [369.30] Vgl. Jes. 6, 4.

PERSONENREGISTER

GIORDANO BRUNO

Von der Ursache, dem Prinzip und dem Einen
PhB 21. 1993. LXV, 20*, 152 S. Kart.

Von den heroischen Leidenschaften
PhB 398. 1996. XL, 232 S. Kart.

Über die Monas, die Zahl und die Figur als Elemente einer sehr geheimen Physik, Mathematik und Metaphysik
PhB 436. 1991. L, 282 S. m. zahlr. Abb. Kart.

DANTE ALIGHIERI

Philosophische Werke
Band 1. **Das Schreiben an Cangrande**
(Epistula XIII) Lat.-dt.
PhB 463. 1993. LXXXVIII, 253 S. Ln.

Band 2. **Disputation über das Wasser und die Erde** (Questio de aqua et terra) Lat.-dt.
PhB 464. 1994. LXXVII, 151 S. Ln.

Band 3. **Über die Beredsamtkeit in der Volkssprache** (De vulgari eloquentia I)
Lat.-dt. PhB 465. i.V.

Band 4: **Das Gastmahl** I-IV. (Convivio I-IV)
Ital.-dt. PhB 466 a-d
PhB 466a. 1996. CV, 278 S. Ln.
PhB 466b. 1996. VIII, 341 S. Ln.
PhB 466c. i.V.
PhB 466d. i.V.

MARSILIO FICINO

Über die Liebe oder Platos Gastmahl
Lat.-dt. PhB 368. 3. Aufl. 1994. XLIV, 411 S. Kart.

Felix Meiner Verlag · 22081 Hamburg